J. Bleker / N. Jachertz
Medizin im „Dritten Reich"

Johanna Bleker / Norbert Jachertz (Hrsg.)

Medizin im „Dritten Reich"

2.erweiterte Auflage

Beiträge: G. Baader, J. Bleker, H. van den Bussche, K. Dörner,
Ch. Eckelmann, A. Haug, M. Hubenstorf, U. Knödler,
H.-P- Kröner, F. Kudlien, F. Kümmel, G. Lilienthal, G. Mann,
Ch. Pross, P. Reeg, Ch. Rothmaler, H.-P. Schmiedebach,
E. Seidler, K.D. Thomann, R. Toellner, R. Winau

Deutscher Ärzte-Verlag
Köln 1993

Professor Dr. med. Johanna Bleker
Institut für Geschichte der Medizin
der Freien Universität Berlin
Klingsorstr. 119, D–1000 Berlin 45

Diplom-Volkswirt Norbert Jachertz
Redaktion Deutsches Ärzteblatt
Herbert-Lewin-Str. 5, 5000 Köln 41

Mit 37 Abbildungen

ISBN 3–7691–0262–2

Die Deutsche Bibliothek – CIP-Einheits-
aufnahme
Medizin im „Dritten Reich" / Johanna Bleker;
Norbert Jachertz (Hrsg.).
Beitr.: G.Baader ... – 2., erw. Aufl. – Köln:
Dt. Ärzte-Verl., 1993
ISBN 3–7691–0262–2
NE: Bleker, Johanna [Hrsg.]; Baader, Gerhard

Gesamtherstellung:
Deutscher Ärzte-Verlag GmbH, Köln

Inhaltsverzeichnis

Vorwort zur zweiten Auflage

Die erste Auflage, 1989 mit zunächst 1000 Stück aufgelegt, war nach wenigen Monaten vergriffen und mußte nachgedruckt werden. Während der Nachdruck, bis auf geringfügige redaktionelle Korrekturen, unverändert war, konnte die zweite Auflage erheblich erweitert werden: Zu den 16 Beiträgen der ersten Auflage kamen fünf vollständig neue Aufsätze hinzu. Vier weitere Beiträge wurden zum Teil erheblich überarbeitet und erweitert.

Neu sind die Beiträge von Toellner („Ärzte im Dritten Reich"), Bleker/Eckelmann über den Ärztinnenbund, van den Bussche über ärztliche Ausbildung, Thomann über den Lehmanns-Verlag sowie Knödler über die „Kriegsmedizin" in Stuttgart. Ergänzt und überarbeitet wurden die Beiträge von Winau, Rothmaler, Bleker/Schmiedebach sowie Kudlien. Der Aufsatz von Bleker/Schmiedebach ist zum großen Teil sogar neugefaßt worden, da in ihn eine Analyse der Leserbriefe, die im Deutschen Ärzteblatt zu der Artikelserie über die Medizin im Nationalsozialismus erschienen sind, aufgenommen wurde.

Mit den neu aufgenommenen Beiträgen geht das Buch nunmehr weit über den ursprünglichen Anlaß – Zusammenfassung der im Deutschen Ärzteblatt erschienenen Serie – hinaus. Der Themenkreis konnte um weitere Segmente ergänzt werden. Für die zweite Auflage wurden deshalb sämtliche Beiträge redaktionell durchgesehen, um Hinweise und Querverweise auf die Ärzteblattserie zu entfernen. Das Vorwort zur ersten Auflage wurde unverändert übernommen, da es Aufschluß über das – an sich schon bezeichnende – Zustandekommen dieses Buches gibt.

Johanna Bleker   Norbert Jachertz

Vorwort zur ersten Auflage

Mit dem Heft 17 vom 28. April 1988 begann das Deutsche Ärzteblatt eine ungewöhnliche Serie über die Medizin im Nationalsozialismus – ungewöhnlich von der Vorgeschichte her, ungewöhnlich vom Umfang: 16 Artikel, geschrieben von namhaften Fachleuten. Sie sind in diesem Buch zusammengefaßt, ergänzt um Anmerkungen und Literaturhinweise.

Themen der NS-Zeit sind im Deutschen Ärzteblatt dreimal in größerem Umfang behandelt worden, jeweils mit vorwiegend journalistischen Stilmitteln: einmal im Rahmen der 1972 publizierten Serie „Einhundert Jahre Deutsches Ärzteblatt" (sie begann mit Heft 1/1972), dann in der dreiteiligen Artikelfolge: „Vor fünfzig Jahren: Die Gleichschaltung kam über Nacht" (Hefte 26, 27/28 und 29/1983) und schließlich in einem Interview mit dem Präsidenten der Bundesärztekammer, Dr. Karsten Vilmar, in Heft 18/1987, auf das unten noch näher eingegangen wird.

Die Zeit für eine umfassendere Behandlung war in der Tat reif, sind doch auch in der Ärzteschaft das Interesse an der jüngeren Vergangenheit und die Bereitschaft zu einer unvoreingenommenen Auseinandersetzung gestiegen. Das hat auch der 90. Deutsche Ärztetag, 1987 in Karlsruhe, die Gesamtrepräsentanz von heute mehr als 200 000 Ärzten in der Bundesrepublik Deutschland, eindrucksvoll bestätigt.

Das Deutsche Ärzteblatt will mit der Artikelserie „Medizin und Nationalsozialismus" und mit dieser Zusammenfassung in Buchform seinen Beitrag zur öffentlichen Klärung der jüngeren Vergangenheit über die Fachwelt hinaus leisten und auch im Sinne des Deutschen Ärztetages aufarbeitend und aufklärend wirken. Dementsprechend behandeln die einzelnen Artikel nicht allein Geschehnisse der NS-Zeit, sie gehen vielmehr auch den historischen Ursachen sowie den Wirkungen bis in unsere Zeit hinein nach. Dieser Zielsetzung entsprechend behandeln die ersten Artikel die wissenschaftstheoretischen und weltanschaulichen Auffassungen, die der Ideologie und dem Handeln in der NS-Zeit den Boden bereiteten, wie zum Beispiel die Konzepte von Biologismus und Sozial-Darwinismus, die Rassenhygiene, schließlich das politische und gesellschaftliche Selbstverständnis der Ärzte vor 1933. Darauf aufbauend werden gesundheitspolitische Vorstellungen der Nationalsozialisten anhand herausragender Beispiele dargestellt. Schließlich wird das tatsächliche Handeln beschrieben – von der Ausschaltung jüdischer Ärzte bis hin zur Euthanasie-Aktion und anderen Medizinverbrechen.

Wir hoffen, daß mit den Beiträgen insgesamt ein Eindruck von Ideologie und Wirklichkeit der Medizin beziehungsweise der Gesundheitspolitik zur Zeit des Nationalsozialismus vermittelt wird. Wir sind uns freilich auch darüber im klaren, daß das anspruchsvolle Thema nicht vollständig behandelt werden konnte: Viele Einzelfragen können im Rahmen einer noch so umfangreich angelegten Artikelserie nicht angesprochen werden; zudem klaffen bis heute Lücken in der medizinhistorischen Forschung.

Die Artikelserie im Deutschen Ärzteblatt – und damit auch dieses Buch – hat eine bemerkenswerte Vorgeschichte:

Am 2. August 1986 erschien in der britischen medizinischen Fachzeitschrift „The Lancet" ein Beitrag des deutschen Arztes Dr. Hartmut M. Hanauske-Abel („From Nazi Holocaust to Nuclear Holocaust – A Lesson to Learn?"). Der Artikel ging auf ein Referat zurück, das Hanauske-Abel auf dem 6. Weltkongreß der IPPNW („International Physicians for the Prevention of Nuclear War") im Mai 1986 in Köln gehalten hatte. In diesem Beitrag hatte Hanauske-Abel „an zahlreichen Beispielen und unter Verweis auf den Stand der medizinhistorischen Forschung die Haltung ärztlicher Standesvertreter zum nationalsozialistischen Staat dargestellt und exemplarisch staatlich sanktionierte Taten und Untaten einiger deutscher Mediziner erwähnt" (so eine dem Deutschen Ärzteblatt unter dem 5. Mai 1988 im Auftrag von Hanauske-Abel zugegangene Presseerklärung).

Auf diesen Beitrag im „Lancet" hatte sich der Präsident der Bundesärztekammer, Dr. Karsten Vilmar, im Deutschen Ärzteblatt in Form eines Interviews bezogen („Die ‚Vergangenheitsbewältigung' darf nicht kollektiv die Ärzte diffamieren", Heft 18 vom 30. April 1987). Zuschriften zu diesem Interview wurden zusammen mit einem Schlußwort von Vilmar zu dieser Aussprache in Heft 31/32 vom 1. August 1987 veröffentlicht. Unterdessen verständigten sich 16 an verschiedenen deutschen Forschungseinrichtungen tätige Medizinhistoriker auf ein gemeinsames Papier zur Erörterung von Kernpunkten des Interviews von Dr. Vilmar. Es ging unter dem 3. September 1987 bei der Redaktion ein. Die Redaktion lehnte die Veröffentlichung ab, weil die Aussprache zu dem Interview, dem im Fachschrifttum allgemein anerkannten Verfahren entsprechend, mit dem Schlußwort abgeschlossen sei. Sie bot den Verfassern indes an, im Deutschen Ärzteblatt über ihre Forschungen zum Thema Medizin im Nationalsozialismus zu berichten. Die Stellungnahme der Medizinhistoriker erschien daraufhin zusammen mit der deutschen Übersetzung des die Diskussion auslösenden, oben angeführten Artikels von Dr. Hanauske-Abel sowie einem redaktionellen Kommentar in der Wochenzeitschrift „Die Zeit" vom 6. November 1987. Die Herausgeber dieses Buches sind über diese Verfahrensweise bis heute unterschiedlicher Auffassung.

Es war nicht ganz einfach, die Unterzeichner des offenen Briefes von der Ernsthaftigkeit des Angebots der Redaktion, Forschungen zur NS-Medizin zu veröffentlichen, zu überzeugen. Die Redaktion stimmte schließlich – auch dank Vermittlung durch Prof. Dr. Richard Toellner, Münster – dem Vorschlag der Medizinhistoriker zu, eine auf grundlegende Information angelegte Artikelfolge zu konzipieren, um den Lesern die wesentlichen Hauptaspekte der Geschichte und Vorgeschichte der Medizin der Hitlerzeit nahezubringen. Dem so erarbeiteten Grundkonzept, das im Laufe der Zeit noch um mehrere Beiträge erweitert werden konnte, stimmten alle in der Kontroverse Involvierten zu. Die meisten der Autoren, die alle bereitwillig die von ihnen erbetenen Themen übernahmen, sind Medizinhistoriker oder haben sich mit Forschungen über die Medizin im Nationalsozialismus innerhalb der Medizingeschichte qualifiziert. Doch ist der Kreis derer, die zu diesem Thema Maßgebliches zu sagen haben, weit größer. Viele wurden nicht angesprochen oder verzichteten auf eigene Beiträge, als sie das Grundkonzept der Artikelfolge fachlich gesichert sahen.

Alle Beteiligten haben sich um eine konstruktive Mitarbeit bemüht. Ein Rest an Spannungen, ja auch an gegenseitigem Mißtrauen zwischen der Gruppe der Medizinhistoriker und der Redaktion blieb indes bestehen. Gleichwohl, das Ergebnis der Zusammenarbeit, das hiermit vorgelegt wird, kann sich sehen lassen.

Wir danken den Autoren für ihre Beiträge, dem Deutschen Ärzte-Verlag für die finanzielle Förderung des Buchprojektes und der Redaktion dafür, daß sie zugunsten der Serie auf viele andere Projekte verzichtet hat. Nicht zuletzt aber sei den Herausgebern des Deutschen Ärzteblattes – Bundesärztekammer und Kassenärztliche Bundesvereinigung – gedankt, welche die Redaktion und alle sonstwie Beteiligten in aller Gelassenheit und mit großem Interesse begleitet haben. Dank gebührt darüber hinaus allen, die sich zum Teil seit Jahrzehnten bemüht haben, die Geschichte der Medizin im Dritten Reich nicht der Vergessenheit anheimfallen zu lassen, die in mühevoller Arbeit die historischen Details gesichert und analysiert haben und die, wie Alexander Mitscherlich im Gedenken an Fred Mielke schrieb, die „mutige Bereitschaft" mitbrachten, „das Grauenvolle auch im Nachdenken zu ertragen".

Johanna Bleker   Norbert Jachertz

Ärzte im Dritten Reich*

Richard Toellner

Am 3. Mai 1933 eröffnete ein ebenso junger wie erfolgreicher Ordinarius für Kirchengeschichte seine Vorlesungen zum Sommersemester mit folgenden Sätzen: „Meine Damen und Herren! Es wird Ihnen allen, denke ich, ebenso gehen wie mir, daß es ganz gehörige Besinnung und Überwindung kostet, jetzt Herz und Gedanken wieder der wissenschaftlichen Arbeit zuzuwenden. Der Atem stockt einem noch unter den Erkenntnissen, die uns die letzten beiden Monate gebracht haben. Man starrt noch wie gebannt in den Abgrund, an dessen Rand wir wandelten, ohne es zu ahnen. ... Dann sind wir bis zum Wirbel untergetaucht in der hinreißenden Bewegung des eigenen Volkes, das seine letzte – meine Damen und Herren, vergessen wir das keinen Augenblick – ganz bestimmt seine allerletzte Möglichkeit erkannt hat. Wer es noch nicht wußte, der hat es inzwischen lernen müssen, daß das soviel bedeutet wie Mobilmachungsbefehl und Verhängung des Kriegszustandes. In dieser Lage gelten andere Gesetze als im Frieden. Vielleicht hat mancher unter uns – und es brauchen nicht die schlechtesten zu sein, denen es so geht – noch mit sich selber alle Hände voll zu tun, um das einsehen und freudig bejahen zu können. Aber wir müssen dahin kommen, es einzusehen und zu bejahen. Wir retten die Güter, die uns anvertraut sind, nicht dadurch, daß wir sie herauszureißen versuchen aus der Bedrohung unseres Volkes auf eine stille, gesicherte Insel. Solange wir das versuchen, geht der Heerwurm des aufbrechenden Volkes mit vollem Fug und Recht hinweg über uns und über die leeren Hülsen, die wir im Sturz an uns klammern. Wir müssen uns selbst samt dem Kostbarsten, was wir kennen, mitten hineinwerfen in die Gefahr. Denn unseres Volkes Schicksal ist unser Schicksal und das Schicksal aller kulturellen Werte, und wenn das Volk in Not ist, wären eine gesicherte Existenz, eine gesicherte Moral, eine gesicherte Universität, eine gesicherte Kirche schon dadurch dem Tode verfallen, daß sie gesichert sind und sich vom Mutterboden völkischen Schicksals gelöst haben". (1).

Was war geschehen? Was rechtfertigte diese großen Worte, diese zitternde Erregung? Im Deutschen Reich hatte ein Regierungswechsel stattgefunden. Am 30. Januar 1933 war der Kandidat der stärksten Reichstagsfraktion vom Präsidenten des Deutschen Reiches zum Reichskanzler ernannt worden. Dies war ein nach der Verfassung von Weimar legaler, in der Endzeit der Republik zudem ungemein häufiger und daher ein – scheinbar – völlig normaler Vorgang.

---

*) Der Beitrag geht zurück auf einen Vortrag, gehalten auf dem 92. Deutschen Ärztetag in Berlin am 3. Mai 1989, und wurde ergänzt durch die Nachweise der wörtlichen Zitate. Im übrigen wird auf die Beiträge dieses Bandes und die dort angeführte Literatur verwiesen.

Die siegreiche, die nationalsozialistische Deutsche Arbeiterpartei jedoch hatte Hitlers Ernennung sogleich unverblümt, ganz offiziell und der Sache nach verhängnisvoll richtig als „Machtergreifung der nationalsozialistischen Bewegung" gefeiert. Und alle in Deutschland – mit Ausnahme der verantwortlichen Politiker – hatten dies sofort richtig begriffen. Es ging nicht um einen Kanzlerwechsel, formal war es ja nicht viel mehr, es ging um das Ja oder Nein zur „Machtergreifung der nationalsozialistischen Bewegung".

In der evangelischen Kirche hatten schon die Auseinandersetzungen um dieses Ja oder Nein begonnen, die später zum offenen Kirchenkampf zwischen den „Deutschen Christen" und der „Bekennenden Kirche" führten. Darauf bezieht sich unser Zeitzeuge. Hören wir ihn noch einmal:

„Man *kann* sich . . . auf den Standpunkt stellen: Wir haben es hier mit einer politischen Partei zu tun, die zur Macht gekommen ist und die nun auch die evangelische Kirche vergewaltigen und sie ihren Zielen dienstbar machen will. . . . Meine Damen und Herren, ich gehöre nicht der nationalsozialistischen Partei an und bin auch nicht Mitglied bei den „Deutschen Christen"; aber ich möchte es mit allem Nachdruck aussprechen: Wenn die Kirche sich auf diesen Standpunkt stellt, dann ist sie rettungslos verloren. Dann nämlich *werden* die Dinge so, wie die Kirche sie ansieht, dann werden aus ihr und dem neuen Staat wirklich zwei politische Gegner, nur mit dem Unterschied, daß der andere Partner dieser Verhältnisse gar nicht daran denkt, mit sich verhandeln, etwas abhandeln zu lassen. Mit Diplomatie wird man ihm gegenüber nicht weit kommen. Der neue Staat wird schonungslos Macht gegen Macht setzen, und wer dabei den Kürzeren zieht, das wird von Anfang an keinen Augenblick zweifelhaft sein. Ich würde eine solche Entwicklung für ein namenloses Unglück halten, nicht nur für die Sache der Kirche und des Evangeliums, sondern auch für ein namenloses nationales Unglück."

Zwar, wendet unser Theologe wenig später gegen sich selbst ein, könnte es ja sein – und ich zitiere weiter: „daß eine Situation für die Kirche einträte, wo der ihr unverbrüchlich aufgetragene Gehorsam gegen Gottes Wort sie zwänge, einen von vornherein als aussichtslos erkannten Kampf dennoch aufzunehmen. Es ist ja nicht gesagt, daß Gott immer eine mächtige und einflußreiche Kirche will; er könnte ja gerade jetzt eine Märtyrerkirche wollen." Doch unser theologischer Zeitzeuge deutet Gottes Willen anders: „Ich glaube mit aller Deutlichkeit zu sehen, daß Gott anders aus den Ereignissen unserer Tage zu uns spricht." In einer rhetorisch glänzenden, theologisch tiefen Klimax begründet er seinen Glauben, „daß Gottes Siegerkraft mit den Bataillonen dieser nationalen Erhebung sein wird." Er versteht die Forderungen der „verantwortlichen Führer der nationalsozialistischen Bewegung" . . . „nicht primär als die Ansprüche einer machthungrigen Partei, sondern als Äußerungen eines ungestillten Bedürfnisses nach der christlichen Vertiefung völkischen Lebens." So kommt er zu dem Schluß:

„Als Deutscher und – das möchte ich betonen – als Christ sehe ich keine Möglichkeit für die Kirche, sich diesem Rufe (der Bewegung) zu verschließen. Wenn ihr Volk sie ruft und von ihr erwartet, daß sie ihm in seine Not und in seinen Siegeswillen hinein das Wort Gottes sagt, dann ist die Zeit der Verhandlung vorbei; dann kann die Kirche nicht mehr zunächst einmal sie selbst sein wollen und auf verbriefte Rechte pochen und Sicherungen verlangen; sondern dann hat sie aus der Pflicht christlicher Liebe heraus einfach zu sagen: Da habt ihr mich; ich bin eure Kirche."

. . . jubelnd in den Abgrund . . .

Wir erschauern heute, wenn wir hören, wie jemand, der die Situation so klar erkennt, so hellsichtig die in ihr schlummernden Gefahren benennt, dann doch mit solch tiefem Ernst, so ehrlich die falsche, die verhängnisvolle Entscheidung trifft und mit solch hochgestimmtem Pathos so beschwörend vertritt. Der Abgrund, dem man sich mit knapper Not entronnen wähnte, er hatte sich in Wirklichkeit aufgetan, und mit der totalen Hingabe, die Hitler bellend forderte, hatte man sich freiwillig, freudig, ja jubelnd in diesen Abgrund gestürzt, alle Sicherungen und Sicherheiten verachtend, auch – horribile dictu – aller „moralischen Sicherheit" spottend. Ja, Hitler hatte mobil gemacht, hatte seine „Bataillone" in Marsch gesetzt, den Krieg gegen das eigene, das Deutsche Volk eröffnet, „rücksichtslos", wie seine Lieblingsvokabel lautete, jeder konnte sie in jeder seiner Reden hören.

Ja, es herrschten fortan im Deutschen Reich „andere Gesetze als im Frieden"; es herrschte jenes schwer entwirrbare Konglomerat aus den Resten der alten Rechtsstaatlichkeit, aus Führerbefehlen, aus Kompetenzwirrwarr zwischen staatlicher Verwaltung und Parteibürokratie, aus Rivalitätskämpfen der großen und kleinen „Führer" der Bewegung. „Polykratie" hat man diese Herrschaftsform genannt, um auszudrücken, daß die braune Herrschaft alles andere war als eine straff organisierte Diktatur mit klaren Überordnungs- und Unterordnungsverhältnissen, in der der Wille des Führers reibungslos bis in die letzten Verästelungen des Machtapparates hätte wirken können. Das polykratische System ließ Spielräume, die die einen zu blanker Willkür, andere aber zu Opposition, passivem und aktivem Widerstand zu nutzen wußten, wie Exempla lehren. Letztlich jedoch herrschte Hitlers Wille. Der Mythos, zu dem er sich stilisierte und zu dem er systematisch stilisiert wurde, erlaubte ihm, bis zum bitteren Ende die letzte Instanz zu bleiben, konkurrierende und antagonistische Machtansprüche auszubalancieren.

Als „Charismatische Herrschaft" hatte Max Weber einst diese Herrschaftsform charakterisiert und ihr spezifisches Kennzeichen als Irrationalität bestimmt (2). Die Unberechenbarkeit des polykratischen Systems erzeugte bei denen, die in ihm agierten, wie bei denen, die ihm unterworfen waren, ein Gefühl der Unsicherheit, das wesentlich zu jenem Klima in Deutschland beigetragen hat, in dem die junge nationalsozialistische Herrschaft gedeihen und sich stabilisieren konnte.

Neben der ehrlichen Begeisterung, die freilich nicht so groß war, wie die neuen Herren sich und anderen einreden wollten, neben der Hoffnung auf Befreiung aus nationaler Schmach und drückenden wirtschaftlichen Verhältnissen, neben der Zuversicht, die unbezweifelbar große Bewegung würde ihre als gut und notwendig erscheinenden Ziele durch die Mitarbeit der Besten erreichen und die Fragwürdigkeit ihrer Methoden, die Rücksichtslosigkeit ihres Verhaltens vergessen lassen, gab es das Erschrecken, die Verlegenheit, die Halbherzigkeit, die ohnmächtige Wut, die Gleichgültigkeit, den Opportunismus und die Furcht. Denn Hitlers Stunde war auch die Stunde der Denunzianten, der Scharfmacher und Schneidigen, der Zu-kurzgekommenen und Rachsüchtigen und nicht nur die Stunde der Idealisten oder Narren. Der Sieg der nationalsozialistischen Bewegung erzeugte ein alle beherr-schendes Gefühl der Unsicherheit; welche der gewohnten Sicherungen des Lebens würden bestehen bleiben, welche würden fallen? Wie würde es weitergehen? Die plötzliche Unberechenbarkeit der Verhältnisse bewirkte – je nach Überzeugung, Temperament und Charakter – Mut oder Feigheit, Unterwerfung oder Auflehnung, Anpassung oder den inneren Rückzug, vor allem aber Berechnung und Mißtrauen. Das Klima war von Anfang an aus erkennbaren Ursachen vergiftet.

Wir müssen auf den Beginn nationalsozialistischer Herrschaft deshalb ausführ-licher eingehen, weil in den Anfängen das Ende schon beschlossen lag, doch nur im Anfang reale Chancen bestanden, dem Ende zu wehren. Diese Chancen wurden nicht genutzt, wir wissen es. So blieb denn der Krieg, den Hitler damals gegen das Deutsche Volk eröffnete, der einzige, in dem er nach zwölf Jahren siegte. Am En-de seiner Herrschaft stand die Vernichtung des Deutschen Reiches, die Vernich-tung des deutschen „Herren-Volkes", dem Hitler noch testamentarisch verbriefte, es sei seiner nicht wert gewesen und habe sein Lebensrecht verloren. Die Mittel, um die Reste dieses „lebensunwerten" Volkes „auszumerzen", standen ihm freilich am bitteren Ende seiner Herrschaft nicht mehr zur Verfügung. Was von der „na-tionalen Erhebung" blieb, waren 50 Millionen Tote, Krieg und Verderben in ganz Europa und Völkermord, im deutschen Namen verübt, von Deutschen getan. So war, was den Überlebenden in Deutschland blieb, Schmach, Schande, Schuld und Scham. In der Trümmerwüste materieller Werte lagen auch die Trümmer „aller kulturellen Werte" begraben „samt dem Kostbarsten, was wir haben", wie unser idealistischer Zeitzeuge der Machtergreifung 1933 gegen seine Intention prophe-tisch sagte. Werte waren verloren wie: Aufrichtigkeit, moralische Integrität; Ge-meinschaftsgeist, Vaterlandsliebe; Vertrauen, Verantwortungsbewußtsein, Pflichter-füllung, Hingabe, Opferbereitschaft; Treue, Ehre, Stolz; Selbstachtung, Rechtlich-keit, Menschenwürde; alle waren „leere Hülsen" geworden, ihre Gehalte miß-braucht, entwertet, verloren. Was von Hitlers Bataillonen zu halten war, jeder konnte es von der ersten Stunde an sehen, jeder konnte es hören, wenn er denn Augen zu sehen und Ohren zu hören hatte, jeder konnte es wissen, wenn er denn wissen wollte. Zu wenige hatten Augen und Ohren, zu wenige wollten es wissen: „Ein namenloses nationales Unglück", ein namenloses Unglück für die ganze Welt, das war die Folge.

Ja, es war Verblendung

War es Verblendung, daß die Chancen des Widerstandes im Anfang nicht wahrge-nommen wurden? Ja, es war Verblendung. Geblendet von der Faszination Hitlers, getäuscht durch seine falschen Beschwichtigungen, verführt durch einen nahezu perfekten Propagandaapparat, entwaffnet durch Hitlers Erfolge in der Innen- und Außenpolitik wiegte man sich in der Illusion, man könne die nationalsozialistische Bewegung unter Kontrolle halten, die Auswüchse beschneiden, das Schlimmste ver-hindern. Doch täuschen über Hitlers wahre Absichten konnte man sich nicht. Hitler hat über seine aller Aufklärung, aller Humanität, aller Zivilisation, aller europäischen Kultur Hohn sprechenden Ziele von allem Anfang an nie den geringsten Zweifel gelassen:

1. Lebensraum für ein aufgenordetes, arisches, deutsches Herrenvolk im Osten, und das hieß Krieg.
2. Ausmerzung aller Minderwertigen, Gemeinschaftsunfähigen, Parasiten, Schädlinge, deren Inbegriff die Juden waren. Wem konnte Hitlers tollwütiger, blinder, geifernder Haß auf die Juden – „Juda verrecke!" stand an jeder Straßenecke – verborgen sein? Und das hieß Völkermord, Mord an den Leibes- und Geistesschwachen, den Asozialen und Außenseitern der Gesellschaft, den politisch oder rassisch Mißliebigen; und schließlich
3. „Du bist nichts, Dein Volk ist alles:" die totale Negation des Individuums als einer freien, sich selbstbestimmenden Person, als Trägerin aller Menschenrechte, als Bürger Zweck des Gemeinwesens, nicht ihr Mittel. Und dies hieß die totale Instrumentalisierung des Menschen, die Aufhebung seines Eigenwertes und Eigenrechtes.

Hitlers Wille war unübersehbar, Hitlers Wort unüberhörbar. So war denn die schlimmste, die unentschuldbare Verblendung nicht die Verblendung durch Hitlers Worte, sondern die Verblendung durch die eigenen Wünsche, Hoffnungen, Ziele und Interessen, die Verblendung durch die eigenen Vorurteile, Vorstellungen, Aversionen, Ressentiments und Aggressionen. Man hörte, was man hören wollte, man hörte so viel Vertrautes und Bekanntes. Das wenigste von dem, das die Nationalsozialisten verkündeten, war wirklich neu. Die Schmach von Versailles tilgen: in allen Köpfen. Mit der Inschrift auf dem Denkmal für ihre im Ersten Weltkrieg gefallenen Professoren und Studenten hatte es die Friedrich-Wilhelm-Universität zu Berlin, heute Humboldt-Universität, auf die denkbar knappste Formel gebracht: „Invictis, Victi, Victuri" (Den Unbesiegten, die Besiegten, die Sieger sein werden). Die Metaphern von Kampf und Sieg, die immer zugleich Tod und Untergang implizieren: in aller Munde von links bis rechts. Die Militarisierung des Denkens und Verhaltens, seit Kaisers Zeiten unausrottbar. Der Antisemitismus, offen oder latent in allen Lagern verbreitet, selbst in jüdischen, hatte Tradition. Der Biologismus als Ersatzreligion der kritischen Intelligenz durchdrang breite Schichten des Volkes. In seiner Konsequenz fand die unselige Verbindung von Sozialdarwinismus und Eugenik in der Rassenhygiene statt. Vom linken zum rechten Spektrum der politischen Parteien quer durchs Zentrum hatte sie Anhänger und Propagandisten. Der durch die Wissenschaft legitimierte Glauben an die Möglichkeit, ein gesundes, schönes starkes Volk zu züchten, wuchs und die Bereitschaft nahm zu, diesen Prozeß durch negative Eugenik, durch Ausschaltung des „Erbkranken" von der Fortpflanzung, zu unterstützen und zugleich soziale Probleme durch die „Vernichtung lebensunwerten Lebens" zu lösen.

Die Rassenhygiene dringt in die Medizin vor

Ab 1920 wurde das zuvor überwiegend populistisch behandelte Thema „Rassenhygiene" der Medizin zugeschrieben und von ihr besetzt. So war es kein Zufall, daß 1927 das „Kaiser-Wilhelm-Institut für menschliche Erblehre, Anthropologie und Eugenik" gegründet wurde und sich schnell internationales Renommee erwarb. Das Thema war weltweit, wie man heute sagen würde: „in". Unter dem Schlagwort: „Weg von der Individualhygiene, hin zur Sozialhygiene" drängte die Eugenik als praktische Wissenschaft, obwohl ihre wissenschaftlichen Grundlagen und Methoden durchaus umstritten waren, auf Anwendung. Die Nationalsozialisten brauchten 1933 den Entwurf für das „Gesetz zur Verhütung erbkranken Nachwuchses" nur aus der Schublade zu ziehen und drei kleine Korrekturen anzubringen. Sie entschärften die Pflicht zum wissenschaftlichen Nachweis der Erblichkeit des Leidens, erweiterten die Indikation zur Sterilisation, zum Beispiel auf Klumpfußträger – was Goebbels wohl dazu gesagt hat? – und führten die Zwangssterilisation ein. Der erste Schritt zur Euthanasie war damit getan. Sie ernteten dennoch von allen Seiten ungeteilten Beifall. Nur die Katholische Kirche widersprach, eindeutig, klar und entschieden, in der Theorie; in der Praxis ihrer karitativen Einrichtungen mußte sie, jetzt und später, wie andere, Konzessionen machen und Kompromisse zu Lasten der Kranken eingehen.

Obwohl Antisemitismus, Biologismus, Sozialdarwinismus, Eugenik und Rassenhygiene keineswegs identisch waren oder unter der Marke „Rassismus" einfach subsumiert werden können, vielmehr sehr wohl unterschieden waren und zu verschiedenen Zeiten, auf einem unterschiedlichen Niveau, in verschiedenen Gruppen ganz eigentümliche und oft widersprüchliche Verbindungen eingehen konnten, so ist ihnen doch gemeinsam, daß sie den Boden bereiteten, auf dem Hitlers Saat aufgehen und gedeihen konnte. Der Weg zum Völkermord war vorgezeichnet. Medizinische Wissenschaften: Erblehre, Anthropologie und Eugenik, Psychiatrie und Sozialhygiene hatten Legitimationen und Methoden bereitgestellt, die nur noch für Hitlers Zwecke instrumentalisiert werden mußten. Und damit sind wir endgültig bei den Ärzten. Was kam, sie hätten es wissen können. Schon 1932 höhnte Käte Frankenthal, die sozialistische Ärztin, über ihre nationalsozialistischen Kollegen: „Das sind wahrlich angenehme Kunden am Krankenbett. Die Diagnose lautet: Bist Du Ballastexistenz oder Edeling? Die Therapie: muß ich Dich umbringen oder heilen?" (3)

Verhalten der Ärzte als Stand, als Individuum

Ärzte im Dritten Reich ist unser Thema. Aber es meint etwas anderes als das jüngst erschienene, durch Vorabdruck im „Spiegel" bekannt gewordene Buch von Robert Jay Lifton, das in der deutschen Ausgabe schlicht „Ärzte im Dritten Reich" heißt und nach dem Originaltitel „Die Nazi-Ärzte. Medizinisches Töten und die Psychologie des Völkermordes" heißen müßte (4). Lifton interessieren die Täter und ihre Psychologie. Uns sollen alle Ärzte interessieren, die von 1933 bis 1945 im Deutschen Reich lebten, das sich während dieser Zeit „Das Dritte Reich" nannte und in diesem Namen die alte Reichskontinuität beschwor, die Weimarer Republik negierte und zugleich den Anspruch anmeldete auf das radikal Neue, das tausendjährige Reich des Heiligen Geistes, das Reich der Endzeit. Nur die Endzeit des Deutschen Reiches ist es geworden. Von der Kraft der Symbole und der Magie der Worte allein konnte es nicht leben.

Uns interessieren hier allein die Ärzte, uns interessiert, wie sie während dieser Zeit ihren Beruf ausübten, wie sie sich als einzelne und als Gruppe, als ärztlicher Stand verhalten haben. Ärzte im Dritten Reich meint also nicht „Ärzte im Nationalsozialismus", wie das verdienstvolle Buch von Fridolf Kudlien heißt, in dem er und seine Mitautoren tendenziell, wenn auch nicht überall durchgeführt, das Verhältnis der Ärzte zum Nationalsozialismus als Ideologie, als politische Bewegung, als Herrschaft untersuchen (5). Unser Thema ist weiter, insofern es alle Ärzte dieses Zeitraumes im Blick hat und zugleich wesentlich enger, da wir es auf das Verhalten der Ärzte im Beruf einengen. „Ärzte im Dritten Reich" ist daher erst recht nicht mit „Medizin im Nationalsozialismus" gleichzusetzen, wie die Serie im Deutschen Ärzteblatt hieß und unter geändertem Titel hier als Buch in 2. Auflage erscheint. Medizin, das ist ein immer unschärfer werdender Sammelbegriff für medizinische Wissenschaften, für Einrichtungen der Krankenversorgung im weitesten Sinn, für Institutionen der Gesundheitsfürsorge und -vorsorge, ja für das Gesundheitswesen schlechthin. In der Medizin agieren entsprechend viele Menschen, die Ärzte sind nur ein Teil davon. Doch wenn der Riesenapparat moderner Medizin tut, wozu er da ist: Für Gesundheit sorgen, Kranke behandeln, Leiden lindern, dann geschieht dies vornehmlich durch ärztliche Tätigkeit, in der Interaktion von Arzt und Patient. Die ärztliche Handlung ist der Kernbereich der Medizin, und dieser allein soll uns interessieren. Natürlich ist die Medizin als Ganzes die notwendige Bedingung für die Möglichkeit ärztlicher Handlung. Die Struktur der Medizin, das Verhältnis ihrer Komponenten, ihre Funktionsweise, die in ihr wirkenden Kräfte, kurz die Art ihrer Organisation ist daher nicht ohne Einfluß auf die Tätigkeit des Arztes. Was er gelernt, wie er gelernt hat, welches Wissen ihm zur Verfügung steht, welche diagnostischen, welche therapeutischen Mittel er einsetzen kann, in welchen Kontexten, unter welchen und zu welchen Bedingungen er arbeitet, das alles hat Einfluß auf seine Tätigkeit. Die Bedingungen können sich ändern, der Arzt kann sich ändern, indem er sich den Bedingungen anpaßt. Doch bis zu welcher Grenze darf er das tun? Das ist die Frage. Sicher nur bis zu dem Punkt, an dem der Arzt seinen ärztlichen Auftrag nicht mehr wahrnehmen kann, der Auftrag, der unter allen Bedingungen der gleiche bleibt und dessen Ausführung ihn erst zum Arzt macht. Der Auftrag aber heißt schlicht: dem Menschen, der ihn aufsucht oder ruft, weil dieser sich selbst in einer körperlichen, seelischen, leibseelischen Not nicht mehr zu raten und zu helfen weiß, die Hilfe zu geben, die nach bestem Wissen und Gewissen unter den gegebenen Umständen möglich ist.

Uns interessiert also der „Arzt als solcher", wie ihn Karl Brandt genannt hat, Leibarzt des Führers und verantwortlicher Leiter der Euthanasie-Aktion T4, die 70 000 Kranken das Leben kostete. Als Zeuge im Nürnberger Ärzteprozeß zu den Menschenversuchen mit tödlichem Ausgang im Konzentrationslager Dachau befragt, hat er gesagt: „Ich glaube nicht, daß der Arzt als solcher von seiner ärztlichen Ethik oder seinem moralischen Empfinden aus einen solchen Versuch durchführen könnte oder würde." Und uns interessiert zugleich die Alternative zum „Arzt als solchen", die Brandt wie folgt beschreibt: der Arzt, der sich seine ärztliche Verantwortung abnehmen läßt oder an andere deligiert – hier an den autoritären Staat – „ist in dem Augenblick nur ein Instrument". Der Arzt muß sein ärztliches Gewissen dem Interesse der Gemeinschaft unterordnen. Und nun wieder wörtlich Brandt über die Folgen: „In dem Augenblick, in dem die Person des Einzelmenschen aufgeht in dem Begriff des Kollektiven, wird auch die an sie gestellte Forderung aufgehen in dem Interesse dieses Kollektiven. Es wird also die Forderung der Gemeinschaft über den Einzelmenschen als Gesamtkomplex gestellt, und es wird dieser einzelne Mensch völlig benutzt im Interesse dieser Gemeinschaft ... Im Grunde bedeutet das Einzelwesen nichts mehr." (6)

Anwalt des Patienten oder Instrument des Staates?

Klarer kann man unsere Frage nicht formulieren. War der Arzt nicht mehr Anwalt des Patienten, sondern Instrument des Staates? Erlag er den Verlockungen der Machtteilhabe und kurierte im Auftrag des Führers gleich den ganzen Volkskörper, statt sich mühsam um das Wohl des einzelnen abzuplagen? Dies sind unsere Fragen.

Ein Letztes: Das fragmentarische Nachdenken über Ärzte im Dritten Reich kann nicht die Geschichte der Ärzte im Dritten Reich sein. Bei dem riesigen, noch längst nicht aufgearbeiteten Stoff, bei der notwendigen Auseinandersetzung um Thesen, Methoden, heuristische Fragestellungen der Forschung, mit der Kritik vorgelegter Interpretationen und Deutungen wäre dies in der notwendigen Differenzierung und mit der Distanzierung zum Gegenstand gar nicht möglich. Noch ist die Zeit für eine historische Darstellung, die Geltung beanspruchen kann, nicht gekommen. Wir stehen erst ganz am Anfang. Die Verspätung der Medizingeschichte gegenüber der allgemeinen Historiographie ist relativ groß. Die Zeitgeschichtsforschung hatte das Feld der Medizin, immer noch zu sehr fixiert auf die politische Geschichte und im fremden Terrain unsicher, ausgeblendet. Erst über die Institutions-, Sozial- und Mentalitätsgeschichte hat sie sich in jüngster Zeit erste Zugänge erarbeitet. Die Wissenschafts- und Medizingeschichte jedoch hat vor diesem tabuisierten Thema bis zum Ende der siebziger Jahre weitgehend versagt. Auch wir in Münster haben uns erst seit 1980 intensiv und gezielt dieser drängenden Aufgabe angenommen. Wir wurden herausgefordert durch eine Generation von Medizinstudenten, die durch persönliches Erleben nicht mehr belastet und behaftet waren, sich dennoch unmittelbar betroffen fühlten und nach sachlicher Information verlangten, um eine Zeit verstehen und beurteilen zu können, in der die Medizin zum Werkzeug von solchen Herrschaftszielen gemacht werden konnte, die dem genuinen Auftrag der Medizin diametral entgegengesetzt waren. Die Einsicht in die historischen Bedingungen der Möglichkeit solcher Perversion war und ist aber die notwendige Voraussetzung für die Beantwortung der unabweisbaren Fragen: Wie konnte es geschehen? Was müssen wir daraus lernen?

Lehren der Vergangenheit

Inzwischen ist in der Medizingeschichte viel geschehen. Die Berliner Ausstellung, die 1989 eröffnet wurde, und das Begleitbuch dazu: „Der Wert des Menschen", die mit Unterstützung der Ärzteschaft zustande kamen, sind ein weiterer wichtiger Beleg dafür (7). Was noch zu tun bleibt, ist dennoch ungleich mehr.

Für die Geschichtswissenschaft ist es zum Beispiel eine noch ungelöste Frage, ob die Hypothese in der historischen Forschung haltbar ist, die besagt, das Sterilisations-, Euthanasie- und Genozidprogramm des Nationalsozialismus sei nur Teil eines Prozesses, der im 19. Jahrhundert mit der „Medikalisierung" der Gesellschaft begonnen, sich in der „Psychiatrisierung" breiter Bevölkerungsschichten fortgesetzt und zur „Asylierung" der Gemeinschaftsunfähigen oder -schädlichen geführt habe. Die solcherart aus dem Kreis der „Tüchtigen" ausgesonderten „Untüchtigen" seien jedoch durch ihre Betreuung zu Lasten der „nützlichen Glieder" der Gesellschaft privilegiert gewesen, was weder den Rassenhygienikern, die Tüchtigkeit durch Auslese wollten, noch den Sozialpolitikern, die sparen mußten, passen konnte. Die Verbindung von Rassenhygiene und sozialer Frage habe sich so zwanglos hergestellt, und da die Asylierung der Untüchtigen, ihre Aussonderung schon vollzogen gewesen sei und sie leicht erfaßbar gemacht habe, sei der Schritt zu ihrer Vernichtung nur die logische Konsequenz gewesen. Endlösung der sozialen Frage durch die Medizin. Nach meinem Geschmack ist diese These zu einfach und zu konstruiert, um wahr sein zu können, aber überlassen wir sie der weiteren Fachdiskussion (8).

Für den Arzt im Dritten Reich stellte sich primär nicht die Frage, ob die systematische Ausgrenzung, Aussonderung und Ausschaltung aller sogenannten Minderwertigen und mißliebigen Minderheiten durch Vertreibung, Ausschluß von der Fortpflanzung und schließlich Tötung ein erlaubtes, gebotenes oder notwendiges Mittel der Sozialpolitik sein könne und dürfe. Für ihn stellte sich primär die Frage, ob es „mit seiner ärztlichen Ethik und moralischem Empfinden", um noch einmal Hitlers Leibarzt zu zitieren, vereinbar sei, sich zum Instrument einer solchen Politik zu machen oder machen zu lassen. Die Antwort ist, wir wissen es, erschütternd.

Erschreckende Zahlen

Ich muß erinnern (alle Zahlen in der Größenordnung zuverlässig geschätzt nach unten abgerundet, jeweils die untere Grenze):
— 6000 Kollegen diskriminiert, gedemütigt, verfolgt, ihrer Existenzgrundlage beraubt, vertrieben, deportiert, ermordet, nur weil sie „nicht arisch" – welch ein Begriff! – oder politisch mißliebig waren. Wo blieb da die standesethisch geforderte Kollegialität und Loyalität mit den Standesgenossen?
— 250 000 Menschen zwangsweise sterilisiert, denunziert, verurteilt, operiert durch Ärzte. 5000 starben an den Folgen der Operation.
— 5000 hilflose Kinder erfaßt, begutachtet, selektiert, verurteilt, ermordet: eingeschläfert, „abgespritzt" (Terminus technicus), dem Hungertod ausgesetzt durch

Ärzte. Tötung, so sagt das Strafgesetz, ist Mord, wenn sie „heimtückisch, grausam oder aus niederen Beweggründen" geschieht.

— 70 000 geistig und körperlich behinderte Menschen, Altersschwache, Kriegsinvaliden darunter, insgesamt alles „Volksgenossen", erfaßt, verurteilt, ermordet durch Ärzte. Die Kranken über ihr Schicksal getäuscht, die Angehörigen auf die heuchlerischste und infamste Weise belogen. 70 000 bis zum offiziellen Ende der Aktion T4 (1939 bis 1941), wieviele Tote es noch in der inoffiziellen Fortführung der Euthanasie-Aktion bis Kriegsende wurden, wir wissen es nicht. Wir kennen auch nicht die Anzahl der Kriegsgefangenen, Fremdarbeiter, Volksgenossen, die systematisch durch Arbeit und Hunger unter der Aufsicht von Ärzten vernichtet wurden.

— Hunderte hilf- und wehrloser Menschen wurden durch medizinische Versuche gequält, gefoltert, getötet von Ärzten. Wir kennen ihre Zahl noch nicht, entdecken immer noch neue „Forschungsunternehmen" dieser Art, nicht nur in Konzentrationslagern. Wenn damals verstoßen wurde gegen den Satz, daß gute Zwecke niemals böse Mittel heiligen können, dann wird bis heute vergessen, daß böse Mittel auch die guten Zwecke verderben. Der objektive Wert der Forschungsergebnisse mag sein, welcher er will, durch die Art, wie sie gewonnen wurden, sind sie verwerflich und müssen geächtet werden.

— Und schließlich der Völkermord. Fünf Millionen Menschen erschlagen, erschossen, bei lebendigem Leibe verbrannt, vergast. Der leitende Lagerarzt von Auschwitz, Dr. Eduard Wirths, der nach Aussage seines Kommandanten, die – so wörtlich – „von ihm verlangten Tötungen mit seinem Gewissen nicht vereinbaren" konnte, legte gesteigerten Wert darauf, daß die Selektionen an der Rampe, die Organisation und Durchführung der Tötung ärztliche Aufgaben waren (9).

Wir wissen nicht, wieviele Ärzte sich gegen ihr ärztliches Gewissen zu Instrumenten der Machthaber machen, ihre ärztliche Kompetenz für ein zutiefst unärztliches Tun mißbrauchen ließen.

Täter und Opfer

Wir wissen nur, daß ihre Zahl vielfach größer gewesen sein muß als die dreihundertfünfzig, die bisher immer genannt wird. Wir wissen, daß sie keine Psychopathen oder Teufel waren, obwohl sie an ihren Opfern teuflisch handelten. Sie waren bedeutende Gelehrte, hervorragende Wissenschaftler, angesehene Ärzte in hohen Rängen und leitenden Stellungen, anständige Bürger, liebevolle Familienväter, unter den jüngeren waren wohlerzogene, gebildete, intelligente, ehrgeizige, profilierte Leute, wie Mengele; und natürlich ebenso unbedarfte, kleinkarierte, höchst mittelmäßige, dumpfe Naturen, angepaßt in Denken und Verhalten, wie Mennecke. Kurz, das ganze Spektrum der Normalität in einer großen sozialen Gruppe, wie der Ärzteschaft, war vertreten und sie wußten alle, was sie taten. Die Ehrfurcht vor den Opfern, die verletzte Würde des ärztlichen Ethos, der Respekt vor unserer Rechtsordnung und nicht zuletzt unsere Selbstachtung als Ärzte, fordern, daß Täter, wo immer sie noch zu fassen sind, unnachsichtig, ohne falsche Solidarität, ohne Vertuschung zur Verantwortung gezogen werden.

Sonst interessieren hier die Täter nicht. Die Zeit ist nicht mehr fern, wo auch der letzte Täter der irdischen Gerechtigkeit entzogen sein wird, wo nur noch das historische Urteil über ihn gilt. Und das kann jetzt noch nicht gefällt werden. Das moralische Urteil braucht den einzelnen Täter nicht. Es urteilt über die Tat. Was bleibt, sind nicht die Täter, was bleibt, sind die einmal geschehenen Taten. Es sind die Taten, die die Frage nach den Bedingungen, unter denen sie möglich wurden, notwendig provoziert und diese Frage wendet sich primär an die Ärzte, an die Ärzteschaft im Dritten Reich.

Über Umfang, Ausmaß und die Einzelheiten der Durchführung der Untaten mochten Unklarheiten bestehen. Daß sie geschahen und durch wen sie geschahen, konnte jeder Arzt wissen, wußte jeder Arzt zumindest im Fall der Euthanasie-Aktion. Wo war der Protest, wo der Widerstand? Ein Zeugnis: Als Landesbischof Wurm von Württemberg im Sommer 1940 bei Innenminister Frick gegen den „Massenmord an Kranken" protestierte, gelangte der vertraulich gedachte Brief in viele Hände und wirkte wie ein Signal zum Widerstand. Erhob sich Widerstand? So schrieb eine Ärztin an Wurm:

„Wie sehr hat mich vor Wochen jene neue Untat von seiten Machthabender belastet und umgetrieben. Ich glaubte anfangs, nicht weiter leben zu können, wenn ich nicht etwas dagegen unternehmen würde. Ich wollte die Ärzte zusammenfinden, die gleichen Sinnes waren. Ich dachte, wenn 50% der Kollegen sich einsetzen, das *müßte* etwas ausrichten. 50% war naiv. Aber auch 30, 10 und 1% war zu hoch gegriffen. Denn müßte man also als Einzelner vorgehen . . . und dann war auch ich zu feige . . . Aber nun haben sie uns ein Vorbild geschaffen, wie man es machen kann, und es unterliegt keinem Zweifel mehr, daß ich auf meine Weise tun werde und können werde, was sein muß, wenn nicht das Leben unerträglich werden soll vor Scham über die eigene Feigheit" (10).

Es gab hinhaltenden Widerstand einiger Psychiater: Ewald in Göttingen, Jaspersen in Bethel, Creutz in Düsseldorf. Es gab öffentlichen Widerspruch: Büchner in Freiburg. Es gab Resistenz unter den Ärzten, nicht ohne Erfolg, wie die deutlich geringeren Opfer im Rheinland zu zeigen scheinen. Es gab Ärzte in allen Widerstandsgruppierungen und in der Weißen Rose dominierten sogar die Medizinstudenten. Aber es gab keinen spezifisch ärztlichen Widerstand, keinen organisierten Widerstand der Ärzte gegen ein Terrorregime, das den Ärzten unärztliche, mörderische Handlungen abverlangte.

Wohlgemerkt: uns geht es um den Balken im eigenen Auge, nicht um den Splitter im Auge des Anderen. Es geht nicht um das Verhalten der Kirchen, der Justiz, der Militärs, der Wirtschaftskapitäne, der naturwissenschaftlich-technischen Intelligenz, der Künstler, der Lehrerschaft, der Handwerkerschaft, der Arbeiterschaft etc. Es geht um das Verhalten der Ärzteschaft auf ihrem ureigenen Feld und in ihrem ureigenen Verantwortungsbereich.

Massenmord als Normalität akzeptiert

Eine Ärzteschaft aber, die Massenmord an Kranken als Normalität akzeptiert, ja in großen Teilen ausdrücklich als richtig, notwendig und gemeinschaftsdienlich bejaht, hat ihren Auftrag verraten, hat versagt, macht sich moralisch insgesamt schuldig, unabhängig davon, wieviele ihrer Mitglieder an diesem Krankenmord konkret, mittelbar- oder unmittelbar in juristisch zurechenbarer Weise schuldig waren.

Auch hier lag die Wurzel des Übels in den Versäumnissen des Anfangs. Jene geschlossene Selbstgleichschaltung der deutschen Ärzteschaft, wie man das genannt hat, mit der die ärztlichen Organisationen – ob spontan, freiwillig und aus Überzeugung oder aus Kalkül, anpasserisch und opportunistisch, gleichviel – die Voraussetzungen für eine reibungslose Machtübernahme der Nationalsozialisten sorgten, entsprach nicht der Struktur der Ärzteschaft. Sie war alles andere als ein monolithischer Block: Zerstritten zwischen den Interessen der Landärzte, der Kassenärzte und Jungärzte (angestellt oder arbeitslos), mit politischen Gruppierungen von ultrakonservativ bis ultralinks, mit hohem jüdischen Anteil in allen Gruppen (insgesamt 12%). Alles in allem traf der Vorwurf der Nationalsozialisten, „die Ärzte seien traditionell liberalistisch-individualistisch eingestellt", das Richtige (11).

So war denn auch der „Nationalsozialistische Deutsche Ärztebund" eine der kläglichsten Gliederungen der Partei. Spät gegründet, ohne klare Zielsetzung, mitgliederschwach, erst auf Intervention von oben auch programmatisch und offen antisemitisch, war er nur Trittbrett zur Macht seiner Führer. Nach 1933 schnellte jedoch die Zahl der Parteigenossen unter den Ärzten bis auf 40, vielleicht sogar 50% nach oben. Kalkül oder Überzeugung? Im Einzelfall ist das schwer zu entscheiden. Als brutum factum bedarf es noch sehr der Interpretation. „Die neue Deutsche Heilkunde" des Reichsärzte-Führers Wagner reüssierte nicht. Der Versuch, die Vertreter von unterschiedlichsten Außenseitermethoden und natürlichen Heilweisen zusammenzufassen, um dem gemeinsamen Feind, der Schulmedizin, besser Paroli bieten zu können, scheiterte schnell und kläglich trotz vielfacher ideologischer Affinitäten zum Nationalsozialismus und massiver Bemühungen Wagners. Scheiterte schon daran, daß Außenseiter eben Außenseiter sein und bleiben müssen, wenn sie überleben wollen. Obwohl die „Neue Deutsche Heilkunde" so schön billig die Kräfte von „Blut und Boden" nutzte und Abhärtung, Ertüchtigung, „Dein Körper gehört nicht Dir" predigend die „Gesundheitspflicht" einführte: „ein deutsches Mädel raucht nicht", „der Führer trinkt nicht", setzte sie sich doch gegen die etablierte Schulmedizin nicht durch.

Schuld und Pflichterfüllung

Was deutsche Ärzte im Alltag des Dritten Reiches in ihrem Beruf, in der Wahrnehmung ihres ärztlichen Auftrages geleistet haben, ist unbestritten, wenn sie denjenigen Menschen Rat und Hilfe zuteil werden ließen, die ihren Rat und ihre Hilfe brauchten bei Verwundung, Krankheit, Leiden, in leibseelischer Not und wenn sie dabei keine anderen als ärztliche Kriterien für das Wohl des ihnen vertrauenden und anvertrauten Patienten gelten ließen ohne Ansehen der Person. Und wenn sie ihren ärztlichen Auftrag wahrgenommen haben, mit ärztlicher Kompetenz, mit Hingabe, mit hohem Einsatz, ja Einsatz ihres Lebens, mit Opferbereitschaft, Mut und Tapferkeit, in Situationen, die dies von ihnen forderten: auf Hauptverbandsplätzen und in Feldlazaretten, in Bombennächten, bei Flucht und Vertreibung, in Kriegsgefangenschaft, im Strafvollzug und in Konzentrationslagern – auch das hat es gegeben – ist dies unser aller Achtung, ja Bewunderung wert. Doch es schmälert nicht im geringsten diese Leistung, wenn wir feststellen: Wenn die Ärzte im Dritten Reich dies alles taten, haben sie nur ihre Pflicht getan. Sie haben verwirklicht und ausgeführt, was sie anstrebten, als sie begannen, Medizin zu studieren, wozu sie ausgebildet wurden, wozu sie erzogen waren: Sie haben lege artis ihren ärztlichen Beruf ausgeübt. Der Verrat an den selbstverständlichen Pflichten ärztlicher Berufsausübung war die Schuld der Ärzte im Dritten Reich, die Schuld der Ärzteschaft, daß sie diesen genuinen Kernbereich ärztlicher Handlung und Verantwortung nicht gesichert hat gegen die Zumutung, das ärztliche Gewissen außer Kraft zu setzen.

Der Himmel über der deutschen Geschichte ist seither verdunkelt durch den schwarzen Rauch, der aus den Krematorien deutscher Vernichtungslager aufgestiegen ist. Wir treten aus den Schatten unserer Vergangenheit nicht heraus, wenn wir sie verschweigen, verdrängen, verleugnen, dämonisieren, beschönigen, entschuldigen, erklären oder gar reduzieren auf formaljuristische Straftatbestände. Wir können nur dann aufrecht, würdig und frei mit dem unauslöschlichen Kainsmal leben, wenn wir uns zu der Schuld der Väter bekennen und bereit sind, zu deren Folgen zu stehen.

Ich maße mir nicht an, Lehren zu ziehen. Ich konstatiere nur aus den Erfahrungen der Ärzte im Dritten Reich
— wo der Arzt sich zum Instrument machen läßt,
— wo der Arzt sich seine unteilbare Verantwortung für sein ärztliches Handeln und Entscheiden, abnehmen läßt oder deligiert,
— wo der Arzt nicht Leben schützt und bewahrt, sondern ausliefert und tötet,
— wo der Arzt sich anmaßt, über Wert oder Unwert eines Menschenlebens zu entscheiden,
— wo der Arzt im Patienten nur ein geeignetes Objekt der Beobachtung, Untersuchung, Behandlung und des Versuches sieht,
— wo der Arzt die Personalität und Individualität seines Patienten, wo er dessen Würde und Selbstbestimmungsrecht nicht achtet, ehrt und respektiert,
— wo der Arzt fremde, eigene oder Interessen Dritter, über das Wohl des ihm vertrauenden und anvertrauten Patienten stellt,
— wo eine Ärzteschaft diese sittlichen Normen ärztlichen Handelns nicht sichert und schützt,
— wo eine Ärzteschaft diese Normen ärztlichen Handelns nicht täglich einübt und vorlebt, sondern nur kodifiziert und in Festtagsreden beschwört,
da sind Ärzte in Gefahr, ihren Beruf, ihren Auftrag, sich selbst zu verraten.

Die Geschichte der Ärzte im Dritten Reich lehrt es. Die Ärzte im Dritten Reich haben uns eine schwere Last hinterlassen für jetzt und in alle Zukunft. Erinnern wir uns dieser Last. Lernen wir sie kennen, wirklich kennen. Anerkennen wir diese Last und lassen sie uns eine Lehre sein. Versuchen wir nicht, diese Last abzuschütteln, denn mit der Last geht die Lehre verloren. Nehmen wir sie auf uns. Die Last ist die Lehre.

Anmerkungen:

1) HANNS RÜCKERT: Der völkische Beruf des Theologen. Ein theologisches Kolleg, gehalten in Tübingen zu Beginn des Sommersemesters 3. Mai 1933. Osiander'sche Buchhandlung Tübingen 1933. Zitate: S. 4/5; S. 9/10; S. 13.

2) MAX WEBER: Die drei Typen der legitimen Herrschaft (1922 posthum), in: Gesammelte Aufsätze zur Wissenschaftslehre, 3. Aufl., hersg. v. I. WINCKELMANN, Tübingen 1968, S. 475–488. Weber unterscheidet „legale", „traditionelle" und „charismatische Herrschaft" (S. 481–488).

3) KÄTE FRANKENTHAL: Ärzteschaft und Faschismus. In: Der sozialistische Arzt 7 (1932) Heft 6, S. 101–107. Zitat: S. 104.

4) ROBERT JAY LIFTON: Ärzte im Dritten Reich (The Nazi Doctors. Medical Killing and the Psychology of Genocid. 1986). Aus dem Amerikanischen übers. v. A. Lösch, S. Fetscher und M. K. Scheer. Stuttgart 1988.

5) FRIDOLF KUDLIEN: Ärzte im Nationalsozialismus. Unter Mitarbeit von G. Baader, M. Gaspar, A. Haug, M. H. Kater, W. F. Kümmel, S. Lilienthal, K.-H. Roth, R. Winau. München 1985.

6) Zitiert nach: Medizin ohne Menschlichkeit. Dokumente des Nürnberger Ärzteprozesses. Hrsg. und kommentiert von ALEXANDER MITSCHERLICH und FRED MIELKE: 2. Aufl. Frankfurt 1978 (= Fischer Taschenbuch 2003). S. 266 u. 268.

7) Der Wert des Menschen. Medizin in Deutschland 1918–1945. Hrsg. v. der Ärztekammer Berlin in Zusammenarbeit mit der Bundesärztekammer. Redaktion: Christian Pross und Götz Aly. Berlin 1989 (= Reihe Deutsche Vergangenheit, Bd. 34).

8) Zur Diskussion vgl.: Medizin im Nationalsozialismus. Ein Kolloquium des Instituts für Zeitgeschichte. Hrsg. v. NORBERT FREI. München 1988.

9) Vgl. LIFTON (wie Anm. 4) S. 202–205 u. 450–488.

10) Zitiert nach: HANS-WALTER SCHMUHL: Rassenhygiene, Nationalsozialismus, Euthanasie. Von der Verhütung zur Vernichtung „Lebensunwerten Lebens" 1890–1945. Göttingen 1987 (= Kritische Studien zur Geschichtswissenschaft Bd. 75) T. Förstner an Wurm 21. Okt. 1940: S. 316.

11) Zitiert nach KUDLIEN (wie Anm. 5) S. 26.

Biologismus – Vorstufen und Elemente einer Medizin im Nationalsozialismus

Gunter Mann †

Friedrich von Hellwald, ein fruchtbarer geographischer, anthropologischer und kulturhistorischer Schriftsteller, formulierte 1873 das „Glaubensbekenntniß eines modernen Naturforschers": „Das Reich der Thatsachen hat gesiegt! Die Naturforschung in Verbindung mit ihren zwei Sprößlingen Technik und Medicin schreitet unaufhaltsam vorwärts. Sie hat schon jetzt alle besseren Köpfe in Besitz genommen und hat nur Träumer oder Schurken gegen sich. Sie ist in alle Gebiete eingedrungen, sie gestaltet alle anderen Wissenschaften um, sie beherrscht unser ganzes Familien- und Staatsleben. Sie herrscht nicht bloß in Fabrik, Werkstätte und Küche, sondern auch in der Kriegsführung und Diplomatie, in der Kunst und im Handel: sie herrscht überall! Warum sollten wir ihr den Eingang in das gewöhnliche Denken der Leute verschließen? Lasse man ihr Licht offen hineinscheinen in die Köpfe! Keine Heuchelei mehr, keine Schönfärberei, keine Vermittlungsversuche." Friedrich von Hellwald fügte an: „Wer vermöchte es . . . zu leugnen, daß in der That die auf dem Felde der Naturerkenntniß gewonnenen Resultate auf sämtliche Zweige menschlichen Denkens und Forschens umgestaltend wirken und schon gewirkt haben?"

Dies sind zeittypische Sätze. Die Naturwissenschaft mit all ihren Erfolgen weitete damals ihr Herrschaftssystem, zur Hegemonie ansetzend, über ihre Grenzen aus, um die übrigen Lebensbereiche zu durchdringen.

„Biologismus" ist kein schönes Wort.*) Es gehört zur verhängnisträchtigen Begriffsfamilie der -ismen, die in unserem Jahrhundert so bedrohlich sich vermehrte. Dennoch müssen wir es unserem Themenkreis maß- und richtunggebend zuordnen. „Biologismus" bezeichnet eine Erscheinung, die über etliche Jahrzehnte des 19. Jahrhunderts und beginnenden 20. Jahrhunderts, dann auch in der nationalsozialistischen Ära, zu beobachten war. Biologische Gedanken, Tatsachen, Bilder und Modelle, wie wir heute sagen, werden auf andere Seins- und Wissensbereiche übertragen, um diese zu deuten, ihre einheitliche Gesetzmäßigkeit zu markieren und um mit ihnen Handlungsanweisungen zu gewinnen. Monistisches Denken spielt dabei eine entscheidende Rolle.

Auf der Versammlung Deutscher Naturforscher und Ärzte in München 1877 hatte Rudolf Virchow, der Pathologe und Anthropologe, der Gründer und Führer der (liberalen) Fortschrittspartei und Gegenspieler Bismarcks, über die Freiheit

---

*) Der Begriff „Biologismus" wurde um die Jahrhundertwende von dem Philosophen Heinrich Rickert eingeführt. Vgl. a.: H. Rickert: Lebenswerte und Kulturwerte (I. Die biologistische Modephilosophie, II. Der Biologismus und die Biologie als Naturwissenschaft, III. Kultur und Leben). In Logos **2** (1911/12) S. 131–166.

Abbildung 1:
Charles Darwin (1809 bis 1882) Foto: DÄ-Archiv

der Wissenschaft im modernen Staatsleben gesprochen. Seine Rede zielte vor allem auf Ernst Haeckel und dessen unzeitige Verallgemeinerungen der *Entwicklungslehre,* insgesamt auf die Vermengung von Spekulativen und sicher erfaßten Tatsachen.

„Wir dürfen", rief damals Virchow mahnend seinen ärztlichen und naturwissenschaftlichen Kollegen zu, „unsere Vermuthung nicht als eine Zuversicht, unser Problem nicht als einen Lehrsatz darstellen . . .". „Wir dürfen . . . nicht vergessen . . ., daß das, was wir hier vielleicht noch mit einer gewissen schüchternen Zurückhaltung aussprechen, von denen da draußen [er meinte die Öffentlichkeit] mit einer tausendfach gesteigerten Zuversicht weitergetragen wird . . .". Der Augenblick ist da, „wo eine gewisse Auseinandersetzung zwischen der Wissenschaft, wie wir sie vertreten und treiben, und dem allgemeinen Leben stattfinden muß . . .". Dies aber soll mit Vorsicht und Zurückhaltung geschehen.

Die Rede Rudolf Virchows erregte Freunde und Widersacher. Wer die weitreichende Polemik um sie verfolgt und nüchtern ihren Text vergleicht, erahnt etwas von der Bedeutung der Emotion und Subjektivität in der wissenschaftlichen und öffentlichen Auseinandersetzung, der Verblendung, die sie bewirken. Virchow war für eine Durchdringung des öffentlichen Lebens mit naturwissenschaftlichen Grundsätzen; gerade weil er dies wollte und forderte, verlangte er absolute Nüchternheit und Sicherheit der Fakten, die bestimmend werden sollten. Virchow trat nicht gegen die Entwicklungslehre, den *Darwinismus* im besonderen, als Kronzeuge auf, wie einige meinten, sondern er wollte verhindern, daß Halbwahres, nur in umgrenzten Bereichen Gültiges oder nur Gedachtes und Gewünschtes als Tatsächliches über den Kreis der Naturwissenschaften hinausdrang und verhängnisvolle Wirkung entfaltete.

Natur – Mensch – Gesellschaft

An Beispielen aus seiner Zellularpathologie machte Virchow deutlich, wie Fakten und Bilder, die im Bereich der Anatomie, der Physiologie und der Pathologie Geltung hatten, in außermedizinische Bereiche übertragen wurden und damit Wahrheit und Sinn verloren. Virchow wies so auf einen Vorgang hin, der nicht nur zu seiner Zeit bedeutsam wurde, der vielfach ein Prinzip der Erkenntnis und der wissenschaftlichen Methodik in der Vergangenheit war: Ich meine die *Analogisierung*. Als die Naturwissenschaft in der zweiten Hälfte des 19. Jahrhunderts sich mächtig in Breite und Tiefe auszudehnen begann, entwickelte sie eine erdrückende Hegemonie. Sie gewann eine solche Faszination, daß ihre Arbeitsergebnisse, ihre Ideen und Modelle, die sie entwickelte, anscheinend Prägekraft für andere Wissenschaften und Lebensbereiche gewannen. An vielerlei Beispielen läßt sich das demonstrieren. So wurden zeitweise die Gesellschaftslehren, wie sie Auguste Comte in Frankreich, Herbert Spencer in England entwickelten, weithin von naturwissenschaftlichen Vorstellungen beherrscht. Albert Schäffle (1831 bis 1903), ein schwäbischer Gelehrter, ein Journalist zunächst, dann Professor der politischen Ökonomie in Tübingen und Wien, Mitglied des Württembergischen Landtags 1862 bis 1865, des Deutschen Zollparlaments, österreichischer Handelsminister im Kabinett Hohenwart 1877, danach Privatmann in Stuttgart, dieser Albert Schäffle veröffentlichte 1875 bis 1878 ein dickleibig deutsches, vierbändiges Werk von 2500 Seiten über „den Bau und das Leben des socialen Körpers, einen encyklopädischen Entwurf einer realen Anatomie, Physiologie und Psychologie der menschlichen Gesellschaft mit besonderer Rücksicht auf die Volkswirtschaft als socialem Stoffwechsel". Darin werden bis in die Details Begriffe der Medizin und Naturwissenschaften in soziale Bereiche übertragen. Ein Naturmodell der *Gesellschaft als Organismus* mit all seinen Entsprechungen zum menschlichen Körper konstruierte darin Schäffle. Ähnliches versuchte der Balte Paul von Lilienfeld, ein Nationalökonom, Gutsbesitzer und Staatsbeamter in russischen Diensten, mit einem umfangreich fünfbändigen Werk, „Gedanken über die Socialwissenschaft der Zukunft", mit Teilstücken über „die menschliche Gesellschaft als realem Organismus", „die sociale Physiologie", „die sociale Psychophysik" und „die socialen Gesetze" (1873 bis 1881). Uns brauchen hier die Details nicht zu interessieren. Bei beiden – sie sind uns nur charakterisierende Beispiele für viele – werden Natur, Mensch und Gesellschaft in eine Reihe gestellt, gleichsam als Potenzierungen betrachtet. Das Zeitalter der Aufklärung versuchte sich schon in solchen Gegenüberstellungen. Man wollte das *natürliche Gesetz* fassen, den Menschen und ihrer Gemeinschaft durch Natürlichkeit Maß und Ordnung geben.

Darwinismus

Besonderen Sinn aber und neue Kräftigung erhielten diese Bemühungen, als der Darwinismus aufkam, der die Entwicklungsidee, die bei ihm nicht zuerst auftauchte, eindringlich geltend machte. Sie bestätigte den inneren Zusammenhang jener Reihe und, das ist das Bedeutsame, sie löste sich aus ihrem ursprünglichen Stoff- und Bedeutungskreis und drang vielfältig in das Denken und die Vorstellungen der Zeitgenossen ein. Darwinistische Beobachtungen und Gedanken, auch ihre Elemente, wie der *Kampf ums Dasein*, die natürliche Selektion, die Variation wurden vielfältig transformiert und modifiziert.

Daß man die *Gesellschaft als Körper,* als Fortsetzung und Potenzstufe der Reihe Natur – Mensch ansehen konnte, war eine Folge dieses übergreifenden Denkens, auch, daß biologische Gesetzmäßigkeiten in gesellschaftliche Bereiche vereinfachend hineingesehen wurden. Biologisierung herrschte weithin, auch in der Philosophie, der Theologie und der Nationalökonomie, um nur ein paar Distrikte zu nennen. Gegen solche Überformungen und Überpflanzungen begann Rudolf Virchow sich schon früh zu wenden. In jungen Jahren gebrauchte er selbst gesellschaftliche Begriffe biologisch und wandelte biologische ins Gesellschaftliche hinüber, freilich mit Vorsicht und Zurückhaltung. Er sah die Grenzen deutlich: „Der Kosmos ist kein Bild des Menschen", sagte er, „der Mensch ist kein Bild der Welt". „Es gibt keine andere Aehnlichkeit des Lebens als wieder das Leben. Man kann den Staat einen Organismus nennen, denn er besteht aus lebenden Bürgern; man kann umgekehrt den Organismus einen Staat, eine Gesellschaft, eine Familie nennen, denn er besteht aus lebenden Gliedern gleicher Abstammung. Aber damit hat das Vergleichen ein Ende."

Viele seiner Zeit- und Weggenossen indes trieben dieses analogisierende Denken weiter, immer üppiger und schrankenloser. Virchow sah in all dem einen verhängnisvollen Mißbrauch der Wissenschaft im Staate, weil jene „Theorien" – er setzt dieses Wort in Anführungszeichen – vergröbert und „in einer für uns selbst erschreckenden Gestalt zu uns zurückkehren. Nun stellen sie sich einmal vor", ruft er seinen Kollegen zu, „wie sich die Descendenztheorie heute schon im Kopfe eines Sozialisten darstellt! . . . Es ist sehr ernst, und ich will hoffen, daß die Descendenztheorie für uns nicht alle die Schrecken bringen möge, die ähnliche Theorien . . . angerichtet haben. Immerhin hat auch diese Theorie, wenn sie consequent durchgeführt wird, eine ungemein bedenkliche Seite . . .".

Virchow gebrauchte hier den Begriff „Sozialist" ganz undifferenziert, denn all diejenigen, die sich Sozialisten oder dann auch Sozialdemokraten nannten, übernahmen recht unterschiedlich darwinistische Ideen.

Die Nachfahren des mechanistischen Materialismus der Aufklärung, wie der wort- und schriftgewandte Zoologe Carl Vogt, der Physiologe Julius Moleschott, der Arzt und Naturwissenschaftler Ludwig Büchner, die bürgerlich-antikirchliche und antireligiöse Bewegung, haben mitgeholfen, den Boden für die weltanschauliche Aussaat und Transponierung darwinistischer Ideen zur Unzeit zu bereiten. Ernst Haeckel verkündete 1863 auf der Stettiner Versammlung der Gesellschaft Deutscher Naturforscher und Ärzte, daß die Entwicklungsidee Darwins zu Konse-

Abbildung 2:
Rudolf Virchow (1821 bis 1902) Foto: DÄ-Archiv

Abbildung 3:
Ernst Haeckel (1834 bis 1919) Foto: Ullstein

quenzen führe, die ihr Schöpfer damals selbst noch nicht deutlich gezogen hatte: die *Abstammung des Menschen aus dem Tierreich* und die natürliche, nicht durch Schöpfungsakt vollzogene Entstehung des Lebens. Pathetisch sagte damals Haeckel: Der „Fortschritt ist ein Naturgesetz, welches keine menschliche Gewalt, weder Tyrannen-Waffen noch Priester-Flüche jemals dauernd zu unterdrücken vermögen".

Den *Fortschrittsgedanken* der Entwicklungslehre übernahmen die Sozialisten und die junge Sozialdemokratie. Sie vermeinten auch, eine generelle Gleichheit als Folge der Zugehörigkeit zur gleichen biologischen Gattung und Art und der Einheit der Abstammung als naturgesetztes Gesellschaftsprinzip erkennen zu können.

1873 versuchte ein anonymer Schriftsteller im Organ der Sozialdemokratischen Arbeiterpartei „Der Volksstaat" nachzuweisen, wie sich Darwinismus und Sozialismus verbänden, die Gleichheit aller Menschen sichtbar zu machen. Das war ein früher Versuch dieser Art, dem viele in der populärpolitischen und -wissenschaftlichen Literatur zugleich folgten. Der Darwinismus hatte einen fruchtbaren Schoß. Etliche Kinder gerieten ihm, etliche wurden mißgebildet.

Das neue Menschenbild

Darwins Interesse war zunächst vornehmlich auf Tier und Pflanze gerichtet, auf die Vielfalt der Lebensformen und -erscheinungen, die Erkenntnis ihrer Zusammenhänge und Entstehung. Der große Beobachter sah Naturprinzipien, die alle belebten Erscheinungen, auch den Menschen, erreichten und einschlossen.

„Daß auch Licht auf den Menschen falle" – ein Satz aus seiner „Entstehung der Arten" des Jahres 1859 –, war die zwingende, zunächst aber nur zaghaft ausgesprochene Erkenntnis, Licht auf eine tierische Abstammung des Menschen, Licht aber auch auf das Leben und Zusammensein der Menschen, auf Festigkeit, Dauer und das Prozeßgeschehen der individualen und sozialen Gebilde.

Der Mensch ein Tier, der Mensch in genealogischem Zusammenhang mit dem Affen, humane Vitalität und Geistigkeit biologisch bestimmt, das waren neue Fixpunkte und Wertsetzungen. Umwertungen des Bisherigen. Der christliche Mensch empfand sich als Geschöpf Gottes, sein Ebenbild, von seinem Odem beseelt, als Krone des Erschaffenen, trotz allen Geworfenseins, die Welt ihm untertan. Nun aber sah er sich anscheinend zurückgestoßen, den Tieren zugeordnet, zwar am Ende und auf der Höhe der Entwicklungsreihe plaziert, aber doch bloß ein animalisches Wesen. Körper und Geist ableitbar aus niedrigeren Stufungen. Die Empörung der Frommen, der streitbaren Theologen war groß, die Kämpfe dagegen und dafür entwickelten sich heftig und bösartig.

Monistisches Denken, von Männern wie Ernst Haeckel und Wilhelm Ostwald mit viel Aufwand vorangebracht, suchte Einheit weiterhin, Einheit der Wissenschaften, Einheit im praktischen Handeln, Einheit auch von Körper und Geist. „Materielle Körperwelt und immaterielle Geisteswelt", das ist Haeckels Formulierung, „bilden ein einziges untrennbares Universum, ein Substanzreich".

Attribute der „Substanz" sind ihm Kraft und Stoff. Menschliche Psyche ist Haeckel eine besondere Form der Energie. Johannes Müller, des Physiologen

Theorie von der „Spezifischen Energie" der Sinnesnerven, schlägt ihm die Brücke zwischen beiden.

Die menschliche Gesellschaft im biologischen Prozeß

„Substanz" ist das monistisch Ursprüngliche, Kraft und Stoff, damit Empfindung und Psyche, Körper und Geist letzten Endes einschließend, sind evolutionär daraus abzuleiten. Mechanistische Biologie ist die überdachende, einnehmende, sich alles unterordnende Wissenschaft. Anthropologie bis zur Theologie subsumierend, in den Kammern ihres weiträumigen Hauses genealogisch den Platz verteilend. Der menschliche Geist ist keine göttliche Sondergabe, er hat sich gebildet, gesteigert aus den Vorstufen heraus. Die urtümliche Humangesellschaft ist eine animalische Sozietät, unverstellt und unbehindert von biologisch-selektiven Prozessen bestimmt. In seiner „Abstammung des Menschen" (1871) geht Darwin nur zaghaft an solche Probleme heran. Über den „Fortschritt der intellektuellen Kräfte durch natürliche Zuchtwahl" schreibt er, „den Einfluß der natürlichen Zuchtwahl auf zivilisierte Völker". Weit über urgeschichtliche Anmerkungen kommt er dabei nicht hinaus.

Ernst Haeckel indes und viele seiner Zeitgenossen übertragen in monistischer Denkart die zoologische Evolution in eine humanhistorische und humanzukünftige, weil auch diese eine naturgeschichtlich bestimmte ist, solcherart handfeste sozialdarwinistische Lehrmeinungen fundierend.

Völkergeschichte wird ein Spezialzweig der Zoologie. Monistische Kulturgeschichte, selektionistische Geschichtsinterpretion und ihre Chronisten bestellen ein weites fruchtbares Feld. Aber auch diejenigen, die die Gegenwart bedenken und die Zukunft, finden hier wesentliche Denk- und Realisierungselemente.

Rasse

Die Geschichte des Rassedenkens und -begriffes ist weit verzweigt. Sie spielt eine Rolle in der morphologischen Gruppensystematik der Aufklärung und der urbildlichen Zuordnung der ersten Jahrzehnte des 19. Jahrhunderts. Für Carl Gustav Carus ist – um nur diesen Hinweis für viele zu geben – die Ungleichheit der Rassen im organismischen Wesen der Menschheit mit verschiedener Wertigkeit ihrer Teile begründet. Der Gedanke – von Friedrich von Schiller schon gedacht – der auserlesenen Gruppe, Ideal des Menschlichen, in einem polaren Spannungsfeld stehend, taucht auf. Tag- und Nachtrassen, Morgen- und Dämmerungsrassen werden geschieden (Carus), schöne und häßliche (Christoph Meiners), aktive und passive (Gustav Friedrich Klemm), Männer wie Rudolphi, Menzel, Klemm, Carus sehen eine Überlegenheit der weißen Hauptrasse. Das germanische Element wird geschätzt (Klemm, Carus).

In dem Zeitalter der Aufklärung und der Romantik treten Umrisse von Beziehungen dieser Art zwischen Rasse, Geschichte und Kultur hervor.

All das sind nur wenige Namen und Andeutungen. Es geht uns nicht darum, „Anfänge" festzulegen und Detaillierungen zu geben. „Volksgruppen" bei Herder, „Rassen" als Wesenselemente und Einheiten des Natürlichen werden verschiedenartig beschrieben und mit Inhalt gefüllt. Deskription und Gliederungsversuche stehen im Vordergrund. Als Gründe der Unterschiedlichkeit wird auf äußere Einflüsse oder natürliche Anlagen, etwa die Gehirngröße (Carus), hingewiesen. Daß das Verschiedensein der Menschengruppen die Verschiedenheiten ihrer Kultur und Geschichte bestimmt, wird angemerkt und in Korrespondenz gebracht. Das geschichtliche Zustandsbild beherrscht zumeist die Untersuchungen. Nur vereinzelt vermag man Statisches zu verlassen, um bewegende Kräfte historischer Abläufe zu finden.

1853 bis 1855 erscheint in Paris der „Essai sur l'inégalité des races humaines" des 37jährigen Grafen Gobineau, eines weitgereisten Mannes, Diplomaten, Liebhaber-Orientalisten und Geschichtsphilosophen. War bis dahin die Erforschung der menschlichen Rassen vor allem auf klassifikatorische Ziele gerichtet, so stellt Gobineau im scharfen Gegensatz dazu das Problem der Rasse mitten in die Kulturgeschichte und mitten in die Kulturpolitik hinein. Es gibt zwar Vorläufer dieses Denkens, dennoch werden in diesem Werk Materialien präsentiert und Gedanken entwickelt, die den bisherigen Rassenbegriff erweitern und andern Beziehungsbereichen deutlicher und entschiedener zuordnen als bisher.

Kulturgeschichtliche, ethnologische, religions- und sprachgeschichtliche Elemente bestimmen Gobineaus Untersuchungen. Sein Rassenbegriff wird dabei vergleichend erschlossen. Er greift über, wird Ergebnis und Mittel zugleich der Interpretation historischer Prozesse, indirekt aber auch Instrument aktueller Politik und zukünftiger Orientierung. Rasse wird eine geschichts- und gegenwartsmächtige Kraft. Die weiße, die schwarze und die gelbe Rasse, meint Gobineau, streng christlichem Denken folgend, entstammen einem Urgeschlecht. Sie sind Varietäten, Sekundärtypen. Durch Vermischung leiten sich in mathematischer Kombination Folgerassen ab. Die *Arier*, so verhängnisvoll späteres Rassendenken durchziehend, sind ihm die Kerngruppe, die „erlauchte Menschenfamilie" die „unbestreitbar edelste weißer Abkunft" die „allen überlegenen race". Der „auserlesenen Rasse" werden die Farbigen, die Schwachen, deklassierend gegenübergestellt.

Das Völkerleben demonstriert Geschick und Ungeschick, Leistung und Unvermögen der Menschengruppen. Es zeigt Wertunterschiede. „Das Tribunal der Geschichte ist das einzig zuständige für eine vernünftige Entscheidung über die Charaktere der Menschheit", sagt Gobineau. Was er aus der Geschichte der Völker erschließt, wird umgekehrt wieder als Schlüssel zur Interpretation der Historie und der Gegenwart benutzt.

Von 1898 bis 1901, das wird für uns entscheidend, erscheint die deutsche Ausgabe des Gobineauschen Rassenwerkes. Jahrzehntelang hatte man Gobineau wenig beachtet, nun aber kommen um die Jahrhundertwende seine Gedanken auch im deutschen Bereich zur Wirkung. Er nährt *Kulturpessimismus* und *Germanenkult*.

In Zeitungs- und Zeitschriftenaufsätzen und dickbändigen Monographien werden seine Ideen unter das Publikum gebracht. Ludwig Schemann gründet 1894 ein Gobineau-Archiv und eine Gobineau-Vereinigung. Eine Reihe von Privatgelehrten tritt zu einer Gobineau-Schule zusammen. Heftige Fehden entwickeln sich um sie. Hier werden Darwinismus und kulturhistorische Anthropologie im Sinne Gobineaus miteinander verbunden: *Sozialanthropologie* konstituiert sich.

Untergang – Zerfall

„Der Sturz der Civilisationen" ist Gobineau das „auffallendste und zugleich dunkelste aller geschichtlichen Phänomene": „Alle menschlichen Gesellschaften gehen abwärts, . . . alle sage ich und nicht diese und jene." Was ist die Ursache dieses Verfalls?

Gobineau schiebt herkömmliche Begründungen beiseite: Fanatismus, Luxus, Sittenlosigkeit, Willkür und Aberglaube sind ihm Wirkungen und nicht Ursachen. Im Innern eines sozialen Körpers liegen diese.

Das Schlagwort „*Degeneration*" genügt nicht, es muß verständlich gemacht werden: „Ich meine . . ., daß das Wort degeneriert, auf ein Volk angewandt, bedeuten muß und bedeutet, daß dieses nicht mehr den inneren Werth hat, den es ehedem besaß, weil es nicht mehr das nämliche Blut in seinen Adern hat, dessen Werth fortwährende Vermischungen allmählich eingeschränkt haben." Handgreiflich sucht Gobineau zu beweisen, „daß die großen Völker im Augenblick ihres Todes nur noch einen ganz schwachen, ganz unwägbaren Teil des Blutes der Stifter, von denen sie geerbt haben, besitzen."

Niedergang der Völker, das Entartungsproblem, wird ein großes Thema, ein Generalthema jener Jahre. Zahlreiche Arbeiten, Monographien und Aufsätze sind im ausgehenden 19. und beginnenden 20. Jahrhundert darüber geschrieben worden. Wenn Weltgeschichte ein Teil organischer Entwicklungsgeschichte ist, dann sind es auch die gesellschaftlichen Prozesse der Gegenwart und Zukunft. Man muß dem Verfall mit den erkannten Mitteln des Naturprozesses entgegenwirken, muß sehen, wo dieser nicht in Normbereichen funktioniert und versuchen, diesen wieder herzustellen.

Zentrale biologistische Gedanken verschiedener Gruppen erscheinen, die zu einer *Rassenhygiene* im anthropologischen oder gesellschaftspolitischen Sinne führen. *Auslese* wird ein wesentliches Stichwort zur Erhaltung der Zivilisation. In verschiedenartig umzäunten Gehegen tauchen Gedanken aus dem Darwinismusbereich auf und werden nun übertragen und als Handlungsanweisungen umzusetzen versucht.

Die Folgen sind unterschiedlich: *Sozialanthropologen* glauben, skeptisch wie ihr Meister Gobineau, nichts Wesentliches am Gang des Gesellschaftsprozesses ändern zu können, allein den Aufschub und das Hinauszögern eines Unterganges zu erreichen.

Sozialdarwinisten, Eugeniker und Rassenhygieniker unterschiedlicher Position schließlich, mit einem veränderten Gesellschaftsbegriff, der nicht unbedingt anthropologisch bestimmt ist – der Name Rassehygiene täuscht hier –, sind optimistischer. Die Mittel einer konsequenten selektiven Rassenhygiene erscheinen ihnen erfolgversprechend. Der *Kulturpessimismus* um die Jahrhundertwende wird anthropologisch und soziologisch-biologisch bestimmt und begründet.

Entscheidend wird, daß man Gedanken aus dem natürlich-biologischen Geschehen unter dem Entwicklungsdenken auf das Ganze der Rasse, des Volkes, der Gesellschaft überträgt, daß man Störungen im Naturprozeß, durch die Zivilisation bedingt, versucht aufzuspüren und ihnen entgegenzuwirken. Darüber wird in weiteren Artikeln, über die sich nun konstituierende Sozialanthropologie und den Sozialdarwinismus, die Eugenik berichtet. Die „Natur", ihre Gleichsetzung mit dem Göttlichen, mit Vernunft, Lebensgesetzlichkeit, gewinnt durchdauernde Normkraft. Wer leben will, glücklich leben will, hat *natürliche Gesetzlichkeit* zu suchen und zu erfüllen, das ist das große Ziel. Dies ist auch das Ziel, das Einheit in der Vielgestaltigkeit der Erscheinungen verheißt.

Hier wird das verlorene *Lebensganze* wiedergefunden. Die Einheit des Lebendigen, gestört durch den Menschen, seine Zivilisation, seine unnatürlichen Lebensformen im individualen und sozialen Bereich, soll wieder hergestellt werden. Die neuen Generalschlüssel, die anscheinend viele Räume aufschlossen, die Einheiten in den Vielheiten sahen, die anscheinend neue Durchsichten gaben, machten Mut, naturwissenschaftliche Erkenntnisse umzusetzen, sie als Maßstäbe der Lebenspraxis zu nehmen. Wissenschaft drängt zur Anwendung. Sie geht aus der Studierstube hinaus ins öffentliche Leben, breiter und fordernder als zuvor. Dies war kühn und folgerichtig, dennoch, von einfältigen Gehirnen und groben Händen praktiziert, verhängnisvoll und illusionär.

Man muß nach dem Ersten Weltkrieg, in den zwanziger und erst recht in den dreißiger Jahren, diese biologistischen Erscheinungen und Wirkungen in allen Lebensbereichen, vor allem im politischen Leben weiter verfolgen und darstellen. Uns kam es darauf an, Ansätze zu zeigen und Elemente, die eine unmenschliche Medizin schließlich mitbestimmt haben.

Jene übergreifend biologistisch-rassistisch-sozialevolutionären Ideen gewannen bald die Kraft einer *Ideologie,* die sich mit *antisemitischen Strömungen* durchmischte, von dem *nordisch-arischen Überwertigkeitsdenken* bestimmen ließ und solcherart auch *germanisch-imperialistische Züge* gewann. Sie konstituierte sich vornehmlich, aber nicht allein, in den sozialanthropologischen und sozialdarwinistischen Bewegungen, der Rassenhygiene mit Elementen wie Selektion, Erbwertigkeitsvorstellungen, künstlicher Zuchtwahl (der „neue Mensch"), Sterilisation, „Vernichtung lebensunwerten Lebens", der Euthanasie neuer Art, mit Kampf gegen den Alkoholismus, die Geschlechtskrankheiten, die Erbkrankheiten, mit Propagierung und Förderung kinderreicher gesunder Familien usw. Das Ganze war, erst recht in den Köpfen mancher Politiker aller Parteirichtungen, von den Sozialisten bis hin zu den National-Völkischen, vor allem aber im Hirn eines bedenkenlosen Halbgebildeten von der Art Adolf Hitlers, zu einfach angelegt, um der komplizierten Vielfalt des Lebendigen, des Geistigen und Physischen, der Wechselprozesse der Lebensgemeinschaften gerecht zu werden. Im Namen der Naturgesetzlichkeit, der Naturwissenschaft letzten Endes, war man zu Felde gezogen, um dem Menschen, der Gesellschaft, dem Volke, der Rasse zu dienen; dennoch hat nur in wenigen Epochen unserer Geschichte die Unmenschlichkeit so triumphiert wie unter jenen Feldzeichen.

Die Aufgabe wurde nicht gelöst, die Technik, die Wissenschaft, die Naturwissenschaften vor allem, dem Leben, dem Menschen wirklich dienstbar zu machen. An der Struktur des Menschen liegt es offenbar, daß dieser Versuch trotz manch guten Willens und großer Erfolge immer nur teilweise gelingt oder auch gänzlich fehlschlägt.

Literatur:

Nachfolgend wird auf Arbeiten des Verfassers hingewiesen, die seine Hinweise detaillieren und durch eingehende Quellenbelege und Angaben weiterer Sekundärliteratur fundieren. Die Arbeiten sind in den wissenschaftlichen Bibliotheken zu erhalten.

G. MANN: Biologismus im 19. Jahrhundert. Vorträge eines Symposiums vom 30. bis 31. Oktober 1970 in Frankfurt am Main. Hrsg. v. G. MANN. Stuttgart: Enke 1973.

Ders.: Rassenhygiene – Sozialdarwinismus. In: Biologismus im 19. Jahrhundert, hrsg. von G. MANN. Stuttgart: Enke 1973, S. 73–93.

Ders.: Medizinisch-biologische Ideen und Modelle in der Gesellschaftslehre des 19. Jahrhunderts. In: Medizinhistorisches Journal 4 (1969), S. 1–23.

Ders.: Wissenschaft: Mißbrauch und Verhängnis. In: Die Medizinische Welt **26** N.F. (1975), S. 357–362.

Ders.: Dekadenz – Degeneration – Untergangsangst im Lichte der Biologie des 19. Jahrhunderts. In: Medizinhistorisches Journal 20 (1985), S. 6–35.

Ders.: Sozialbiologie auf dem Wege zur unmenschlichen Medizin im Dritten Reich. In: Unmenschliche Medizin. Hrsg. von M.E. PFEFFER-KPPERS. Mainz: Kirchheim 1983, S. 28–43.

Ders.: Biologie und der „Neue Mensch". Denkstufen und Pläne zur Menschenzucht im Zweiten Kaiserreich. In: Medizin, Naturwissenschaft, Technik und das Zweite Kaiserreich. Hrsg. von G. MANN und R. WINAU. Göttingen: Vandenhoeck & Ruprecht 1977, S. 172–188.

Ders.: Ernst Haeckel und der Darwinismus: Popularisierung, Propaganda und Ideologisierung. In: Medizinhistorisches Journal **15** (1980), S. 269–283.

Ders.: Biologie und Geschichte, Ansätze und Versuche zur biologistischen Theorie der Geschichte im 19. und beginnenden 20. Jahrhundert. In: Medizinhistorisches Journal **10** (1975), S. 281–306.

Ders.: Darwinismus – Mensch und Gesellschaft. In: Anstöße **29** (1982), S. 59–72.

Ders.: Neue Wissenschaft im Rezeptionsbereich des Darwinismus: Eugenik-Rassenhygiene. In: Berichte zur Wissenschaftsgeschichte **1** (1978), S. 101–111.

Ders.: Medizin im Dritten Reich und das Problem der Vergangenheitsbewältigung. In: Hessisches Ärzteblatt 1988, H. 3, S. 112–120.

Weitere Literaturhinweise:

G. ALTNER: Sozialdarwinismus und Soziobiologie – Berührungen Zusammenhänge, Unterschiede. In: Homo **33** (1982), S. 161–168.

K. BAVERTZ: Darwinismus als Weltanschauung. In: Theoretische Geschiedenis **10** (1983), S. 131–146.

Darwin und die Evolutionstheorie. Bearb. v. K. Bayertz, B. Heidtmann u. Hans Jörg Rheinberger (Köln: Pahl-Rugenstein 1982) (Dialektik, hrsg. von H.H. HOLZ und H. J. SANDKÜHLER, Bd. 5) Darin u. a.: ERNST MAYR: Darwinistische Mißverständnisse. ROM HARRÉ: Darwins Theorie und Methode als Vorbild für die Sozialwissenschaften. KURT BAYERTZ: Darwinismus als Ideologie.

H.K. ERBEN: Evolutionslehre, „-ismen" und gesellschaftliche Norm. In: Jahrbuch der Akademie der Wissenschaften und der Literatur Mainz 1976, S. 189–207.

HANS QUERNER: Ideologisch-weltanschauliche Konsequenzen der Lehre Darwins. In: Studium generale **24** (1971), S. 231–245.

KLAUS WENIG: Zum Verhältnis von Philosophie und Biologie am Beispiel der Herausbildung und Entwicklung des Darwinismus im 19. Jahrhundert. In: Deutsche Zeitschrift für Philosophie **30** (1982), S. 390–403.

ROLF WINAU: Natur und Staat, oder: Was lernen wir aus den Prinzipien der Deszendenztheorie in Beziehung auf die innerpolitische Entwicklung und Gesetzgebung der Staaten? In: Berichte zur Wissenschaftsgeschichte **6** (1983), S. 123–132.

**Rassenhygiene und Eugenik –
Vorbedingungen für die Vernichtungsstrategien gegen sogenannte
„Minderwertige" im Nationalsozialismus**

Gerhard Baader

Sozialdarwinismus

Die Übertragung biologischer Modelle auf gesellschaftliche Phänomene, wie sie die Grundlage des Sozialdarwinismus werden sollte, ist an sich alt; aber erst die Darwinsche Lehre von Deszendenz und Selektion hat die Basis geboten, dies naturwissenschaftlich zu begründen. Dieses Phänomen geht weder von Deutschland aus noch ist es auf es beschränkt. Vielmehr hat bereits 1860, ein Jahr nach dem epochemachenden Werk von Charles Darwin, der englische Physiologe John William Draper in einem Vortrag vor der British Association for the Advancement of Science Darwins Werk sozialdarwinistisch ausgedeutet; die zivilisatorische Entwicklung des Menschen sei nicht durch Zufall erfolgt, sondern durch ein unveränderliches Naturgesetz, das für Mensch und Tier in gleicher Weise gilt. Durch dieses Darwinsche Selektionsgesetz würden neue ethnische Elemente hervorgebracht (1). Die Radikalisierung dieser Ideen findet jedoch in Deutschland statt.

Es ist Ernst Haeckel, der große Propagator, aber auch Vereinfacher Darwinschen Gedankenguts, der nicht nur als exakter Naturwissenschaftler – zum Beispiel beim biogenetischen Grundgesetz – Darwinsche Gedanken fortgeführt hat. Er hat nämlich insbesondere die Darwinsche Selektionstheorie neu ausgedeutet. „Es ist" – wie er in seiner „Natürlichen Schöpfungsgeschichte" 1868 ausführt – „die natürliche Züchtung im Kampf ums Dasein, der die Mannigfaltigkeit des natürlichen Lebens hervorgebracht hat und der auch die Völkergeschichte bestimmt; hinzu käme jedoch die künstliche Züchtung etwa der Spartaner, die bereits die neugeborenen Kinder einer Auslese unterwarfen und alle schwächlichen töteten (2). Das Gegenteil dieser positiven künstlichen Züchtung läge in der individuellen Auslese durch die Medizin vor, die es ermögliche, indem sie durch ihre Therapie zum Beispiel Schwindsucht, Skrofelkrankheit, Syphilis und viele Formen der Geisteskrankheiten, die alle erblich wären, hinauszöge, so daß durch Fortpflanzung diese Krankheiten durch die kranken Eltern auf die jeweils folgende Generation übertragen würden. Unter den heilsamen künstlichen Züchtungen weiß Haeckel zwar auch die Bildung zu nennen, aber ebenso die Todesstrafe, die es den Verbrechern unmöglich macht, ihre schlimmen Eigenschaften durch Vererbung weiter zu übertragen. Das Gegengewicht gegen zahlreiche verderbliche künstliche Züchtungsprozesse – auch den medizinischen – bilde – wie er meint – der vorherrschende Einfluß der natürlichen Züchtung durch den Kampf ums Dasein, bei dem der Stärkere über den Schwächeren siegt, wenn Haeckel auch hinzufügt, daß dieser Kampf stets ein Kampf des Geistes sein werde, da das Gehirn durch den veredelnden Einfluß der natürlichen Zuchtwahl immer mehr vervollkommnet werden würde (2).

esamt ist Haeckel mit diesen Ideen typisch für die frühe Phase des Sozialdarwinismus. Einerseits wird hier die Gesellschaft als Organismus aufgefaßt, in
dem gerade der Konkurrenzkampf der Individuen den immerwährenden zivilisato-
risch-sittlichen Fortschritt verbürge und damit das Vertrauen auf die natürliche
Harmonie und die automatische Aufwärtsbewegung des gesellschaftlichen Gesamt-
prozesses gewährleiste. Andererseits gehört Haeckels Forderung nach natürlicher
Züchtung zu den frühesten Äußerungen, in denen mit sozialdarwinistischen Argumenten Euthanasie aus eugenischen Gründen befürwortet wird.

Eugenik

Der Begriff „Eugenik" selbst stammt ebenfalls wieder aus dem Umkreis von Darwin. Darwins damals noch spekulative Hypothese über den Vererbungsmechanis-
mus – Gregor Mendels Entdeckung der nach ihm benannten Vererbungsgesetze
wurde erst 1900 durch Hugo de Vries wiederentdeckt – hatte zu Arbeiten seines
Vetters Francis Galton Anlaß gegeben, der sich bemühte, besonders die Vererbung
der geistigen und der Charaktereigenschaften des Menschen nachzuweisen. Es ging
ihm darüber hinaus darum, die menschliche Rasse genetisch zu verbessern; der
Terminus „Eugenik" wurde dafür von ihm 1883 geprägt (3). Ihre erste Absicht ist
es – so wird er es 1908 ausdrücken – „die Geburtenrate der Ungeeigneten (Unfit)
zu kontrollieren, anstelle es ihnen zu gestatten, ins Dasein zu treten, obschon sie in
großer Zahl dazu verdammt sind, bereits vor der Geburt umzukommen. Die zweite
Absicht ist die Verbesserung der Rasse durch Förderung der Produktivität der Geeigneten (Fit) mittels früher Heiraten und gesunder Aufzucht ihrer Kinder (4).

Entartung und Psychopathie

Im Rahmen dieser eugenischen Debatte bekommt die Heredität psychischer
Krankheiten einen neuen Stellenwert. Alt sind die Begriffe der Entartung und der
Psychopathie. Doch ihre Konkretisierung seit den 80er Jahren des 19. Jahrhunderts
ist ohne den Siegeszug der naturwissenschaftlichen Medizin insgesamt und die stets
zunehmende Bedeutung des Darwinismus und des Sozialdarwinismus für sie un-
denkbar.

Zwar waren schon für den französischen Psychiater Bénedict Augustin Morel
1857 – trotz aller religiöser Ausrichtung – Geisteskranke Entartete, ihre Krankheit
das Ergebnis krankhafter, vererbter Phänomene. Diese eigentliche Entartung läßt
befürchten, daß sie in den folgenden Generationen durch eine Entartung der Rasse gekennzeichnet sein werde, oder wie es, von Morel ausgehend, Emil Kraepelin
im Jahre 1883 formulieren wird, „es führt also diese Art von Züchtung von selbst
mit Nothwendigkeit den Untergang des degenerierten Geschlechts herbei" (5).

Auf der Grundlage dieses sozialdarwinistisch determinierten Degenerationsge-
dankens wird Julius Ludwig August Koch als Direktor von Zwiefalten 1890 bis
1893 seine Lehre von den „psychopathischen Minderwertigkeiten" entwickeln und
damit dem alten Begriff der Psychopathie als Oberbegriff für psychische Krankheiten einen neuen Sinn geben. Bei Kraepelin wird dann dieser Psychopathiebegriff

mit der Entartungstheorie verbunden: Soziale Untauglichkeit und anlagebe... psychopathische Minderwertigkeit sind identisch und letztere führe zur Entart... des Volkes, dessen drohendem Untergang mit rigiden Maßnahmen entgegenzuw... ken wäre, nämlich durch Kasernierung der minderwertigen Persönlichkeiten und das Unschädlichmachen der psychopathisch Entarteten in Strafanstalten oder Irrenanstalten, wobei eine Sterilisierung nicht auszuschließen ist (6).

Dies ist bereits Reflex der zweiten, pessimistischen Phase des Sozialdarwinismus, in der Vernichtungsstrategien sogenannter Minderwertiger Zug um Zug immer deutlicher formuliert werden. Sie hat verschiedene Ursachen. Sowohl für Besitz- und Bildungsbürgertum war die Entwicklung nach der Reichsgründung nach einer kurzen Phase wirtschaftlichen Aufschwungs, ja einer wahren Rauschstimmung, nicht so verlaufen, wie er es sich wünschte: Es war die Gründerkrise von 1873 bis 1879, die das Vertrauen der Bourgeoisie in den neuen Enthusiasmus nach der Reichsgründung zutiefst erschütterte.

Der zweiten großen Krise um 1900 ging zwar nicht der große Aufschwung von 1880 bis 1883 voraus, sondern eine – wenn auch gehemmte – Aufwärtsbewegung von 1883 bis 1887 sowie ein zyklischer Aufschwung von 1887 bis 1900. Trotzdem ging die Zeit zwischen 1880 bis 1895 im Bewußtsein der Betroffenen als „die große Depression" ein. Dem entspricht mehrerlei. Dies ist nicht nur ein sich verschärfender Imperialismus verbunden mit einem Germanenkult, sondern auch eine Zivilisationskritik verbunden mit der Angst vor der progressiven Entartung, in der das Menschengeschlecht begriffen wäre sowie der Rassegedanke verbunden mit einem militanten Antisemitismus. Nietzsches brutale Herrenmoral steht ebenso im Hintergrund wie Gobineau aus Grundlegung der Rassenanthropologie. Es ist die in den Siebzigerjahren im Kreis um Richard Wagner entstandene Weltanschauung von Bayreuth; Indizien oder Ursachen des Menschheitsverfalls sind dabei das herrschende Parteienwesen, der technische Fortschritt, das kapitalistische Wirtschaftssystem, die industrielle Großstadt, die Vivisektion, der sinnlose Luxus, der Alkoholismus, die Schutzimpfung und vieles andere mehr.

In diesem Zusammenhang bekommt auch der Sozialdarwinismus einen neuen Stellenwert. Diesem Kreis um Richard Wagner gehören auch nationalistische Schriftsteller wie Houston Stewart Chamberlain an, der Wilhelm II. als „Streitkumpan und Bundesgenossen im Kampf um Germanien" bezeichnete. Er gehört dem „Alldeutschen Verband" an; diese und andere nationalistische Gruppen, die sich als „Opposition von rechts" seit den 90er Jahren von außerhalb der Parteien zu formieren beginnen, bekommen als Befürworter einer rücksichtslos imperialistischen Politik mehr an Bedeutung und bestimmen auch die offizielle Politik. Auch Rassenhygiene erhält darin ihre Funktion (7).

Konstitutionsbiologie – Sozialhygiene – Rassenhygiene

Das Ende des 19. Jahrhunderts ist dieselbe Zeit, in der die orthodoxe Bakteriologie in die Krise gerät. Dies wird auf der Versammlung der Gesellschaft Deutscher Naturforscher und Ärzte 1893 in Nürnberg deutlich, als auf ihr der Prager Hygieniker Ferdinand Hueppe seinen epochemachenden Vortrag über „Die Ursachen der

Gärungen und Infektionskrankheiten und deren Beziehung zum Kausalproblem und zur Energetik" hielt. Er hat darin – so wird es 1922 der Sozial- und Rassenhygieniker Ignaz Kaup formulieren – „als Erster den Standpunkt (vertreten), daß auch die ausreichende Ursache für Infektions- und Gärungsvorgänge nur im Bau des angesteckten Wirtes, in der Anlage und somit in der Konstitution des infektions- und gärungsfähigen Körpers liege" (8). Das bedeutet, daß die spezifischen Infektionserreger nicht mehr die Ursache, die Entität oder das Wesen der Infektionskrankheiten ausmachen, sondern die „infektions- und gärungserregenden Zellen stehen mit der Summe ihrer Wirkungen als auslösende Faktoren der auslösenden Energie des lebenden Protoplasmas eines Wirtes oder einer gärfähigen Substanz gegenüber". Somit ist Krankheit für Hueppe nichts anderes als ein energetischer Prozeß, und zwar „eine Funktion der Auslösung ererbter und erworbener Krankheitsanlagen durch veränderliche Krankheitsreize unter veränderlichen Bedingungen". „Wie man angesichts solcher Tatsachen", resümiert Hueppe, „die entscheidende Bedeutung der Krankheitsanlage als Ursache und die Vererbbarkeit der Krankheitsanlage bestreiten kann, ist mir einfach unbegreiflich" (9).

Dieser Vortrag hat sofort großes Aufsehen erregt. Drei Disziplinen sind es, für die Hueppe hier den Grund gelegt hat, für die moderne Konstitutionspathologie, die Rassenhygiene und die Sozialhygiene, und alle drei werden auch in der Zukunft häufig in enger Beziehung zueinander bleiben. Denn nicht nur für Hueppe ist „die positive aufbauende Konstitutionshygiene, aus der" – wie er an anderer Stelle sagt – „die soziale Hygiene zwangsläufig entstand, aber auch die Rassenhygiene, auch wahre Volkshygiene und als solche Sozialhygiene" (10).

Den Terminus der Rassenhygiene, mit dem Ferdinand Hueppe hier bereits arbeitet, hat Alfred Ploetz 1895 geprägt. Sein Interesse ist es – und zwar von frühester Jugend an – Deutschland zur Reinheit der Rasse zurückzuführen (11). Den Begriff der Rasse weicht er insofern auf, als er unter der eigentlichen Rasse die sogenannte Vitalrasse versteht; dies ist nichts anderes als eine Vielzahl von abstammungsverwandten Individuen, die durch ihre Fortpflanzungs- und Vererbungsfunktionen neue und ähnliche Individuen erzeugen (12). Das Rassewohl gelte es herauszustellen, und zwar durch die Erzeugung möglichst vieler Devarianten, das heißt Nachkommen, durch die scharfe Ausjäte des schlechteren Teils der Konvarianten der gleichen Generation, durch den Kampf ums Dasein und durch Verhinderung der Kontraselektion, das heißt keine Kriege und Revolutionen, aber auch kein Schutz der Kranken und Schwachen (13). Was die Eugenik betrifft, so soll die Zeugung – so eine rassenhygienische Utopie – nicht irgendeinem Zufall überlassen werden, sondern es soll die Fortpflanzung nur solchen Ehepaaren gestattet werden, deren rassische Hochwertigkeit die Wissenschaft ermittelt hat. „Stellt es sich trotzdem heraus, daß das Neugeborene ein schwächliches und mißratenes Kind ist, so wird ihm vom Ärzte-Kollegium, das über den Bürgerbrief der Gesellschaft entscheidet, ein sanfter Tod bereitet, sagen wir durch eine kleine Dosis Morphium . . . (Die Eltern) überlassen sich nicht lange rebellischen Gefühlen, sondern versuchen es frisch und fröhlich ein zweites Mal, wenn ihnen das nach dem Zeugnis der Fortpflanzungsbefähigung erlaubt ist" (14).

Der Kampf ums Dasein müsse in aller Schärfe erhalten bleiben; deshalb dürfe Armenpflege nur minimal und nur auf solche Leute beschränkt sein, die keinen Einfluß mehr auf die „Brutpflege" hätten. Deshalb lehnt Ploetz Kranken- und Arbeitslosenversicherung als schädliche Aufhebung des Kampfes ums Dasein ab (15).

Auch ärztlicher Hilfe steht er nicht nur positiv gegenüber; besonders gilt dies von der des Geburtshelfers und der des Kinderarztes. „Wenn die natürliche Auslese der Schwachen dann in Form von allerlei Kinderkrankheiten, besonders Verdauungsstörungen und Entzündungen der Atemorgane in ihr Recht treten will, kommt der Arzt dazwischen und bereichert in vielen Fällen die Menschheit um eine schwache Konstitution, die sich später oft zur Last wird" (16). Das alles ist zwar eine rassenhygienische Utopie, doch zeigt das Durchspielen solcher Denkmodelle, wohin der Sozialdarwinismus als Ideologie des deutschen Imperialismus unter dem Deckmantel der Wissenschaftlichkeit geführt hat.

Die Institutionalisierung der Rassenhygiene

Alfred Ploetz bleibt für die Anfangszeit der Rassenhygiene die entscheidende Figur. Für ihn gilt es für ausgemacht, daß man weiterhin um die Zukunft unserer Rasse fürchten müsse, wenn es nicht möglich sein wird, die Forderungen einer rücksichtslosen Rassenhygiene zu realisieren. Denn „die Beschränkung des Kampfes ums Dasein und das Anwachsen der Kontraselektion erscheinen hauptsächlich im Gefolge des Siegeszugs, die der humanitäre Gleichberechtigungsgedanke durch unsere moderne Kulturwelt angetreten hat" (17). Rassenhygiene sei daher eine unbedingte Notwendigkeit; sie sei – so Ploetz in den „Zielen und Aufgaben der Rassenhygiene" 1910 – „die Lehre von den Bedingungen der optimalen Erhaltung und Vervollkommnung" der menschlichen Rasse. Als Praxis sei sie die Gesamtheit der aus dieser Lehre folgenden Maßnahmen, deren Objekt die optimale Erhaltung und Vervollkommnung der Rasse sei, und deren Subjekte sowohl Individuen als gesellschaftliche Gebilde einschließlich des Staates sein könnten (18).

Um das alles durchzusetzen, wurde 1905 die Gesellschaft für Rassenhygiene gegründet, an der Ploetz führend beteiligt war; sie hatte bis 1930 16 Ortsgruppen in Deutschland und 4 in Österreich. Schon ein Jahr darauf, nämlich auf der Internationalen Hygiene-Ausstellung 1911 in Dresden, präsentierte der Münchner Hygieniker Max von Gruber und Ernst Rüdin, damals noch Oberarzt an der Psychiatrischen Klinik in München, eine Gruppe Rassenhygiene. Der von beiden herausgegebene Katalog „Fortpflanzung, Vererbung, Rassenhygiene" faßt die damaligen Positionen klar zusammen. Degeneration heißt das große Schlagwort, das alle Kulturvölker bedroht, und alle „müssen eine außerordentlich große Zahl von Minderwertigen, Schwächlichen, Kränklichen und Krüppeln mit sich schleppen" (19). Systematische Erhebungen werden als Grundlage zur Feststellung der Volkskonstitution von der Rassenhygiene, vom Staat verlangt, da derzeit als Index nur Untersuchungen zur Militärtauglichkeit zur Verfügung stehen. Zur insgesamt ungünstigen Situation gehört auch die „wachsende Zahl (der) in den öffentlichen Anstalten verpflegten Irrsinnigen" (20), die Zunahme der Selbstmorde, das familiäre Erlöschen der Fortpflanzungsfähigkeit, besonders in alten Familien, das rapide Sterben von

Jugendlichen. Entartung von Keimplasma ist die Erklärung. Nur die Rassenhygiene könne hier Abhilfe schaffen, da die Hygiene gegenüber vielen höheren Graden der Entartung tatsächlich machtlos ist.

An der Spitze der zu ergreifenden Maßnahmen stehen unter Berufung auf Alfred Ploetz die Auslese der sich fortpflanzenden Eltern als Folge der 1. nonselektorischen Elimination, der wahllosen Ausschaltung tüchtiger und untüchtiger Individuen aus dem Leben der Rasse (durch Tod und Unfruchtbarkeit) und 2. der selektorischen Eliminiation, Ausmerzung, Ausjätung, der Ausschaltung der Untüchtigen aus dem Leben der Rasse. Die positive Beeinflussung der Volkskonstitution betrifft vor allem die Pflege des heranwachsenden und reifenden Individuums in bezug auf Erhaltung seiner Fortpflanzungskräfte (21).

Fragt man nach den Tendenzen dieser Ideologie, so steht dahinter das Streben nach einer Leistungsgesellschaft, die Deutschlands Vorherrschaft stets garantieren oder weiter in imperialistischem Sinn ausbauen könnte. Das Ideal, das hinter diesem Menschenbild steht, ist jedoch – sieht man genau hin – der deutsche Bildungsbürger (22). Diese Vorstellungen der Rassenhygieniker von künstlicher Zuchtwahl, Ausmerze des Minderwertigen und Auslese haben sich bald, nicht nur hier auf der Hygiene-Ausstellung, weit über die Universität hinaus verbreitet. Denn dieses Gesellschaftsmodell paßte gut in die Zeit der Weimarer Republik, in der große Teile der Bourgeoisie diesen Staat ablehnten und von einem Protest gegen die Entwicklung erfüllt waren, die letztlich auf eine Demokratisierung von Staat und Gesellschaft hinauslaufen mußte. Dem wurde auf der Basis natürlicher Ungleichheit eine Neuordnung der Gesellschaft nach sozialbiologischen und rassischen Gesichtspunkten gegenübergestellt.

Dieses rassenhygienisch-eugenisch geprägte Gesellschaftsmodell war insgesamt bei einer zu großen Zahl deutscher Ärzte konsensfähig geworden. Es fehlte nur noch der starke Mann, der es in die Tat umsetzen konnte; dies sollte 1933 geschehen. Eines der ersten eugenischen Gesetzesvorhaben, das im Kern bereits als Schubladengesetz der Weimarer Republik vorlag, war das „Gesetz zur Verhütung erbkranken Nachwuchses". Es fand kaum aktiven Widerstand bei der Mehrzahl der deutschen Ärzte, denn – abgesehen von seiner zwangsweisen Durchführung – entsprach es den eugenisch-rassenhygienischen Diskussionen, die schon die ganze Weimarer Republik erfüllten. Rassenhygiene war somit als Vernichtungsstrategie eine der entscheidenden Grundlagen der Medizin im Nationalsozialismus geworden. Ihre Wurzeln führen uns, wie wir sehen konnten, schon ins 19. Jahrhundert zurück.

Anmerkungen:

1) Vgl. HANS QUERNER: Darwin, sein Werk und der Darwinismus, in: Gunter Mann (Hrsg.), Biologismus im 19. Jahrhundert. Vorträge eines Symposiums vom 30.–31. Oktober 1970 in Frankfurt am Main (= „Neunzehntes Jahrhundert" Forschungs-Unternehmen der Fritz Thyssen-Stiftung Arbeitskreis Medizingeschichte: Studien zur Medizingeschichte des neunzehnten Jahrhunderts, Redaktion: Walter Artelt, Edith Heischkel und Gunter Mann, Bd. 5), Stuttgart 1973, S. 26 f.

2) ERNST HAECKEL: Natürliche Schöpfungsgeschichte 1. Teil (= Gemeinverständliche Werke, hrsg. von HEINRICH SCHMIDT, Bd. 1), Leipzig/Berlin 1924, S. 176–180

3) FRANCIS GALTON: Inquiries into the Human Faculty, London 1883, S. 24 f.

4) Vgl. HANS-MARTIN DIETL, in: Eugenik. Entstehung und gesellschaftliche Bedingtheit (= Medizin und Gesellschaft 22), Jena 1984, S. 19 f.

5) EMIL KRAEPELIN: Compendium der Psychiatrie, Leipzig 1883, S. 63

6) Vgl. HANS GEORG GÜSE – NORBERT SCHMACKE: Psychiatrie zwischen bürgerlicher Revolution und Faschismus (= Athenäum Taschenbücher 4416; Sozialwissenschaften), Kronberg/Taunus 1976, S. 299–305

7) Vgl. in diesem Zusammenhang bes. zum Kruppschen Preisausschreiben von 1900 ROLF WINAU: Natur und Staat oder: Was lernen wir aus den Prinzipien der Descendenztherapie in Beziehung auf die innerpolitische Entwicklung und Gesetzgebung der Staaten? Berichte zur Wissenschaftsgeschichte 6 (1983) S. 123–132

8) IGNAZ KAUP, FERDINAND HUEPPE: Münch. med. Wschr. 69 (1922) S. 1547

9) FERDINAND HUEPPE: Die Ursachen der Gärungen und Infektionskrankheiten und deren Beziehungen zum Kausalproblem und zur Eugenik, Berlin 1893

10) Vgl. IGNAZ KAUP, FERDINAND HUEPPE: Münch. med. Wschr. 69 (1922) S. 1548 f. und FERDINAND HUEPPE, Autobiographie, in: LOUIS RADCLIFFE GROTE (Hrsg.), Die Medizin der Gegenwart in Selbstdarstellungen, Bd. 2, Leipzig 1923, S. 38–58

11) Vgl. GUNTER MANN: Rassenhygiene – Sozialdarwinismus, in: Biologismus (wie Anm. 1), S. 83

12) Vgl. GUNTER MANN: Rassenhygiene (wie Anm. 11), S. 81

13) ALFRED PLOETZ: Die Tüchtigkeit unserer Rasse und der Schutz der Schwachen, Berlin 1895, S. 116

14) ALFRED PLOETZ: Tüchtigkeit (wie Anm. 13), S. 145

15) Vgl. HEDWIG CONRAD-MARTIUS: Utopien der Menschenzüchtung. Der Sozialdarwinismus und seine Folgen, München 1955, S. 128 f. und 136–138

16) ALFRED PLOETZ: Tüchtigkeit (wie Anm. 13), S. 150

17) ALFRED PLOETZ: Tüchtigkeit (wie Anm. 13), s. 194

18) Vgl. GUNTER MANN: Rassenhygiene (wie Anm. 11), S. 84 f.

19) MAX VON GRUBER: – ERNST RÜDIN (Hrsg.): Fortpflanzung, Vererbung, Rassenhygiene. (Katalog der Gruppe Rassenhygiene auf der Internationalen Hygiene-Ausstellung 1911 in Dresden, München 1911, S. 91

20) GRUBER – RÜDIN: Fortpflanzung (wie Anm. 19), S. 102

21) GRUBER – RÜDIN: Fortpflanzung (wie Anm. 19), S. 110

22) Vgl. SHEILA FAITH WEISS: Race Hygiene and National Efficience. The Eugenics of Wilhelm Schallmayer, Berkeley/Los Angeles/London 1987, passim.

Von der „freien Arztwahl" zur Reichsärzteordnung –
Ärztliche Standespolitik zwischen Liberalismus und Nationalsozialismus

Michael Hubenstorf

Im Zuge einer Untersuchung zur Sozialstruktur der Mitglieder und „Führer" der NSDAP stieß der kanadische Historiker Michael Kater 1979 auf die erstaunliche Tatsache, daß ungefähr 45 Prozent der deutschen Ärzte der NSDAP angehörten (1); Mitglieder der SA waren 26 Prozent, der SS sieben Prozent der Ärzte. Kater war zu diesen Daten gelangt, weil er in vergleichender Weise das nahe Verhältnis von Mitgliedern der oberen Mittelschicht oder der Elite der deutschen Gesellschaft zum Nationalsozialismus am Beispiel der Rechtsanwälte, Ärzte, Techniker und Lehrer studieren wollte. Solch hohe Anteile – auch im Vergleich mit den anderen Elitegruppen – forderten Kater und viele andere zu weiteren Forschungen (2) heraus und gaben zu Kontroversen Anlaß. – Dies ist nur zu verständlich, widersprechen doch solche Zahlen der immer noch verbreiteten Ansicht, nur eine Minderheit der deutschen Ärzte habe sich dem Nationalsozialismus zugewandt, während die Mehrheit unter einer diktatorisch eingesetzten Standesführung unpolitisch die Zeiten zu überdauern versuchte. Eine solche Auffassung ist kaum haltbar; sie wird auch nicht durch den Hinweis gestützt, nur eine verschwindend kleine Gruppe von 350 Ärzten sei in medizinische Verbrechen verwickelt gewesen. Die Hilfskonstruktion, die Ärzte seien in besonders starkem Maß zum Parteieintritt gezwungen worden (3), trägt ebenfalls nicht, steht sie doch zum Beispiel im Widerspruch mit den weitaus geringeren Mitgliederzahlen der Lehrer, deren Arbeitsbereich der NS-Staat besonders intensiv durchzuorganisieren versuchte.

In der seit 1980 mit langer Verspätung wieder ausbrechenden Debatte über die Medizin im Nationalsozialismus (4), die in aktuelle Auseinandersetzungen über die Rolle der Psychiatrie, gesundheitspolitische Leitvorstellungen und kritische Auseinandersetzungen mit der Standespolitik der Ärzte eingebettet war, spielten deshalb nicht von ungefähr der Streit um die Entwicklung der Standesorganisationen, ihr Verhältnis zu den Krankenversicherungsträgern und die Vorgeschichte der Reichsärzteordnung vom 13. Dezember 1935 eine wichtige Rolle (5).

Mythen und Erklärungsversuche

Eine einigermaßen vernünftige Debatte dieser Sachverhalte aber steht vor dem Problem, daß die Geschichte der Standesorganisationen seit der Jahrhundertwende – wenn es dazu überhaupt Arbeiten (6) gibt – durch Selbstdarstellungen der Betroffenen geprägt ist. Der somit verengte Blickwinkel und die Mythen (7) der Standesgeschichte wurden allgemein, selbst von Kritikern (8), übernommen. Eine methodisch abgesicherte und quellenkritisch erarbeitete ärztliche Standesgeschichte fehlt jedenfalls.

Das trifft zum Beispiel für jenen Gründungsmythos des Hartmannbundes zu, der da lautet, er sei der erste effektive wirtschaftliche Verband der Ärzteschaft gewesen, der beständig unter dem Banner der „freien Arztwahl" gegen die Krankenkassen gekämpft habe. Doch das ist nur die halbe Wahrheit. Tatsächlich gab es seit Beginn der 1890er Jahre eine Reihe von „Vereinen für freie Arztwahl", die ursprünglich durchaus im Bündnis mit den Krankenkassen oder zumindest mit deren Mitgliedern eine sozialliberal getönte Reform des Kassenarztwesens erstrebten (9). Erst auf dieser Grundlage werden die rapide Ausweitung des Hartmannbundes nach 1903 durch Übertritt der Mitglieder der „Vereine für freie Arztwahl" und seine bislang kaum beachteten inneren Kontroversen verständlich.

Zugleich steht dieser wissenschaftlich kaum erforschte (10) Entwicklungsstrang der ärztlichen Standespolitik im Widerspruch zu einer zweiten heute vielfach herangezogenen Erklärungshypothese. Michael Kater und auch die US-Amerikanerin Sheila Weiss (11) gingen unter anderem davon aus, daß es in der Entwicklung der ärztlichen Standesverhältnisse gleichsam eine staatsgläubige und autoritätshörige Kontinuitätslinie gebe, die die Besonderheit der deutschen Standesentwicklung und wohl auch ihre Auswirkung auf die brutalen Entwicklungslinien nationalsozialistischer „Gesundheits"-politik erklären könnte.

Dieses Bild erfaßt nur einen Teil der Gesamtentwicklung, und ihm steht die These gegenüber, daß es in der ärztlichen Standesbewegung um 1848, dann wieder in den 1860er Jahren und erneut zwischen 1890 und dem Ersten Weltkrieg eine ebenso deutlich liberale standespolitische Linie gegeben hat, die gegenüber staatlichen Eingriffen sichtlich kritisch war, der staatlichen Politik gegenüber auch wenig Vertrauen hatte und in Form einer eigenständigen, nicht-staatlichen Berufsorganisation ihr Verhältnis zu den Krankenkassen zu regeln versuchte. Sie ging einher mit der deutlichen Kritik der verschiedenen linksliberalen Parteien am wilhelminischen Staat um die Jahrhundertwende und bemühte sich – durchaus parallel zu ähnlichen Entwicklungen in Frankreich oder England –, Handlungsnormen und ethische Standards der Privatpraxis auf die Kasssenarzttätigkeit zu übertragen, die Relikte aus der Tradition der alten Armenarztpraxis aber abzustreifen (12).

Diese Tendenz innerhalb der deutschen Ärzteschaft wurde außer in Städten wie Frankfurt/Main, München, Breslau, Köln und Hannover vor allem in Berlin vertreten, und hier gab es, wie schon 1848, so auch von 1893 bis 1919 ein Organ für diese Ideen unter dem Namen „Medicinische Reform". Und es war dieser Richtung zuzuschreiben, daß bei der Einführung der ärztlichen Ehrengerichte in Preußen 1899 nicht der urspünglichen Intention dreier Antragsteller gefolgt wurde, „daß das Umsichgreifen des sozialistischen Giftes in der Ärzteschaft verhindert werden solle", sondern vielmehr im Gesetz deutlich formuliert wurde, daß „politische, religiöse und wissenschaftliche Ansichten und Handlungen als solche niemals zum Gegenstand ehrengerichtlichen Verfahrens gemacht werden dürfen" (13).

Blendet man diese durchaus sympathisch wirkende Tendenz in der Standespolitik einmal nicht aus, wie dies in der bisherigen Geschichtsschreibung fast lückenlos geschah, dann erkennt man, daß es eine uniforme standespolitische Konzeption gar nicht gab. Um so mehr stellt sich die Frage, wie diese Tendenz aus dem Standesleben nach einem kurzfristigen Hoch in der Gründungsphase der Weimarer Republik bis 1933 völlig verschwinden konnte. Vielleicht wird diese Veränderung durch jenen bis heute geistig kaum verarbeiteten Bruch in der ärztlichen Standespolitik erklärbar, den der Erste Weltkrieg herbeiführte: nämlich die Erhaltung liberaler Wirtschaftsprinzipien bei zunehmender Abschaffung liberaldemokratischer Wertvorstellungen in zwischenärztlichen Beziehungen und im Arzt-Patient-Verhältnis.

Umwertung der Ethik

In der Politik des „Griffs nach der Weltmacht" (14) wurde die individuelle Verpflichtung gegenüber dem Patienten durch die Ausrichtung an der Pflege des „Volkskörpers" im Sinne einer „Erhaltung und Mehrung der Volkskraft" (15) ersetzt. Dermatologie und Kinderheilkunde verdankten solchen Argumentationen ihre Etablierung als selbständige universitäre Lehrfächer.

Noch spezifischer medizinisch wurde die Beteiligung der Ärzte an der Unterdrückung, Einpassung und Funktionalisierung der Patienten im Sinne des Krieges bei der Behandlung der Kriegsneurosen, in der zunehmend restriktiver gehandhabten Krankschreibung und versicherungsmedizinischen Begutachtung, in der medizinischen Hilfsarbeit bei der Ernährungslenkung, die die Menschen auf Hungerrationen herabsetzte, und im spezifischen Kommandoton der Militärmedizin. Verachtung des sich nicht den Kriegsanstrengungen unkritisch hingebenden Patienten ersetzte das einfühlsame Verständnis seiner Nöte.

Und im Verlauf des Krieges gelangten die Ärzteverbände unter Preisgabe liberaler Restbestände, die erst 1919 bis 1922 für kurze Zeit wieder hervorgeholt wurden, an die Seite jenes Bündnisses aus Schwerindustrie, Großlandwirtschaft und Mittelstandsverbänden, das als „Leipziger Kartell" (16) schon 1913 die gesamte bisherige Sozialpolitik, eingeschlossen die Krankenversicherung, als zu kostspielig ablehnte. Die beiden letzten Punkte verbanden sich Mitte der zwanziger Jahre in der ärztlichen Kritik, wenn der Sozialversicherung insgesamt vorgeworfen wurde, sie führe zur „Verweichlichung" der Patienten und zum Niedergang des deutschen Volkes (17).

Die Umwertung ärztlicher Ethik hatte vor allem die jüngeren, kurz vor oder im Krieg approbierten Ärzte erfaßt, die nach 1918 immer wieder in den medizinischen Zeitschriften zum Eintritt in die Kampfverbände der Freikorps aufgefordert wurden. Sie waren das Publikum, das Mitte der zwanziger Jahre die Sätze des einflußreichen und von niemandem grundsätzlich kritisierten Ärzteideologen Erwin Liek begierig aufnahm, der da unter anderem ausführte: „Das Vertrauensverhältnis zwischen Arzt und Kranken muß so beschaffen sein, daß der Arzt immer und unter allen Umständen das Gefühl behält, über dem Kranken zu stehen, das Gefühl, der Gebende zu sein"; oder: „Jeder Kranke bedarf seines eigenen Arztes, der zu ihm paßt, und dem er sich ohne Rückhalt unterwirft".

Folgerichtig kam Liek zur Umkehr der Idee der freien Arztwahl, wenn er schrieb: „Die freie Arztwahl darf nicht einseitig nur zugunsten des Kranken bestehen" und dies dahin präzisierte, daß sich der Arzt seine Kranken auszuwählen habe (18).

Auf dem Weg zur „Vernichtung lebensunwerten Lebens"

Im Rahmen einer solchen Herrenmoral lag auch der Vorstoß eines Vertreters der neuen Ärztegeneration, des Oberstabsarztes a. D. Walter Bergemann, auf dem 42. Deutschen Ärztetag 1921 in Karlsruhe. Dieser beantragte, „der Ärztetag wolle die Tötung bei nicht lebenswertem Leben befürworten. Man würde eine unfortschrittliche Haltung des Ärztetages in dieser Frage nicht verstehen" (19). Es waren Vertreter jener oben skizzierten liberalen Berliner Richtung (Salomon Alexander, Alfred Peyser), die den Vorstoß auf dem Ärztetag abschmetterten. Aber schon 1928 sah sich der Schriftleiter des „Ärztlichen Vereinsblattes", der aus derselben Richtung stammende Siegmund Vollmann, veranlaßt, den Sozialgynäkologen Albert Niedermeyer um eine erneute ablehnende Klarstellung zu bitten, während er selbst Ende 1929 noch einmal zur Sache Stellung nahm (20). Schon die Notwendigkeit solcher Klarstellungen wirft die Frage auf, ob es nicht bereits damals in einem beträchtlichen Teil der Ärzteschaft ein „nicht artikuliertes Einverständnis" mit der Forderung nach der „Vernichtung lebensunwerten Lebens" gegeben hat (21). Entscheidend für die weitere Entwicklung in der Ärzteschaft dürfte es gewesen sein, daß die eindeutigen Kritiker dieser Idee innerhalb der Standesorganisation nach 1933 alle entweder verstorben, entlassen oder emigriert waren (22).

Nicht entlassen wurde jedoch der Schriftleiter der seit 1930 vom Hartmannbund und Ärztevereinsbund gemeinsam herausgegebenen „Deutschen Korrespondenz für Gesundheitswesen und Sozialversicherung", Dr. Helmuth Unger (1891–1953), in Berlin, der seit 1909 als Schriftsteller hervorgetreten war. Noch 1933 sollte derselbe Dr. Unger diverse Beilagen des damaligen „Deutschen Ärzteblattes", insbesondere aber das Propaganda-Blatt des Aufklärungsamtes für Bevölkerungspolitik und Rassenfragen bei den Spitzenverbänden der deutschen Ärzteschaft (später Rassenpolitisches Amt der NSDAP) „Neues Volk" herausgeben. Neben der Schriftleitung der regionalen ärztlichen Nachrichtenblätter für Berlin beziehungsweise Sachsen, Sachsen-Anhalt und Thüringen trat Unger 1936 mit einem Roman „Sendung und Gewissen" hervor, der später die Grundlage für den Tötungs-Propagandafilm „Ich klage an" abgeben sollte. Aber Dr. Unger beschränkte sich nicht allein auf Publizistik; ab Mitte der dreißiger Jahre wirkte er im Gefolge des Reichsärzteführers Dr. Gerhard Wagner prominent in der Planung der Mordaktionen des NS-Regimes mit (23).

Innere Spaltungen der Ärzteschaft

Außer von dieser Umwertung bisheriger Ethik wurde die Ärzteschaft der Weimarer Republik durch das Aufbrechen schon lange bestehender innerer Konflikte geprägt, die nun deutlich artikuliert wurden und eine heftige Kritik der bisher vorherrschenden standespolitischen Zielvorstellungen ans Tageslicht brachten; diese seien zu stark von den Verhältnissen der Großstädte, von einem überlebten Liberalismus, von der „kaufmännischen Gewerkschaft des Leipziger Verbandes" und einer falschen Orientierung an einer mechanistisch-materialistischen Naturwissenschaft bestimmt gewesen. Kurz zusammengefaßt, handelt es sich um folgende innerärztliche Antagonismen:

— Den Unmut der bislang wenig bestimmenden Landärzte über die im Vordergrund stehende Interessen-Durchsetzung ihrer städtischen Kollegen. Die Landärzte waren weit eher an der Organisation von Abrechnungsstellen für die Privatpraxis der allenfalls von Mittelstandskassen stärker beeinflußten Landarzttätigkeit als an der von ihnen schon lange skeptisch beurteilten „freien Arztwahl" interessiert (24).

— Die Abwendung der niedergelassenen Praktiker von der universitär geprägten wissenschaftlichen Medizin, wie dies besonders Erwin Liek immer wieder plakativ formulierte (25). Hier kam vor allem eine Reaktion auf den Zuspruch, den die „Kurpfuscher" unter der Bevölkerung hatten, unter dem Schlagwort „Krise der Medizin" (26) zum Tragen.

— Die erstmalige Organisierung der Assistenzärzte in Verbänden und die Gründung einer „Reichsnotgemeinschaft" der nicht zu den Kassen zugelassenen jüngeren Ärzte (27), die die älteren Kollegen als in überholten liberalen Ideologien angriffen, welche nur der Absicherung des Besitzstandes dienen würden („Ärztliche Planwirtschaft" war das Schlagwort).

— Demgegenüber war der bislang in der Literatur am stärksten hervorgehobene Gegensatz (28) der an der politischen Linken orientierten Kollegen im „Verein sozialistischer Ärzte" zur etablierten Standespolitik allenfalls ein Nebenschauplatz. Sie waren Mitte der zwanziger Jahre aus Protest gegen die Politik des Hartmannbundes teilweise aus diesem ausgetreten. Aber gerade solche Abdrängung in ein Ghetto eignete sich für die Standespolitiker hervorragend dazu, alle anderen Konflikte mit besonders forschen Angriffen auf diese „Streikbrecher", „Nothelfer" und „standesfeindlichen Ärzte" zu übertünchen.

Die Auswirkung dieser Entwicklungen spiegelte sich im Abstieg der ehemaligen liberalen Standespolitiker innerhalb der ärztlichen Spitzengremien ebenso wider wie in der Ersetzung der ärztlichen Parlamentarier der linksliberalen Deutschen Demokratischen Partei durch solche der konservativen Deutschnationalen Volkspartei und schon Mitte 1932 durch solche der NSDAP (29). Die verbliebenen ärztlichen Vertreter jener älteren liberalen Tradition wurden zumeist selbst immer konservativer (29 a), und die Standesorganisationen reagierten auf jegliche Kritik von links äußerst heftig, während sie am rechten Rand der Ärzteschaft alles, was sich noch einigermaßen integrieren ließ, einschließlich nationalsozialistischer Sympathisanten, in ihre Politik einzubauen versuchten. Bezeichnend ist dabei, daß die beständig vorgetragenen Kritiken von rechts – auch dort, wo sie die bisherigen standespolitischen Vorstellungen grundsätzlich angriffen und in Frage stellten – kaum je auf heftige Gegenkritik stießen. Eine Ausnahme ist dabei allenfalls das erste polternde Auftreten Erwin Lieks um 1925/26, dem einige ältere Berliner Standespolitiker vorerst widersprachen, sich hierauf aber mehr und mehr zurückzogen (30).

Die Legende vom „unpolitischen Arzt"

Das Auftreten immer neuerer Fraktionierungen innerhalb der Ärzteschaft, die schließlich 1933 in Berlin auch zu den mehrfach angedrohten Neugründungen (Bund der Deutschen Ärzte Berlins, Verein deutschnationaler Ärzte (31)) führte, entsprach durchaus einer Allgemeinentwicklung in der Spätphase der Weimarer Republik, in der sich die bisherige Hauptpartei der äußersten Rechten, die Deutschnationale Volkspartei, nach 1928 in immer mehr Gruppen und Grüppchen aufsplitterte, die bald Anschluß an die NSDAP fanden (32). Da man die neuauftretenden ärztlich-politischen Schriftsteller keiner Partei der Weimarer Republik mehr zuordnen konnte und sie ganz in der Tradition jenes Spruchs Wilhelms II. von 1914 „Ich kenne keine Parteien mehr, ich kenne nur noch Deutsche" jegliche Parteipolitik verwarfen, hat dies zu der irrigen Annahme geführt, sie hätten einen „unpolitischen Standpunkt" eingenommen (33).

In Wirklichkeit kamen auch aus der vorgeblich unpolitischen Ärzteschaft eine Vielzahl von autoritären Neuordnungsvorschlägen, entweder allein für das Gesundheitswesen oder für den Staat überhaupt (34), die sich an Plato, Mussolini und verschiedenen deutschsprachigen Ständestaatsideologen orientierten. Gemeinsam ist ihnen, daß sie mit dem bisherigen Krankenkassensystem aufräumen wollten, sei es mit Hilfe seiner Ersetzung durch ein System der „Verrechnungsstellen für die Privatpraxis" (Graf), ein Zwangssparsystem (Hartz) (35), durch die Verbeamtung der Ärzte (Liek, zumindest anfänglich) oder die Einführung eines staatlich bestellten „Kreiskassenarztes" (Köhlisch), der als „natürlich(er) Herr in diesem System" die Verwaltung „durch die Alleinsachverständigen, nämlich durch uns Ärzte" sicherstellen sollte. August Heissler, ein engagierter Landarzt und später ein Vertreter der „Neuen Deutschen Heilkunde", schlug sogar einen Nationalen Gesundheitsdienst (36) unter dem Kürzel „NAGEDI" vor – ein Vorschlag von der Art, wie er auch im Ausland diskutiert und schließlich unter anderen Voraussetzungen in Schweden verwirklicht wurde.

Beinahe immer mündeten diese Vorschläge – sei es explizit ausgeführt oder zumindest als zentraler Anspruch postuliert – in eine scheinbar uralte, seit 1848 fast traditionelle Forderung: die Schaffung einer staatlichen Gesundheitsbehörde mit einem Arzt an der Spitze. Aber in dieser scheinbaren Abschlußphase des Heranwachsens der deutschen Ärzte zu einer selbständigen Profession (37) hatten sich die Vorstellungen merklich gegenüber dem demokratischen Aufbruch von 1848 verkehrt. Die Ärzte waren nicht mehr die Speerspitze eines nach sozialen Umwälzungen strebenden revolutionären Bürgertums, sondern die zur Administration notwendigen Fachleute eines eindeutigen, biologisch begründeten Prinzips der Herrschaft über die Bevölkerung. In der Formulierung der Rolle der Ärzte als fachmännische Experten des Gesundheitswesens, das auch die Bereiche der Sozialversicherung, der Bevölkerungspolitik, des Siedlungs- und Wohnungswesens sowie die Erziehung des „deutschen Volkes" zu Höchstleistung, Härte und Selbstverleugnung umfassen sollte, schält sich der Kern der Vorstellung vom „unpolitischen Arzt" heraus. Es ist der von politischer Infragestellung durch konkurrierende Interessenansprüche befreite Fachmann, der – legitimiert durch eine noch zu erreichende autoritäre Führerstellung und durch seine naturwissenschaftlich begründeten, auf Sozialdarwinismus und Rassenhygiene (38) beruhenden Spezialkenntnisse – zu Entscheidungen im Sinne der Staatsführung berechtigt ist. Trotz der Warnung des älteren liberalen Standespolitikers Prof. Willy Hellpach (1877 bis 1955) auf dem 48. Deutschen Ärztetag 1929 in Essen, die Ärzte sollten „nicht in die Amtsstuben der Kassenverwaltungen eindringen wollen", gingen die weitestgehenden Forderungen dahin, den „Staat der Juristen", der Fiasko gemacht habe, durch einen „Staat der Ärzte", dem die Zukunft gehöre, zu ersetzen (39).

Zur Reichsärzteordnung

Auch der Staat der „nationalen Revolution" der Jahre nach 1933 erfüllte nicht alle Forderungen der Ärzte. Die Sozialversicherung blieb weiterhin außerhalb der eigentlichen Machtsphäre der Ärzteschaft, wenngleich Standespolitiker massiv in die Neuordnungsdiskussion (40) einzugreifen versuchten und auf lange Sicht, das heißt über die NS-Herrschaft hinaus, wenn auch mit vielen Unsicherheiten zwischen 1946 und 1952 in der Lage waren, den Krankenkassen jegliches gestalterische Mitspracherecht in der Strukturierung des medizinischen Leistungsangebots zu entreißen und sie hauptsächlich auf die Finanzierungssphäre dieser medizinischen Leistungsstruktur zu beschränken.

Da sich die viel weitergehenden Änderungsvorstellungen innerhalb der Ärzteschaft gegenseitig widersprachen, setzte die Neustrukturierung der Standesverhältnisse durch den nationalsozialistischen Staat auch auf der Grundlage der bisherigen ärztlichen Institutionen ein. Das Konzept einer völligen Neuordnung des Gesundheitswesens auf der Grundlage des niedergelassenen Praktikers – vor allem des Landpraktikers – unter weitgehender Ausschaltung jeglicher Krankenkassen und auch mancher staatlicher Gesundheitsbehörden (41) stand der Vorstellung einer mehr staatlichen Gestaltung der „Gesundheitsführung" (42) diametral gegenüber. Als Repräsentant der „Praktikerkonzeption", die unter der Ägide der Partei verwirklicht werden sollte, kann der erste Reichsärzteführer Dr. Gerhard Wagner (1888 bis 1939) verstanden werden, als Vertreter der Staatskonzeption der gesetzgeberisch aktive Dr. jur. Arthur Gütt (1891 bis 1949) beziehungsweise Wagners Nachfolger als Reichsärzte- und Reichsgesundheitsführer, Dr. Leonardo Conti (1900 bis 1945). Derselbe Streit sollte sich mit jeweils wechselnder Förderung der einen oder der anderen Tendenz in die vierziger Jahre hinein fortsetzen (43), bis zu allerletzt die Partei in einigen Teilbereichen das Heft in die Hand nahm.

In dieser labilen Situation nach 1933 konnte sich die bisherige standespolitische Führung eine gewisse Chance ausrechnen, selbst an der Macht zu bleiben, auch wenn ihr von einer anscheinend auf liberale Traditionsbestände zurückgreifenden Kritikergruppe bescheinigt wurde, daß „die Art der Organisation . . . es der Masse der Organisierten völlig unmöglich gemacht (hat), ihre eigene Stimme genügend zu Geltung zu bringen, und ihre Führung . . . gar nicht mehr das Interesse und die Situation der von ihr Betreuten (spiegelt), sondern sie . . . ihr eigenes Leben (führt) und sie . . . ihre eigenen Wege (geht)" (44). Verdeutlichten diese Kritiker zwar das Auseinanderfallen von Ärzteschaft und autoritärer Standesführung und forderten noch im März 1933 gegen die von der Standesführung mitgetragene Notverordnungspolitik eine Orientierung an den Bedürfnissen der Patienten beziehungsweise einer unmittelbaren Beziehung der Ärzte zu den Patienten, so setzten auch sie Hoffnungen auf den Nationalsozialismus beziehungsweise auf eine „ständische" Konzeption nach italienisch-faschistischem Vorbild (45). Die schon unter der Notverordnungspolitik 1932 geschaffenen örtlichen kassenärztlichen Vereinigungen, über deren Strukturierung und Wahlrecht zur Vertreterversammlung 1932/33 der heftigste Streit entbrannt war (46), wurden vorerst einmal als Ersatz des bisherigen Hartmannbundes zur „Kassenärztlichen Vereinigung Deutschlands" zusammengefaßt, als deren Stabsstelle die gesamte (!) bisherige Geschäftsführung des Hartmannbundes Anfang 1934 von Leipzig nach Berlin übersiedelte (47).

Erst 1935 sollte mit der Reichsärzteordnung der vorläufige Abschluß eines langen Kampfes folgen, der zwar die Herausnahme der Ärzte aus der Gewerbeordnung von 1869/71 und eine Reichsärztekammer brachte, aber die von den Ärzten damit gleichzeitig anvisierte Ausschaltung der „Kurpfuscher" (die unter der zeitweise ideologisch favorisierten „Neuen Deutschen Heilkunde" eine Förderung durch den NS-Staat erhoffen konnten) nicht durchsetzte. Das neue Gesetzeswerk griff weitgehend auf die schon zwischen 1924 und 1926 von den Standespolitikern Dr. Karl Haedenkamp (1889 bis 1955) und Dr. Alfons Stauder (1878 bis 1937) entworfenen und vom Ärztetag 1926 verabschiedeten Grundsätze einer Reichsärzteordnung zurück (48).

Ob das angeblich neu von den Nationalsozialisten hineingebrachte „Führerprinzip" wirklich so neu war, muß angesichts der bereits in die zwanziger Jahre zurückreichenden zahlreichen ärztlichen Klagen über die undemokratische Struktur der Ärzteverbände, der gleichzeitigen Forderungen nach „striktester Subordination" und „straffster Disziplin" nach dem Vorbild der Kriegserfahrungen, der publizistischen Ideologisierung der „Standesführer" und dem Ausbau unkontrollierbarer zentraler Stabsstellen doch sehr in Zweifel gezogen werden.

Unter der Politik der Kabinette Brüning, von Papen und Schleicher hatte sich auch die Standespolitik dem autoritären Zeitgeist angepaßt; die Neuordnung unter dem NS-Regime kam allenfalls dem Auseinanderfallen einer einheitlichen ärztlichen Standespolitik zuvor (49).

Anmerkungen:

1) M. H. KATER: Hitlerjugend und Schule im Dritten Reich, in: Hist. Zs. 228 (1979) 609 f.; ders., The Nazi Party. A Social Profile of Members and Leaders. 1919-1945, Cambridge, Mass. 1983.

2) M. H. KATER: Professionalization and Socialization of Physicians in Wilhelmine and Weimar Germany, in: J. Cont. Hist. 20 (1985) 677–701; ders., Ärzte und Politik in Deutschland, 1848 bis 1945, in: Jb. d. Inst. f. Geschichte d. Med. d. Robert-Bosch-Stiftung, Bd. 5 f. d. Jahr 1986, Stuttgart 1987, 34–48; ders., Hitler's Early Doctors: Nazi Physicians in Predepression Germany, in: J. Mod. Hist. 59 (1987) 25–52; ders.,

Medizin und Mediziner im Dritten Reich. Eine Bestandsaufnahme, in: Hist. Zs. 244 (1987) 299–352; ders., The Burden of the Past: Problems of a Modern Historiography of Physicians and medicine in Nazi Germany, in: German Stud. Rev. 10 (1987) 31-56; F. Kudlien (Hg.) Ärzte im Nationalsozialismus, Köln 1985; H. M. HANAUSKE-ABEL: Die Unfähigkeit zu trauern: Erziehungsziel für junge deutsche Ärzte? Gegenrede wider Dr. K. Vilmar's weitverbreitete Einlassung, in: Rundbrief. Ärzte warnen vor dem Atomkrieg, Sondernummer, Nov. 1987, 25–44; R. Jäckle, Die Ärzte und die Politik. 1930 bis heute, München 1988. Als neuerliche Zusammenfassung: M. H. KATER, Doctors under Hitler, Chapel Hill 1989.

3) K. VILMAR in: Dt. Ärztebl. 84 (1987) B-855 f.

4) G. BAADER, U. SCHULTZ: Medizin und National-sozialismus. Tabuisierte Vergangenheit – Unge-brochene Tradition? (= Dokumentation des Gesundheitstages Berlin 1980, Bd. 1), Berlin 1980, 1983 und 1987; W. WUTTKE-GRONEBERG: Medizin im Nationalsozialismus. Ein Arbeits-buch, Tübingen 1980; Weitere Literatur in: Medizin im Nationalsozialismus (Kolloquien des Institus für Zeitgeschichte), München 1988, 91–110.

5) ST. LEIBFRIED, F. TENNSTEDT: Berufsverbote und Sozialpolitik 1933. Die Auswirkungen der nationalsozialistischen Machtergreifung auf die Krankenkassenverwaltungen und die Kassen-ärzte. Analysen, Materialien zu Angriff und Selbsthilfe, Bremen 1979, 1981[3].

6) J. F. V. DENEKE, R. E. SPERBER: Einhundert Jahre Deutsches Ärzteblatt – Ärztliche Mittei-lungen, Lövenich 1973; H. SCHADEWALDT: 75 Jahre Hartmannbund. Ein Kapitel deutscher Sozialpolitik, Bonn-Bad Godesberg 1975.

7) J. HADRICH: Ideologie und Mythos des Hart-mannbundes, in: Ärztl. Mitteil. 35 (1950) 156.

8) F. LÄPPLE: Profit durch Krankheit? Das Ge-sundheitswesen aus Arbeitnehmersicht, Bonn-Bad Godesberg 1975; S. PARLOW, I. WINTER: Der Kampf der ärztlichen Standesorganisatio-nen gegen die Krankenkassen in der Weimarer Republik, in: Das Argument, Sonderband AS 4, Berlin 1974.

9) Publizistisches Organ dieser Richtung war die bislang völlig unbeachtet gebliebene Zeitschrift „Medicinische Reform. Halbmonatsschrift für soziale Hygiene und praktische Medicin, Kom-munalmedicin und Kommunalhygiene, Kran-kenhaus- und Heilstättenwesen, Säuglings- und Tuberkulosefürsorgewesen, Gewerbehygiene und Arbeiterversicherung. Organ der Vereine der freigewählten Kassenärzte in Berlin und Charlottenburg", Jg. 1, 1893 – 26, 1918; Jetzt teilweise: R. NEUHAUS: Arbeitskämpfe, Ärzte-streiks, Sozialreformer (Schriften d. Ges. f. soz. Fortschr. 22), Berlin 1986; vielfach einseitig: G. GÖCKENJAN: Kurieren und Staat machen. Ge-sundheit und Medizin in der bürgerlichen Welt, Frankfurt/Main 1985, 363–372.

10) DENEKE 1973, 24 f. bzw. 29 und SCHADEWALDT 1975, 34–43 spielten auf diese Bewegungen an, ohne ihren spezifischen Charakter zu erken-nen.

11) S. WEISS: Race Hygiene & National Efficiency. The Eugenics of Wilhelm Schallmayer, Berke-ley-Los Angeles-London 1987, 12–17; ähnlich auch G. Göckenjan 1985.

12) J. PAGEL: Zur Geschichte der freien Arztwahl in der Berliner Armen-Praxis, in: Med. Reform 11 (1903) 383 f.; A. MOLL: Ärztliche Ethik. Die Pflichten des Arztes in allen Beziehungen sei-ner Thätigkeit, Stuttgart 1902.

13) R. SCHAEFFER: Die Beibehaltung der ärztlichen Ehrengerichte, in: Berl. klin. Wschr. 45 (1919) 134 f.

14) F. FISCHER: Griff nach der Weltmacht. Die Kriegszielpolitik des kaiserlichen Deutschland 1914/18, Kronberg/Taunus 1977.

15) G. JESCHAL: Politik und Wissenschaft deutscher Ärzte im Ersten Weltkrieg. Eine Untersuchung anhand der Fach- und Standespresse und der Protokolle des Reichstags (Würzb. med. hist. Forsch., Bd. 13), Pattensen 1978; H.–P. Schmiedebach, Sozialdarwinismus, Biologismus, Pazifismus – Ärztestimmen zum Ersten Welt-krieg, in: J. BLEKER, H.–P. SCHMIEDEBACH: Me-dizin und Krieg. Vom Dilemma der Heilberufe 1865 bis 1985, Frankfurt/Main 1987, 93–121.

16) F. FISCHER: Krieg der Illusionen. Die deutsche Politik von 1911 bis 1914, Kronberg/Taunus-Düsseldorf 1978, 392–395; Jeschal 1978, 28–39, 53 f., 59, 70–82; zur Verbindung von Ärzten zur Deutschen Vaterlandspartei, die parteipoli-tischer Ausdruck dieser Richtung wurde, auch: M. WEIßBECKER: Deutsche Vaterlandspartei (DVLP) 1917–1918, in: Lexikon zur Parteien-geschichte, Bd. 2, Leipzig 1984, 391–403 und Schmiedebach 1987, 100: Prof. Alfred Hoche, Mitglied der Ärztekammer f. Baden war Vors. d. badischen DVLP; Prof. Max v. Gruber, Vors. d. Kommission z. Beratung v. Fragen d. Erhaltung u. Mehrung d. dt. Volkskraft d. Ärztl. Vereins München, war Vors. d. baye-rischen DVLP; San. Rat. Albert Moll, Mitgl. d. Ärztekammer f. Brandenburg u. Schriftf. d. Ärzteausschusses v. Groß-Berlin war DVLP-Mitglied ebenso wie der spätere Standesideolo-ge Erwin Liek aus Danzig.

17) E. LIEK: Der Arzt und seine Sendung, Mün-chen 1927[6], 63–66 und 69; ders., Die Schäden der sozialen Versicherungen und Wege zur Besserung, München 1927. Jetzt zusammenfas-send: H.-P. SCHMIEDEBACH, Der wahre Arzt und das Wunder der Heilkunde. Erwin Lieks ärztlich-heilkundliche Ganzheitsideen, in: Der ganze Mensch und die Medizin (= Argument-Sonderband AS 162), Hamburg 1989, 33–53 und ders., Zur Standesideologie von der Weima-rer Republik am Beispiel Erwin Liek, in: Ärz-tekammer Berlin (Hg.), Der Wert des Men-schen. Medizin in Deutschland 1918–1945, Ber-lin 1989, 26–35.

18) E. LIEK: Der Arzt und . . ., München 1927[6], 49–52.

19) H. Bergeat: Deutscher Ärztetag, in: Münch. Med. Wschr. 68 (1921) 1266 f.

20) Deneke/Sperber: 1973, 63 f.

21) Zur Problematik des „nichtartikulierten Einverständnisses" vgl. H. Zumstein: Die Diskussion um die Euthanasie in Frankreich und der Schweiz vor dem Zweiten Weltkrieg, in: Gesnerus, Swiss Journal of the History of Medicine and Sciences 45 (1988) 111–119; ebenso die Andeutungen in (S. Vollmann), Die Sterilisierung als Mittel zur Verhütung minderwertigen Lebens, in: Dt. Ärztebl. 61 (1932) 207 und H. Köhlisch, Zur Sterilisierungsfrage VII., in: ebda. 248.

22) Salomon Alexander (1852–1928) war gestorben; Alfred Peyser (1870–1955) emigrierte 1939 nach Schweden; Siegmund Vollmann (1871–?) trat 1933 als Schriftführer zurück; Albert Niedermeyer (1888–1957) emigrierte 1934 nach Österreich.

23) L. Rost: Sterilisation und Euthanasie im Film des „Dritten Reiches". Nationalsozialistische Propaganda in ihrer Beziehung zu rassenhygienischen Maßnahmen des NS-Staates (Abh. Gesch. Med. Nat. wiss., Heft 55), Husum 1987; Reichs-Medizinal-Kalender für Deutschland, Teil II (= RMK) 52. Jg., 1932, 45*; ebenso RMK 54. Jg., 1933, 15* und RMK 58. Jg., 1937, 59; Med. Welt 7 (1933) 760 und 868.

24) H. Köhlisch: Über den Staat und die Bedeutung des Arztes für den Staat. 5 Aufsätze, Neustadt a. d. Haardt 1930, ursprünglich erschienen in „Der Landarzt. Zeitschrift für Meinungsaustausch zwischen Klinik, Stadt- und Landärzten. Mitteilungsblatt der Arbeitsgemeinschaft der Landärzte (A. d. L.) im Verband der Ärzte Deutschlands (Hartmannbund)"; A. Graf, Die Stellung des Arztes im Staate, München 1933.

25) E. Liek: 1927⁶, 119–127 unter d. Titel „Arzt, Technik und Wissenschaft".

26) E.–M. Klasen: Die Diskussion über eine „Krise" der Medizin in Deutschland zwischen 1925 und 1935, Diss. Med. Mainz 1984.

27) F. Kudlien: Ärzte als Anhänger der NS-„Bewegung", in: ders., Ärzte und Nationalsozialismus, Köln 1985, 32.

28) Leibfried/Tennstedt 1979; E. Hansen et alia, Seit über einem Jahrhundert . . .: Verschüttete Alternativen in der Sozialpolitik. Sozialer Fortschritt, organisierte Dienstleistermacht und nationalsozialistische Machtergreifung: der Fall der Ambulatorien in den Unterweserstädten und Berlin. 100 Jahre kaiserliche Botschaft zur Sozialversicherung. Eine Festschrift, Köln 1981.

29) Im Reichstag, dem preußischen und bayerischen Landtag waren 1919 vier von neun Ärzten Abgeordnete der Deutschen Demokratischen Partei, 1924 drei von elf solche der Deutschnationalen Volkspartei, Mitte 1932 sieben von dreizehn Vertreter der NSDAP.

29a) W. Hellpach: Wirken in Wirren. Lebenserinnerungen. Eine Rechenschaft über Wert und Glück, Schuld und Sturz meiner Generation, 2 Bde., Hamburg 1948; W. Raaflaub, Ernst Mayer 1883–1952 (Berner Beitr. Gesch. Med. Natwiss., NF, Bd. 12), Bonn-Stuttgart-Toronto 1986; W. Fritsch, Deutsche Demokratische Partei (DDP) 1918–1933, in: Lexikon (wie Anm. 16), Bd. 1, 1983, 574–622; ders., Liberale Vereinigung (LVg) 1924–1929, in: ebda., Bd. 3, 1985, 356–359; ders., Radikal-Demokratische Partei (RDP) 1930–1933, in: ebda. 608–613; ders., Volksnationale Reichsvereinigung (VR) 1929–1932, in: ebda. Bd. 4, 1986, 431–435.

30) Goldscheider: Zeit- und Streitfragen der Heilkunst. II. Liek: Der Arzt und seine Sendung, in: Dt. Med. Wschr. 53 (1927) 244–247; J. Schwalbe: Noch einmal: „Liek, Der Arzt und seine Sendung", in: Dt. Med. Wschr. 53 (1927) 374–376; daneben: A. Hoppe, Ärzte und Mediziner, in: Med. Welt 1 (1927) 67–69; W. Trendelenburg, Arzt und Mediziner, in: Klin. Wschr. 6 (1927) 526 f.; als „Antwort". E. Liek, „Arzt und Mediziner". Eine Abwehr: in: Münch. Med. Wschr. 74 (1927) 594–597.

31) An die national gesinnten deutschen Aerzte und Ärztinnen, in: Berl. AerzteCorr. 38 (1933) 106 und 114 bzw. 125; Verband Deutschnationaler Ärzte, in: ebda. 123.

32) W. Ruge: Deutschnationale Volkspartei (DNVP) 1918–1933, in: Lexikon zur Parteiengeschichte, Bd. 2, Leipzig 1984, 476–528.

33) M. Kater: Ärzte und Politik . . ., 1987, 34 f. bzw. Anm. 1 und 9.

34) Köhlisch 1930, vgl. auch Rez. E. Liek, in: Münch. Med. Wschr. 77 (1930) 1378 f.; Graf 1933; vgl. auch Rez. A. Stauder, in: Münch. Med. Wschr. 81 (1934) 1029 f.

35) G. Hartz: Irrwege der deutschen Sozialpolitik und der Weg zur sozialen Freiheit, Berlin 1928.

36) A. Heissler: Im Kampf gegen Vergewaltigung durch den Staat. – Notschrei eines Arzts, München 1931; Rez. E. Liek, in: Münch. Med. Wschr. 78 (1931) 1020 lehnt den „Nagedi" ab; A. Heissler, Rückblick auf die Wiesbadener Tagung, in: Münch. Med. Wschr. 83 (1936) 1007–1010; ders., Vom ärztlichen Beobachten, in: Münch. Med. Wschr. 84 (1937) 846–848,

890–894. Zu Heissler: D. Bothe, Neue Deutsche Heilkunde 1933–1945. Dargestellt anhand der Zeitschrift „Hipokrates" und der Entwicklung der volksheilkundlichen Laienbewegung (= Abh. Gesch. Med. Nat.wiss, Heft 62,) Husum 1991, 76, 109, 128, 299.

37) C. Huerkamp: Der Aufstieg der Ärzte im 19. Jahrhundert. Vom gelehrten Stand zum professionellen Experten: Das Beispiel Preußen (Krit. Stud. z. Geschichtswiss., Bd. 68), Göttingen 1985.

38) Vgl. die Beiträge von Prof. Dr. Gunter Mann und Prof. Dr. Gerhard Baader in diesem Band.

39) W. Hellpach, Gründe und Grenzen, Bewährung und Entartung der Staatsfürsorge am kranken Menschen, ref. in: Münch. med. Wschr. 76 (1929) 1235 f.; H. Köhlisch: 1930, 48 f. Zur Repräsentanz autoritär eingesetzter Ärzte in den Leitungsgremien der Krankenversicherung nach 1934: Gesetz über den Aufbau der Sozialversicherung vom 5. Juli 1934, in: Dtsch. Ärztebl. 64 (1934) 737 f., Artikel 7, §§ 3 und 4; Begründung zum Gesetz . . ., in: ebda. 834.; M. Sauerborn, Krankenversicherung und Ärzte im neuen Gesetz über den Aufbau der Sozialversicherung, in: ebda. 72 f.; U. Tornen, Sozialpolitik im Dritten Reich, in: Dtsch. Ärztebl. 66 (1936) 243 und H. Grote, Die Entwicklung des Berufs- und Standeslebens der deutschen Ärzteschaft durch den Nationalsozialismus, in: ebda. 340.

40) F. Reichert: Landschaft, Lohn und Arbeit. Eine Studie über die Leistungen der Krankenversicherung, Berlin 1936; Rez. A. Stauder, in: Münch. Med. Wschr. 83 (1936) 860.

41) Graf: 1933.

42) A. Labisch, F. Tennstedt: Der Weg zum „Gesetz über die Vereinheitlichung des Gesundheitswesens" vom 3. Juli 1934. Entwicklungslinien und -momente des staatlichen und kommunalen Gesundheitswesens in Deutschland (Schr.reihe d. Akad. f. öff. Ges.wesen Düsseldorf, Bd. 13, 1 und 2), Düsseldorf 1985.

43) G. Lilienthal, Der Nationalsozialistische Deutsche Ärztebund (1929 bis 1943/1945): Wege zur Gleichschaltung und Führung der deutschen Ärzteschaft, in: Kudlien: 1985, 120 f.: H. Löllke: Die Mitarbeit der Berliner Medizinischen Gesellschaft in der ärztlichen Standes- und Berufspolitik, in: Verh. Berl. Med. Ges. 72 (1941/42).

44) C. E. Benda: Der Kampf um die ärztlichen Standesideale, in: Med. Welt 7 (1933) 497–499 (hier 499); K. Finkenrath: Ärztliche Standesideale im Wandel der Zeit, in: Med. Welt 7 (1933) 313–315; G. Sondermann: Kämpfen! Aber worum?, in: Med. Welt 7 (1933) 499–501; S. Moltke (ohne Titel), in: Med. Welt 7 (1933) 501 f.; als deutlich antiliberale Gegenposition u. Kritik: K. Haedenkamp: Arztrecht und Arztpflicht, in: Ärztl. Mitteil. 34 (1933) Nr. 12; G. Sondermann war ursprünglich Nationalsozialist, später Nationalbolschewist!, vgl. Kudlien 1985, 21–30.

45) K. Finkenrath: Der Arzt im faschistischen Staat, in: Med. Welt 7 (1933) 712–713.

46) Vgl. aus d. Fülle der Beiträge nur: A. Mayer: Kritische Bemerkungen und Anträge zu dem Entwurf der Satzungen der Kassenärztlichen Vereinigung, in: Berl. Ärzte-Corr. 38 (1933) 18 f.; H. Cohn, Gedanken zum Wahlrecht der Ärzteschaft, in: ebda. 53 f. und A. Mayer: S. O. S.!, in: ebda 99.

47) Vergleich von RMK 1933, 15* und RMK 1934 5, 16*, Med. Welt 7 (1933) 1016; H. Kater (Hg.): Politiker und Ärzte. 600 Kurzbiographien und Porträts, Hameln 1968³, 206.

48) H. Knüpling: Untersuchungen zur Vorgeschichte der Deutschen Ärzteordnung von 1935. Diss. Med. Berlin 1965.

49) E. Dietrich: Organisation von ärztlichen Berufsgruppen, in: Med. Welt 7 (1933) 536.

Dienst am Deutschtum –
der medizinische Verlag J. F. Lehmanns und der Nationalsozialismus

Klaus-Dieter Thomann

„Einem Berufeneren und einer späteren Zeit bleibe es frei, festzustellen, inwieweit Julius Lehmann mitgeholfen hat an den Aufgaben seiner Zeit und an der Vorbereitung des Dritten Reichs." (1)
Melanie Lehmann

Als Julius Friedrich Lehmann (1864–1934) am 1. Oktober 1890 in München eine medizinische Fachbuchhandlung eröffnete, ahnte niemand, daß er vier Jahrzehnte später zu den führenden Verlegerpersönlichkeiten des Deutschen Reiches gehören würde. Sucht man heute nach den Wurzeln des Nationalsozialismus, dann findet man in den Büchern, die diese Weltanschauung vorbereiteten, immer wieder den Erscheinungsort „München". Die Titelseiten sind mit einem kleinen brüllenden Löwen verziert, unter dem der Leitspruch des Verlegers steht: „Ich hab's gewagt" (Abb. 1).

Julius Friedrich Lehmann hatte gewagt – und gewonnen. Er stieg vom mittellosen Buchhändler-Lehrling zum einflußreichen und wohlhabenden Unternehmer auf. In den ersten drei Jahrzehnten des 20. Jahrhunderts finanzierte und förderte er die reaktionärsten Bewegungen, den Alldeutschen Verband und die Nationalsozialisten.

Aber, was hatte die Medizin damit zu tun?

Der Student, der sich 1890 sein medizinisches Wissen einpauken mußte, war auf reine Textbände oder kaum erschwingliche Bücher angewiesen. Medizin ist

Abbildung 1:
Signet und Schriftzug des Lehmanns-Verlags

aber nur zu einem geringen Teil eine theoretische Disziplin, eine große Rolle spielen Anschauung und Erfahrung. Didaktisch aufbereitetes Lernen, das schnell zum Erfolg führt, ist in diesem Fachgebiet nur mit Hilfe gut einprägsamer Abbildungen möglich. Ob 1890 oder 1992 – die Studenten waren und sind auf technisch möglichst perfektes Anschauungsmaterial, gute Atlanten und Lehrbücher angewiesen. Jeder Arzt kennt den Anatomieatlas von Johannes Sobotta, die Anatomielehrbücher von Alfred Benninghoff oder die Darstellungen typischer Röntgenbilder von Rudolf Grashey, die alle erstmalig im Lehmanns Verlag erschienen. Es ist das Verdienst J. F. Lehmanns, um die Jahrhundertwende die verlegerischen und drucktechnischen Voraussetzungen für die Verbreitung solcher Werke geschaffen zu haben. Mit der Einführung des 4-Farben-Steindruckes hatte Lehmann frühzeitig eine internationale Spitzenposition errungen.

Ein innovativer Verleger setzt sich durch

1890 machte sich Lehmann mit der Gründung einer medizinischen Fachbuchhandlung in München selbständig. Er hatte zuvor eine Buchhändlerlehre abgeschlossen und war mehrere Jahre in verschiedenen Verlagen (unter anderem Orell-Füßli) tätig (2). Im Zusammenhang mit der Eröffnung der Buchhandlung bekam er von seinem Vetter, Dr. Bernhard Spatz, dem Schriftleiter der Münchner Medizinischen Wochenschrift, das Angebot, diese Zeitschrift zu verlegen. Die Auflage betrug damals 1500 Exemplare. Dank der zielsicheren, an den wissenschaftlichen und praktischen Bedürfnissen der Medizin ausgerichteten Konzeption und einer überlegten Verkaufsstrategie konnte Lehmann die Auflage innerhalb von 5 Jahren mehr als verdoppeln. Um 1900 betrug sie bereits 6000 Exemplare und war damit die am weitesten verbreitete medizinische Wochenschrift in Deutschland. Die Auflage stieg kontinuierlich an: 1905 waren es 9400, 1910 12 550, um vor dem Ersten Weltkrieg knapp 15 000 Exemplare zu erreichen (3). Verleger und Schriftleiter konnten viele bedeutende Mediziner zur Mitarbeit gewinnen. Es erschienen Erstarbeiten von so berühmten Wissenschaftlern wie Max von Pettenkofer, Max von Gruber, Paul Ehrlich, Ferdinand Sauerbruch, Heinrich Albers-Schönberg und vielen anderen (4).

Die zweite Säule des Verlages bildeten die reich bebilderten Lehrbücher und Atlanten, von denen zwischen 1892 und 1929 allein 51 umfangreiche Ausgaben erschienen. Die Auflagen bezifferten sich zwischen 20 000 und 30 000, ein Atlas der Knochenbruchbehandlung erzielte mit 40 000 Stück eine für medizinische Veröffentlichungen bisher nicht erreichte Verbreitung. Durch eine weitblickende Verlagspolitik orientierte sich Lehmann auf den europäischen und überseeischen Markt und konnte so erreichen, daß seine Lehrbücher in 14 verschiedene Sprachen (!) übersetzt wurden. Besonders interessiert waren die Amerikaner, ein dortiger Verlag orderte auf einen Schlag 100 000 Bände dieser drucktechnisch sehr aufwendigen Werke! (5)

J. F. Lehmann, ein Politiker im Hintergrund

Aus der kleinen Fachbuchhandlung wurde ein einflußreiches und kapitalkräftiges Verlagsunternehmen. Aber Lehmann war kein gewöhnlicher Unternehmer, er war ein engagierter Politiker, der persönlich im Hintergrund blieb und bereit war, den erzielten Gewinn zu investieren. In dem posthum veröffentlichten Jubiläumsband zum 50. Geburtstag des Bestehens wurde der Verleger mit folgenden Worten charakterisiert: Lehmann ließ „dem Schwung seiner Gedanken und dem Feuer seiner Begeisterung Raum, wenn es sich um seine politischen Ziele, um Volk und Vaterland handelte. Hier rechnete er nicht als Kaufmann, sondern als politischer Kämpfer, der nicht Geld verdienen, sondern ein politisches Ziel erreichen will" (6). Das Geld diente ihm, wie der Biograph schrieb, zur Weiterentwicklung des Verlages, der „Privatwohltätigkeit" und der Finanzierung von „vaterländischen Verbänden" (Abb. 2).

Aus einer kleinbürgerlich-konservativen Arztfamilie stammend, schloß sich Lehmann schon in den 90er Jahren dem Alldeutschen Verband an. In dieser Vereinigung fanden sich verschiedene Interessengruppen zusammen, die dem Anspruch Deutschlands auf eine führende weltpolitische Stellung Nachdruck verleihen wollten. Er unterstützte alle Bemühungen zum Erwerb von Kolonien, eine stärkere militärische Aufrüstung und die Erweiterung des kontinentalen Einflusses Deutschlands. Ab 1897 gehörte er dem geschäftsführenden Vorstand (7) an, in dem auch der Rassentheoretiker Otto Ammon und der Rassenhistoriker Ludwig Wilser mit-

Abbildung 2:
Julius Friedrich Lehmann (1864 bis 1934). Quelle: 50 Jahre J. F. Lehmanns-Verlag 1890–1940. München, Berlin o. J. (1940)

arbeiteten (8). Beide vertraten mit großem Nachdruck Theorien, die die Überlegenheit der Deutschen über andere Völker und ihren Herrschaftsanspruch beweisen sollten. Sie formulierten ihre Ziele programmatisch in Ludwig Woltmanns Politisch-anthropologischer Revue. Lehmann war aber auch darüber hinaus politisch aktiv. Posthum, im Jahre 1940, wies der Verlag auf seine Mitgliedschaften im Flottenverein, im Evangelischen Bund, im Deutschen Sprachverein, in den Kampfbünden für die Grenzmarkdeutschen, im Ostmarkenverein, im Verein Südmark, im Freicorps Oberland und der NSDAP (ab 1931) hin (9). Seine Weltanschauung war von völkisch-rassischem Gedankengut und einem tief verwurzelten Antisemitismus geprägt. Kurz vor Ende des Ersten Weltkrieges schrieb er:

„Wer hat dem deutschen Volk das Rückgrat gebrochen? Die Juden und ihre alljüdische Presse. Sie haben den Glauben der Heimat vernichtet und dann die Front zermürbt. Das Volk ahnt es instinktiv, aber wer sagt ihm die Wahrheit? Die Presse steht im Dienste Judas' und hilft ihm. Hier ein- und durchzugreifen ist wieder eine große und gewaltige Aufgabe. Es heißt alles zusammenzufassen, was die Gefahr erkennt. Es heißt ihr vorzubeugen und sie zu bannen (10)."

Lehmann bemühte sich nach Kräften, dieser Aufgabe gerecht zu werden. Für ihn wurde die „Judenfrage" immer mehr zu einem zentralen Thema in seiner politischen und verlegerischen Aktivität. Im Alldeutschen Verband förderte er gemeinsam mit dem Vorsitzenden Heinrich Claß die Verbreitung des Antisemitismus, mit dem beide hofften, „die Massen einzufangen" und insbesondere die Arbeiterschaft beeinflussen zu können (11). Darüber hinaus sollte der Antisemitismus in das konservativ eingestellte mittlere- und Großbürgertum wirken, um eine Tendenzwende in Richtung Liberalismus zu verhindern. Wann immer Lehmann eine Möglichkeit zu antijüdischer Propaganda sah, nutzte er sie. So orderte er „einige 10 000e Exemplare" eines antisemitischen Machwerkes, das der Genossenschaftssekretär Heinrich Dolle als Sondernummer des „Arbeitsblattes des Bezugs- und Absatzvereinigung der Kleinviehzüchter e.G.m.b.H. zu Moers" verfaßt hatte, und das sich insbesondere an die Bauernschaft wandte (12).

Nach dem Ersten Weltkrieg konstituierte sich in Bamberg auf Initiative des Alldeutschen Verbandes ein „Deutscher Schutz- und Trutzbund", der den Antisemitismus in den Mittelpunkt seiner Agitation stellte. Auch hier findet man Lehmann wieder in der ersten Reihe. Im Vorstand des Verbandes saß er neben Vertretern völkischer Organisationen, zum Beispiel des „Germanenordens", des „Deutschbundes", des „Bundes der Landwirte" dem Leiter der „Deutschsozialistischen Partei" und fanatischen Antisemiten wie Arthur Dinter, Adolf Bartels und Theodor Fritsch (13). Die Finanzierung dieser Vereinigungen, die ideologisch unverhohlen die Endlösung der Juden vorbereiteten, erfolgte durch Großindustrielle (zum Beispiel Emil Kirdorf) und mittelständische Unternehmer. Als Startkapital bekam die antisemitische Propagandaorganisation 100 000 Mark zur Verfügung gestellt (14). Auch kommerziell erwies sich die Verbindung zu den Antisemiten als lukrativ. So arbeitete Lehmann gemeinsam in der „Vereinigung völkischer Verleger" mit den Verlagen Theodor Fritsch und Theodor Weicher sowie Dr. Ernst Boepple zusammen. Der völkische Schutz- und Trutzbund warb in seinen Versammlungen und Schriften für die Erzeugnisse dieser Verleger (15).

Lehmann arbeitete bereits sehr früh in der rassehygienischen Bewegung mit. Den Winter des Jahres 1908 verbrachte er wegen einer schweren Lungenerkrankung, wahrscheinlich einer Tuberkulose, in Davos. Hier beschäftigte er sich intensiv mit der Rassenhygiene und völkischen Schriftstellern wie Paul Anton de Lagarde, den er später auch verlegen sollte. 1911 gründete er mit Max von Gruber und Alfred Ploetz die Münchener Gesellschaft für Rassenhygiene (16), 1914 wurde er Mitglied des Vorstandes der Deutschen Gesellschaft für Rassenhygiene und deren Schriftführer (17). In dieser Eigenschaft ließ er nichts unversucht, um die Rassenhygiene noch weiter nach rechts zu drängen. Scharf wandte er sich in den 20er Jahren gegen eine sogenannte „wertfreie Rassenhygiene", wie sie in den Bestrebungen Arthur Ostermanns und des Deutschen Bundes für Volksaufartung und Erbkunde zum Ausdruck kamen, die den Rassismus ablehnten (18). Die Mitgliedschaft in den Vereinigungen legt nahe, daß Lehmann ein aktives Bindeglied zwischen den verschiedenen rassistisch-imperialistischen und antisemitischen Vereinigungen war.

Bestseller finanzieren völkische Verbände

Durch den hervorragend florierenden Verlag war er in der Lage, erhebliche finanzielle Summen in politische Arbeit zu investieren und diese Organisationen zu finanzieren.

Die Ehefrau, Melanie Lehmann, schrieb in ihren Erinnerungen:

„Ich sehe uns noch im Jahre 1897, als der Geschäftsabschluß besonders gut war, zusammen auf dem Sofa sitzen, ganz bedrückt von dem ungeahnten Gewinn. Wir hatten nur das eine Gefühl: Gebe Gott, daß wir das Geld gut verwenden . . ."(19)

Die Lehmanns legten das Geld gut an. Schon ab dem Jahre 1895 nahm der Verlag zunehmend nationale und völkische Literatur in sein Programm auf, mit der er unmittelbar in die politischen Auseinandersetzungen eingriff. Eines der ersten Werke über die deutsche Bevölkerung in Österreich brachte einen Reingewinn von 20 000 RM, der ausschließlich für „Deutsche Schutzvereine" in der Stadt Cilli in Österreich verwandt wurden (20). Auch andere nationale Veröffentlichungen erwiesen sich als einträglich. Aus ihrem Gewinn und aus dem Erlös der medizinischen Werke flossen erhebliche Summen in „völkische Kanäle". So wurden 20 000 RM aus dem Verkauf des Buches „Der Burenkrieg" und 18 000 RM aus einer Publikation über die deutschen Balten zu politischen Zwecken abgeführt (21), 1903 rief Lehmann den „Alldeutschen Wehrschatz" ins Leben und verpflichtete sich mit einer größeren Anzahl von Mitgliedern des Verbandes, „im Wege der Selbstbesteuerung $^{1}/_{2}$ v. H. ihres Einkommens" zu spenden (22).

Solange der Verlag bestand, hatte Lehmann nach eigener Auskunft „einen namhaften Teil seines Ertrages dieser (der völkischen, K.-D.T.) Aufklärungsarbeit zur Verfügung gestellt (23). Die Summen gingen weit über die bisher genannten Beträge hinaus. Von den 260 000 RM, die für politische Arbeit des Alldeutschen Verbandes gesammelt wurden und dem Vorsitzenden Claß an seinem 50. Geburtstag überreicht wurden, dürfte ein erheblicher Teil von Lehmann aufgebracht worden sein (24). Der Unternehmer vernachlässigte nicht die wirtschaftliche Basis des

Verlags. Mit außerordentlich hohen Zuwendungen verstärkte er die Bindungen von Ärzten und medizinischen Vereinigungen an den Verlag, so stellte er über 400 000 RM „für ärztliche Wohlfahrtszwecke zur Verfügung" und konnte auch der medizinischen Industrie über den Schriftleiter der Münchener Medizinischen Wochenschrift „wertvolle Dienste" erweisen (25).

Der Verlag und die öffentliche Meinung

Lehmann beeinflußte die Leser und insbesondere die Ärzteschaft auf verschiedenen Ebenen. Zu berücksichtigen sind insbesondere:
1. Die Herausgabe nationalistischer und antisemitischer Schriften in hohen Auflagen.
2. Die Verbindung von politischer Werbearbeit mit scheinbar wertfreier medizinischer Fachliteratur.
3. Die Förderung des Rassismus und der extremsten Varianten der Rassenhygiene und der Rassenkunde, die den Genozid an Juden und Behinderten gedanklich vorbereiteten.

Während der medizinische Verlag weiterhin die finanzielle Grundlage bildete, galt das ganze Engagement Lehmanns den politischen Büchern, die nach und nach die Mehrzahl der Veröffentlichungen darstellten. Es kann ohne weiteres davon ausgegangen werden, daß die alldeutsche und später die nationalsozialistische Propaganda vor, während und nach dem Ersten Weltkrieg – bis 1933 – wesentlich durch ihn mitgetragen wurde. Lehmann erkannte sehr bald, welche Macht er mit seinem Verlag ausübte. Da er die Leser seiner politischen Schriften im alldeutschen Sinne beeinflußte und überzeugte, konnte er sie als politische Manövriermasse einsetzen. So bereitete er mit dem Vorsitzenden des Alldeutschen Verbandes Ernst Hasse ein Buch über „Deutsche Politik" vor. In einem Brief an den ideologischen Wegbereiter des Faschismus, Houston Stewart Chamberlain schrieb er:

„Hasse geht der nationalen Entwicklung stets ein großes Stück voraus. Wenn er neue Gedanken ins Volk wirft, lacht man in der Regel über den chauvinistischen Häuptling der Alldeutschen. Nach 3 bis 4 Jahren fangen die Anschauungen an Boden zu fassen und nach 10 Jahren sind sie Gemeingut der Nation. Die Regierungspresse macht sich in Gemeinschaft mit der Juden- und Sozipresse zuerst über den Mann lustig, und wenn sich die Anschauung durchgerungen hat, tut man, als ob man selbst von jeher diese Ansicht vertreten habe . . ." (26)

Lehmann setzte sich mit aller Kraft für die Flottenaufrüstung ein und begünstigte einen Umschwung der öffentlichen Meinung. Er äußerte:

„Wir haben dann später Admiral Tirpitz bei seinen Arbeiten in der Aufklärung des Deutschen Volkes für die Notwendigkeit einer starken Flotte unterstützt und auch hier wieder konnten wir feststellen, wie eine geschickt geleistete, zielsichere Werbetätigkeit in der Lage ist, einen Gedanken in kürzester Zeit zum Gemeingut des Deutschen Volkes zu machen." (27)

Lehmann scheute weder Mühe noch Kosten, Bücher, die er für die politische Entwicklung in Deutschland für wichtig hielt, mit Hilfe einer intensiven Werbung in hohen Auflagen auf den Markt zu bringen. So verfaßte er, u. a. gemeinsam mit Max von Gruber, die Kriegszielschrift „Deutschlands Zukunft in einem guten und einem schlechten Frieden", die die deutsche Weltherrschaft noch in einer Situation anstrebte, als ein Sieg in weite Ferne gerückt war. Stolz konnte er vermelden, daß er insgesamt 250 000 Exemplare drucken ließ, sie teils verteilte, teils verkaufte, und daß einzelne Armeekorps je 30 000 Exemplare bestellten (28). Daneben vernachlässigte er die Ärzteschaft nicht. Der kluge Geschäftssinn und das politische Gespür hatten ihn bereits *vor dem Kriege* eine „Chirurgie des Feldarztes" fertigstellen lassen, deren Auslieferung zwei Tage nach Beginn des Ersten Weltkrieges begann (29).

Lehmann kümmerte sich während der Dauer des Ersten Weltkrieges um die Versorgung der Ärzte mit medizinischer Literatur. So erhielten alle Feldärzte drei Jahre lang kostenlos die Kriegsausgabe der Münchener Medizinischen Wochenschrift zugeschickt (30). Die Kommentare und kleinen Mitteilungen gaben dem Verlag eine politische Tribüne. Der Altruismus Lehmanns war eine Investition in die Zukunft, eine Werbung, die sich nach dem Kriege auszahlen sollte. Als Beispiele seien einige Bücher mit ihren Auflagenhöhen genannt (die Angaben beziehen sich auf das Jahr 1930):

W. Liek: Der Anteil des Judentums am Zusammenbruch Deutschlands (150 000)

E. Wichtl: Die Weltfreimauerei, Weltrevolution, Weltrepublik (54 000)

G. Hoffmann: Volkstod durch sittlichen Verfall (100 000)

Frhr. v. Forstner: Karthagos Untergang (105 000)

H. St. Chamberlain: Rasse und Nation (9. Auflage) (31)

Lehmann förderte nicht nur offen nationalistische Bücher, ein Teil der von ihm veröffentlichten Schriften wirkte sich mehr unbewußt aus und begünstigte eine Grundstimmung. Dem Leser wurde der Stolz vermittelt, einem Volk anzugehören, auf das große Aufgaben warteten. In diesem Zusammenhang stand die Publikation von 14 völkischen Jugendschriften, die, wie er schrieb, „dazu beigetragen haben, vaterländischen Geist in der deutschen Jugend lebendig zu machen" (32).

Hatte er schon während des Ersten Weltkrieges alles unternommen, um die Außenpolitik noch aggressiver zu gestalten (33), so ruhte er später nicht, den militaristischen Geist wachzuhalten. Auch der Tod seines einzigen Sohnes, kurz nach Beginn des Krieges, konnte ihn in seiner militaristischen Verblendung nicht irritieren. Er schrieb:

„Trotzdem bejahen unsere Bücher den Krieg als eine im Leben unentbehrliche, wenn auch furchtbare Waffe. Sie bejahen den Geist der Mannhaftigkeit, der Härte gegen sich selbst, der Aufopferung und der Kameradschaft, sie wollen diesen Geist lebendig erhalten bei den Mitkämpfern und ihn in der Jugend als heiliges Vermächtnis ihrer Väter weitergeben." (34)

Die Kriegsbücher sollten insbesondere der heranwachsenden Generation zeigen, „was ihre Väter geleistet haben und was auch von ihnen wieder einmal verlangt werden kann". (35)

Die Ergänzung zur Dolchstoßlegende, mit der den Sozialdemokraten die Schuld am Verlust des Ersten Weltkrieges zugewiesen wurde, bildete seine Buchreihe „Im Felde unbesiegt". Die literarisch aufbereiteten Kriegserlebnisse wurden in 156 000 Exemplaren verbreitet. Lehmann ging sogar so weit, zu behaupten, daß durch die Veröffentlichungen ein Meinungsumschwung in der Bevölkerung eingetreten sei. Er schrieb:

„Als wir im Jahre 1920 den ersten Band herausgaben und denselben im Buchhandel anzeigten, bekamen wir Dutzende von Zuschriften erster Firmen, die uns schrieben, daß für Kriegsbücher keine Stimmung mehr sei, man lehne sie glattweg ab. Wie freuten wir uns, als eine dieser Firmen, die die einer sehr unfreundlichen Bemerkungen das erste Rundschreiben als ‚fehl am Ort' zurückgesandt hatte, nun durch die Nachfrage des Publikums gezwungen war, die Bücher selbst zu führen. Als sie die 6. Partie bestellte, schrieb sie reumütig, sie habe die Stimmung im Deutschen Volk doch falsch beurteilt; diese Bücher führten geradezu einen Umschwung der öffentlichen Meinung herbei." (36)

Die Förderung der Rassentheorie

Als Leitideologie zur Vorbereitung auf das Dritte Reich sollte sich die Rassenlehre erweisen, die Lehmann verlegerisch, finanziell und organisatorisch förderte. Bereits vor 1914 plante er ein Preisausschreiben für „rein germanische Rassenbilder", für das er 3000 RM aussetzen wollte; wegen des Krieges konnte er diese Vorhaben nicht verwirklichen (37). Er ließ seinen Plan aber nie fallen. 1922 lernte er Hans F. K. Günther, „einen jungen badischen Philologen", kennen (Abb. 3), dessen rassenkundliche Vorstellung von der Überwertigkeit des nordischen Blutes Lehmann besonders zusagten. Er erkannte das Interesse Günthers an der Rassentheorie und wollte endlich einen lange gehegten Wunsch verwirklichen. Bis dahin fehlte eine Darstellung, die die Überwertigkeit der „nordischdeutschen Rasse" „nachwies". Die Anthropologen und auch Fritz Lenz hatten Bedenken, ein solches „Werk" zu verfassen. Lehmann trug daraufhin Günther dieses Projekt an, und als der Philolo-

Abbildung 3:
Von Lehmanns finanziert und gefördert: Hans F. K. Günther. Quelle: 50 Jahre J. F. Lehmanns-Verlag a.a.O.

ge ablehnte, da es mit seinen beruflichen Aufgaben nicht zu vereinbaren gewesen wäre, zerstreute Lehmann alle finanziellen Argumente und ermöglichte Günther, sich während der folgenden zwei Jahre ausschließlich dieser Arbeit zu widmen (38). Die in dieser Zeit fertiggestellte „Rassenkunde des deutschen Volkes" entsprach den Vorstellungen Lehmanns. Die „Herrenmenschennatur" des Nordisch-Deutschen war nun schriftlich und bildlich „bewiesen". Die erste Auflage von 3300 Exemplaren war in nur wenigen Tagen vergriffen, bis 1930 folgten weitere 46 000 Exemplare. Günther förderte mit seiner Schrift die „nordische Bewegung", die das Deutsche Volk zu „noch edlerer Rasse" führen sollte. In der Jubiläumsschrift (1940) konnte der Verlag mit Recht feststellen:

„Das Interesse für Rassenkunde war in ganz Deutschland erweckt und der Verlag sah sich plötzlich im Mittelpunkt einer Bewegung, die er entfacht hatte." (39)

Diese Bewegung sollte die Rassenhygiene noch enger an die Nationalsozialisten heranführen. Auch sie verbreiteten aktiv die Güntherschen Theorien. Als Gegenleistung berief der thüringische Innenminister Wilhelm Frick (NSDAP) Günther 1930 – gegen den einstimmigen Widerstand der Fakultät (40) – Auf einen neu geschaffenen Lehrstuhl für „soziale Anthropologie" in Jena. Lehmann jubelte: Sein „Schützling" war „universitätsfähig" geworden. Er schrieb:

„Für den Verleger ist ein solcher Erfolg eine ganz besondere Freude. Der echte Verleger will nicht in erster Linie Geschäftsmann, sondern Förderer der Wissenschaft, Schildknappe des Volkstums oder auch anderer Hochziele sein." (41)

Neben den Güntherschen Werken brachte Lehmann eine große Anzahl von pseudowissenschaftlichen Veröffentlichungen heraus, die die geistige Atmosphäre jener Zeit vergifteten. Dagegen war das Archiv für Rassen- und Gesellschaftsbiologie „seriös"; seit 1922 erschien dieses Zentralorgan der Rassenhygiene im Lehmanns Verlag. Durch den engen Kontakt zu Alfred Plötz, Fritz Lenz und Ernst Rüdin konnte Lehmann die rassenhygienischen Bestrebungen beeinflussen. Da sowohl der „Grundriß der menschlichen Erblehre" (Erwin Baur, Eugen Fischer, F. Lenz) als auch das Archiv von „moderaten" Rassenhygienikern als Standardveröffentlichungen angesehen wurden, hatte Lehmann auch zu diesen Kreisen Zugang und konnte bei ihnen für antisemitische und rassistische Publikationen werben. Am 23. Dezember 1928 würdigte Adolf Hitler den Einsatz Lehmanns für die Rassentheorie; er versicherte, „daß er mit höchstem Interesse den ungeheuren Fortschritt verfolge, den die Kenntniss der Rassenfrage, nicht zuletzt dank der Tätigkeit seines Verlages nehme." (42)

Lehmann war bereit, die Entwicklung der Rassentheorie mit erheblichen finanziellen Mitteln zu fördern und strebte die Einrichtung von Universitätsinstituten für Rassenhygiene an. Als Fritz Lenz (Abb. 4) ihm mitteilte, daß er Landarzt werden wolle, wandte sich Lehmann energisch dagegen:

„Daß Sie Landarzt werden wollen, freut micht gar nicht. Wenn Sie auf dem Lande bleiben wollen, gut, dagegen habe ich nichts, im Gegenteil, ich glaube, wenn Sie Ihre Kraft schriftstellerisch verwerten, so leisten sie Ihrem Volk den allergrößten Dienst. Aus diesem Grunde freut es mich sehr, wenn sie auf dem Lande bleiben. Dann haben Sie aber Besseres zu tun, als bayerischen Dickschädeln, die sich gegenseitig Löcher in die Köpfe geschlagen haben, diese Löcher zu flicken, oder ihnen Klistiere zu verabfolgen. Das Land billigte ich Ihnen nur zu als Gelegenheit, in aller Stille der Menschheit etwas wirklich Wichtiges zu

Abbildung 4:
Die großzügige Finanzierung Lehmanns ermöglichte eine Hochschulkarriere: Fritz Lenz, führender Rassenhygieniker im „Dritten Reich". Quelle: 50 Jahre J. F. Lehmanns-Verlag a.a.O.

leisten. Was an mir liegt, dabei mitzuhelfen, daß Sie das können, und Sie so gut zu honorieren, daß es Ihnen möglich ist, auf die Praxis zu verzichten, soll mein ehrliches Bestreben sein. Sie haben ja eine Reihe Bücher noch im Pult liegen; schauen Sie diese doch einmal durch, ob nicht so viel fertig ist, daß ich es Ihnen abnehmen kann und daß Sie dadurch in der Lage sind, zunächst wenigstens 1 Jahr lang sich nach Herrsching zu setzen und dort nicht als Arzt, sondern wissenschaftlich zu arbeiten. Daß Sie nebenbei Privatdozent sind, halte ich für dringend geboten." (43)

Lenz brauchte auf den Erfolg seiner schriftstellerischen Tätigkeit nicht lange zu warten, er erhielt unter anderem durch die Protektion von Lehmann und der Gesellschaft für Rassenhygiene die erste Professur für Rassenhygiene in Deutschland (1923). Lehmann baute nicht nur Hans F. K. Günther und F. Lenz auf; als Ludwig Schemann (Abb. 5), dem Herausgeber der Werke des Sozialdarwinisten Joseph Arthur Comte de Gobineau, wegen des Entzugs eines Stipendiums finanzielle Probleme drohten, bot Lehmann sich an, die Fortführung der Arbeit wirtschaftlich abzusichern (44).

Mit der Veröffentlichung der Schriften des Danziger Chirurgen Erwin Liek konnte Lehmann seinen Einfluß auf die Ärzteschaft ausbauen. Liek publizierte 1926 eine Schrift mit dem Titel: „Der Arzt und seine Sendung", die die weitere gesundheitspolitische Diskussion wesentlich beeinflußte. Er bereitete eine Wende in der Sozialpolitik vor und machte die etwa 40 000 Mediziner (45) aufnahmefähiger für die nationalsozialistische Ideologie. Von dieser an Ärzte gerichteten Schrift wurden bis 1930 31 000 Exemplare verkauft! Man kann davon ausgehen, daß fast jeder Arzt die Arbeiten Lieks kannte (46).

Abbildung 5:
Von Lehmanns unterstützt: Ludwig Schemann, der
Herausgeber der Werke des Sozial-Darwinisten
Gobineau. Quelle: 50 Jahre Lehmanns a.a.O.

Lehmann und die Hitler-Bewegung

Lehmann beteiligte sich auch persönlich an der Vorbereitung der NS-Dikatatur.
Sein *praktisch-politisches Engagement* fand im vorbehaltlosen Eintreten für Hitler
seinen Abschluß:

1918 beteiligte sich Lehmann aktiv am Kampf gegen die Republik und verteilte
in seinem Verlagshaus Waffen an die konterrevolutionäre „Bürgerwehr" (47). Zur
Ermordung Kurt Eisners schrieb Melanie Lehmann: „Wir atmeten erleichtert auf
(48)." Im April 1919 kämpfte Lehmann als Mitglied der Weißen Garde gegen die
Münchner Räterepublik und berichtete stolz, wie er als Angehöriger dieser Truppe
allen voraus gegangen wäre, und die anderen zögernden Teilnehmer dazu bewegt
hätte, auf Arbeiter zu schießen (49). Bei dem Putschversuch Hitlers am 8. November 1923 diente sein Wohnhaus dessen Anhängern als Waffenlager und Stützpunkt
(50). Zwar hatte Lehmann bis 1933 keine Möglichkeit mehr, selbst mit der Waffe
in der Hand, für ein neues „Drittes Reich" zu kämpfen, dafür setzte er aber seine
Person und seinen Verlag auf geistigem Gebiet um so vorbehaltloser für den kommenden Nationalsozialismus ein. Er hatte in den 20er Jahren erkannt, daß das Programm der Alldeutschen zwar weiterhin seinen Anschauungen entsprach, daß diesem Verband jedoch zur Durchsetzung seiner Ziele die Unterstützung breitester
Schichten des Volkes fehlte.

Melanie Lehmann umschrieb sehr klar die Integrationswirkung Hitlers auf alle antidemokratischen und auf eine territoriale Ausdehnung Deutschlands orientierten Kräfte:

„Weder die Alldeutschen, noch die Deutschnationalen fanden den Weg zum Herzen des Arbeiters. Da mußt ein Mann aus dem Volk kommen, der die rechten Worte fand, die verhetzten und verbitterten Arbeiter wieder für ihr Vaterland zu gewinnen. Viele seufzten ja damals nach einem Führer, der das zerissene und zertretene deutsche Volk wieder vereinigen und erheben würde. Daß dieser Führer schon lebte und arbeitete, wußten erst wenige. Allmählich wurden die Versammlungen der nationalsozialistischen Arbeiterparteien doch bekannt und als mein Mann, der sonst nicht gern in abendliche Versammlungen ging, einige Male Hitler gehört hatte, da schloß er sich freudig der Bewegung an." (51)

Lehmann trat erst 1932 in die NSDAP ein, denn „er wollte die alten Treuebindungen zu den Kampfgenossen früherer Jahre, insbesondere zu Claß und Hugenberg nicht früher lösen, als unbedingt nötig war. Er sah seine Aufgabe darin, in jenen Kreisen, den völkischen und nationalsozialistischen Gedanken zu verfechten, vor Verwässerung und Erstarrung zu bewahren und das ‚einigende' zu fördern." (52)

Lehmann verlegte vor 1933 Schriften und Aufsätze von führenden Nationalsozialisten wie R. Walther Darré, Alfred Rosenberg, Wilhelm Frick und Adolf Hitler selbst (53). Am 13. Juli 1931 teilte Hitler Lehmann mit: „er freue sich immer wieder, mit welcher Zähigkeit Lehmann allen Widerständen zum Trotz, die Linien seines Verlages halte, erst eine spätere Zeit würde wohl ganz würdigen, was er mit seinem Verlag an vorbereitender Arbeit für den Wiederaufstieg Deutschlands leiste." (54)

Zur Reichspräsidentenwahl im April 1932 verfaßte Lehmann einen mehrseitigen Aufruf: „Warum wählt das nationale Deutschland im zweiten Wahlgang Adolf Hitler?", in dem er auch öffentlich seinen Beitritt zur NSDAP vollzog und mit einer ausgeprägten Demagogie für die faschistische Bewegung warb (55).

Mit dem Machtantritt Hitlers veränderten sich die Rahmenbedingungen, aber Lehmann mußte sein Programm nicht umstellen. Sorgte der Verlag vorher im Auftrag „der Bewegung" für die Verbreitung nazistischen Gedankengutes, so übte er diese Tätigkeit jetzt offiziell aus. Es war ihm vorbehalten, alle Ärzte mit dem Kommentar und „Gesetz zur Verhütung erbkranken Nachwuchses" und dem „Blutschutz- und Ehegesundheitsgesetz" zu beliefern. Lehmann hatte das Ziel seines politischen Kampfes erreicht (Abb. 6).

J. F. Lehmann und sein Verlag sind aus der Entwicklung der Medizin bis 1933 nicht wegzudenken. Seine Leistung lag in der Herstellung und Verbreitung hervorragender Lehrbücher und dem wissenschaftlichen Teil der Münchner Medizinischen Wochenschrift. Viele „Ärztegenerationen" wurden von 1900 an durch seine Publikationen geprägt. Lehmann nutzte das daraus erwachsende Vertrauen der Ärzteschaft, um die Mediziner mit nationalistischer Ideologie zu beeinflussen. In drei Jahrzehnten erfolgreicher Verlagsarbeit hatte er dazu beigetragen, den Boden für die nationalsozialistische Machtergreifung vorzubereiten. Die rasche Integration vieler Ärzte in das „Dritte Reich" wurde durch das Wirken von J. F. Lehmann erleichtert.

Rassenkunde
des deutschen Volkes

von

Dr. Hans F. K. Günther

Mit 14 Karten und 537 Abbildungen

Dritte, umgearbeitete Auflage

J. F. Lehmanns Verlag / München

1923

Abbildung 6:
Ein Hauptwerk des Lehmanns-Verlags: Die Rassenkunde von Günther aus dem Jahre 1923 (!)

Blutschutz- und Ehegesundheitsgesetz

Gesetz zum Schutze des deutschen Blutes und der deutschen Ehre
und Gesetz zum Schutze der Erbgesundheit des deutschen Volkes
nebst Durchführungsverordnungen sowie einschlägigen
Bestimmungen

Dargestellt, medizinisch und juristisch
erläutert von

Dr. med. Arthur Gütt
Ministerialdirektor im Reichsministerium des Innern

Dr. med. Herbert Linden
Ministerialrat im Reichsministerium des Innern

Amtsgerichtsrat Franz Maßfeller
im Reichsjustizministerium

Anhang:

Reichsbürgergesetz mit Übersichtstafeln und Erläuterungen,
wie Erlasse zu den obigen Gesetzen für den Handgebrauch
der Standesbeamten, der Gesundheitsämter
und Erbgesundheitsgerichte

J. F. Lehmanns Verlag / München 1936

Abbildung 7:
Zwei weitere charakteristische Verlagsobjekte aus der Zeit des „Dritten Reiches" (s. a. S. 68)

Gesetz zur Verhütung
erbkranken Nachwuchses

vom 14. Juli 1933

mit Auszug aus dem Gesetz gegen gefährliche Gewohnheitsverbrecher und über Maßregeln der Sicherung und Besserung vom 24. Nov. 1933

Bearbeitet und erläutert von

Dr. med. Arthur Gütt
Ministerialdirektor
im Reichsministerium des Innern

Dr. med. Ernst Rüdin
o. ö. Professor für Psychiatrie an der Universität und Direktor
des Kaiser Wilhelm-Instituts für Genealogie und Demographie
der Deutschen Forschungsanstalt für Psychiatrie in München

Dr. jur. Falk Ruttke
Geschäftsführer des Reichsausschusses für Volksgesundheitsdienst
beim Reichsministerium des Innern

Mit Beiträgen:

Die Eingriffe zur Unfruchtbarmachung des Mannes und zur Entmannung
von Geheimrat Prof. Dr. med. Erich Lexer, München

Die Eingriffe zur Unfruchtbarmachung der Frau
von Geheimrat Prof. Dr. med. Albert Döderlein, München

Mit 15 zum Teil farbigen Abbildungen

J. F. Lehmanns Verlag / München 1934

Anmerkungen:

1) MELANIE LEHMANN: Verleger J. F. Lehman. Ein Leben im Kampf um Deutschland. Lebenslauf und Briefe. München 1935, S. 5–6. Die Überschrift des Aufsatzes „Dienst am Deutschtum" ist dem Titel einer umfangreichen zeitgenössischen Selbstdarstellung des Verlags entnommen: Vierzig Jahre Dienst am Deutschtum 1890–1930. Den Mitarbeitern, Freunden und Gesinnungsgenossen gewidmet von J. F. Lehmanns Verlag in München. München, o. J. [1930].

2) LEHMANN (wie Anm. 1), S. 11–12.

3) Fünfzig Jahre J. F. Lehmanns Verlag 1890–1940. München Berlin, o. J. [1940], S. 46.

4) Ebenda, S. 45.

5) Ebenda, S. 15.

5) Ebenda, S. 9.

7) LEHMANN (wie Anm. 1), S. 109. Im Jahre 1908 trat Lehmann aus gesundheitlichen Gründen zurück.

8) U. LOHALM: Völkischer Radikalismus 1919–1923. Hamburg 1970, S. 36.

9) Fünfzig Jahre (wie Anm. 3), S. 56. Nach Angaben von Melanie Lehmann war ihr Mann auch in der Deutschnationalen Volkspartei aktiv.

10) Brief J. F. Lehmanns „An die Frau eines Freundes" vom 25. 10. 1918. Auszugsweise publiziert in: Lehmann (wie Anm. 1), S. 149.

11) LOHALM (wie Anm. 8), S. 54.

12) Ebenda, S. 75.

13) Ebenda, S. 98.

14) Ebenda, S. 100 und S. 102–103.

15) Ebenda, S. 126 und S. 268.

16) Vierzig Jahre (wie Anm. 1), S. 45.

17) LEHMANN (wie Anm. 1), S. 129.

18) Ebenda, S. 203–206. Dazu siehe auch: G. LILIENTHAL: Rassenhygiene im Dritten Reich. Krise und Wende. In: Med. hist. J. **14** 1979, S. 115. Auch die Rassenhygiene Ostermanns war nicht „wertfrei", sie stellte eine moderate Variante dieser sozialdarwinistischen Theorie dar.

19) LEHMANN (wie Anm. 1), S. 20–21.

20) Vierzig Jahre (wie Anm. 1), S. 9.

21) Ebenda, S. 9.

22) LEHMANN (wie Anm. 1), S. 19.

23) Vierzig Jahre (wie Anm. 1), S. 20.

24) Vgl. LOHALM (wie Anm. 8), S. 100.

25) Vierzig Jahre (wie Anm. 1), S. 6.

26) Brief J. F. Lehmanns an H. S. Chamberlain vom 21. 1. 1907, auszugsweise abgedruckt in: LEHMANN (wie Anm. 1), S. 107–108.

27) Vierzig Jahre (wie Anm. 1.), S. 10.

28) Ebenda, S. 21.

29) Ebenda, S. 18.

30) Ebenda, S. 18.

31) Zur Verbreitung der Bestseller des Lehmanns Verlages siehe: Ebenda, S. 15–52.

32) Ebenda, S. 11.

33) So versuchte Lehmann, den Reichskanzler Bethmann-Hollweg wegen dessen angeblich zu wenig imperialistischer Haltung zu stürzen und publizierte dazu eine Schmähschrift, die er an 3000 ausgewählte Persönlichkeiten im Reich versandte. Vgl. hierzu: Ebenda, S. 18.

34) Ebenda, S. 25.

35) Ebenda, S. 26.

36) Ebenda, S. 25.

37) Fünfzig Jahre (wie Anm. 3), S. 99

38) Vierzig Jahre (wie Anm. 1), S. 40–41,

39) Fünfzig Jahre (wie Anm. 3), S. 108.

40) Vgl. K. SALLER: Die Rassenlehre des Nationalsozialismus in Wissenschaft und Propaganda. Darmstadt 1961, S. 27.

41) Vierzig Jahre (wie Anm. 1), S. 42

42) Fünfzig Jahre (wie Anm. 3), S. 104.

43) Brief J. F. Lehmanns an F. Lenz vom 21. 1. 1919. Auszugsweise abgedruckt in: LEHMANN (wie Anm. 1), S. 164–165.

44) Ebenda, S. 232.

45) G. SCHREIBER: Deutsches Reich und Deutsche Medizin. Leipzig 1926, S. 82. Die Angabe bezieht sich auf 1926.

46) Zu den sozialpolitischen Konzeptionen E. Lieks vgl.: K.-D. THOMANN: Auf dem Weg in den Faschismus. Medizin in Deutschland von der Jahrhundertwende bis 1933. S. 123–128. In: B. BROMBERGER, H. MAUSBACH, K.-D. THOMANN: Medizin, Faschismus, Widerstand, 2. Auflage, Franfurt/M 1990.

47) LEHMANN (wie Anm. 1), S. 64.

48) Ebenda, S. 49.

49) Ebenda, S. 54–55.

50) Ebenda, S. 64.

51) Ebenda, S. 61. Vgl. die gleiche Aussage in: Fünfzig Jahre (wie Anm. 3), S. 75.

52) Fünfzig Jahre . . . a.a.O., S. 75, Vgl. weiterhin zu den Motivationen Lehmanns in die NSDAP einzutreten: Lehmann (wie Anm. 1), S. 265–266.

53) Fünfzig Jahre (wie Anm. 3), S. 81

54) Ebenda, S. 81.

55) Abgedruckt in: LEHMANN (wie Anm. 1), S. 267–273.

„Die Ausschaltung" –
Wie die Nationalsozialisten die jüdischen und die politisch mißliebigen Ärzte
aus dem Beruf verdrängten

Werner Friedrich Kümmel

Am 30. September 1938 entzog die nationalsozialistische Regierung den 3152 jüdischen Ärzten, die damals im „Altreich" noch tätig waren, die Bestallung. 709 von ihnen durften zwar auf Widerruf weiterarbeiten, aber nicht mehr als „Ärzte", sondern sie waren zu jüdischen „Krankenbehandlern" degradiert, die nur noch Juden sowie ihre eigenen Frauen und Kinder als Patienten haben durften.

Aus heutiger Sicht ein unerhörter Vorgang: Ärzte und Ärztinnen, die in Deutschland studiert und die Berufszulassung erhalten, seit Jahren und Jahrzehnten den Beruf unangefochten ausgeübt, bis 1933 nicht selten auch Ämter in Standesvereinigungen innegehabt hatten, überdies bis zum „Reichsbürgergesetz" von 1935 vollberechtigte deutsche Staatsbürger gewesen waren und sich ganz als Deutsche fühlten, die also nicht, wie heute von ahnungslosen Zeitgenossen gelegentlich zu hören ist, sozusagen „Gastarbeiter" waren – sie verloren die Bestallung, nur weil sie jüdischer Abstammung waren (das Gastarbeiter-Argument diskriminiert übrigens beide Gruppen gleichermaßen). Daß so etwas möglich war in einem Land, das eine Tradition als Rechtsstaat und Kulturnation hatte, muß immer wieder Stein des Anstoßes und Anlaß zu Fragen sein. Die „Ausschaltung" der jüdischen, dazu der politisch mißliebigen Ärzte durch den Nationalsozialismus, an die im folgenden erinnert werden soll, ist ein dunkles Kapitel in der Geschichte der deutschen Ärzte im 20. Jahrhundert.

Wie war die Situation vor 1933? Jüdische Mediziner spielten damals in Deutschland nicht nur in der Wissenschaft, sondern auch in der ärztlichen Praxis eine wichtige Rolle. „Der jüdische Arzt", schreibt der Chirurg Siegfried Ostrowski aus der Rückschau, „besaß im Deutschen Reich der Vor-Nazizeit ein solches Ansehen, daß man geradezu von einer Bevorzugung durch weite Kreise der nichtjüdischen Bevölkerung sprechen kann. Das war insbesondere in Arbeiterkreisen deutlich, aber auch das Bürgertum hielt seine jüdischen Hausärzte, oft durch Generationen, in der Familie." Die Statistik belegt es: Vor 1933 dürften im Deutschen Reich bei einem jüdischen Bevölkerungsanteil von nur 0,9 Prozent rund 16 Prozent der Ärzte jüdischer Abstammung gewesen sein; gut zwei Drittel von ihnen waren niedergelassen. Wie wäre dies möglich gewesen, wenn nicht zwischen der nichtjüdischen Bevölkerung und den jüdischen Ärzten ein enges Vertrauensverhältnis bestanden hätte!

Die Gründe für die starke Stellung der Juden unter den deutschen Ärzten sind vielfältig und weisen zum Teil weit in die Geschichte zurück:
— der Beruf des Arztes nahm bei den Juden traditionell einen hohen Rang ein; nachdem deutsche Universitäten im 18. Jahrhundert jüdische Studenten zugelassen hatten, wandten sich diese vorzugsweise der Medizin zu;

— seit dem Mittelalter waren jüdische Ärzte trotz aller kirchlichen Verbote, sie zu konsultieren, und trotz des alten, konfessionell begründeten Judenhasses bei Christen sehr angesehen;

— jüdische Akademiker gingen im 18./19. Jahrhundert hauptsächlich in freie Berufe, weil sie sich vor der bürgerlichen Gleichberechtigung der Juden dort am ehesten entfalten zu können glaubten; als Ärzte in freier Praxis konnten sie nahezu ungehindert eine beruflich wie sozial geachtete Position erringen;

— der Zustrom zum Arztberuf und anderen freien Berufen hielt auch an, nachdem die schrittweise Emanzipation der Juden im 19. Jahrhundert schließlich zwar zur vollen rechtlichen Gleichstellung im neuen Deutschen Reich geführt hatte, diese aber in Wirklichkeit eingeschränkt blieb (zum Beispiel Beamte, Offiziere).

Repertoire von Vorwürfen seit dem 19. Jahrhundert

Daß zu viele Ärzte Juden seien, war einer der ersten (und wirksamsten) Vorwürfe des neuen, auf die Rasse gerichteten Antisemitismus, der im letzten Viertel des 19. Jahrhunderts entstand und die konfessionelle Judenfeindschaft zunehmend überlagerte. Dabei fragte man nicht nach den Ursachen für die starke Vertretung der Juden unter den Ärzten und hätte nie daran gedacht zu überprüfen, ob denn zum Beispiel die Zahl katholischer oder protestantischer Ärzte dem jeweiligen Bevölkerungsanteil entsprach. Andere Vorwürfe zeigen deutlich den „antimodernistischen" Grundzug des Rassenantisemitismus: Juden seien führend beteiligt an gefährlichen neuen Entwicklungen in der Medizin, so an bakteriologischen und mit Tierversuchen arbeitenden Forschungen, an der Hypnose, Psychoanalyse und Sexualwissenschaft. Außerdem bezichtigte man sie der moralischen Unzuverlässigkeit, weshalb sie für weibliche Patienten nicht vertrauenswürdig seien.

Diese schon um 1900 zu einem feststehenden Repertoire vereinigten Vorwürfe fanden trotz einer rührigen antisemitischen Publizistik bis zum Ersten Weltkrieg in der deutschen Öffentlichkeit wie unter den Ärzten nur begrenzt Resonanz. Mit der Zunahme des Antisemitismus nach Kriegsende fielen sie jedoch auf fruchtbareren Boden. Der aufkommende Nationalsozialismus griff sie auf, wobei vor allem das Proporz-Argument angesichts der wirtschaftlichen Schwierigkeiten und des Medizinerüberschusses in der Weimarer Zeit seine Wirkung, zumal bei den Jüngeren, nicht verfehlte.

Zuwendung deutscher Ärzte zum Nationalsozialismus

Schon im Juli 1930 erkärte die NSDAP, „nur ein beruflich freier und ethisch hochstehender deutscher Ärztestand – frei von jüdischem Einfluß in seinen eigenen Reihen" könne die Zukunftsaufgben bewältigen. „Die Nöte des deutschstämmigen ärztlichen Nachwuchses . . . werden sofort behoben sein, wenn im kommenden Dritten Reich deutsche Volksgenossen sich nur von deutschstämmigen Ärzten behandeln lassen und für die Zulassung fremdrassiger Elemente – schon zum Universitätsstudium – vom Staate entsprechende Bestimmungen erlassen werden." Im

Aufruf des Nationalsozialistischen Deutschen Ärztebundes vom 23. März 1933 treten dann auch die anderen Anklagepunkte mit aller Klarheit hervor: Kein Beruf sei „so verjudet . . . und so hoffnungslos in volksfremdes Denken hineingezogen worden" wie die Medizin. „Jüdische Dozenten beherrschen die Lehrstühle der Medizin, entseelen die Heilkunst und haben Generation um Generation der jungen Ärzte mit mechanistischem Geist durchtränkt. Jüdische ‚Kollegen' setzten sich an die Spitze der Standesvereine und der Ärztekammern; sie verfälschten den ärztlichen Ehrbegriff und untergruben arteigene Ethik und Moral . . ."

Trotz solcher Verlautbarungen dürfte bei der auffällig starken Zuwendung deutscher Ärzte zum Nationalsozialismus ab 1933 der Antisemitismus nicht im Vordergrund gestanden haben (immerhin beruhte die Tätigkeit jüdischer Ärzte in den Vorständen von Standesorganisationen vor 1933 auf der Wahl durch Kollegen!). Andere Affinitäten und Anziehungspunkte allgemeinpolitischer wie standespolitischer Art, über die hier nicht zu reden ist, müssen den Ausschlag für diese Orientierung gegeben haben. Das hinderte aber nicht, daß die Nationalsozialisten nach der Machtergreifung ihre Ausschaltungspolitik zügig ins Werk setzen konnten, da es unter den Ärzten genügend überzeugte Parteigänger gab, die keine Bedenken hatten, bei der Verdrängung von Kollegen aus dem Beruf tatkräftig Hand anzulegen.

Von Anfang an zielte diese Politik nicht allein auf die Juden, sondern zugleich auch auf die „Marxisten" unter den Ärzten, wobei zwischen Sozialdemokraten und Kommunisten nicht unterschieden wurde. Die doppelte Stoßrichtung traf allerdings nicht selten ein und dieselbe Person, denn während die deutschen Ärzte in ihrer überwiegenden Mehrheit politisch konservativ eingestellt waren, fanden sich nicht zufällig in dem 1924 gegründeten „Verein Sozialistischer Ärzte", der allerdings nur etwa 1500 Mitglieder zählte, relativ viele Juden. Schon 1899 hatte ein jüdischer Arzt über seine Berufs- und Glaubensgenossen geschrieben, sie neigten in der Hoffnung auf weitere Fortschritte in der tatsächlichen Gleichstellung der Juden „fast durchweg liberalen politischen Anschauungen" zu, da die antisemitische Agitation es „selbst dem loyalsten Juden unmöglich" mache, „in der heutigen Zeit konservative Gesinnungen zu hegen". Hinzu kam aber auch, daß Juden aufgrund ihrer eigenen Geschichte ein geschärftes Bewußtsein für soziale Benachteiligung hatten.

Ausschaltung in „eigener Regie" . . .

Den ersten reichseinheitlichen Schritt in der Ausschaltungspolitik vollzogen die Ärzte in eigener Regie, ohne direkte Mitwirkung der neuen Regierung und erstaunlich schnell: Nachdem der Nationalsozialistische Deutsche Ärztebund und die ärztlichen Spitzenverbände am 24. März 1933 die „Gleichschaltung" der deutschen Ärzteschaft beschlossen hatten, konnte der Ärztebundvorsitzende Gerhard Wagner schon zehn Tage später die Durchführung eines weiteren, am gleichen Tage gefaßten Beschlusses melden: „Die Entfernung von Juden und Marxisten aus den Vorständen und Ausschüssen". Geschah dies noch kaum bemerkt von der Öffentlichkeit, so rückten die jüdischen Ärzte um so mehr ins Rampenlicht, als am 1. April

1933, dem Tag des „allgemeinen Judenboykotts", vor ihren Praxen wie vor jüdischen Geschäften und den Büros jüdischer Rechtsanwälte SA- oder SS-Männer standen, um die Menschen vor dem Eintritt zu „warnen". Die Partei forderte auf zahllosen Kundgebungen die „Einführung einer relativen Zahl für die Beschäftigung der Juden in allen Berufen entsprechend ihrer Beteiligung an der deutschen Volkszahl". Ein Slogan wie der „Eine deutsche Frau, ein deutsches Mädchen geht nicht zum jüdischen Arzt!" verrät allerdings, daß es den Nationalsozialisten keineswegs nur darum ging, die Zahl jüdischer Ärzte gemäß dem jüdischen Bevölkerungsanteil zu senken. Zielrichtungen der Ausschaltungspolitik waren vielmehr auch,
— die jüdischen Ärzte von den nichtjüdischen Kollegen und vor allem von den nichtjüdischen Patienten vollständig zu trennen,
— sie fachlich und menschlich zu diffamieren,
— ihnen die Berufsausübung durch immer neue Beschränkungen und Schikanen zu erschweren und sie damit zur Berufsaufgabe zu zwingen,
— jüdischen Medizinernachwuchs auf die Dauer völlig zu unterbinden.

. . . und durch staatlichen Zwang

Diesen Zielen diente eine Vielzahl von Maßnahmen, die nach dem Boykott vom 1. April 1933 Schlag auf Schlag folgten. Die wichtigsten seien hier genannt:
— Das „Gesetz zur Wiederherstellung des Berufsbeamtentums" vom 7. April 1933 bestimmte, daß Beamte „nichtarischer Abstammung" und politisch nicht als zuverlässig betrachtete Beamte in den Ruhestand zu versetzen seien. Als „nichtarisch" galt bereits, wer nur *einen* nichtarischen Eltern- oder sogar Großelternteil hatte. Das Gesetz wurde wenig später auch auf nichtbeamtete Personen ausgedehnt und hatte zur Folge, daß – hauptsächlich aufgrund des „Arierparagraphen" – eine große, aber nicht näher bekannte Zahl von Ärzten und Ärztinnen an Universitäten, staatlichen und städtischen Krankenhäusern, Gesundheitsämtern usw. entlassen wurde (mit Ruhegehalt nur nach mindestens zehnjähriger Dienstzeit!). Das Gesetz nahm diejenigen zunächst noch aus, die vor dem 1. August 1914 zu Beamten ernannt, Frontkämpfer gewesen waren oder deren Vater oder Sohn gefallen war.
— Die Verordnung des Reichsarbeitsministeriums vom 22. April 1933 erklärte die „Tätigkeit von Kassenärzten nichtarischer Abstammung sowie von Kassenärzten, die sich im kommunistischen Sinne betätigt haben", für beendet und verbot die Neuzulassung solcher Ärzte. Bei der Aufstellung der Listen für die Ausschlüsse verfuhren die Kassenärztlichen Vereinigungen teilweise überaus leichtfertig, vor allem beim Vorwurf der kommunistischen Betätigung. Gut die Hälfte der Ausgeschlossenen erhob Einspruch; das Arbeitsministerium, das bemüht war, die Vorschriften nicht zuungunsten der Betroffenen auszulegen, erklärte sich mit den Ausschlüssen erstaunlich oft nicht einverstanden und hob in 29 Prozent der Fälle den Ausschluß wegen nichtarischer Abstammung, sogar in 69 Prozent wegen angeblicher kommunistischer Betätigung wieder auf. Dennoch verloren bis zum Frühjahr 1934 über 2000 Ärzte und Ärztinnen, überwiegend wegen nichtarischer Abstammung, definitiv die Kassenzulassung. Viele

von ihnen wurden dadurch zur Aufgabe der Praxis gezwungen, zumal auch die meisten Ersatzkassen und privaten Versicherungen jüdische Ärzte – außer bei jüdischen Patienten – von der Erstattung ausschlossen. Die freigewordenen Kassenarztstellen erhielten bevorzugt parteitreue Jungärzte.

— Nach dem „Gesetz gegen die Überfüllung der deutschen Schulen und Hochschulen" vom 25. April 1933 durften Nichtarier nur noch entsprechend dem nichtarischen Bevölkerungsanteil an höheren Schulen und Hochschulen vertreten sein.

— Mit einer Anordnung vom 10. August 1933 verbot der Kommissar für die ärztlichen Spitzenverbände, Gerhard Wagner, arischen Ärzten jede Zusammenarbeit mit nichtarischen Kollegen (Vertretung, Überweisungen, Praxisgemeinschaft und ähnliches).

— Nachdem schon die geänderte Prüfungsordnung vom 5. Februar 1935 die Zulassung zu den Prüfungen sowie die Approbation vom Nachweis der arischen Abstammung abhängig gemacht hatte, verwehrte die neue Reichsärzteordnung vom 13. Dezember 1935, darüber noch hinausgehend, allen jenen die Bestallung, die wegen ihrer oder des Ehegatten Abstammung nicht Beamte werden konnten. Damit war jüdischer Medizinernachwuchs definitiv ausgeschlossen. Die Bindung der Berufszulassung an die Vorschriften des Berufsbeamtengesetzes traf im übrigen den Arztberuf als freien Beruf an der Wurzel, ohne daß dies jedoch in der Ärzteschaft so empfunden worden wäre oder sich gar Widerspruch geregt hätte.

— Mit der „Vierten Verordnung zum Reichsbürgergesetz" vom 25. Juli 1938 wurde, wie erwähnt, allen noch im „Altreich" verbliebenen jüdischen Ärzten zum 30. September des gleichen Jahres die Bestallung entzogen.

Damit waren von den schätzungsweise 8000 bis 9000 jüdischen Ärzten und Ärztinnen, die Anfang 1933 in Deutschland tätig waren (bei einer Gesamtzahl von 52 500 Ärzten) innerhalb von gut fünf Jahren mehr als $9/10$ aus dem Beruf verdrängt worden – immerhin $1/6$ bis $1/7$ der deutschen Ärzte; nur die 709 jüdischen „Krankenbehandler" blieben noch so lange übrig, bis sie in letzter Minute auswandern konnten oder mit ihren Patienten deportiert wurden.

Emigrantenschicksal

Solche Zahlen lesen sich leicht – wir sind an Statistiken gewöhnt – aber sie verschweigen, welch tiefe Eingriffe in die Lebensläufe und Familien der Betroffenen sich dahinter verbergen. Deren Schicksale waren höchst unterschiedlich. Wissenschaftler, die schon einen Namen hatten und noch nicht zu alt waren, fanden relativ leicht an Forschungsinstitutionen im Ausland eine neue Stelle. Ungleich schwerer war es jedoch für die große Mehrheit der Ärzte, die in freier Praxis, an Krankenhäusern, in Gesundheitsämtern usw. gearbeitet hatten. Ein kleiner Teil versuchte, in andere Berufe überzuwechseln, einige wenige kamen an jüdischen Einrichtungen unter, wieder andere warteten ab und lebten, solange es ging, von Ersparnissen, nicht wenige aber, vor allem ältere, sahen bald keinen Ausweg mehr und nahmen sich das Leben. Bereits im ersten Jahr der nationalsozialistischen Herr-

Abbildung 1:
Arztschild nach 1938 mit Davidsstern und dem zwangsweise eingeführten Namenszusatz „Israel".
Quelle: Ginzel, Günter Berndt: Jüdischer Alltag in Deutschland 1933–1945, Droste-Verlag, Düsseldorf 1984, Seite 113

schaft waren rund 2000 jüdische Ärzte in eine ernste wirtschaftliche Notlage geraten. Gut die Hälfte der „Ausgeschalteten", hauptsächlich die jüngeren, entschloß sich zur Emigration; schon 1933/34 verließen 1700 Ärzte und Ärztinnen Deutschland, in den Jahren 1936, 1938 und 1939 folgten weitere Auswanderungswellen. Ziele waren anfangs hauptsächlich Palästina, Frankreich, England und andere vorwiegend westeuropäische Länder, später in zunehmendem Maße die USA und andere überseeische Länder. Insgesamt dürften 4500 bis 5000 Ärzte wegen ihrer Abstammung, dazu noch eine kleinere Zahl aus politischen Gründen ausgewandert sein; allein in den USA suchten bis 1945 3600 bis 4000 deutsche und österreichische Ärzte Zuflucht.

Bei weitem nicht allen Emigranten gelang es, in den Gastländern alsbald wieder in den ärztlichen Beruf zurückzukehren, zum einen, weil die Zulassungsbedingungen für Ausländer angesichts des wachsenden Zustroms deutscher Einwanderer auf Drängen der einheimischen Kollegen verschärft wurden, zum anderen, weil die Zulassungsbestimmungen in den einzelnen Ländern ohnehin sehr unterschiedlich waren. Während einige Länder die Zuwanderung von Ärzten systematisch unterbanden, forderten andere eine Wiederholung der ärztlichen Abschlußprüfung in der Landessprache oder ein zusätzliches Studium von mehreren Semestern, manche sogar die im Lande vorgeschriebene Reifeprüfung und dazu ein erneutes vollständiges Studium. Teilweise wurde die Ausübung des ärztlichen Berufs außerdem vom Erwerb der Staatsangehörigkeit abhängig gemacht, der an zusätzliche Voraussetzungen geknüpft war. All dies hatte zur Folge, daß die Schicksale der Emigranten sehr vielfältig waren: Zwischen denen, die nach kurzer Unterbrechung wieder als Ärzte arbeiten oder gar ihre Karriere fortsetzen konnten, und den anderen, die die Hürden im Gastland nicht überwanden und sich mit untergeordneter Arbeit notdürftig durchschlagen mußten, gab es alle Zwischenformen.

Die „Ausschaltung" der jüdischen und der politisch unerwünschten Ärzte nach 1933 war kein blindes Schicksal, das über die deutschen Ärzte ohne ihr Zutun gekommen wäre, weil der nationalsozialistische Staat es so wollte. Vielmehr verlief sie nicht zuletzt deshalb so zügig, weil genügend parteiergebene Kollegen von Anfang an bereitwillig, ja teilweise mit Übereifer daran mitwirkten. Sie haben sich damit zwar keiner Verbrechen schuldig gemacht wie diejenigen, die im Nürnberger Ärzteprozeß angeklagt wurden, aber moralisch haben auch sie sich schuldig gemacht, indem sie bedenkenlos Tausende ihrer Kollegen diskriminierten und aus dem Beruf vertrieben. An der „Ausschaltung" sich aktiv zu beteiligen, wurde kein Arzt gezwungen.

Der Mut einzelner . . .

Die historische Gerechtigkeit gebietet es aber auch zu erwähnen, daß unter den Ärzten keineswegs allgemeines Einverständnis mit der nationalsozialistischen Ausschaltungspolitik herrschte. Wie es Patienten gab, die sich der befohlenen Rassentrennung widersetzten und ihrem jüdischen Arzt so lange wie möglich treu blieben, so gab es nichtjüdische Ärzte, die trotz der Verbote mit jüdischen Kollegen weiter zusammenarbeiteten. Der Mut einzelner konnte menschliches Mitgefühl und kollegiale Verbundenheit bezeugen, aber nichts ausrichten gegen die Gleichgültigkeit, die Angst und den Opportunismus der großen Mehrheit und gegen den Zugriff des totalen Staates.

Muß man sich nach einem halben Jahrhundert immer noch und immer wieder mit dieser Zeit befassen? Kann man nicht endlich einen Schlußstrich ziehen unter die „Bewältigung" der Vergangenheit? Warum niemand, weder die Alten noch die Jungen, einer solchen Vergangenheit entgehen kann, lesen wir bei Friedrich Nietzsche, der vor über hundert Jahren im 3. Kapitel seines Traktats „Vom Nutzen und Nachteil der Historie für das Leben" schrieb: „Denn da wir nun einmal die Resultate früherer Geschlechter sind, sind wir auch die Resultate ihrer Verirrungen, Leidenschaften und Irrtümer, ja Verbrechen; es ist nicht möglich, sich ganz von dieser Kette zu lösen. Wenn wir jene Verirrungen verurteilen und uns ihrer für enthoben erachten, so ist die Tatsache nicht beseitigt, daß wir aus ihnen herstammen."

Literatur:

JOSEPH LEWY: Antisemitismus und Medizin. In: Im deutschen Reich. Zeitschrift des Centralvereins deutscher Staatsbürger jüdischen Glaubens 5 (1899), S. 1–19

Das Schwarzbuch. Tatsachen und Dokumente. Die Lage der Juden in Deutschland 1933. Hrsg. vom Comité des Délégations Juives. Paris 1934 (Repr. Frankfurt a. M., Berlin, Wien 1983).

List of displaced German scholars. London 1936 (Repr. Stockholm 1975), S. 56–85, 134–137.

SIEGMUND KAZNELSON (Hrsg.): Juden im deutschen Kulturbereich. 3. Aufl. Berlin 1962, S. 461–526.

SIEGFRIED OSTROWSKI: Vom Schicksal jüdischer Ärzte im Dritten Reich. Ein Augenzeugenbericht aus den Jahren 1933–1939. In: Leo Baeck Institute Bulletin 6 (1963), S. 313–351.

WERNER FRIEDRICH KÜMMEL: Rudolf Virchow und der Antisemitismus. In: Medizinhistorisches Journal 3 (1968), S. 165–179.

UWE DIETRICH ADAM: Judenpolitik im Dritten Reich. Düsseldorf 1972 (Repr. Königstein/Ts., Düsseldorf 1979).

SIEGMUND HADDA: Als Arzt am Jüdischen Krankenhaus zu Breslau 1906–1943. In: Jahrbuch der Schlesischen Friedrich-Wilhelms-Universität zu Breslau 17 (1972), S. 198–238.

MONIKA RICHARZ: Der Eintritt der Juden in die akademischen Berufe. Jüdische Studenten und Akademiker in Deutschland 1678–1848. Tübingen 1974.

THOMAS RAINER EHRKE: Antisemitismus in der Medizin im Spiegel der „Mitteilungen aus dem Verein zur Abwehr des Antisemitismus" (1891–1931). Med. dent. Diss. Mainz 1978.

FRITZ GOLDSCHMIDT: Meine Arbeit bei der Vertretung der Interessen der jüdischen Ärzte in Deutschland seit dem Juli 1933. Hrsg. von STEPHAN LEIBFRIED und FLORIAN TENNSTEDT. Bremen 1979.

HANS. A. KREBS: Wie ich aus Deutschland vertrieben wurde. Dokumente mit Kommentaren. In: Medizinhistorisches Journal 15 (1980), S. 357–377.

STEPHAN LEIBFRIED und FLORIAN TENNSTEDT: Berufsverbote und Sozialpolitik 1933. Die Auswirkungen der nationalsozialistischen Machtergreifung auf die Krankenkassenverwaltung und die Kassenärzte. 2. Aufl. Bremen 1980.

BERND MARTIN und ERNST SCHULIN (Hrsg.): Die Juden als Minderheit in der Geschichte. München 1981 (dtv).

STEPHAN LEIBFRIED: Stationen der Abwehr. Berufsverbote für Ärzte im Dritten Reich 1933–1938 und die Zerstörung des sozialen Asyls durch die organisierte Ärzteschaft des Auslands. In: Leo Baeck Institute Bulletin 62 (1982), S. 3–39.

International Biographical Dictionary of Central European Emigrés 1933–1945. Teil 2, Bd. 1–2. Hrsg. von HERBERT A. STRAUSS und WERNER RÖDER. München, New York, London, Paris 1983.

GERHARD BAADER: Politisch motivierte Emigration deutscher Ärzte. In: Berichte zur Wissenschaftsgeschichte 7 (1984), S. 67–84.

DAGMAR BLANK: Die „Ausschaltung" der jüdischen Ärzte und Zahnärzte in Wiesbaden durch den Nationalsozialismus. Med. Diss. Mainz 1984.

KATHLEEN M. PEARLE: Ärzteemigration nach 1933 in die USA. Der Fall New York. In: Medizinhistorisches Journal 19 (1984), S. 112–137.

WERNER FRIEDRICH KÜMMEL: Die Ausschaltung rassisch und politisch mißliebiger Ärzte. In: FRIDOLF KUDLIEN: Ärzte im Nationalsozialismus. Köln 1985. S. 56–81, 252–261.

Das Tagebuch der Hertha Nathorff. Berlin – New York. Aufzeichnungen 1933 bis 1945. Hrsg. von WOLFGANG BENZ. München 1987.

WERNER FRIEDRICH KÜMMEL: Jüdische Ärzte in Deutschland zwischen Emanzipation und „Ausschaltung". In: Richard Koch und die ärztliche Diagnose. Hrsg. von GERT PREISER. Hildesheim, New York 1988, S. 15–47.

RENATE JÄCKLE: Schicksale jüdischer und „staatsfeindlicher" Ärztinnen und Ärzte nach 1933 in München. München 1988.

CHARLOTTE NIERMANN und STEPHAN LEIBFRIED: Die Verfolgung jüdischer und sozialistischer Ärzte in Bremen in der „NS"-Zeit. Bremen 1988.

WERNER SCHMIDT: Leben an Grenzen. Autobiographischer Bericht eines Mediziners aus dunkler Zeit. Zürich 1989.

HANS-PETER KRÖNER: Die Emigration deutschsprachiger Mediziner im Nationalsozialismus. In: Berichte zur Wissenschaftsgeschichte 12 (1989), Sonderheft, S. 1*–44*.

Ärztliches Schicksal unter der Verfolgung 1933–1945 in Frankfurt am Main und Offenbach. Eine Denkschrift, erstellt im Auftrag der Landesärztekammer Hessen von SIEGMUND DREXLER, SIEGMUND KAMINSKI, HANS MAUSBACH. 2. Aufl. Frankfurt a. M. 1990.

WERNER FRIEDRICH KÜMMEL: Antisemitismus und Medizin im 19./20. Jahrhundert. In: Menschenverachtung und Opportunismus. Zur Medizin im Dritten Reich. Hrsg. von JÜRGEN PEIFFER: Tübingen 1992, S. 44–67.

Die Emigration von Medizinern unter dem Nationalsozialismus

Hans-Peter Kröner

Seit Beginn der achtziger Jahre ist in der Bundesrepublik ein zunehmendes wissenschaftliches Interesse an der kulturellen und im engeren Sinne wissenschaftlichen Emigration unter dem Nationalsozialismus zu verzeichnen. Dieses Interesse hat sich unter anderem in der Veröffentlichung des von Werner Röder und Herbert A. Strauss herausgegebenen „Handbuchs der deutschsprachigen Emigration" niedergeschlagen, das über 8000 Biographien deutschsprachiger Emigranten aus den Bereichen „Öffentliches Leben", „Kunst", „Literatur" und „Wissenschaft" verzeichnet (1).

Welche Folgen hatte die Einwanderung hochqualifizierter Fachleute für die Wissenschaften der Aufnahmeländer und wie wirkte sich der „Exodus des Geistes" auf die Herkunftsländer aus (vornehmlich das Deutsche Reich und seine Nachfolgestaaten sowie Österreich)? Mediziner hatten an dieser Zwangsauswanderung einen überragenden Anteil. Schon die Liste der „Notgemeinschaft Deutscher Wissenschaftler im Ausland" führt 457 Mediziner an, die durch die Nationalsozialisten ihre Anstellung verloren hatten (2). Hierbei handelt es sich aber allein um wissenschaftlich tätige Mediziner. Die Zahl der ehedem praktisch tätigen, niedergelassenen Emigranten liegt weitaus höher und muß sich, nach eigenen Schätzungen, auf etwa 6000 belaufen (3). Hinzu kommen noch etwa 3000 emigrierte Ärzte aus Österreich (4).

Medizin und Judentum

Die wissenschaftliche und, im weiteren Sinne, akademische Emigration war im wesentlichen eine jüdische Emigration, jüdisch allerdings im Sinne von „nicht-arisch" nach Maßgabe der rassistischen nationalsozialistischen Kategorien. Bei einem Bevölkerungsanteil von weniger als einem Prozent zählten sich 1933 etwa 6000 Ärzte zur jüdischen Religionsgemeinschaft. Hinzu kamen noch über 2000 Ärzte, die nach den „Nürnberger Gesetzen" als „nicht-arisch" galten (5). Das ergab einen Anteil von mehr als 15 Prozent an der Gesamtärzteschaft im „Dritten Reich", die 52 500 betrug. Gerade der überproportional hohe Anteil von Juden an den freien Berufen und damit auch an der Ärzteschaft war eine Folge jener latenten Diskriminierung, die den Juden den Zutritt zum Staatsdienst oder zu Ordinariaten wenn nicht verunmöglichte so doch erschwerte, so daß ein Studium zunächst auch immer unter dem Aspekt des „Brotstudiums" angetreten wurde (6).

Dennoch und vielleicht gerade wegen dieser Diskriminierung war der Beitrag der jüdischen Ärzte am Aufstieg der deutschen und österreichischen Medizin im späten 19. Jahrhundert von grundlegender Bedeutung (7). Über 400 Namen nennt

Siegfried Kaznelson in seinem Sammelwerk „Juden im Deutschen Kulturbereiche" und betont, daß es nur eine Auswahl der Bedeutendsten ist (8). Jeder Medizinstudent kennt die Henle-Schleife, den Auerbachschen Plexus, den Edinger-Kern, die Herxheimer-, die Wassermann-Reaktion, den Romberg-Versuch, den Prausnitz-Küstner-Versuch, aber kaum einer weiß, daß es jüdische Ärzte waren, denen diese Strukturen und Verfahren ihre Namen verdanken. Ähnliches gilt für Namen wie Freund, Traube, Kaposi, Politzer, Binswanger, Aschheim, Zondek und Ehrlich. Gerade Paul Ehrlich, der Entdecker des Salvarsans, verdeutlicht die Widersprüche einer jüdischen akademischen Karriere in Deutschland. Nobelpreisträger und weltweit hochgeehrt, erhielt er doch erst 1914, ein Jahr vor seinem Tode, einen Ruf an die mit jüdischen Geldern neugegründete Universität Frankfurt.

Zwischen 1882 und 1909 gab es jeweils 20 bis 25 jüdische Ordinarien; die Zahl sank bis 1917 auf 13 ab, was einem Anteil von einem Prozent an den ordentlichen Professoren entsprach (9). Wenn auch in der Weimarer Republik die Zahl der jüdischen Ordinarien wieder anstieg, so erwies sich doch der offenkundige Antisemitismus der Studentenschaft (10) und der eher verdeckte Antisemitismus der Professoren, der häufiger die Form eines sozialen Boykotts annahm (11), als Hemmschuh für eine normale akademische Karriere, so daß sich die Mehrheit der jüdischen Wissenschaftler entweder Randfächern widmete, an weniger traditionsgebundenen Universitäten oder an außeruniversitären Forschungsinstitutionen wie den Kaiser-Wilhelm-Instituten forschte. Zwischen 1933 und 1936 wurden ungefähr 30 jüdische medizinische Ordinarien emeritiert oder zwangsentlassen. Das entspricht einem Anteil von 6 bis 7 Prozent an der Gesamtzahl der medizinischen Ordinarien (12). Die medizinischen Fakultäten mit dem höchsten Anteil jüdischer Ordinarien zwischen 1925 und 1935 waren in Breslau und in Frankfurt. Bevorzugte Fächer waren Dermatologie, Pharmakologie und Hygiene. Die klassische jüdische Karriere endete aber meistens im Extraordinariat.

Ausschluß und Vertreibung

Der Ausschluß der jüdischen und der politisch unerwünschten Ärzte und Wissenschaftler vollzog sich in mehreren Etappen (13). Mit dem „Gesetz zur Wiederherstellung des Berufsbeamtentums" vom 7. April 1933 wurden alle beamteten Wissenschaftler und Ärzte „nichtarischer" Abstammung aus ihren Anstellungen entlassen, sofern sie nicht Frontkämpfer im ersten Weltkrieg gewesen waren. Ebenso wurde entlassen, wer als politisch unzuverlässig galt. Mit dieser auslegbaren Formel konnte auch die Frontkämpfereinschränkung umgangen werden.

Die zunächst noch im Amt Verbleibenden verloren spätestens nach Erlaß der „Nürnberger Gesetze" von 1935 ihre Anstellung. Die Maßnahmen gegen die niedergelassenen Ärzte, die mit dem Verlust der Kassenzulassung durch eine Verordnung des Reichsarbeitsministeriums vom 22. April 1933 begonnen hatten, endeten mit der Aufhebung der Bestallung durch die „Vierte Verordnung zum Reichsbürgergesetz" vom 25. Juli 1938. Nur 709 jüdische Ärzte erhielten noch eine widerrufliche Genehmigung, als „Krankenbehandler" jüdischer Patienten zu praktizieren.

Zu den Ordinarien, die 1933 und später ihren Lehrstuhl aufgeben mußten, gehörten der Altmeister der forensischen Psychiatrie Gustav Aschaffenburg aus Köln, die Dermatologen Oskar Gans aus Frankfurt und Max Jessner aus Breslau, die Physiologen Rudolf Höber (Kiel) und Hans Winterstein (Breslau), der Ophthalmologe Alfred Bielschowsky und der Gynäkologe Ludwig Fränkel (beide Breslau), der Freiburger Internist Siegfried Thannhauser, die Pharmakologen Philipp Ellinger (Düsseldorf), Otto Riesser (Breslau), Martin Kochmann (Halle), die Hygieniker Martin Hahn (Berlin), Carl Prausnitz (Breslau), Max Neisser (Frankfurt), der Düsseldorfer Pädiater Albert Eckstein, der Kölner Physiologe Bruno Kisch und etliche mehr. Auch emeritierte Professoren wurden in die Emigration getrieben wie der weltberühmte Dermatologe Josef Jadassohn, der Pädiater Hugo Falkenheim oder der Nestor der deutschen Urologie Leopold Caspar.

Auch in der weitaus größeren Zahl der Extraordinarien finden sich bekannte Namen: die Pädiater Stefan Engel und Heinrich Finkelstein, die Psychiater Karl Birnbaum und Arthur Kronfeld, der Neurologe Kurt Goldstein, die Radiologen Franz Groedel und Ludwig Halberstaedter, die Chirurgen Rudolf Nissen und Eduard Melchior, der Sozialhygieniker Benno Chajes, die Internisten Georg Klemperer und Rachel Hirsch, der Medizinhistoriker Richard Koch. Außerhalb der Universität waren vor allem die Kaiser-Wilhelm-Institute von den Zwangsentlassungen betroffen. Hier wurde mit dem Nobelpreisträger Otto Meyerhoff und seinem nicht minder bekannten Kollegen Carl Neuberg eine ganze biochemische Schule zur Emigration gezwungen. Nach dem Überfall auf Österreich und die Tschechoslowakei wurden auch dort eine große Anzahl Wissenschaftler und Ärzte ihrer Stellung enthoben und in die Emigration getrieben oder in ein Konzentrationslager deportiert. Die Brutalität dieser Maßnahmen führte zu einer panikartigen Massenflucht zu einem Zeitpunkt, an dem es immer schwieriger wurde, aufnahmebereite Länder zu finden. Fast die gesamte Wiener Schule der Psychoanalyse emigrierte zusammen mit ihrem Begründer Siegmund Freud. Zu den Emigranten gehörten auch der Grazer Pharmakologe und Nobelpreisträger Otto Loewi, der Prager Pharmakologe Emil Starkenstein, der Prager Sozialmediziner Theodor Grushka, der Wiener Pharmakologe Peter Pick, die Neurologen Otto Marburg und Max Schacherl, der Otologe Heinrich von Neumann und sein emeritierter Kollege, der Rhinolaryngologe Markus Hajek (alle Wien), um nur die Bekanntesten zu nennen (14).

Erschreckend war, wie stillschweigend sich dieser Ausschließungsprozeß vollzog, wie wenig Protest es, von einigen couragierten Ausnahmen abgesehen (15), auf seiten der Ärzteschaft gab. Der Terror allein kann nicht – vor allem in der Anfangsphase – als ausreichende Erklärung dienen, da die wenigen Proteste ohne persönliche Folgen für die Protestierenden blieben. Wirtschaftliche Gründe wie die Ausschaltung einer erfolgreichen Konkurrenz verbunden mit einem weitverbreiteten, rassenbiologisch begründeten Antisemitismus innerhalb der Ärzteschaft vermögen da schon eher die allgemeine Indifferenz zu erklären. Für letzteres spricht auch der unproportional hohe Organisationsgrad von Ärzten in NS-Organisationen wie SA und SS, oder, vor 1933, ein entsprechendes Engagement in antisemitischen Vereinigungen wie zum Beispiel dem „Deutschvölkischen Schutz- und Trutzbund" (16).

Wanderung und Niederlassung

Der überwiegende Anteil der Ärzte und medizinischen Wissenschaftler emigrierte in die USA (etwa 50 Prozent); es folgen Palästina (22,4 Prozent), Großbritannien (12 Prozent) und die lateinamerikanischen Länder (3,5 Prozent) (17). Einen Sonderfall stellt die Türkei dar, wo im Zuge der Reformen Kemal Atatürks über 50 medizinische Emigranten an der Modernisierung der Universität Istanbul und dem Aufbau der Universität Ankara einen entscheidenden Anteil hatten. Zu dieser Gruppe gehörten unter anderen der Chirurg Rudolf Nissen, der Pädiater Albert Eckstein und der Dermatologe Alfred Marchionini (18).

Die mehr als 4000 Ärzteimmigranten in den USA fanden eine wissenschaftlich fundierte und institutionell sowie universitär verankerte Medizin vor, die den Vergleich mit dem alten Kontinent nicht zu scheuen brauchte, ja ihn in einigen Bereichen wie den operativen Fächern schon überholt hatte und auch in den anderen Fächern sich anschickte, die Führung zu übernehmen (19). Probleme bereiteten hier ein seinerzeit unverkennbarer Antisemitismus der American Medical Association, der sich in Zugangserschwernissen für ausländische Ärzte niederschlug. So mußten die Immigranten zur Erlangung der staatlichen Approbation das „State Board Examn" ablegen, was erneutes, mühsames Studieren in einer fremden Sprache und unter meist äußerst kargen, materiellen Bedingungen bedeutete (20). Meist mußten die Ehefrauen in dieser Zeit für den Lebensunterhalt der Familie sorgen, wie es im Tagebuch der Berliner Ärztin Hertha Nathorff eindrucksvoll dokumentiert wird (21).

Ähnlichen Schwierigkeiten sahen sich Ärzteeinwanderer in Großbritannien ausgesetzt, wo die British Medical Association versuchte, die Zahl der ausländischen Praktiker möglichst gering zu halten. Auch hier wurde der deutsche Abschluß nicht anerkannt, so daß Ärzte wieder die Schulbank drücken mußten (22). In Palästina bewirkte der große Einstrom von Ärzten, die neben ihrem Wissen häufig auch Instrumente und Apparate mitbrachten, einen Modernisierungsschub und förderte gleichzeitig die Entwicklung der medizinischen Spezialfächer. Auch am Aufbau des Krankenversicherungswesens sowie der medizinischen Fakultät der Hebräischen Universität hatten deutschsprachige Emigranten einen entscheidenden Anteil (23). Der anhaltende Einstrom von Ärzten führte aber auch in der zweiten Hälfte des Jahrzehnts zu einer zunehmenden Ärztearbeitslosigkeit, so daß sich viele Ärzte schon vor ihrer Emigration für eine Tätigkeit in der Landwirtschaft oder in einem Handwerk umschulen ließen (24).

Nach Ausbruch des Krieges schlossen sich die Tore der meisten Aufnahmeländer. In den alliierten Staaten wurden die Emigranten nun häufig als „feindliche Ausländer" angesehen, wurden – so in Frankreich und in England – interniert oder gar nach Kanada oder Australien deportiert. Bis zur Besetzung durch die Japaner, 1941, war das „International Settlement" in Shanghai noch ein potentieller Zufluchtshafen vor allem auch für österreichische Emigranten; später drohte auch ihnen die Internierung durch die Japaner (25). Sehr wenig wissen wir bisher über die Aufbauarbeit, die ärztliche Emigranten in den Entwicklungsländern geleistet haben. Beispielhaft ist die Basisarbeit, die der österreichische Sozialmediziner Ludwig

Popper als Militärarzt in Bolivien in den entlegendsten Regionen des Chaco geleistet hat (26).

Zur Wirkung der medizinischen Emigration

Wenn wir nach den Wirkungen dieses medizinischen Massenexodus fragen, so stellt sich eine Vielzahl von Problemen auf den verschiedensten Ebenen. „Wirkung" wird hier meist in doppelter Hinsicht als Transfer von Wissen in die Aufnahmeländer bzw. als Verlust für die Herkunftsländer verstanden. Da wird dann bilanziert, werden Nobelpreise gezählt, da wird der Verlust an Innovationsfähigkeit beklagt oder werden gar, in einer besonders infamen nachträglichen Umarmung, die Emigranten für die nationale Ruhmeshalle der Wissenschaften reklamiert. Übersehen wird dabei, daß die wissenschaftliche Transferleistung in einem mühevollen Akkulturationsprozeß entstand, in einer wechselseitigen Auseinandersetzung wissenschaftlicher Kulturen, daß der Verlust aber nicht nur ein arithmetisches Problem der Subtraktion darstellt, sondern auch ein Produkt der Wissenschaftsentwicklung im Nationalsozialismus war, deren Wurzeln weit in die Zeit vor 1933 reichen und deren Auswirkungen nicht mit der Befreiung endeten.

Für die Medizin müßte eine solche Wirkungsanalyse nicht nur die Vielzahl der verschiedenen Länder mit ihren unterschiedlichen wissenschaftlichen Traditionen und Gesundheitssystemen berücksichtigen, sondern auch alle klinischen und theoretischen Spezialfächer mit in die Untersuchung einbeziehen. Hier ist der einzelne Medizinhistoriker offensichtlich überfordert, so daß solche Untersuchungen – die noch ausstehen – nur im Rahmen einer Disziplingeschichte der einzelnen Fächer unternommen werden können.

Den höchsten Anteil an den Fächern stellten die Internisten mit 11,5 Prozent, die aber eh den größten Anteil von Fachärzten an der Gesamtärzteschaft bildeten. Besonders auffallend aber ist die hohe Zahl emigrierter Psychiater und Neurologen (ohne Psychoanalytiker!), die einen Anteil von 10,7 Prozent an den medizinischen Emigranten stellten, während ihr Anteil an der Gesamtärzteschaft nur knapp zwei Prozent betrug. Überdurchschnittlich hoch war auch die Zahl der emigrierten Pädiater mit 5,3 Prozent gegenüber einem Anteil von 2,5 Prozent an der Gesamtärzteschaft. Der Anteil der anderen Fächer entsprach mehr oder weniger der Fächerverteilung vor 1933 (27). In den Grundlagenfächern sind die Biochemiker am häufigsten vertreten, gefolgt von den Pathologen, Bakteriologen, Physiologen und Pharmakologen.

Gewiß gab es große singuläre Leistungen in den klinischen Fächern. Zu nennen wären der Neurochirurg Sir Ludwig Guttmann, die Brüder Zondek in Israel, der Kardiologe David Scherff in den USA oder sein New Yorker Kollege, der Dermatologe Rudolf Baer, um nur eine kleine Auswahl zu treffen. Die Entwicklung in den klinischen Fächern hing aber ganz wesentlich von Fortschritten der Grundlagenfächer ab, wo die eigentlichen innovativen Leistungen erbracht wurden. Dafür stehen die Namen so berühmter Emigranten wie die Nobelpreisträger Hans Krebs, Boris Chain oder Sir Bernard Katz oder die Pathologen Paul Kimmelstiel und Hans Popper. Daß die Größe eines Faches und die Zahl der Emigranten nicht allein ausschlaggebend für eine Wirkung waren, zeigt das Beispiel der Medizingeschichte, zu deren emigrierten Vertretern Erwin Ackerknecht, Henry Sigerist (allerdings schon vor 1933), Ludwig Edelstein (alle USA), Max Neuburger und Walter Pagel (beide England) und Süßman Muntner (Israel) gehören (28).

Die Aufreihung großer Namen wissenschaftlich erfolgreicher Mediziner verstellt aber den Blick auf die Tatsache, daß die medizinische Emigration im wesentlichen eine ärztliche Emigration war, daß die niedergelassenen Praktiker den überwiegenden Anteil an dieser Emigration stellten und daß es wechselseitige Übergänge zwischen wissenschaftlich arbeitenden und praktizierenden Medizinern gab, so daß man besser von einer akademischen Emigration spechen sollte. Vor allem aber läßt die wissenschaftliche Erfolgsgeschichte vergessen, daß die Emigrationsgeschichte auch und vor allem eine Leidensgeschichte ist, daß ihr Diskriminierung, Ausschluß und Demütigung vorausgingen, daß sie häufig erneute Demütigung und mühsame Lehrjahre in einer fremden Umgebung beinhaltete und daß das Trauma der Vertreibung auch einen Bruch in der Lebensgeschichte bedeuten konnte, der einen Verlust des Urvertrauens, ein Gefühl der Entwurzelung und Heimatlosigkeit zurückließ. So sollte der Erfolgsgeschichte der wissenschaftlichen Emigration auch eine Sozialgeschichte der medizinischen Emigration gegenübergestellt werden, in der erst die Bedingungen des Erfolgs sichtbar würden, in der die Möglichkeiten des Scheiterns und der personalen Beschädigung im formellen und informellen Beziehungsnetz der ersten Akkulturationsjahre untersucht würden. Ein Problem stellt dabei – neben der diffizilen Quellenlage – der hohe Differenzierungsgrad dieser Emigranten dar, der sich einer vordergründigen Typisierung, wie sie dem Bild vom „Assimilationsjuden" zugrunde liegt, entzieht. Während man vielleicht bei der Mehrzahl von niedergelassenen Ärzten von einer gewissen jüdischen Ethnizität unabhängig von ihren religiösen Überzeugungen ausgehen kann (29), so findet man bei den Wissenschaftlern eine Fülle von Stilbildungen, die von einer tiefen, auch religiösen Verwurzelung im Judentum wie im Fall des orthodoxen Bruno Kisch bis zum Agnostizismus eines modernen Naturwissenschaftlers, der sich auch von den ethnischen Wurzeln des Judentums weit entfernt hat, reicht, wofür zum Beispiel der Wiener Endokrinologe Julius Bauer stehen könnte (30).

Auch von den aus politischen Gründen emigrierten Ärzten war ein großer Teil jüdischer Herkunft, so daß sie in doppelter Hinsicht verfolgt waren (31). Ihr Anteil an der medizinischen Gesamtemigration betrug nach eigenen Berechnungen etwa sieben Prozent und entsprach damit ungefähr dem Anteil der politischen Emigranten an der Allgemeinemigration (6 Prozent) (32). Die Mehrzahl war vorher im Verein sozialistischer Ärzte und in der Arbeitsgemeinschaft sozialdemokratischer Ärzte organisiert gewesen, war von der Sozialhygiene Alfred Grotjahns beeinflußt und in mannigfaltigen sozialmedizinischen Aktivitäten involviert gewesen (33). Für einen Wissenstransfer in die Aufnahmeländer waren gewiß nur Einzelfälle von Bedeutung wie Benno Chajes, der die Gründung der ersten privaten Krankenversicherung in Palästina anregte, oder Franz Goldmann, der zuletzt Öffentliches Gesundheitswesen (Public Health) an der Harvard Universität lehrte (34). Ungleich bedeutender war aber der Verlust für die Herkunftsländer, in denen die Sozialmedizin durch rassenhygienische Auslese- und Ausmerzepraktiken ersetzt wurde. Auch nach dem Krieg wurde nur langsam wieder ein neues Verständnis für die soziale und politische Dimension der Medizin entwickelt.

Nach 1945

Nur wenige sind nach dem Krieg zurückgekehrt. Der Rückkehreranteil der medizinischen Emigranten beträgt etwas mehr als fünf Prozent (35). Die Gründe sind vielfältig. Für viele war es auf Grund der erlittenen Demütigungen, der Erfahrung von Boykott, Ausschluß und Vertreibung, der Ermordung von Angehörigen und vor allem wegen des Holocausts unmöglich, zurückzukehren. Häufig hatte man auch schon eine neue Existenz gegründet, die man nicht für eine ungewisse Zukunft im Nachkriegsdeutschland oder in Österreich aufgeben wollte. Abschreckend wirkte wohl auch, daß manche geistigen Wegbereiter der nationalsozialistischen Medizinverbrechen nach einer kurzen Entnazifizierung zu einer zweiten Karriere antraten (36). Tatsächlich war ein Argument gegen die Rückberufung vertriebener Wissenschaftler, daß die unter dem Nationalsozialismus Berufenen nach erfolgreicher Entnazifizierung Anspruch auf Wiedereinstellung in die alte Position hatten, so daß angeblich nicht genügend qualifizierte Stellen zur Verfügung standen (37). Grundsätzlich wird man davon ausgehen müssen, daß die Bereitschaft, Emigranten wiederaufzunehmen gering war, daß die Bezeichnung „Emigrant" sogar als disqualifizierendes Etikett im politischen Tagesgeschäft benutzt werden konnte, wie das Beispiel Willy Brandt gezeigt hat.

Zu den Rückkehrern gehörten der Pädiater Albert Eckstein, der aber kurz nach seinem Ruf an die Universität Hamburg verstarb, die Dermatologen Oskar Gans und Alfred Marchionini, die beide später zu Rektoren der Universität Frankfurt bzw. München gewählt wurden, der Physiologe Otto Kestner als Emeritus, der Pharmakologe Otto Riesser (Universität Frankfurt) und der Internist Herbert Herxheimer. Von den politischen Emigranten kehrten unter anderem Andreas Knack und Kurt Glaser zurück, die nacheinander zu Präsidenten der Gesundheitsbehörde Hamburg aufstiegen. Ein Teil der politischen Emigranten kehrte in die DDR zurück, so der Internist Felix Boenheim, der Arzt und Schriftsteller Friedrich Wolf oder der Chirurg Maxim Zetkin. Nach Österreich remigrierten der Psychiater Hans Hoff, die Chirurgen Felix Mandl und Franz David (David war als KPÖ-Mitglied ein politischer Emigrant), der Neurologe Max Schacherl und andere (38).

Wie weit der Einfluß der Emigranten auf die Medizin der Herkunftsländer durch Gastprofessuren, Übersetzungen, Kongresse reicht, entzieht sich noch einer Beurteilung. Horst Möller schätzt, daß ungefähr 26 Prozent des Verlustes durch die „kulturelle Emigration" (das heißt Wissenschaft, Politik, Kunst und Literatur) durch Remigration wettgemacht wurde und konstatiert einen großen Einfluß der Emigranten auf die Nachkriegskultur in der Bundesrepublik (39). Für die Medizin, die den größten Anteil an der „akademischen Emigration" stellte, gilt das mit Sicherheit nicht. Der eigentliche Verlust läßt sich aber nicht bilanzieren noch quantifizieren: Es ist ein Verlust an Menschen, die sich engagierten, die unsere Kultur, unsere Sprache liebten, deren Vertreibung daher eine Leerstelle in unserem öffentlichen Leben und unserer politischen Kultur zurückließ. Wenigstens die Erinnerung an sie sollten wir aufrechterhalten, käme doch ein Vergessen einer zweiten Vertreibung gleich. Dieses Erinnern ist um so notwendiger in Zeiten einer zunehmenden Ausländerfeindlichkeit, in denen das böse Wort vom „Wirtschaftsemigranten" die Runde macht, das Asylrecht verschärft wird und auch in so manchem Stellenangebot ein „deutscher Arzt" gesucht wird.

Anmerkungen:

1) RÖDER, WERNER, STRAUSS, HERBERT A.: Biographisches Handbuch der deutschsprachigen Emigration nach 1933/International Biographical Dictionary of Central European Emigrés 1933–1945 (= IBD), München, New York, London, Paris, 1980–1983.

2) List of Displaced German Scholars, London 1936. Die „Supplementary List", London 1937 führt 42 weitere entlassene Mediziner an. Zum Vergleich: An zweiter Stelle stehen die Chemiker mit 180 Zwangsentlassungen.

3) Kümmel schätzt die Gesamtzahl der aus dem „Altreich" ausgewanderten Ärzte auf ca. 5000 bis 6000, in: KUDLIEN, FRIDOLF (Hrsg.): Ärzte im Nationalsozialismus, Köln 1985, S. 79.

4) HUBENSTORF, MICHAEL: Österreichische Ärzteemigration, in: Stadler, Friedrich (Hrsg.), Vertriebene Vernunft, Emigration und Exil österreichischer Wissenschaftler 1930–1940, Wien, München 1987, S. 360

5) vgl. KÜMMEL wie Anm. 3, S. 62.

6) vgl. dazu a. RICHARZ, MONIKA: Der Eintritt der Juden in die akademischen Berufe, Tübingen 1947, sowie b. Hamburger, Ernst, Juden im öffentlichen Leben Deutschlands, Tübingen 1968

7) Shulamit Volkov stellt die These auf, daß gerade die latente Diskriminierung sowohl psychologische als auch institutionale Voraussetzungen schaffte, die innovatorische Leistungen ermöglichten. Volkov, Shulamit, Soziale Ursachen des Erfolgs in der Wissenschaft, Juden im Kaiserreich, HZ 245, 1987, S. 315–342.

8) KAZNELSON, SIEGFRIED: Juden im Deutschen Kulturbereich, Ein Sammelwerk, Berlin 1959

9) HAMBURGER, ERNST wie Anm. 6 b, S. 55

10) vgl. KATER, MICHAEL: Studentenschaft und Rechtsradikalismus in Deutschland 1918–1933, Hamburg 1975

11) vgl. WINKLER, HEINRICH A.: Die deutsche Gesellschaft der Weimarer Republik und der Antisemitismus, in: MARTIN, BERND, SCHULIN, ERNST (Hrsg.) Die Juden als Minderheit in der Geschichte, München 1982, S. 285.

12) Eigene Berechnungen nach Eulner, Hans-Heinz, Die Entwicklung der medizinischen Spezialfächer an den Universitäten des deutschen Sprachgebiets, Stuttgart 1970

13) Näheres zum Ausschluß der jüdischen Ärzte bei KÜMMEL wie Anm. 3, S. 63–76.

14) Zur österreichischen Emigration siehe HUBENSTORF, M. wie Anm. 4.

15) vgl. KATER, MICHAEL: Medizinische Fakultäten und Medizinstudenten, in KUDLIEN, F. wie Anm. 3, S. 83 f.

16) vgl. WINKLER, H. A. wie Anm. 11, S. 281.

17) Eigene Berechnungen aufgrund einer biographischen Sammlung von über 3000 medizinischen Emigranten.

18) vgl. WIDMANN, HORST: Exil und Bildungshilfe, Die deutschsprachige Emigration in die Türkei nach 1933, Bern, Frankfurt 1973.

19) vgl. SIGERIST, HENRY E.: Amerika und die Medizin, Leipzig 1933.

20) vgl. PEARLE, KATHLEEN, M.: Ärzteemigration nach 1933 in die USA: Der Fall New York, Med. Hist. J. 19, 1984, S. 111–137.

21) BENZ, WOLFGANG (Hrsg.): Das Tagebuch der Hertha Nathorff, Berlin, New York, Aufzeichnungen 1933–1945 (= Schriftenreihe der Vierteljahreshefte für Zeitgeschichte, Bd. 54), München 1987.

22) vgl. BERGHAHN, MARION: German-Jewish Refugees in England, London, 1984, S. 83 ff.

23) vgl. NIEDERLAND, DORON: Deutsche Ärzte-Emigration und gesundheitspolitische Entwicklungen in „Eretz Israel" (1933–1948), Med. Hist. J. 30, 1985, S. 149–184.

24) Zur Vorbereitung von Palästina-Emigranten (Hachscharah) siehe: Die jüdische Emigration aus Deutschland 1933–1941, Eine Ausstellung der Deutschen Bibliothek, Frankfurt am Main, unter Mitwirkung des Leo Baeck Instituts, New York, Frankfurt 1985, S. 153 ff.

25) vgl. KNEUCKER, ALFRED W.: Zuflucht in Shanghai, Aus den Erlebnissen eines österreichischen Arztes in der Emigration 1938–1945, herausgegeben von FELIX GAMILSCHEG, Wien, Köln, Graz 1984.

26) vgl. POPPER, LUDWIG: Soziale Medizin – Eine Medizin von Gestern? Persönliche Erinnerungen an ein verdrängtes Kapitel der Medizingeschichte und zur sozialen Dimension der Medizin, herausgegeben von MICHAEL HUBENSTORF, PAUL KLEIN und DIETRICH MILLES, Bremen 1984.

27) Eigene Berechnungen wie Anm. 17. Die Ver-
gleichszahlen aus Reichsmedizinalkalender Teil
II, Jahrgang 1931, S. 484 ff.

28) Biographische Angaben zu diesen Emigranten
in IBD wie Anm. 1.

29) Zur jüdischen Ethnizität vgl. STRAUSS, HERBERT
A.: Zur sozialen und organisatorischen Akkul-
turation deutsch-jüdischer Einwanderer der
NS-Zeit in den USA, in: Frühwald, Wolfgang,
Schieder, Wolfgang, Leben im Exil, Probleme
der Integration deutscher Flüchtlinge im Ausland 1933–1945, Hamburg 1981, S. 236 f.

30) vgl. KISCH, BRUNO: Wanderungen und Wandlungen, Köln 1966 und Bauer, Julius, Medizinische Kulturgeschichte des 20. Jahrhunderts im
Rahmen einer Autobiographie, Wien 1964.

31) vgl. FRANKENTHAL, KÄTE: Der dreifache Fluch:
Jüdin, Intellektuelle, Sozialistin, Lebenserinnerungen einer Ärztin in Deutschland und im Exil, herausgegeben von KATHLEEN M. PEARLE
und STEPHAN LEIBFRIED, Frankfurt, New York
1981.

32) IBD wie Anm. 1, Bd. I, S. XXXVIII.

33) vgl. LEIBFRIED, STEPHAN, TENNSTEDT, FLORIAN:
Berufsverbote und Sozialpolitik, Bremen 1980.

34) vgl. BAADER, GERHARD: Politisch motivierte
Emigration deutscher Ärzte, Ber. Z. Wiss.
Gesch. 7, 1984, S. 67–84.

35) wie Anm. 17.

36) vgl. KLEE, ERNST: Was sie taten – Was sie wurden, Frankfurt 1986

37) vgl. DAHMS, HANS-JOACHIM: Verluste durch
Emigration, Die Auswirkungen der nationalso-
zialistischen „Säuberungen" an der Universität
Göttingen, Eine Fallstudie, in: Exilforschung,
Ein internationales Jahrbuch, Bd. 4, Das jüdi-
sche Exil und andere Themen, München 1986,
S. 177.

38) Alle Nennungen sind nur eine willkürliche
Auswahl. Von über 3000 von uns erfaßten
Emigranten kehrten nur 170 zurück.

39) MÖLLER, HORST: Exodus der Kultur, München
1984, S. 112.

„Der Erfolg der Gleichschaltungsaktion kann als durchschlagend bezeichnet werden" –
Der „Bund deutscher Ärztinnen" 1933 bis 1936

Johanna Bleker, Christine Eckelmann

Mit dem Begriff „Gleichschaltung" wurde die Ausrichtung des gesamten öffentlichen und politischen Lebens auf die autoritäre Struktur des Führerstaates und seine politischen und weltanschaulichen Ziele umschrieben. Damit wurden die gewählten demokratischen Gremien entmachtet und durch Parteifunktionäre ersetzt, die Adolf Hitler bzw. den von ihm ernannten Führern unterstellt waren. Die großen ärztlichen Standesverbände vollzogen diesen Schritt bereits am 24. März 1933 (1). Die Vorstände des Allgemeinen Deutschen Ärztevereinsbundes und des Hartmannbundes unterstellten sich dem Vorsitzenden des Nationalsozialistischen Deutschen Ärztebundes Gerhard Wagner, der nun als „Kommissar" diese Verbände leitete. Zugleich wurden die Untergliederungen der Verbände aufgefordert, „beschleunigt dafür Sorge zu tragen, daß aus Vorständen und Ausschüssen die jüdischen Mitglieder ausscheiden und Kollegen, die sich innerlich der Neuordnung nicht anschließen können, ersetzt werden" (2). Dieser Aufforderung folgten in den nächsten Monaten die Landesärztekammern und die großen medizinischen Vereine.

Es mag exotisch scheinen, die Vorgänge bei der sogenannten „Gleichschaltung" ausgerechnet anhand des vergleichsweise kleinen und wenig bedeutenden Bundes Deutscher Ärztinnen nachzuzeichnen. Doch gibt es hierfür zwei Gründe. Zum einen wurde nach 1945 allgemein die Auffassung vertreten, der Ärztinnenbund habe sich 1933 oder 1934 aufgelöst, um der Gleichschaltung zu entgehen. Zum anderen legt die Tatsache, daß der Führerstaat sich als Männerstaat begriff, die Annahme nahe, daß Frauen und somit auch Ärztinnen eher zu den Opfern des Systems gehört haben oder doch zumindest in größerer Distanz zur nationalsozialistischen Ideologie gestanden haben müßten als ihre männlichen Kollegen (3). Im folgenden soll deshalb dargestellt werden, wie der Bund Deutscher Ärztinnen die Gleichschaltung vollzog und wie er versuchte, die Rolle der Ärztin im „Neuen Staat" zu festigen und zu definieren (4).

Der Bund Deutscher Ärztinnen war 1924 gegründet worden. In dieser Zeit war das medizinische Frauenstudium zwar zur Selbstverständlichkeit geworden, doch aufgrund der schlechten Berufsbedingungen der aus dem Krieg heimgekehrten Ärzte wurde nun eine feindselige Stimmung gegen die weibliche Konkurrenz deutlich. Die satzungsmäßigen Ziele des Bundes waren unter anderen „im Falle einer Benachteiligung von Ärztinnen Abhilfe zu schaffen" und die „Bearbeitung sozialhygienischer Fragen vom Standpunkt der Ärztin als Frau". Durch die Wahl dieses Standpunktes gelang es dem Bund, trotz zum Teil extrem unterschiedlicher Standpunkte der Kolleginnen, eine politisch neutrale Haltung einzunehmen. Eine Reihe engagierter Mitglieder des Ärztinnenbundes waren zugleich Mitglieder des Vereins sozialistischer Ärzte, zum Beispiel Laura Turnau, Flora Chajes und andere. Auf der anderen Seite des politischen Spektrums standen Persönlichkeiten wie die prominente Rassenhygienikerin Agnes Bluhm, Ehrenvorsitzende des Bundes, oder die überzeugte Antisemitin und Nationalsozialistin Edith Löhöffel von Löwensprung. Zwar kam es häufiger zu Auseinandersetzungen zwischen den weltanschaulichen Gruppierungen. Doch maßgebend für die offiziellen Stellungnahmen des Bundes war die Mehrheit der Mitglieder, die sich keiner politischen Gruppierung zugehörig fühlte.

Bis 1933 engagierte sich der Ärztinnenbund vor allem für die Durchsetzung von Präventions- und Fürsorgemaßnahmen, für die Abschaffung beziehungsweise Liberalisierung des § 218 und für die Legalisierung der Prostitution. Dabei erwies sich der „Standpunkt der Ärztin als Frau" in vielen Fällen als weit liberaler als der der männlich dominierten Standesorganisationen. Als 1932 im Zuge der Brüningschen Notverordnungen und der Kampagne gegen das „Doppelverdienertum" der Ausschluß verheirateter Ärztinnen von der Kassenpraxis drohte, bot sich die Organisation auch dazu an, den Anliegen der Ärztinnen in wirtschaftlichen Fragen Nachdruck zu verleihen.

Ich schäme mich für meine „deutschen" Kolleginnen

Im März 1933 hatte der Bund Deutscher Ärztinnen über 900 Mitglieder, vertrat also mehr als ein Viertel der 3400 Ärztinnen, die es damals im Deutschen Reich gab. 572 Ärztinnen wurden als „nicht-arisch" bezeichnet, davon praktizierte etwa die Hälfte in Berlin. Im Vereinsleben des Bundes deutscher Ärztinnen hatten diese Kolleginnen bis 1933 eine wichtige Rolle gespielt. So arbeiteten 1931/32 im Vorstand der Berliner Ortsgruppe sechs Kolleginnen und bis zum März 1933 im Gesamtvorstand vier Ärztinnen, die jetzt aufgrund ihrer jüdischen Abstammung diskriminiert wurden. Dies begann am 2. April 1933. Am gleichen Tag, an dem der von der Partei für den 1. April ausgerufene Judenboykott seinen Höhepunkt erreichte und an dem Wagner bei der gemeinsamen Tagung des NS-Ärztebundes und der ärztlichen Spitzenverbände erklärte, „die Entfernung von Juden und Marxisten" aus den Verbandsgremien habe sich ohne Schwierigkeiten erreichen lassen (5), setzte der Bund Deutscher Ärztinnen die ersten Zeichen: „Um der veränderten Lage Rechnung zu tragen" fand „auf Antrag einzelner Ortsgruppen" eine Sitzung des erweiterten Vorstandes statt. „Es wurde beschlossen, daß der Vorstand und die Schriftleitung ihr Amt niederlegen". „Bis zu einer endgültigen Regelung" wurde die Geschäftsführung von den drei verbliebenen „arischen" Mitgliedern des ehemaligen Vorstandes übernommen (6).

Ob es sich hier um einen Akt vorauseilenden Gehorsams in Reaktion auf die Beschlüsse der Standesführung vom 24. März handelte, mit dem der Bund sein Fortbestehen sichern wollte, kann nur vermutet werden. Die mit der Gleichschaltung zugleich geforderte Unterordnung unter das Führerprinzip und das Bekenntnis zur nationalsozialistischen Weltanschauung wurde offenbar erst zwei Wochen später vollzogen. Die Berliner Ärztin Hertha Nathorff schildert in ihrem Tagebuch unter dem Datum 16. April 1933 die Ereignisse wie folgt: „Versammlung des Bundes Deutscher Ärztinnen. Wie regelmäßig ging ich auch heute hin, trafen sich doch hier stets die angesehensten und bekanntesten Kolleginnen Berlins. ‚Komische Stimmung heute', dachte ich und so viele fremde Gesichter. Eine mir unbekannte Kollegin sagte zu mir: ‚Sie gehören doch wohl auch zu uns?' und zeigt mit ihr Hakenkreuz an ihrem Mantelkragen. Ehe ich antworten kann, steht sie auf und holt einen Herrn in unsere Versammlung, der sagt, er habe die Gleichschaltung des Bundes namens der Regierung zu verlangen. ‚Die Gleichschaltung'. Eine andere Kollegin – ich kenne sie, sie war meine Vorgängerin im Roten Kreuz und damals ziemlich links stehend – wegen Untüchtigkeit und anderer nicht sehr feiner menschlicher Qualitäten war sie seinerzeit entlassen worden – sie steht auf und sagt, ‚nun bitte ich also die deutschen Kolleginnen zu einer Besprechung ins Nebenzimmer'. Kollegin S., eine gute Katholikin, steht auf und fragt: ‚Was heißt das, die deutschen Kolleginnen?' ‚Natürlich alle, die nicht Jüdinnen sind', lautet die Antwort. So war es gesagt. Schweigend stehen wir jüdischen und halbjüdischen Ärztinnen auf und mit uns einige ‚deutsche' Ärztinnen. Schweigend verlassen wir den Raum, blaß, bis ins Innerste empört. Wir gingen dann zu Kollegin Erna B. (7), zu besprechen, was wir tun sollen. ‚Geschlossen unseren Austritt aus dem Bund erklären', sagen einige. Ich bin dagegen. Die Ehre, uns herauszuwerfen, will ich ihnen gern gönnen, aber ich will wenigstens meinen Anspruch auf Mitgliedschaft nicht freiwillig preisgeben. Nun will ich sehen, was weiter kommt. Ich bin so erregt, so traurig und verzweifelt, und ich schäme mich für meine ‚deutschen' Kolleginnen!" (8).

Der Ausschluß der sogenannten „nicht-arischen" Mitglieder wurde Ende Juni 1933 beschlossen. Doch der Verrat an den Kolleginnen war schon vorher, am 2. und am 16. April, begangen worden. Damit hatte der Bund nicht nur seine Ideale über Bord geworfen, er hatte auch sein politisches Gleichgewicht deutlich verändert, schon ehe die nationalsozialistische Führung die Linie des Verbandes aktiv mitbestimmte. Denn der Ausschluß betraf vor allem linke und liberale Mitglieder, während der rechte Flügel an Einfluß gewann.

Die neue Führung

Am 10. Mai übernahm auf Anweisung des Reichskommissars Wagner die Ärztin Lea Thimm, Mitglied der NSDAP seit 1926, die vorläufige Leitung des Bundes „angesichts der drohenden Gefahr . . . daß der Bund, auf dessen Bestehen seitens der Regierung Wert gelegt wird, durch eigenmächtiges Handeln einzelner Ortsgruppen oder gesonderte Eingriffe in anderen Ländern vernichtet worden wäre" (9). Per Rundschreiben erging an die Ortsgruppen die Anordnung, daß Ortsgruppenleiterinnen jüdischer Abstammung ihr Amt unverzüglich niederzulegen hätten. Die anderen hätten zu melden, daß sie den Tendenzen der neuen Regierung ohne Gewissenskonflikte zustimmen könnten oder ihr Amt ebenfalls, wenn auch nur vorläufig, niederzulegen. Außerdem sei ein Stimmungsbericht abzuliefern und „die Verhältniszahl der jüdischen zu den deutschen Kolleginnen anzugeben, eventuell unter Namensnennung".

Anfang Juni hatten 21 der 26 Ortsgruppen ihre volle Zustimmung übermittelt, in zwei Ortsgruppen (die nicht namentlich genannt wurden) legten die Leiterinnen ihre Ämter nieder, von drei Ortsgruppen war noch keine Nachricht eingegangen. Drei andere Gruppen, die „eingeschlafen“ oder durch einen örtlichen Kommissar aufgelöst worden waren, hatten sich neu konstituiert. Die Redaktion des Verbandsblattes kommentierte: „Der Erfolg der Gleichschaltung kann als durchschlagend bezeichnet werden“. Exemplarisch zitierte „Die Ärztin“ den Bericht von Maria Monheim (München). Monheim entschuldigte die bisherige Zurückhaltung gegenüber der Partei mit der in der weiblichen Wesensart begründeten unpolitischen Haltung der Ärztinnen und erklärte zudem: „Auf Grund unserer Erziehung und christlichen Weltanschauung sind wir selbstverständlich national, durch unsere ärztliche Tätigkeit und ethische Berufsauffassung von jeher sozial eingestellt gewesen. . . . Man ist hier in Bayern bodenständiger, naturnäher und aus Instinkt heraus rassebewußter . . . So haben wir kaum Juden in unserer Vereinigung, vielleicht 3 bis 4 auf 40 Mitglieder“ (10).

Am 24. und 25. Juni wurde auf einer Versammlung der Ortsgruppenvorstände in Berlin ein neuer Vorstand gebildet. Thimm übernahm das Amt der 1. Vorsitzenden und bestimmte als weitere Mitglieder Maria Monheim (München), Grete Albrecht (Hamburg), Elisabeth Geilen (Berlin), Helene Sauer (Wuppertal), Elisabeth Schwörer-Jalkowski (Berlin) und Gertrudis Becker-Schäfer (Wuppertal). Durch Satzungsänderung wurde die Mitgliedschaft auf „arische“ Ärztinnen beschränkt, zugleich jedoch für Zahn- und Tierärztinnen ermöglicht. Das bis 1933 im Vordergrund stehende Arbeitsgebiet Sozialhygiene wurde aus den Statuten gestrichen und das Führerprinzip festgeschrieben. Gestrichen wurde auch die 1924 festgelegte Neutralität des Bundes in politischen, religiösen und rassischen Fragen.

Nur noch einmal wurde das Engagement der ausgeschlossenen Kolleginnen, die teilweise maßgeblich an der Gründung des Bundes beteiligt gewesen waren, erwähnt, allerdings in äußerst zynischer Weise. Mit dem Hinweis, daß „in der gegenwärtigen Zeit das Schicksal des deutschen Frauenlebens . . . für Jahrhunderte bestimmt“ werde, so Thimm in der Juniausgabe der „Ärztin“, ergehe „an alle Kolleginnen der Ruf zu intensiver Mitarbeit, gerade jetzt, wo naturgemäß durch den Fortfall einer Reihe tätiger Arbeitskräfte die Gefahr besteht, daß eine Stockung in den Arbeiten des Bundes eintreten könnte“ (11). Auch einige „arische“ Mitglieder verließen offenbar den Bund. Doch die Mehrzahl der nicht unmittelbar Betroffenen arbeitete weiter, unterstützt von einer großen Zahl neuer Mitglieder.

Die innere Gleichschaltung

Die willige Gleichschaltung des Bundes deutscher Ärztinnen mag zum Teil darauf zurückzuführen sein, daß viele Kolleginnen um ihre berufliche Existenz fürchteten und hofften, durch eine von der Partei geschützte Organisation Benachteiligungen abzuwenden, die durch den Machtwechsel in der Ärzteschaft in greifbare Nähe gerückt waren. Denn dort wurden die Forderungen nach Drosselung des Frauenstudiums, Entlassung von Assistenzärztinnen, Entfernung der Frauen aus leitenden Funktionen und Ausschluß der Ärztinnen von der Kassenpraxis immer lauter und

aggressiver vorgetragen. Neben Opportunitätserwägungen waren jedoch auch andere Gründe verantwortlich.

Auch in der weiblichen Ärzteschaft gab es, ungeachtet der unverkennbaren Mi-
sogynie der Nationalsozialisten, Sympathien für die Ziele des neuen Staates. Obwohl sich die Partei, zumal nach 1933, nicht um weibliche Mitglieder bemühte (nur
0,5% aller Frauen waren Parteimitglieder), waren 19,7% der Ärztinnen Mitglied
der NSDAP und 11,9% Mitglied im NS-Ärztebund (12). Im konservativen Flügel
des Ärztinnenbundes waren auch schon vor 1933 sozialhygienische und rassenhygienische Vorstellungen eine enge Beziehung eingegangen, und die der bürgerlichen Frauenbewegung eigentümliche Betonung der spezifisch weiblichen Aufgaben
und Wesensart ließ sich durchaus mit den nationalsozialistischen Mythen von Mut-
tertum und gesunder Frauenart versöhnen.

Allerdings protestierten die Ärztinnen dagegen, daß auch ihnen, „den begabte-
sten und am meisten nordischen Frauen unseres Volkes, die immer über die
Schicksalsenge und Entfaltungsmöglichkeit der Kleinfamilie hinausstreben werden"
(13), das Recht auf berufliche Verwirklichung aberkannt werden sollte. Als Vertre-
terinnen einer weiblichen Elite beanspruchten sie „natürliche Führungseigenschaften für unsere Mitschwestern" (14). Nur die „Ärztin-Mutter" sei letztlich imstande,
die „Fülle spezifisch weiblich-ärztlicher Aufgaben", welche der Nationalsozialismus
mit sich bringe, zu erfüllen. Als Berufspflichten der Ärztin im NS-Staat wurde besonders hervorgehoben: „1. Förderung des Gesunden und Gesundungsfähigen im
Hinblick auf die Rassen- und Erbgesundheit des deutschen Volkes, 2. Schutz der
Mutter und dem ungeborenen Leben, 3. Erziehung der deutschen Frau zur verant-
wortungsbewußten Volksgenossin". Gerade die Ärztin sei dazu berufen, die mit
„kulturbolschewistischen Ideen verseuchte Frauenmasse" aus ihren „kollektivi-
stisch-bolschewistischen Ideen auf dem Sexualgebiet" herauszureißen (15).

Dagegen distanzierte sich die neue Führung nachdrücklich von den schweren
Fehlern, die der Bund vor 1933 begangen hatte. Thimm tadelte vor allem die Unterstützung von Internationalismus, Demokratie und Pazifismus und eine „indivi-
dualistisch-liberalistisch-marxistische Denkweise". Besonders verwerflich nannte sie
die Haltung des Bundes in der Abtreibungsfrage: „Den völkisch denkenden Menschen überkommt starres Entsetzen bei dieser Indolenz und Fahrlässigkeit gegenüber der Frage nach dem Dasein oder Nichtdasein des deutschen Volkes . . ." (16).

Die Auseinandersetzungen mit der Ärzteführung

1934 wurde die Zahl der neuzugelassenen Medizinstudentinnen von bisher 20,2%
auf 10% reduziert. Doch ab 1935 stieg der Anteil von Medizinstudentinnen wieder
an und erreichte 1939 15,9%, nach Kriegsbeginn sogar 35% (17) der gesamten Medizinstudentenschaft. Über 41% aller studierenden Frauen waren 1939 Medizinstudentinnen. Die Zahl der Ärztinnen sollte bis 1940 auf 7942 ansteigen und sich damit in 7 Jahren mehr als verdoppeln. Insofern profitierten die Ärztinnen ebenso
wie ihre männlichen Kollegen vom steigenden Bedarf des Regimes an medizinischen Experten.

9. Jahrgang Heft 6   Berlin, Juni 1933

DIE ÄRZTIN

Monatsschrift des Bundes Deutscher Ärztinnen E.V.

Die Ereignisse.

Nachdem am 2. April d. J. der Vorstand und die Schriftleitung des Bundes Deutscher Ärztinnen ihr Amt niedergelegt hatten, ist am 10. Mai d. J. dem schwebenden Zustand

Die Ärztin

Monatsschrift des Bundes Deutscher Ärztinnen e.V.

12. JAHRG.   BERLIN / JULI 1936   HEFT 7

Agnes Bluhm: Die rassenhygienischen Aufgaben des weiblichen Arztes

Es ist jetzt 60 Jahre her, daß die ersten deutschen Ärztinnen, Dr. Tiburtius und Dr. Lemus sich in Berlin niederließen und herausgegebenen Schriftenreihe „Erblehre und Rassenhygiene“ im Verlage von Alfred Metzner erschienen. Agnes Bluhm selbst

Abbildung 1:

Charakteristischer Wandel des Schriftzugs der Zeitschrift „Die Ärztin“: Oben von Juni 1933, unten von Juli 1936

Doch in ihrem Kampf um gleichberechtigte Teilhabe an der Gestaltung der Medizin im Nationalsozialismus konnten sich die ärztlichen Funktionärinnen nicht durchsetzen. Bei der Auseinandersetzung um die Zulassung verheirateter Ärztinnen zur Kassenpraxis kam es sogar zu erbitterten Auseinandersetzungen zwischen Lea Thimm und der Ärzteführung, namentlich Haedenkamp und Wagner. Die neue Kassenzulassungsordnung vom 17. Mai 1934 sah vor, daß Ernährer kinderreicher Familien bevorzugt zuzulassen seien, daß jedoch die Zulassung zu versagen sei, wenn der Ehepartner mehr als 500 RM monatlich verdiente. Dies bedeutete, daß nahezu alle verheirateten Ärztinnen von der Kassenpraxis ausgeschlossen werden sollten (18). Mit dieser Regelung wollte man, daran ließen die Äußerungen der Ärzteführung keinen Zweifel, nicht nur den momentanen Überhang von neu niedergelassenen männlichen Jungärzten abbauen, sondern zielte explizit darauf ab, den Beruf für Frauen so unattraktiv zu machen, daß dadurch das Frauenstudium der Medizin von selbst „abgedrosselt" werde.

Die Ärztinnen konterten, daß gerade die verheiratete Ärztin über besondere Eignungen verfüge, und führten sogar den Kinderreichtum erfolgreich tätiger Kolleginnen als Argument gegen etwaige rassenhygienische Erwägungen ins Feld. In zahlreichen Publikationen wurde die wesensmäßige Eignung der hochstehenden Frau zum Arztberuf, ihre Einsatz- und Aufopferungsbereitschaft und ihr spezifisch-weibliches Einfühlungsvermögen hervorgehoben. „Germanisches Frauentum" wurde beschworen, das stets gleichwertig neben dem Manne gestanden habe. Es ist von der besonderen „Sendung des weiblichen Arztes" die Rede, die gerade in Hinblick auf die großen gesundheitlichen Aufgaben, den Einsatz von Ärztinnen, speziell der „Ärztin-Mutter" oder der „Volksärztin", als „ethische Notwendigkeit" gebiete. Lea Thimm forderte schließlich unverblümt, das Leistungsprinzip einzuführen und ohne Rücksicht auf das Geschlecht die Kollegen „auszumerzen", denen die sittliche und fachliche Kompetenz zum Arztberuf fehle. Haedenkamp warf sie „Zynismus" vor und wetterte gegen das offenbar geltende Prinzip, daß keine noch so erfahrene Frau Vorgesetzte eines noch so unfähigen Mannes sein dürfe.

Inwieweit das tiefgreifende Zerwürfnis zwischen Thimm und Wagner schließlich zur Auflösung des Bundes beitrug, muß offenbleiben. Die Integration der Ärztinnen in den Apparat der NS-Medizin war gelungen. Die Ärztinnen betätigten sich, meist ehrenamtlich, beim Reichsmütterdienst (Mütterschulung), beim BDM, beim freiwilligen weiblichen Arbeitsdienst und in der sportärztlichen Betreuung. Damit war die Funktion des Verbandes im Sinne der Führung erfüllt.

Mit dem Inkrafttreten der Reichsärzteordnung am 1. April 1936 durften Vereine, die berufsständische Interessen vertraten, nur noch mit Genehmigung der Reichsärztekammer weiterarbeiten. Wie Thimm im Januar 1936 berichtete, war daher auch das Ende des Ärztinnenbundes abzusehen. In Thüringen war schon 1935 ein Verbot, dem Bund anzugehören, ausgesprochen worden. Als im September 1936 ein erster nationalsozialistischer Schulungskurs für Ärztinnen in Alt-Rhese stattfand, wollte man darin einen Umschwung in der ursprünglich frauenfeindlichen Politik des NS-Ärztebundes erkennen. Tatsächlich aber übernahm hiermit der NS-Ärztebund offiziell die weltanschauliche Führung der Ärztinnen. Der Bund Deutscher Ärztinnen hatte ausgedient. Im Januar 1937 berichtete die Verbandszeit-

Abbildung 2:
Ärztin und Mädchen beim „Gesundheitsappell". Quelle: Deutsches Gold – gesundes Leben, frohes Schaffen, München 1942

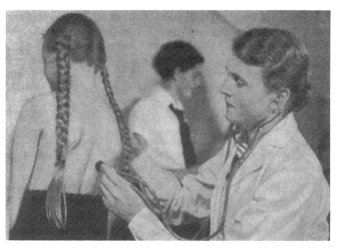

Abbildung 3:
Werbung für den Beruf der Ärztin. Quelle: Die Gesundheitsführung, Ziel und Weg. Monatsschrift des Hauptamtes für Volksgesundheit der NSDAP 1940

schrift „Die Ärztin" lapidar: „Der Bund Deutscher Ärztinnen hat in seiner Mitgliederversammlung vom 15. Dezember 1936 die Auflösung des Bundes beschlossen" (19).

Betrachtet man die Ärztinnen im Dritten Reich als besondere Gruppe innerhalb des Ärztestandes, so zeigen sich teilweise auffallende Übereinstimmungen mit den männlichen Kollegen. So teilten sie das für die damaligen Ärzte typische Elitebewußtsein (20) und verbanden den Glauben an die besonderen Führungseigenschaften und -aufgaben der Arztpersönlichkeit mit einer konservativen Weiblichkeitsideologie, wobei die Vorstellung, daß die Masse der Frauen zu dienender Mütterlichkeit bestimmt sei, nie angefochten wurde. Auch was die „Bekämpfung des Geburtenrückganges", die „Hebung der Erbgesundheit" und die „Ausmerze Minderwertiger" anging, unterschieden sie sich in ihren Auffassungen nicht von der übrigen Ärzteschaft. Ungeachtet der Tatsache, daß die Entwürfe zur Rolle der Ärztin im „neuen Staat" auch zur Verteidigungsstrategie der Ärztinnen gehörten, ist die zugrundeliegende Überzeugung der Autorinnen unüberhörbar.

Möglicherweise unter dem Druck der frauenfeindlichen Agitation der Ärzteschaft, setzten die Ärztinnen der Ausschaltung der „nicht-arischen" Kolleginnen keinerlei Widerstand entgegen. Dies ist um so gravierender, als hiermit zugleich auch die weibliche Solidarität verraten wurde, die das bestimmende Organisationsprinzip des Bundes war. Sein Anliegen war der Zusammenschluß von Frauen, ungeachtet aller Unterschiede in bezug auf Rasse, Weltanschauung und Politik. Die Aufgabe dieses Standpunktes führte folgerichtig auch zum Ausschluß der Organisation aus der „International Medical Women's Association".

Zugleich blieb der Versuch des Ärztinnenbundes, der totalen Unterordnung unter die männliche Führung zu entgehen, erfolglos. Vielmehr diente er nur den Interessen der NS-Medizin, solange es darum ging, die Ärztinnen für die Aufgaben der Gesundheitsführung, der Rassenhygiene und der Durchsetzung eugenischer Maßnahmen zu gewinnen und sie in das System der verschiedenen Organisationen zu integrieren. Als diese Integration erfolgreich vollzogen war, war der Fortbestand des Bundes nicht mehr erwünscht. Die widerspenstige Führerin Lea Thimm wurde ausgeschaltet, die Organisation aufgelöst. Die Tatsache, daß repressive Einschränkungen in Studium und Beruf aufgehoben wurden, beziehungsweise nach 1936 immer weniger zur Wirkung kamen, hatte nichts mit der Agitation und den Argumenten des Bundes Deutscher Ärztinnen zu tun, sondern mit dem enormen Personalbedarf der Medizin im Nationalsozialismus.

Anmerkungen:

1) Zur Gleichschaltung der ärztlichen Vereine vgl. WERNER KÜMMEL: Die Ausschaltung rassisch und politisch mißliebiger Ärzte. In: F. KUDLIEN: Ärzte im Nationalsozialismus. Köln 1985, S. 56–81, 252–261; NORBERT JACHERTZ: Vor 50 Jahren. Die Gleichschaltung kam über Nacht. Gleichschaltung im Deutschen Ärzteblatt. Dtsch. Ärztebl. 80 (1983) Heft 26, 27/28, 29, 30/31. Vgl. auch den Beitrag von M. Hubenstorf in diesem Band.

2) Zitiert nach KÜMMEL (wie Anm. 1) S. 64.

3) Zur Frauenpolitik im NS vgl. z. B. RENATE BRIDENTHAL u. ATINA GROSSMANN: When Biology became Destiny. Women in Weimar and Nazi Germany. New York 1984; Anette Kuhn, Valentine Rothe (Hrsg.): Frauen im deutschen Faschismus. 2 Bde, 2. Aufl. Düsseldorf 1983; WITTROCK, CHRISTINE: Weiblichkeitsmythen. Das Frauenbild im Faschismus und seine Vorläufer. Frankfurt/M. 1983; Mutterkreuz und

Arbeitsbuch. Zur Geschichte der Frauen in der Weimarer Republik und im Nationalsozialismus. Hrsg. Frauengruppe Faschismusforschung. Frankfurt/M. 1981 (Fischer Taschenbuch 1380). CLAUDIA KOONZ: Mütter im Vaterland. Frauen im Dritten Reich. Freiburg 1991; GISELA BOCK: Die Frauen und der Nationalsozialismus. Bemerkungen zu einem Buch von Claudia Koonz. Geschichte und Gesellschaft 15 (1989) 563–579.

4) Die folgende Darstellung basiert auf der medizinischen Dissertation von CHRISTINE ECKELMANN: Ärztinnen in der Weimarer Zeit und im Nationalsozialismus. Eine Untersuchung über den Bund Deutscher Ärztinnen 1924–1936 Wermelskirchen 1992.

5) Zitiert nach KÜMMEL (wie Anm. 1) S. 65.

6) Vgl. Bundesnachrichten. Die Ärztin 9 (1933) 102.

7) ERNA BALL, langjähriges Vorstandsmitglied im DÄB, im März 1933 Schriftführerin, approbiert 1924, Neurologin, 1934 über USA nach Palästina ausgewandert.

8) Das Tagebuch der Hertha Nathorff. Hrsg. W. BENZ. Frankfurt/M. 1988 (Fischer Taschenbuch 1180).

9) Hierzu und zum folgenden: Die Ereignisse. Die Ärztin 9 (1933) 117/118.

10) Ebd.

11) Aufruf. Ebd. 124.

12) Vgl. auch MICHAEL KATER: Medizin und Mediziner im Dritten Reich. Eine Bestandsaufnahme. Historische Zeitschrift 244 (1987) 299–352. Die Hochrechnungen von Kater sind z. T. etwas niedriger.

13) LEA THIMM: Die neue Kassenzulassungsordnung. Die Ärztin 10 (1934) 101.

14) MARIA MONHEIM: Offener Brief. Die Ärztin 9 (1933) 122–124.

15) GERTRUDIS BECKER-SCHÄFER: Die Ärztin im neuen Staat. Ebd. 168–170.

16) LEA THIMM. Vortrag gehalten am 9. 5. 1933. Ebd. 119–122.

17) Vgl. den Beitrag von H. VAN DEN BUSSCHE in diesem Band.

18) Vgl. hierzu auch BEATE ZIEGELER: Ärztinnen und Kassenpraxis vom Kaiserreich bis zum Ende der Weimarer Republik. Diss. med. FU Berlin 1991.

19) Bundesnachrichten. Die Ärztin 13 (1937) 22.

20) Vgl. HEINZ-PETER SCHMIEDEBACH: Ärztliche Standeslehre und Standesethik 1919–1945. In: G. BAADER, U. SCHULZ (Hrsg.): Medizin im Nationalsozialismus. Tabuisierte Vergangenheit – Ungebrochene Tradition. Berlin 1980, 64–74.

Die „Machtergreifung" am Krankenhaus

Christian Pross

Zwei Monate nach der „Machtergreifung" durch die Nationalsozialisten, um den 1. April 1933, dem reichsweiten Boykott-Tag gegen die Juden, begann an allen öffentlichen Krankenhäusern und Einrichtungen des öffentlichen Gesundheitsdienstes im Deutschen Reich die Hexenjagd auf jüdische Ärzte. Am Beispiel des städtischen Krankenhauses Moabit in Berlin lassen sich die damaligen Ereignisse veranschaulichen.

Jenes Krankenhaus entwickelte sich in den zwanziger Jahren zu einem Zentrum sozialreformerischer Ansätze und neuer Behandlungsmethoden in der Medizin. Im Zusammenhang mit den gesellschaftlichen Umwälzungen nach dem Ersten Weltkrieg wurde das Krankenhaus Moabit auf Betreiben des Krankenhausdirektors Geheimrat Prof. Georg Klemperer und des sozialdemokratischen preußischen Unterrichtsministers Haenisch 1920 als einziges städtisches Krankenhaus von Berlin zur Universitätsklinik erhoben (1).

Klemperer, Sohn eines liberalen Rabbiners und ein Schüler Ernst von Leydens, war 1906 an das Krankenhaus Moabit gekommen. Als Leiter der I. Inneren Abteilung sammelte er eine Reihe sozial engagierter und – heute würde man sagen – psychosomatisch orientierter Ärzte um sich. Er selbst praktizierte die psychotherapeutische Behandlung von inneren Erkrankungen wie Asthma bronchiale, Herzrhythmusstörungen, Gastritis und Lungentuberkulose mittels Suggestion und Hypnose (2). Sein internationaler Ruf war derart, daß er im Februar und im Juni 1922 an das Krankenbett Lenins in Moskau gerufen wurde (3). Als überzeugter Republikaner engagierte er sich in der Vereinigung freiheitlicher Akademiker, kritisierte den Rassismus in der Wissenschaft und den völkisch-nationalen Fanatismus eines Teils seiner Kollegen und Studenten (4).

Aus der Klempererschen Klinik ging Ernst Haase hervor, Nervenarzt und Psychoanalytiker, der auf der inneren Abteilung eine Suchtkrankenstation eröffnete (5). Der Zwangsbehandlung von Alkoholikern und Morphinisten in geschlossenen Anstalten setzte er ein Konzept der offenen stationären Behandlung entgegen. Zusammen mit seinem Kollegen Ernst Joel, dem Verfasser eines Standardwerkes über den Kokainismus, gründete er die Suchtkrankenfürsorgestelle des Bezirksamtes Tiergarten (6).

Eine lebendige Schilderung von Haases Sprechstunden gibt einer seiner Medizinalpraktikanten: „Wir sahen einen ständigen Strom von Patienten. Mütter kamen mit ihren Kindern geradewegs aus ihrem Heim, das ein Alkoholiker demoliert hatte, Betrunkene erschienen, Morphinisten und Kokainisten, die Hoffnungslosen, die Mittellosen; hier war ein Querschnitt durch die dunkelste Schicht der Großstadt, jener äußerste Rand des Lebens, an dem die menschliche Existenz endgültig ato-

Abbildung 1:
Das Krankenhaus Moabit; ein Foto aus dem Jahr 1919

misiert ist. Mittendrin saß anscheinend unbekümmert Haase, der in dem endlosen Strom menschlichen Elends gleichsam ein Fels der Rettung war.

In jedem einzelnen Falle, mochte es sich um einen Alkoholiker aus „besserer Familie" handeln, der jetzt unter den Brücken schlief, oder um ein ostpreußisches Dorfmädchen, das bei der Prostitution und Kokain gelandet war, überall drang er sogleich zum Kern der psychologischen und sozialen Situation vor.

Wenn es darauf ankam, eine praktische Lösung zu finden, schien er über unbegrenzte Hilfsquellen der Phantasie und der Sachkenntnis zu verfügen. Trotz seiner hervorragenden Ausbildung schien Ernst Haase nur in einer bedingten Weise an den wissenschaftlichen Aspekt der Medizin zu glauben. Ein ziemlich großes Gebiet der Forschung schien er fast zu verachten. Sobald er eine neurologische Läsion diagnostiziert und lokalisiert hatte, wollte er wissen, wo die Kinder der Patienten ihr Abendessen erhalten würden (7).

Haase war der Sohn des 1919 von Freikorpssoldaten ermordeten USPD-Reichstagsabgeordneten und Mitgliedes des Rats der Volksbeauftragten während der Novemberrevolution 1918, Hugo Haase (8). Ernst Haase sah sich dem politischen Erbe seines Vaters verpflichtet; er gehörte dem Vorstand des Vereins Sozia-

Abbildung 2:
Geheimrat Prof. Georg Klemperer

listischer Ärzte an und beteiligte sich Anfang der dreißiger Jahre an der Bewegung gegen den § 218 (9). Vor freigewerkschaftlichen Jugendgruppen und in Arbeiterbildungsvereinen hielt er Vorträge über Themen wie „Die Sexualnöte der Jugend", „Die Kameradschaftsehe", „Pubertätsschwierigkeiten" (10), und er kritisierte den preußischen Drill an den Schulen: „Eine Erziehung, deren Hauptinhalt Geistesdrill, öder Gedächtniskram und gespreizter Formalismus ist, vermittelt durch verknöcherte Beamtennaturen, muß die jugendliche Seele verdorren oder sich auflehnen lassen" (11).

Ernst Haases Aufklärungsarbeit mündete 1928 in der Gründung einer von ihm geleiteten psychotherapeutischen Jugendberatungsstelle in der Jugendzentrale der Berliner Gewerkschaften (12). Eine Mitstreiterin Ernst Haases, Lilly Ehrenfried, die ebenfalls bei Klemperer in Moabit gelernt hatte, gründete 1929 eine Ehe- und Sexualberatungsstelle im Bezirk Prenzlauer Berg (13). In einer Zeit, in der in Deutschland etwa 40 000 Frauen jährlich an den Folgen illegaler Schwangerschaftsabbrüche starben (14), klärte sie die Frauen des von Arbeitslosigkeit schwer heimgesuchten Bezirkes über Geburtenkontrolle auf, verteilte kostenlos Verhütungsmittel und half damit manches Frauenleben zu retten, das an einem „kriminellen Abort" zugrunde gegangen wäre (15).

1929 berief Klemperer Prof. Kurt Goldstein zum Leiter einer neu gegründeten Neurologischen Abteilung des Krankenhauses Moabit (16). Goldstein, der nach dem Ersten Weltkrieg in Frankfurt am Main das Institut zur Erforschung der Folgeerscheinungen von Hirnverletzungen gegründet hatte, muß als der Begründer einer psychosomatischen Neurologie angesehen werden. Ohne ausdrückliche tiefenpsychologische Orientierung kam er aus dem unmittelbaren Umgang mit neurologisch Kranken zu der Einsicht, daß auch bei lokalisierbaren neurologischen Störungen der Organismus immer als körperliche und psychische Einheit in veränderter Weise auf Anforderungen der Umwelt antwortet (17). Seine Beobachtungen führ-

Abbildung 3:
Von links: Dr. Ernst Haase, dessen Mitstreiterin
Dr. Lilly Ehrenfried – hier als Krankenschwester –
und Professor Kurt Goldstein. Alle Abbildungen
vom Verfasser

ten ihn zu einem für damalige Verhältnisse außergewöhnlichen Behandlungskonzept, bei dem ärztliche, psychologische, pädagogische und früh einsetzende arbeitstherapeutische Maßnahmen ineinandergreifen (18). Bahnbrechend waren seine Leistungen auf dem Gebiet der Sprach- und der Aphasieforschung sowie seine Arbeiten über Wahrnehmungsstörungen bei Patienten mit Verletzungen der Sehbahn oder der Sehrinde (19). Als einer von wenigen Nervenärzten wandte er sich während des Ersten Weltkrieges gegen die brutale Stromstoßtherapie von Kriegsneurotikern nach der Kaufmann-Methode. Statt des von den führenden Psychiatern propagierten Therapiezieles der Kriegsverwendungsfähigkeit trat er dafür ein, die Kriegszitterer vom Frontdienst zu befreien (20).

In ihren weißen Kitteln abgeführt

Im Frühjahr 1933 fand diese Blütezeit des Krankenhauses Moabit ein abruptes und gewaltsames Ende. Das Haus galt als „rot" und „jüdisch". Etwa 70 Prozent der Ärzte waren Juden, ungefähr 10 Prozent des Pflegepersonals waren gewerkschaftlich organisiert (21). Am 21. März erschien ein Artikel im „Völkischen Beobachter" unter der Überschrift „Jüdische Ärzte beurlaubt, Stadtmedizinalrat Pg. Dr. Klein räumt im Krankenhaus Moabit auf." Auf Grund der Beschwerden über die „Verjudung der städtischen Krankenhäuser" seien die Ärzte – es folgt eine Liste von Volontärärzten und Medizinalpraktikanten –, die „entweder Juden bzw. Ausländer oder Angehörige der marxistischen Parteien" seien, beurlaubt und ihnen das Betreten des Krankenhauses verboten worden (22). Am selben Tag gab das Bezirksamt Tiergarten eine Verordnung des besagten Stadtmedizinalrates und SS-Arztes Dr. Wilhelm Klein, der die „Säuberungen" im Berliner Gesundheitswesen

leitete, an die Krankenhausverwaltung weiter: Dem im Angestelltenverhältnis befindlichen ärztlichen Pflege- und Wirtschaftspersonal sei zum nächstmöglichen Termin vorsorglich zu kündigen. Die Verwaltung wurde aufgefordert, schwarze Listen anzulegen mit Angabe der Religionszugehörigkeit. Vier Tage später meldete die Verwaltung die Fertigstellung der Listen (23) und verschickte gleichlautende Kündigungsschreiben an die jüdischen Ärzte: „Mit Rücksicht auf die Neuordnung des ärztlichen Dienstes kündige ich Ihnen vorsorglich zum 30. September 1933" (24).

Hierbei handelte es sich jedoch nur um ein fiktives Datum. Am Morgen des 1. April 1933 fuhren Lastwagen des SA-Sturms „33" im Klinikgelände auf. Die SA-Männer marschierten auf die einzelnen Stationen und holten nach den vorgefertigten Listen die jüdischen Ärzte aus ihren Arbeitszimmern, Operationssälen und Krankenzimmern (25). Man ließ ihnen keine Zeit, ihre persönliche Habe mitzunehmen, geschweige denn ihre Patienten an einen Nachfolger zu übergeben. Sie wurden so, wie sie waren, in ihren weißen Kitteln abgeführt, auf die bereitstehenden Lastwagen verladen und abtransportiert.

Die medizinisch-technische Assistentin Edith Thurm erinnert sich, wie die SA in Prof. Goldsteins Dienstzimmer eindrang: „Die SA-Männer standen da, und er saß am Schreibtisch und sollte mitkommen. Da hat er noch gesagt: ‚Erlauben Sie, daß ich meine Patienten noch meinem Oberarzt übergebe?' Dieser war nicht im Zimmer. Da sagten die zu ihm ‚Jeder Mensch ist zu ersetzen, Sie auch!' " (26).

Goldstein war von einem nationalsozialistischen Kollegen denunziert worden wegen seiner Mitgliedschaft in der SPD und im Verein Sozialistischer Ärzte. Außerdem wurde ihm vorgeworfen, er habe „russische und linksgerichtete Patienten bevorzugt" (27).

Goldstein wurde vom SA-Sturm „33" in das sogenannte „wilde" Konzentrati-

Jüdische Ärzte beurlaubt

**Stadtmedizinalrat Pg. Dr. Klein räumt im
Krankenhaus Moabit auf.**

Die Beschwerden der Staatskommissare für
die Berliner Bezirke über die Verjudung
der städtischen Krankenhäuser haben
den neuen Stadtmedizinalrat Pg. Dr. Klein
veranlaßt, die Verhältnisse im Moabiter Kran-
kenhause einer Untersuchung zu unterziehen. In
deren Verlauf sind nicht nur der Stadtarzt Dr.
Harms und der leitende Arzt der gynäkologi-
schen Abteilung Dr. Siegbert Joseph,
sondern auch die Volontär-Ärzte Czapski, Hal-
pern, Wolff, Frl. Riesenfeld und Frl. Teich-
mann, die Medizinalpraktikanten Cohen, Horn,
Peysack, Goldstein, Schereschewsky, Steinberg
und Frl. Weil, sowie die Hospitanten Goldstern,
Frl. Mitlin-Mirsky, Frl. Levy und Frl. Deutsch
mit sofortiger Wirkung **beurlaubt** worden.
Den genannten, die entweder Juden bzw. Ausländer oder Angehörige der marxistischen Parteien sind, ist das Betreten des Krankenhauses
verboten worden. Gegen Dr. Joseph
**wird wahrscheinlich noch ein Straf-
verfahren eröffnet werden.**

Abbildung 4:
Dr. Wilhelm Klein, ein Zahnarzt aus Wiesbaden, Stadtmedizinalrat und Parteigenosse: Er leitete die „Säu-
berung" des Berliner Gesundheitswesens. Links: Nachricht aus dem „Völkischen Beobachter" vom 21.
März 1933

onslager der SA in der General-Pape-Straße verschleppt. Das war einer der in allen Teilen Berlins eingerichteten provisorischen Kerker, in denen die Nationalsozialisten nach dem Reichstagsbrand ihre politischen Gegner – Kommunisten, Ge-
werkschafter und Sozialdemokraten – terrorisierten. Dr. Erich Simenauer, damals
Chirurg am Urban-Krankenhaus, wurde zusammen mit Goldstein in eine Zelle eingeliefert. Er war im Zuge der Razzia gegen die jüdischen Ärzte am Urban-Krankenhaus verhaftet worden. Vom „Kommando der Feldpolizei, Vernehmungsstelle"
– so nannten sich die Schergen des SA-KZs – erhielt er die Gefangenennummer
235. Einer seiner Bewacher war ein ehemaliger Patient von ihm, dem er kurz zuvor
den Blinddarm herausgenommen hatte.

So lange geschlagen, bis sie tot waren

Simenauer heute: „Um sich mir erkenntlich zu zeigen, veranlaßte dieser, daß auf
der Rückseite meines Laufzettels handschriftlich vermerkt wurde: ‚Nicht mißhandeln'. Als in der folgenden Nacht die SA-Wachmannschaft eine wilde Prügelorgie
veranstaltete, hielt ich denen, als ich an der Reihe war, meinen Laufzettel mit die-

ser Aufschrift entgegen. Darauf befahl mir einer: ‚hinlegen!' Ich warf mich zu Boden und wurde verschont. Rechts und links von mir wurden einige Leute mit Knüppeln so lange geschlagen, bis sie tot waren; es war entsetzlich. Wenn sie sie wenigstens erschossen hätten, aber sie haben sie zu Tode geknüppelt! Mir hat dieser Zettel das Leben gerettet." (28)

Kurt Goldstein wurde ebenfalls gerettet. Eine Kollegin erreichte über Beziehungen zu einflußreichen Kreisen seine Freilassung aus der General-Pape-Straße unter der Auflage, daß er sofort das Land verlasse. Am 5. April 1933 floh er unter Zurücklassung seiner großen wertvollen Bibliothek über die Schweiz nach Amsterdam (29). Von dort schrieb er an seine MTA Edith Thurm: „Ich hänge noch sehr an allem, was ich dort aufzubauen versuchte. Ich habe hier wesentlich theoretische Arbeit. Man muß zufrieden sein, wo es so sehr vielen so sehr viel schlechter geht und Europa in seiner Schicksalsstunde steht. Ob es je wieder dem Christentum gerettet wird?" (30)

Zwangs-Emigration ruinierte die Karriere

Im Exil in Amsterdam ohne Stellung schrieb Goldstein sein grundlegendes Werk „Der Aufbau des Organismus" (31). Seine psychosomatisch-neurologischen und ganzheitsmedizinischen Ansätze wurden nach seiner und der Vertreibung der jüdischen Psychoanalytiker bis heute kaum aufgegriffen. Statt dessen stellte sich die Neurologie/Psychiatrie wie auch die verbleibende Psychoanalyse – damals als „Deutsche Seelenheilkunde" – in den Dienst nationalsozialistischer Gesundheitsutopie. Die Folgen dieser Anpassung sind für die Theorieentwicklung beider Disziplinen bis heute nicht zu ermessen.

Die erzwungene Emigration ruinierte Goldsteins Karriere. In New York versuchte er 1935 im Alter von 57 Jahren einen Neuanfang; er konnte jedoch nur ab und zu Gastvorlesungen an einer Universität halten und sich mit einer Privatpraxis recht und schlecht über Wasser halten (32). Zu seinem 80. Geburtstag und nach seinem Tode im Jahr 1965 ehrten ihn amerikanische, jüdische und französische Wissenschaftler in Festschriften und einem Gedenkband (33). In Deutschland hingegen sind Goldsteins unvermindert aktuelle Schriften weitgehend vergessen. Viktor von Weizsäcker, der sich in seinen Theorien stark an Goldstein anlehnte und auch mit ihm in Verbindung stand, unterschlägt in seinem grundlegenden Werk „Der Gestaltkreis" Goldsteins Arbeiten, indem er mit einem Satz über sie hinweggeht (34). Damit man sich das Verlorene und Zerstörte wenigstens teilweise wieder aneignen kann, sollte eine Herausgabe der Gesammelten Werke Goldsteins erfolgen.

Die Razzia gegen die jüdischen Ärzte am Krankenhaus Moabit verlief in mehreren Schüben. Zwei Tage nach Goldsteins Verhaftung, am 3. April 1933, wurde Max Leffkowitz, Oberarzt an der II. Inneren Abteilung, verhaftet und in die General-Pape-Straße eingeliefert, weil er im Jahre 1931 auf einer Liste des Vereins Sozialistischer Ärzte für die Berliner Ärztekammerwahlen kandidiert hatte. Die SA-Männer demütigten und mißhandelten ihn, indem sie ihn zwangen, auf allen Vieren auf dem Boden zu kriechen, wie ein Hund zu bellen und „Heil Hitler" zu ru-

Abbildung 5
Der Vermerk „nicht mißhandeln" rettete Dr. Erich Simenauer, Chirurg am Urbankrankenhaus, der als Jude verhaftet und in das wilde Konzentrationslager der SA in der Berliner General-Pape-Straße eingeliefert wurde, das Leben. Ein SA-Mann, dem er kurz zuvor den Blinddarm herausgenommen hatte, veranlaßte – um sich erkenntlich zu zeigen – den Vermerk auf der Rückseite des Laufzettels

fen. Sie stellten ihn an eine Wand und schossen um die Konturen seines Körpers herum, ähnlich wie man es von Messerwerfern im Zirkus kennt (35).

Prof. Georg Klemperer wurde als Beamter zwangspensioniert (36). Die Herausgabe der von ihm 1899 gegründeten renommierten Zeitschrift „Therapie der Gegenwart" mußte er an Prof. Kurt Gutzeit abgeben. Gutzeit schrieb in seiner Einführung als neuer Herausgeber, es sei die Aufgabe der kommenden Zeit, „die Erhaltung und Förderung gesunden Erbgutes unter Zurückdrängung kranker und rassefremder Erbanlagen wirksam zu unterstützen." (37) – Kurze Zeit nach den jüdischen Ärzten wurden auch die gewerkschaftlich organisierten Schwestern, Pfleger, Küchenangestellten und Krankenhausarbeiter fristlos entlassen (38).

Die neuen „Herren" in den Nazi-Uniformen

Gesteuert wurden die „Säuberungen" von der Krankenhausverwaltung und den neu eingestellten Ärzten mit Parteibuch oder in der braunen SA- beziehungsweise schwarzen SS-Uniform unter dem weißen Kittel. Diesen Männern, die vorher meist eine verhältnismäßig unbedeutende Stellung an einem Provinzkrankenhaus gehabt hatten, eröffnete die Vertreibung der jüdischen Ärzte aus der Universitätsklinik Moabit eine völlig neue Berufsperspektive.

Abbildung 6:
SS-Arzt Dr. Heinrich Teitge

Eine Schlüsselrolle bei den „Säuberungen" spielte als Obmann der nationalsozialistischen Betriebszelle SS-Arzt Dr. Heinrich Teitge, vor der „Machtergreifung" Assistenzarzt an einem kleinen Krankenhaus außerhalb Berlins.

Der Hinauswurf der jüdischen Kollegen und seine Beförderung zum Oberarzt, zwei Jahre später zum Chefarzt der II. Inneren Abteilung, markierten den Beginn einer steilen Karriere. Teitge wurde 1935 ärztlicher Direktor des Urban-Krankenhauses und stieg während des Krieges zum SS-Brigadeführer (entsprach dem Rang eines Generalmajors) und Gesundheitsminister der Regierung Frank im besetzten Polen auf, wo er die „Vernichtung der Fleckfieberherde" als einer Seuche, die „vor allem durch die Juden verbreitet" werde, durchführte (39).

Am Pathologischen Institut erschien Dr. Berthold Ostertag – bis dahin Leiter der Prosektur am Krankenhaus in Berlin-Buch – in SA-Uniform im Dienstzimmer seines jüdischen Kollegen und Corpsbruders Prof. Rudolf Jaffé und warf ihn persönlich hinaus (40). Ostertag wurde kurz darauf Leiter des Pathologischen Instituts am Rudolf-Virchow-Krankenhaus, wo er während der Euthanasieaktionen in der kinderpsychiatrischen Klinik im Wiesengrund die Sektionen an den getöteten Kindern leitete und an diesen erbbiologische Forschungen betrieb. Nach dem Krieg wurde Ostertag Leiter des Instituts für Hirnforschung der Universität Tübingen (41).

Mächtigster Mann am Krankenhaus Moabit wurde SS-Arzt Dr. Kurt Strauß, neuer Oberarzt und wenige Jahre später Chefarzt der chirurgischen Abteilung. Seine Qualifikation bestand im wesentlichen darin, daß er über gute Beziehungen zu Reichsgesundheitsführer Leonardo Conti, zu Himmlers Leibarzt Prof. Karl Gebhard und dem Führer der Deutschen Arbeitsfront, Robert Ley, verfügte.

Seine chirurgischen Fähigkeiten waren derart, daß binnen kurzer Zeit das

Abbildung 7:
Links: Dr. Max Leffkowitz, Oberarzt der II. Inneren Abteilung. Er wurde am 3. April 1933 verhaftet und mißhandelt. Unten: Prof. Rudolf Jaffé (sitzend) im Sektionssaal

Krankenhaus Moabit in der ganzen Stadt in Verruf geriet, da Patienten reihenwei-
se an den Folgen postoperativer Komplikationen verstarben. Die jüdischen Ärzte,
die auf den jeweiligen Abteilungen ein über Jahrzehnte gewachsenes Team von
Spezialisten gebildet hatten, waren nicht über Nacht zu ersetzen.

Strauß, dessen Klientel schließlich fast nur noch aus „Erbkranken" bestand, die
die Erbgesundheitsgerichte beziehungsweise die Gesundheitsämter zur Zwangssterilisierung in die Klinik einwiesen, wurde 1940 Ordinarius an der Deutschen Universität in Prag (42).

Nach erfolgreichem Abschluß der „Säuberungen" erklärte der Verwaltungsleiter den Angestellten des Krankenhauses auf einer Personalversammlung die tiefe-
ren Gründe für die Ausschaltung der jüdischen Ärzte: „Der verweichlichende
Duldsamkeitsgedanke, der in den letzten Jahren als Liberalismus, Humanität und
unter mißbräuchlicher Auslegung der christlichen Lehre von der Nächstenliebe
entstanden und zum größten Teil auf jüdischen Einfluß zurückzuführen ist, hat unserem Volkstum ungeheuren Schaden zugefügt." (43)

Anmerkungen:

1) GEORG KLEMPERER, Rede zur Eröffnung des
Neubaus der I. Medizinischen Abteilung im
Städtischen Krankenhaus Moabit in Berlin, in:
Ther. Gegenw. 71 (1930), S. 95.

2) Ders., Suggestion und Autosuggestion, in:
Ther. Gegenw. 65 (1924), S. 3 ff.

3.) History of Medicine, Vol. 4, No. 3 (1972), S.
29; Persönliche Mitteilungen von FRIEDRICH
KLEMPERER, Saranac Lake und PETER FLEISCH-
MANN, Haifa.

4) Festrede des Geheimen Medizinalrates Professor Dr. Georg Klemperer zur Verfassungsfeier
des Bundes Vereinigung freiheitlicher Akademiker, den 8. August 1926, Nachlaß von Georg
Klemperer im Privatarchiv von Friedrich Klemperer, Saranac Lake.

5) ERNST HAASE, Morphium-Entziehungskuren im
offenen Krankenhaus, in : Ther. Gegenw. 69
(1928), S. 440 ff.

6) ERNST JOEL, FRITZ FRÄNKEL, Der Cocainismus,
Berlin 1924: ENST JOEL. Die Behandlung der
Giftsuchten, Leipzig 1928.

7) KARL STERN, Die Feuerwolke, Lebensgeschichte und Bekenntnisse eines Psychiaters, Salz-
burg 1954, S. 92 ff.

8) HUGO HAASE – Sein Leben und Wirken, hrsg.
von ERNST HAASE, Berlin 1929.

9) DER Sozialistische Arzt 7 (1931).

10) ERNST HAASE, Arzt und Jugendhelfer, Der Sozialistische Arzt 8 (1932), S. 2.

11) Ders., Die Seelenverfassung der Jugendlichen,
Berlin 1931, S. 25 f.

12) Ebda. S. 50.

13) LILLY EHRENFRIED, Aus meinem Leben. Unveröffentlichte Memoiren, Privatarchiv von Lilly
Ehrenfried, Paris.

14) ATINA GROSSMANN, Abortion and Economic
Crisis, in New German Critique No. 14, spring
1978, S. 119–37. g

15) LILLY EHRENFRIED, a.a.O.

16) Entschädigungsamt Berlin, Akte Kurt Goldstein, D 36, Brief von H. P. GOSSMANN an das
Amt vom 6. 11. 1961.

17) KURT GOLDSTEIN, Der Aufbau des Organismus.
Einführung in die Biologie unter besonderer
Berücksichtigung der Erfahrungen am kranken
Menschen. MARTINUS NIJHOFF, Haag 1934, pho-
tomechanischer Nachdruck 1963.

18) Ders., Die Behandlung, Fürsorge und Begutachtung der Hirnverletzten. Zugleich ein Beitrag zur Verwendung psychologischer Methoden in der Klinik, Vogel Verlag Leipzig 1919.

19) Ders., Über Aphasie, Neurologische und psychiatrische Abhandlungen aus dem Schweizer Archiv für Neurologie und Psychiatrie, Heft 6,
Zürich 1927; Ders., Adhemar Gelb (Hg.), Psychologische Analysen hirnpathologischer Fälle.
Leipzig 1920; Ders., Language and Language
Disturbances. Aphasic Symptom Complexes
and their Significance for Medicine and Theory
of Language, Grune & Stratton New York
1948.

20) Ders., Über die Behandlung der „monosympto-
matischen" Hysterie bei Soldaten. In: Neurol.
Zbl. 35 (1916), S. 842–852; Ders., Über die Behandlung der Kriegshysteriker. In: Med. Klinik
13 (1917), S. 751–758.

21) Landesarchiv Berlin, Rep. 202, Acc. 1371, Nr. 1882.
22) Völkischer Beobachter, Berliner Ausgabe vom 21. 3. 1933.
23) Landesarchiv Berlin, Rep. 202. Acc. 1371, Nr. 1823, Bl. 82.
24) Nachlaß von Julian Casper bei Käthe Casper, Kfar Sabar, Israel.
25) Entschädigungsamt Berlin, Akte Erwin Rabau.
26) Persönliche Mitteilung von EDITH KÜHN, geb. Thurm, Bad Nauheim, 14. 4. 1984.
27) Entschädigungsamt Berlin, Akte Kurt Goldstein.
28) Persönliche Mitteilung von ERICH SIMENAUER, Berlin, 19. 1. 1983; Gefangenenlaufzettel Erich Simenauer, Privatarchiv Erich Simenauer, Berlin.
29) Wie Anm. 27.
30) Brief KURT GOLDSTEINS an Edith Thurm vom 30. 12. 1933, Privatarchiv Edith Kühn, Bad Nauheim.
31) Wie Anm. 17.
31) MARIANNE L. SIMMEL, KURT GOLDSTEIN 1878–1965. In: MARIANNE L. SIMMEL (ed), The Reach of Mind: Essays in Memory of Kurt Goldstein, New York 1968; Persönliche Mitteilung von Marianne Simmel. Boston 13. 5. 1983.
33) MARIANNE SIMMEL a.a.O.; Aufsätze zum 80. Geburtstag von Goldstein finden sich in: J. Ind. Psychol. 15 (1959) 1–99.
34) Korrespondenz Goldsteins mit Victor von Weizsäcker, Kurt Goldstein Papers, Columbia University, New York; VICTOR VON WEIZSÄKKER, Der Gestaltkreis, 1. Auflage Stuttgart 1940, S. 68, 4. Auflage 1950, unveränderter Nachdruck 1967, S. 75.
35) Persönliche Mitteilung von ALICE SUCHODOLLER, gesch. Leffkowitz, Herzlya, Israel, und ZIONA RABAU, Tel Aviv; Wählt die Liste „Freigewerkschaftliche Ärzte"! Wahlvorschlag 3. In: Der Sozialistische Arzt 7 (1931).
36) Persönliche Mitteilung von FRIEDRICH KLEMPERER, Saranac Lake, N. Y.
37) GEORG KLEMPERER, Zum Abschied, in: Ther. Gegenw. 74 (1933), S. 568; Einführung von Kurt Gutzeit als neuer Herausgeber, in: Ther. Gegenw. 75 (1934), S. 1.
38) Als ein Beispiel von vielen: Kündigungsschreiben des Bezirksamtes Tiergarten an Schwester Agnes Wergin vom 19. 4. 1933, Privatarchiv Agnes Wergin, Berlin.
39) Berlin Document Center, Akte Heinrich Teitge: RAOUL HILBERG, Die Vernichtung der europäischen Juden, Berlin 1982, S. 143, 379; Heinrich Teitge, Probleme der Gesundheitsführung im Generalgouvernement, in: Das Vorfeld 3 (1943), S. 196 ff.
40) RUDOLF JAFFÉ, Erlebte Geschichte, unveröffentlichte Lebenserinnerungen, Privatarchiv Ilse Goldschmidt Jaffé. Persönliche Mitteilung von Elsbeth Freund, Berlin, 12. 7. 1983; Berlin Document Center, Akte Berthold Ostertag.
41) K. NOWAK, „Euthanasie" und Sterilisierung im „Dritten Reich", Halle 1977, S. 87; Martina Krüger, Kinderfachabteilung Wiesengrund. Die Tötung behinderter Kinder in Wittenau. In: Totgeschwiegen. 1933–1945. Die Geschichte der Karl-Bonhoeffer-Nervenklinik. Herausgegeben von der Arbeitsgruppe zur Erforschung der Geschichte der Karl-Bonhoeffer-Nervenklinik, Berlin 1988, S. 151–176.
42) Berlin Document Center, Akte Kurt Strauß; Persönliche Mitteilungen von GERTRUD DIETRICH, ROSEMARIE BURGER, PAUL VOSSKAMP und HANS BRILL, Berlin; Werner Forßmann, Selbstversuch. Erinnerungen eines Chirurgen. Düsseldorf 1972, S. 202 ff.
43) Protokoll der 7. Arbeitsbesprechung vom 10. 1. 1934, Landesarchiv Berlin, Rep. 202, Acc. 1371, Nr. 1813.

**Alltag an der Peripherie –
Die Medizinische Fakultät der Universität Freiburg im Winter 1932/33**

Eduard Seidler

Regionale Analysen über das Verhalten einzelner Medizinischer Fakultäten während der Zeit der Machtergreifung durch die Nationalsozialisten liegen noch kaum vor. Die Konzentrierung der Forschung auf größere Zusammenhänge sowie eine deutliche Schwerpunktsetzung auf die Ereignisse in der damaligen Reichshauptstadt Berlin lassen den Alltag an der Peripherie des Geschehens leicht in den Hintergrund treten. Dabei werden gerade hier, in der größeren Übersichtlichkeit einer provinziellen Fakultätsstruktur, wesentliche Zeitelemente um so deutlicher sichtbar. Die Beschränkung der nachfolgenden Darstellung auf die Medizinische Fakultät der Universität Freiburg im Breisgau im Wintersemester 1932/33 dient vor allem dem Versuch, bestimmte Erlebnis- und Verhaltensweisen der Beteiligten während der Umbruchzeit näher herauszuarbeiten.

Die Freiburger Medizinische Fakultät ist trotz der schwierigen Zeitumstände aus der Weimarer Zeit mit einem ungewöhnlich hohen wissenschaftlichen Selbstbewußtsein hervorgegangen. Bis zum Ende der zwanziger Jahre hatte sie ihre wissenschaftliche Arbeit konsolidiert und erstrebte mit großen Erneuerungsplänen auch den äußeren Ausdruck einer Bedeutung, die seinerzeit durchaus mit Berlin verglichen wurde (1). Es ist dabei erstaunlich, wie es gelang, trotz Inflation und Weltwirtschaftskrise alle nur denkbaren Möglichkeiten auszuschöpfen, insbesondere ab 1926 den großen, durch den Weltkrieg liegengebliebenen Plan eines gesamten Neubaues des Klinikums wieder aufzugreifen und durchzusetzen. Bis zum Herbst 1931 waren die Medizinische und die Chirurgische Klinik fertiggestellt; dieses „Raummassiv" galt in seinen Ausmaßen als weit über Freiburgs Verhältnisse hinausgreifend und in seiner Kombination von Krankenversorgung und Laboreinrichtung als in Deutschland führend und einmalig.

Die Medizinische Fakultät ging mit 16 Ordinarien, 24 Extraordinarien und 26 Privatdozenten in das Wintersemester 1932/33; in Freiburg studierten 1238 Studenten der Medizin und 261 Zahnmediziner. Unter den Ordinarien befanden sich Forscher und Lehrer von hoher wissenschaftlicher Geltung; hierzu gehörten der Pathologe Ludwig Aschoff, der Internist Siegfried Thannhauser, der Chirurg Eduard Rehn, der Pädiater Carl T. Noeggerath, der Physiologe Paul Hoffmann, der Hygieniker Paul Uhlenhuth, auch noch der seit 1902 amtierende Psychiater Alfred Erich Hoche, der 1920 gemeinsam mit dem Strafrechtler Carl Binding die Schrift „Die Freigabe der Vernichtung lebensunwerten Lebens" verfaßt und damit die Euthanasiediskussion der Weimarer Zeit entfacht hatte (2).

Nahezu die Hälfte der Ordinarien gehörte bereits vor 1914 zur Fakultät, also zu jener Generation deutscher Akademiker, die den Schock über den verlorenen Ersten Weltkrieg nie verwunden hatte, die in streng konservativer, politisch irrationaler Grundeinstellung in die Kaiserzeit zurückblickte und die Republik im Grunde verachtete. Einen differenzierteren Standort im Sinne der Befürwortung einer freiheitlich denkenden, bürgerlichen Mitte vertrat Ludwig Aschoff, dessen Meinung in der Fakultät viel galt. Er war jedoch der Ansicht, daß sich die Universität von der aktiven Politik fernzuhalten hätte; der Universitätslehrer müsse politisch und weltanschaulich ungebunden sein, um die Forderungen der Wissenschaft voll erfüllen zu können (3). Als die Hochschullehrer im Jahre 1931 im Rahmen der Notverordnungen den Beamtenstatus erhielten, wurde dies folgerichtig besonders von den Medizinern als massiver Eingriff in die Struktur von Universität und Fakultät und in die Freiheit vor allem des ärztlichen Berufes empfunden. Die sich gleichzeitig verstärkenden Engpässe in den wissenschaftlichen und praktischen Arbeitsbedingungen förderten schließlich ebenfalls die Bereitschaft, Änderungen zum Besseren nicht im Wege zu stehen, wo immer sie auch herkamen.

Offene Anhänger des Nationalsozialismus traten vor 1933 in der Fakultät nicht auf; Zeitzeugen beschreiben eine verhältnismäßig ruhige und ungestörte Zusammenarbeit. Als die Nationalsozialisten bereits längst die Freiburger Studentenschaft radikalisiert hatten, als der „Alemanne", das NS-Kampfblatt Oberbadens, über den sogenannten „Geist des Pazifismus" an den Fakultäten höhnte und einen Numerus clausus für Juden forderte, wählte die Medizinische Fakultät in ihrer Sitzung vom 9. Dezember 1932 den demokratisch gesonnenen Anatomen Wilhelm v. Möllendorff zum Kandidaten für das Rektorat und den jüdischen Internisten Siegfried Thannhauser zum designierten Dekan – beide für das Amtsjahr 1933/34. In derselben Sitzung wurden die Probevorträge zur Habilitation der jüdischen Kollegen Franz Bielschowsky und (des späteren Nobelpreisträgers) Hans Krebs gehört; außerdem wurden für den ebenfalls jüdischen Oberarzt der Psychiatrie, Robert Wartenberg, und für Alfred Marchionini, Dozent an der Hautklinik und mit einer Jüdin verheiratet, die Anträge zum a. o. Professor gestellt. Dies verdient festgehalten zu werden, da der brüske Wechsel im Umgang mit den jüdischen Kollegen nach dem Umbruch um so deutlicher und damit unverständlicher wird.

Nach der Machtergreifung Hitlers, der Reichstagsauflösung, dem Reichstagsbrand sowie den Wahlen vom 5. März 1933 überschlugen sich auch in Freiburg die Ereignisse, die nunmehr bewußt etwas eingehender und chronologisch dargestellt werden sollen (4).

— Am 1. April 1933 begann um 10 Uhr vormittags auch in Freiburg der reichsweite offizielle Boykott jüdischer Geschäfte, Einrichtungen, Arzt- und Rechtsanwaltspraxen. Der „Alemanne" veröffentlichte Boykott-Listen, in denen unter anderem 17 niedergelassene Ärzte und fünf Zahnärzte und Dentisten nominiert waren. Am Ende der Liste stand die Notiz: „Die jüdischen Lehrkräfte und Ärzte an den Universitätsinstituten und Kliniken werden noch besonders aufgeführt". Der Führer der Freiburger Gruppe des NS-Ärztebundes, der praktische Arzt und Geburtshelfer Josef Haal, verlangte vom amtierenden Dekan, dem Chirurgen Eduard Rehn, die jüdischen Fakultätsmitglieder zu beurlauben; eine entsprechende Liste war von dem Oberarzt der Psychiatrie Küppers zusammengestellt und an den „Alemannen" geliefert worden. Während des ganzen 1. April konferierten v. Möllendorff als designierter Rektor, Rehn,

Aschoff und der HNO-Kliniker Kahler mit dem noch amtierenden Rektor, dem Theologen Sauer, und dem nationalsozialistischen Führer der Studentenschaft; es gelang, die Veröffentlichung der Liste der jüdischen Mitarbeiter zu vereiteln (5).

— Am 5. und 6. April kam es zu dem berüchtigten Alleingang der badischen Regierung, mit dem zwei Tage vor der offiziellen Bekanntgabe des „Gesetzes zur Wiederherstellung des Berufsbeamtentums" die sofortige Beurlaubung sogenannter „nichtarischer" und politisch unliebsamer Beamter verfügt wurde (6). Am selben Tag beschwichtigte der neue Hochschulreferent des Ministeriums, Fehrle, wider besseres Wissen noch einmal den Rektor, es werde den Hochschullehrern gar nichts geschehen. Sauer und v. Möllendorff versuchten, die Sache dilatorisch zu behandeln, indem sie den Fakultäten den Erlaß zur zunächst vorläufigen Kenntnisnahme überließen.

— Am 10. April – das Gesetz war inzwischen reichsweit erlassen – wollte der Dekan Rehn in einem Brief an das Rektorat näher definiert haben, wer denn überhaupt als „Angehöriger der jüdischen Rasse" zu gelten habe, und einigte sich mit seinen Dekanskollegen darauf, zunächst niemanden zu beurlauben (7).

— Am 11. April fuhren Rehn, v. Möllendorff, der Rechtshistoriker Marschall v. Bieberstein zusammen mit drei Vertretern der Bürgerschaft in anderer Angelegenheit zum Ministerium nach Karlsruhe. Bei dieser Gelegenheit wurden sie unmißverständlich belehrt, daß – „und zwar zum Schutze der Juden" – noch vor den zu erwartenden Durchführungsbestimmungen des Reichsgesetzes „die umgehende Durchführung des badischen Erlasses erwartet wird" (8).

Hier ereignet sich nun nicht mehr Begreifliches. „Seitens der Professoren", so notiert der Hochschulreferent Fehrle in einem Aktenvermerk, „wurde loyale Durchführung des Erlasses zugesichert". Das Rektorat wies die Dekane noch am selben Tage an, sämtliche Personen jüdischer Konfession oder Abstammung gegen unterschriftliche Bescheinigung zu beurlauben. Wegen Abwesenheit des Rektors trägt die Anordnung Nr. 3478 des Akademischen Rektorates vom Nachmittag des 11. 4. 1933 die Unterschrift des Hygienikers Paul Uhlenhuth, möglicherweise als gerade verfügbarem Senatsmitglied (9). Am nächsten Morgen meldete der Dekan Rehn für die Medizinische Fakultät den in Gang gesetzten Vollzug; laut fernmündlicher Mitteilung des Verwaltungsdirektors des Klinikums Eitel an das Ministerium war dieser am 12. April „bis 10 Uhr früh in den Kliniken Freiburgs restlos durchgeführt". Die Mitteilung der Medizinischen Fakultät an die Betroffenen beschränkte sich auf den Satz:

„Laut Verfügung des akademischen Rektorats teile ich Ihnen in Bezug auf die ministerielle Verfügung A Nr. 7642 mit, daß Sie bis auf weiteres beurlaubt sind. Der Dekan: (gez.) Rehn"

Beigefügt war eine Abschrift des Karlsruher Beurlaubungserlasses vom 6. April 1933.

Der designierte Dekan Thannhauser – als betroffener jüdischer Kollege – gab ebenfalls noch am 12. April sein Amt zurück; die Fakultät wählte am selben Tag einstimmig den Ophthalmologen Walter Löhlein in dieses Amt.

Beurlaubt wurden 38 im Bereich der Medizinischen Fakultät beschäftigte Personen, unter ihnen zwei Ordinarien, drei a. o. Professoren, sieben Privatdozenten

Abbildung 1:
Alfred Erich Hoche (1865 bis 1943). Foto: Archiv des Autors

Abbildung 2:
Ludwig Aschoff (1866 bis 1942). Foto: Archiv des Autors

und 21 Kollegen im Assistentenstatus. Alle waren ab sofort von ihrem Tätigkeitsbereich ausgeschlossen, falls ihnen nicht – etwa als altem Frontkämpfer oder wegen eines Engpasses in der Krankenversorgung – vorübergehend eine Sonderregelung gewährt wurde. Bis zum Juli waren die meisten endgültig entlassen, ausgewandert oder auf eine sonstige Weise ausgeschieden. Es kann kein Trost sein, daß allen sieben entlassenen, durchgängig hochqualifizierten jungen Privatdozenten rechtzeitig die Emigration und der Wiederaufbau einer neuen Existenz gelang (10); andere Schicksale verlieren sich nach wie vor im Ungewissen.

Einer der beurlaubten Ordinarien verstand nicht, wie man ihn als deutschen Juden und Patrioten in einer solchen Weise demütigen konnte, und kämpfte verbissen noch anderthalb Jahre gegen alle Diffamierungen an. Er wurde auf Grund seines hohen Ansehens zwar vorläufig noch im Amt belassen, verlor jedoch alle Fakultätsrechte, wurde offen bespitzelt und sollte schließlich als wissenschaftlicher Hilfsarbeiter an eine Klinik der Universität Heidelberg versetzt werden. Er dachte ernsthaft daran, vor Gericht zu gehen, und fühlte sich von seinen Fakultätskollegen im Stich gelassen, die ihm – wie beispielsweise Ludwig Aschoff – zwar noch private Besuche abstatteten, aber immer deutlicher zu erkennen gaben, daß sie nichts für ihn tun könnten (11). Erst im Juni 1934 resignierte er und bat selbst um seine end-

Abbildung 3:
Wilhelm von Möllendorff (1887 bis 1944). Foto: Archiv des Autors

Abbildung 4:
Martin Heidegger (1889 bis 1976). Foto: Archiv des Autors

gültige Entlassung: Siegfried Thannhauser, erst 1930 als einer der brillantesten deutschen Internisten von der Fakultät mit Stolz berufen, ging schließlich auch in die Emigration. Als er auf dem Freiburger Bahnhof stand, wurde ihm plötzlich klar – wie er in einem bisher noch unveröffentlichten Brief nach dem Kriege schrieb –, „daß Christus ein Jude war" (12).

Die Fakultät – als Fakultät – schwieg zu allen diesen Vorgängen. Wir wissen von verdeckter und verschreckter persönlicher Anteilnahme, auch von Hilfeleistungen in Einzelfällen; sie protokollierte aber außer sofort einsetzenden, erschreckend geschäftsmäßig notierten Nachfolgeüberlegungen für die entlassenen Kollegen keinerlei erkennbare Diskussion aus den Fakultätssitzungen. Von außen gesehen gewinnt man den Eindruck der Lähmung beziehungsweise einer hilflosen Untätigkeit angesichts der Ächtung von Kollegen, mit denen man gestern noch in scheinbar selbstverständlicher Weise zusammengearbeitet hatte.

Warum war das so? Alles, was sich aus der Situation heraus zur Erklärung anbietet, vertieft zwangsläufig die Unerklärbarkeit, weswegen sich auch jeder Versuch, diese Dinge historisch „erledigen" zu wollen, verbietet. Am Beispiel Freiburgs können am ehesten zwei Aspekte in Betracht gezogen werden:
— Die völkisch-nationale Gesinnung zahlreicher Fakultätsmitglieder und ihre per-

sönlichen Erbitterungen über die sich rapide verschlechternden wissenschaftlichen und praktischen Arbeitsbedingungen durch die Notverordnungen der Weimarer Regierung in ihrer Endphase. Das Schweigen der Fakultät verbarg sicher Hoffnungen und Sympathien gegenüber einem Regime, welches auf drastische Weise kundtat, wie sehr es gewillt war, durchzugreifen. Hierfür spricht unter anderem eine erschreckend zeitblinde Briefnotiz von Ludwig Aschoff noch vom 26. April 1933, also nach der „Gleichschaltung" der Freiburger Universität: „Wir Kulturträger an der Universität, Professoren und Studenten, haben nur die Pflicht, dafür zu sorgen, daß alle notwendigen Schritte so gerecht wie möglich, so der Kulturhöhe unseres Volkes entsprechend als nur denkbar, so wahrhaftig wie nötig geschehen" (13). Es ist auch unübersehbar – nach einer Formulierung des Philosophen und Freiburger Zeitzeugen Max Müller –, daß nicht wenige in Freiburg „die Großartigkeit des Geschehens" faszinierte (14).

— Die Liste der entlassenen Professoren, Oberärzte und Privatdozenten verweist auf eine Konzentrierung jüdischer Intellektualität in wissenschaftlichen und klinischen Spitzenpositionen der Freiburger Fakultät; man weiß von Zeitzeugen, wie sehr dies – offen oder verdeckt – schon lange kritisiert wurde. Über die Widersprüchlichkeit des Antisemitismus in der deutschen Ärzteschaft vor 1933 hat Werner-Friedrich Kümmel in seinem Beitrag bereits berichtet; auch in Freiburg verhielt man sich zumindest ambivalent zur Überrepräsentation jüdischer Kollegen in einzelnen Kliniken, zu ihrer Neigung zu Sozialdemokratie und Liberalismus und zu ihrem hohen Anteil an den wissenschaftlichen Erfolgen der neuesten Zeit.

Es bleibt nachzutragen, daß der designierte Rektor v. Möllendorff am 12. April 1933, also nach der Beurlaubung der jüdischen Kollegen, zur Rektorenkonferenz nach Wiesbaden fuhr und dort das Schweigen auch der Rektoren zur sogenannten „Judensperre", wie auch die beginnende Gleichschaltung der Universitäten des Reiches erleben mußte. Seine Amtsübernahme am Karsamstag, dem 15. April, seine Reaktion auf einen offensichtlich aus Universitätskreisen lancierten Presseangriff vom 18. April und sein Rücktritt bereits am 20. April 1933 tragen die Zeichen einer schweren persönlichen Erschütterung und eines freien Entschlusses.

Sein Nachfolger, der Philosoph Martin Heidegger, hat später mehrfach davon gesprochen, v. Möllendorff sei „auf Weisung des Ministers" abgesetzt worden; daß dies nicht stimmt, ist inzwischen überzeugend belegt (15).

Es gehört zu den nachdenkenswerten Schlußszenen dieser dramatischen Tage, daß am Ende der Sitzung vom 21. April 1933, in der sich Heidegger zum Rektor wählen ließ, der Senior des Senats und Direktor der Psychiatrischen Klinik, Alfred Hoche, dem scheidenden Rektor v. Möllendorff den Dank der Universität aussprach. Hoche selbst hatte wenige Stunden zuvor, am Ende einer Fakultätsbesprechung in der Sitzungspause, seinen Rücktritt bekanntgegeben. Den Nationalsozialisten überließ er mit seinem oben genannten Euthanasie-Essay von 1920 entscheidende Begründungen für ihre spätere Ausmerze-Politik; im Augenblick ihrer Machtübernahme wurde deutlich, daß er mit ihnen, vor allem mit Heidegger, nichts zu schaffen haben wollte (16). Heidegger seinerseits brachte die Abneigung gegen Hoche dadurch zum Ausdruck, daß er im Entwurf zum offiziellen Dankesbrief der Universität an den neuen Emeritus alle Höflichkeitswendungen eigenhändig durchstrich (17).

Die Medizinische Fakultät ist in weiterhin deutlich konservativer Grundhaltung rasch zum Alltag zurückgekehrt. Der Versuch Martin Heideggers, auch sie in sein Konzept des Führerprinzips an der Hochschule einzubinden, um sie „aktiv und führend an der geistigen Umstellung des jungen Deutschland zu beteiligen", wurde von ihr mit Zurückhaltung aufgenommen. In einer Sondersitzung mit Heidegger im Juli 1933 wies sie darauf hin, daß eine Medizinische Fakultät von Natur aus die öffentliche Pflicht habe, Ärzte heranzuziehen, um „unser Volk gesund und wertvoll zu erhalten" (18). Hierzu bedürfe es einer „gewissen Konstanz und Einheitlichkeit der Arbeit" – der Organismus keiner anderen Fakultät sei „so kompliziert und darum so empfindlich gegen Eingriffe" von außen. Das von Heidegger geforderte Führerprinzip sei in der Medizinischen Fakultät – ebenfalls von Natur aus – gegeben, da die Erziehung zum Arzt, wie auch das Funktionieren von Kliniken und Instituten, von der Prägung durch eine starke Persönlichkeit des Lehrers abhängig seien.

Diese Meinung, dem Rektor durch eine sehr vorsichtig formulierte Rede des Dekans Löhlein vorgetragen, entsprach der auch sonst sehr deutlichen Tendenz der Medizinischen Fakultät, so schnell es ging aus den Turbulenzen des Umbruchs herauszukommen. Hierfür spricht schließlich eine zeitgenössische Tagebuchnotiz, nach der sich Heidegger mit der Zeit „schwer gereizt gegen die Mediziner" zeigte (19). Die aktuellen Probleme gingen in der Fakultätsroutine auf; so zum Beispiel die Anfragen an das Ministerium, wie mit nicht-arischen Famulanten, Praktikanten und Doktoranden zu verfahren sei, oder betont sachliche Nachfolgeüberlegungen für die entlassenen jüdischen Kollegen. Es ist unübersehbar, daß sich die Fakultät bewußt auf einen defensiven Stil der Problembewältigung zurückzog, der ihr mit möglichst wenig Reibungsverlusten ein möglichst störungsfreies Weiterarbeiten gestatten sollte.

Offensichtlich galt dies bald auch für andere Fakultäten; der Nachkriegsrektor v. Dietze berichtet, daß nach dem Rektorat Heidegger „in der Freiburger Universität Beruhigung eingetreten war" (20).

In der Realität bedeutet dies, daß man es in Freiburg offensichtlich verstand, sich – wie auch immer – mit den Verhältnissen zu arrangieren. Freiburg galt in der Folge tatsächlich als nicht mehr zu den „Stoßtrupp-Universitäten des Nationalsozialismus" gehörig und man hat das außerordentlich starke Anwachsen der Studentenzahlen während der weiteren Jahre des Dritten Reiches auf ihren Ruf als betont wissenschaftlich ausgerichtete Universität zurückgeführt. Hierzu gehört auch der nach Kriegsende zitierte Ausspruch des Reichsstudentenführers Scheel, „wonach nach diesem Kriege die ganze Universität Freiburg ausgeräuchert werden sollte" (21).

Es wäre jedoch falsch, hieraus ablesen zu wollen, daß sich in der Folge die Lage entspannt hätte. Die weiteren Entwicklungen zeigen deutlich (22), wie mit der wachsenden politischen Einflußnahme im Alltag der Weg zur Destabilisierung der Fakultät, bis hin zur Vernichtung des gegenseitigen Vertrauens geebnet war. Der Pathologe Franz Büchner, der Kinderkliniker Carl T. Noeggerath und andere haben eindringlich dargestellt, wie sich im Laufe der folgenden Jahre in der Medizinischen Fakultät das Klima veränderte, weil „keiner mehr vom anderen wußte, was er von ihm zu halten hatte". Es ist zwar vielfach beschrieben worden, daß in Freiburg der Umgangsstil mit politischen Anfechtungen einfacher gewesen sei als an anderen Hochschulen, wie z. B. an der Nachbaruniversität Heidelberg. Dies gelang jedoch zunehmend nur im Rückzug des einzelnen auf sich selbst oder auf seine nächsten Vertrauten. „Als Gemeinschaft frei sich äußernder und ehrlich miteinander ringender Individuen" (23) war die Fakultät keine Einheit mehr.

Anmerkungen:

1) Vgl. hierzu HANSJÜRGEN STAUDINGER: Zum Gedächtnis von Rudolf Schönheimer. Freiburger Universitätsblätter 13 (1974), H. 44, 33–46.

2) KARL BINDING und ALFRED ERICH HOCHE: Die Freigabe der Vernichtung lebensunwerten Lebens. Ihr Maß und ihre Form. Leipzig 1920.

3) LUDWIG ASCHOFF: Gefahren, die den deutschen Universitäten drohen. Kölnische Zeitung. Kulturspiegel. Nr. 267 vom 16. 11. 1931. Vgl. auch: DOROTHEA BUSCHER: Die wissenschafts-theoretischen, medizinhistorischen und zeitkritischen Arbeiten von Ludwig Aschoff. Med. Diss. Freiburg i. Br. 1980.

4) Zu den allgemeinen Vorgängen an der Freiburger Universität im Frühjahr 1933 vgl. u. a. HUGO OTT: Martin Heidegger als Rektor der Universität Freiburg i. Br. 1933/34. Schauinsland 102 (1983), 121–136; 103 (1984), 107–130; auch BERND MARTIN: Die Universität Freiburg im Breisgau im Jahre 1933. Zeitschrift für die Geschichte des Oberrheins 136 (1988), 445–477.

5) Einzelheiten im Tagebuch des 1932/33 amtierenden Rektors der Universität, des Theologen JOSEF SAUER (unveröffentlicht). Auszüge bei JOHANNES VINCKE: Josef Sauer (1872–1949), in: ders. (Hrsg.): Freiburger Professoren des 19. und 20. Jahrhunderts. Freiburg i. Br. 1957.

6) Erlaß Nr. A 7642 des badischen Reichskommissars und Gauleiters Robert Wagner vom 6. 4. 1933.

7) Univ. Archiv Freiburg i. Br. XXI/3–17.

8) Einzelheiten bei Ott (wie Anm. 4). Für die Medizinische Fakultät siehe HERMANN-JOSEF HELLMICH: Die Medizinische Fakultät der Universität Freiburg i. Br. 1933–1935. Eingriffe und Folgen nationalsozialistischer Personalpolitik. Med. Diss. Freiburg i. Br. 1989.

9) Univ. Archiv Freiburg i. Br. XXI/3–17.

10) FRANZ BIELSCHOWSKY (1902–1965), Innere Medizin; WALTER HEYMANN (1901–?), Pädiatrie; HANS-ADOLF KREBS (1900–1981), Innere Medizin; BERTA OTTENSTEIN (1891–1965), Dermatologie; RUDOLF SCHÖNHEIMER (1898–1941), Pa-

thologie; ERICH UHLMANN (1901–?), Dermatologie; ROBERT WARTENBERG (1887–1956), Psychiatrie

11) LUDWIG ASCHOFF: Ein Gelehrtenleben in Briefen an die Familie. Freiburg i. Br. 1966, 418.

12) Brief an den ersten Nachkriegsdekan, den Psychiater Kurt Beringer, vom 6. 3. 1946. Med. Dekanat.

13) ASCHOFF (wie Anm. 11), 417.

14) Ein Gespräch mit Max Müller (Bernd Martin und Gottfried Schramm). Freiburger Universitätsblätter 25 (1986), H. 92, 13–31.

15) Vgl. hierzu OTT (wie Anm. 4). Auch: GERLINDE PEUCKERT: Die Universität Freiburg im Dritten Reich. Staatsexamensarbeit für Wirtschafts- und Sozialgeschichte. Freiburg i. Br. 1979.

16) EDUARD SEIDLER: Alfred Erich Hoche (1865–1943). Versuch einer Standortbestimmung. Freiburger Universitätsblätter 25 (1986), H. 94, 65–75.

17) Univ. Archiv Freiburg, Pers. Akte Hoche.

18) Redemanuskript Dekan LÖHLEIN. Bundesarchiv-Militärarchiv Freiburg i. Br. H. 20/1074.

19) Tagebuch SAUER 22. 5. 1933.

20) CONSTANTIN V. DIETZE: Die Universität Freiburg i. Br. im Dritten Reich. Mitteilungen der List-Gesellschaft,·Fasc. 3 (1960/61), 95–105, S. 96.

21) Dekan BERINGER in der Senatssitzung vom 5. Mai 1945. Senatsprotokoll Univ.-Archiv Freiburg i. Br.

22) Einzelheiten bei EDUARD SEIDLER: Die Medizinische Fakultät der Albert-Ludwigs-Universität Freiburg i. Br. Grundzüge ihrer Entwicklung. Berlin u. a.: Springer 1991.

23) FRANZ BÜCHNER: Gedanken der akademischen Selbstbesinnung. Vorgetragen auf einer Sondersitzung der Medizinischen Fakultät am 24. 5. 1945. Manuskript (unveröffentlicht).

Ärztliche Ausbildung und medizinische Studienreform im Nationalsozialismus (1)

Hendrik van den Bussche

Die Voraussetzungen für eine tiefgreifende Reform der ärztlichen Ausbildung nach der „Machtergreifung" schienen unter anderem deswegen günstig, weil die meisten prominenten Hochschulpolitiker der NSDAP Mediziner waren (2). An den Hochschulen genossen die medizinischen Fakultäten dementsprechend das besondere Augenmerk der NSDAP, und die ärztliche Ausbildung kann sicherlich als das wichtigste Exerzierfeld für die NS-Studienreformpolitik im Hochschulbereich betrachtet werden. In der Frage der Studienreform in der Medizin beanspruchte die NSDAP die Führungsrolle und versuchte von Anfang an, diese gegenüber Staat und Fakultäten durchzusetzen. Dem Staat sollte lediglich die Funktion der verwaltungsmäßigen Durchführung überlassen werden.

Die Durchsetzung des Herrschaftsanspruches der Partei stieß indes, zum einen wegen der Renitenz der Fakultäten und zum anderen wegen des „polykratischen" (3) Kompetenzwirrwarrs, der für das NS-Regime typisch ist und auch im Bereich der ärztlichen Ausbildung seltsame Blüten trieb, auf große Schwierigkeiten. Auch wenn der Einfluß der Partei in Teilbereichen der Hochschulpolitik (zum Beispiel Berufungen) gesetzlich verbrieft wurde, blieben die Erfolge dieser Politik der Einmischung bescheiden. Für die Prüfungsordnung war das Reichsministerium des Innern verantwortlich, während die Studienordnung, die die Stundenverteilung über die Fächer und die Semester im Detail regelte, in die Kompetenz des Reichsministeriums für Wissenschaft, Erziehung und Volksbildung fiel. Beide Ministerien dachten nicht daran, ihre Zuständigkeiten der Partei zu überantworten. Die Folge war ein fortdauernder, geharnischter Streit zwischen Partei und Ministerialbürokratie um Ziele und Zuständigkeiten in der Studienreform. Auch zwischen den beiden Ministerien gab es immer wieder Auseinandersetzungen um die Frage, welche Reformen der Medizinerausbildung im Rahmen der Prüfungsordnung oder der Studienordnung zu lösen seien. Bereits ab Kriegsbeginn versuchte die Wehrmacht, ihre Vorstellungen über die Anforderungen an ein „zeitgemäßes" Medizinstudium mittels Einflußnahme auf die zuständigen Ministerien durchzusetzen. Je länger der Krieg dauerte und je verlustreicher er wurde, desto mehr wurde die ärztliche Ausbildung unmittelbar am Nachwuchsbedarf der Wehrmacht ausgerichtet.

Die geschilderten Kompetenzstreitigkeiten und die sich rasch ändernden politischen und militärischen Bedingungen haben der ärztlichen Ausbildung in quantitativer Hinsicht eine nie gekannte Reformintensität beschert. Die Prüfungs- bzw. die Studienordnung wurde innerhalb von zwölf Jahren fünf Mal eingehend verändert. Darüber hinaus wurden bis dato 94 weitere Verordnungen und Erlasse zum Medizinstudium aufgefunden. Die wichtigsten Ereignisse dieser Epoche werden im folgenden, der Chronologie der Ereignisse folgend, skizziert.

Phase I: Die „nationale Revolution" (1933 bis 1934)

Die „Säuberung" unter den Studierenden. Unmittelbar nach der „Machtergreifung" setzte eine Säuberungswelle an den Hochschulen gegen „alle national unzuverlässigen Elemente" ein. Mit dem „Gesetz gegen die Überfüllung deutscher Schulen und Hochschulen" vom 25. April 1933 wurde die Relegation der jüdischen Studierenden legalisiert (4). Deren Zahl wurde im Gesetz auf fünf Prozent aller Studierenden begrenzt und unter den Erstimmatrikulationen durfte die Zahl der Juden die 1,5-Prozent-Grenze nicht überschreiten. In praxi wurden diese Quoten jedoch längst nicht mehr erreicht. Die Hochschulverwaltungen der Länder und die Universitäten verhinderten von sich aus die Aufnahme von „Nicht-Ariern". Den Rest besorgten Schikanen und körperliche Gewalt seitens der Mitglieder des Nationalsozialistischen Deutschen Studentenbundes. Bereits 1934 wurde auch den noch verbliebenen jüdischen Studierenden faktisch die Möglichkeit der Approbation beziehungsweise der Promotion genommen. Im Anschluß an die „Reichskristallnacht" wurde ihnen der Zugang zur Universität vollständig verwehrt.

Die „Säuberungswelle" richtete sich ebenso gegen „kommunistische", „marxistische" oder auch nur „pazifistische" Studierende. Soweit bisher bekannt, wurden in den Jahren 1933 und 1934 136 organisierte linke Studierende von den deutschen medizinischen Fakultäten vertrieben.

Auch die Studentinnen wurden zur Zielscheibe nationalsozialistischer Agitation. Zwischen der verbalen Radikalität der Nationalsozialisten und der Verwaltungspraxis bezüglich des Frauenstudiums ist allerdings eine bemerkenswerte Diskrepanz zu verzeichnen. Bereits vor 1933 hatten die Nationalsozialisten sich an die Spitze derjenigen Bewegung gestellt, die die „Verweichlichung" der Universitäten und die Konkurrenz auf dem ärztlichen Arbeitsmarkt durch die angeblich zunehmende Feminisierung des Studiums kritisiert und besondere Zulassungsbeschränkungen für Frauen gefordert hatte. Diese Politik ergab sich aus der „biologischen" Gesellschaftsauffassung der Nazis, in der der Frau ausschließlich die Funktion der Produktion gesunden und starken Nachwuchses zukam, damit das deutsche Volk seinen „Lebenskampf" mit den anderen Völkern und Nationen bestehen können sollte. Im Rahmen des „Überfüllungsgesetzes" wurde die Erstimmatrikulation von Frauen 1934 auf zehn Prozent aller Neuzulassungen beschränkt. Diese Maßnahme wurde jedoch bereits im selben Jahr wieder aufgehoben, und in der Folgezeit wurden keine weiteren diskriminierenden Verordnungen bezüglich des Hochschulzugangs von Frauen mehr erlassen.

Die Studienreform „von unten". Bereits im Sommersemester 1933 zeichnete sich das Lehrangebot an den medizinischen Fakultäten durch eine Vielzahl zusätzlicher, dem neuesten Zeitgeist entsprechenden Veranstaltungen aus. Als Schwerpunkte dieser Studienreform sind zu nennen: Rassenkunde und Rassenhygiene, Wehrmedizin (Luftschutz, Kampfgaskunde, Luftfahrtmedizin und Kriegschirurgie), „Kolonialmedizin" und „alternative" Heilmethoden. Darüber hinaus wurde eine Vielzahl praxisbezogener Veranstaltungen (Krankenpflegekurse, Famulaturen, Diätkochkurse) organisiert. Solche Veranstaltungen wurden nicht nur von jüngeren begeisterten

Parteimitgliedern, sondern auch von vielen konservativen „deutschnationalen" Professoren angeboten. Da es zu diesem Zeitpunkt für die Durchführung solcher Veranstaltungen keine ministeriellen Verordnungen gab, kann man von einer Studienreform „von unten" beziehungsweise von einer Selbst-Gleichschaltung der beteiligten Professoren sprechen.

Das Reformkonzept der NSDAP. Die NSDAP sah sich in einem „deutlich greifbare(n) weltanschauliche(n) Gegensatz" zu den Medizinischen Fakultäten. Dort herrsche „immer noch der alte reaktionäre Kastengeist" vor. Dementsprechend harsch war die nationalsozialistische Kritik am Wissenschaftsverständnis der Medizin und an der Ausbildungspraxis der medizinischen Fakultäten. Ein NS-Ärztefunktionär faßte die Kritik an der Schulmedizin einmal prägnant in folgendem Bündel zusammen: „,Schulmedizin' beinhaltet nach der negativen Seite hin: Liberalismus, Individualismus, mechanistisch-materialistisches Denken, jüdisch-kommunistische Menschheits-Ideologie, Abkehr vom Natürlich-Urtümlichen und Gottgewollten, Mißachtung von Blut und Boden, Vernachlässigung von Rasse und Erbmasse, Überbewertung des Körpers und der Einzelorgane, Unterbewertung der Seele und Konstitution." (5)

Das bereits Ende 1933 von der NSDAP vorgelegte Reformkonzept zur ärztlichen Ausbildung forderte dementsprechend als Ausbildungsziel – anstelle des naturwissenschaftlich-klinisch orientierten Mediziners – den „volksverbundenen", rassenhygienisch denkenden und handelnden Hausarzt (6). Das Curriculum sollte vom Ballast der Wissenschaften und der klinischen Spezialfächer weitgehend befreit, dafür erbbiologisch-rassenhygienisch und naturheilkundlich durchdrungen werden (7).

Aus rassenhygienischen Gründen sollte die Unterrichtsdidaktik praxisorientiert sein. Unter Bruch mit der deutschen Tradition forderten die Nazis ein aktives berufspraktisch orientiertes Unterrichtskonzept mit seminaristischen Unterrichtsformen, kontinuierlicher Ausbildung am Krankenbett, Famulaturen beim Hausarzt, Einbeziehung von Polikliniken und außeruniversitären Lehrkrankenhäusern. Der Präsident des Reichsgesundheitsamtes Prof. Hans Reiter begründete die Forderung nach Praxisbezug wie folgt: „Das wichtigste ist, daß der Student hinausgeführt wird in die Praxis. (. . .) Wir haben so die Brücke zur praktischen Erbbiologie. Denn in der Zukunft wird es nicht so sein, daß wir die Erbbiologie nur in den hygienischen Vorlesungen hören, sondern wir müssen auch da versuchen, an den kranken Menschen heranzukommen. Der Sinn unseres Arzttums ist nicht allein der, den Einzelmenschen zu betreuen, sondern wir müssen bei der Behandlung des Kranken immer wieder an die Volksgemeinschaft, an die Nation denken." (8)

Das Studium sollte insgesamt gerafft und verkürzt werden, damit die „höherwertigen" Ärzte bereits frühzeitig eine Familie gründen könnten. Des weiteren sollte Zeit gewonnen werden für die Realisierung des Konzepts des „soldatischen" Studenten, der sich nicht nur fachlich, sondern auch politisch und wehrsportlich schult.

Abbildung 1:
„Aufmarsch der „Reichsfachgruppe Medizin" auf der Ordensburg Vogelsang 1937. (Aus: H. van den Bussche: Im Dienste der Volksgemeinschaft. Berlin und Hamburg, 1989, S. 86)

Phase II: Der Primat der Bürokratie

Der „Preußische Plan" 1933/34. Kaum hatte die NSDAP dieses Konzept der Öffentlichkeit vorgestellt, lancierte das Preußische Wissenschaftsministerium, ohne Absprache mit NSDAP oder Reichsinnenministerium, einen neuen Studienplan („Preußischer Plan"), der kurzfristig an allen Fakultäten umgesetzt werden sollte. Der Preußische Plan beinhaltete eine Reduktion der Pflichtstundenzahl um etwa dreißig Prozent, eine Konzentration auf die Hauptfächer (Reduktion der Naturwissenschaften und der klinischen Spezialfächer), die Einführung seminaristischer Unterrichtsformen und des Unterrichts am Krankenbett.

Obwohl dieser Plan in wesentlichen Teilen mit dem Konzept der NSDAP übereinstimmte, gerieten die führenden Gesundheitspolitiker der Partei in Rage. Sie befürchteten eine Gefährdung ihres Anspruchs auf Alleinzuständigkeit für die Reform. Wagner drängte das Innenministerium, die Einführung des Preußischen Plans zu verhindern und das Reformkonzept der Partei so schnell wie möglich umzusetzen. So wurde der „Preußische Plan" zum ersten umgesetzten Reformkonzept während der NS-Zeit. Am Grad seiner Umsetzung läßt sich allerdings zweifeln. In Hamburg zum Beispiel führte der Plan lediglich zu einer beträchtlichen Reduktion der Stundenzahl in der Anatomie, ansonsten wurde alles beim alten belassen.

Die Umsetzung des Preußischen Plans bedeutete die erste politische Niederlage der NSDAP in ihrem Kampf um das Reformmonopol in der ärztlichen Ausbildung. In den darauffolgenden Monaten und Jahren mußte Wagner seine Mitstreiter und die Öffentlichkeit bezüglich der Umsetzung des Parteikonzepts immer wieder auf später vertrösten, ab 1935 äußerte er sich zur Reform des Medizinstudiums fast überhaupt nicht mehr.

Die Ersatzstrategien der NSDAP. Die NSDAP verlegte sich daraufhin auf Strategien der ideologischen Schulung, die von den Ministerien nicht beeinflußt werden konnten. Zu diesen Ersatzstrategien gehören die Einführung einer Pflichtweiterbildung für niedergelassene Ärzte ab 1935, die Gründung der „Führerschule der deutschen Ärzteschaft" (9) in Mecklenburg und die Entfaltung der medizinischen Fachschaftsarbeit an den Fakultäten. Zentral waren hier die von der „Reichsfachgruppe Medizin" organisierten „Arbeitsgemeinschaften", in denen in aktiver und seminaristischer Form die NS-typischen Themen wie Rassenhygiene, Naturheilkunde, Geschichte der Medizin u. a. bearbeitet werden sollte. Für die Medizinstudentinnen gab es „anlagegemäß" spezielle Arbeitsgemeinschaften im Bereich der Säuglingspflege, des „Reichsmutterdienstes" und der Ernährung. Vielfach dienten diese Arbeitsgemeinschaften als Hilfsorgane bei der Erfassung von „minderwertigen" Bevölkerungsgruppen, wie der Patienten der psychiatrischen Heil- und Pflegeanstalten, der Hilfsschüler und der Behinderten, die der Sterilisierung und schließlich der planmäßigen Vernichtung anheimfielen. Die Medizinstudierenden wurden damit beauftragt, „Sippenforschung" bei diesen Patienten durchzuführen, das heißt die familiäre, soziale und medizinische Vorgeschichte dieser Patienten zu rekonstruieren.

Die Zahl der zur Mitarbeit an den „Arbeitsgemeinschaften" bereiten Dozenten blieb allerdings vergleichsweise gering, und so verhielt es sich auch mit der Teilnahmebereitschaft der Studierenden. Nach der Aufbruchstimmung des Jahres 1933 versandete die Fachschaftsarbeit an den meisten Fakultäten zunehmend. In der Periode 1937 bis 1938 kann unter „Reichsgruppenführer" Friedrich Gauwerky ein gewisser Aufschwung festgestellt werden.

Neben der Teilnahme an den Arbeitsgemeinschaften bestand das extracurriculare Programm für Studierende der Medizin in der Teilnahme an Pflichtsportprogrammen und Arbeitseinsätzen. Ab Wintersemester 1935/36 mußten die Medizinstudentinnen eine Ausbildung als Rotkreuz-Helferin absolvieren und nach dem Physikum im Luftschutzsanitätsdienst tätig sein. Weitere Aktivitäten für alle Studierenden waren der verpflichtete Arbeitsdienst (sechs Monate) ab 1936, der freiwillige Fabrik- und Landdienst ab 1935 (vier bis sechs Wochen), ein Pflegepraktikum in der Vorklinik sowie Famulaturen bei Landärzten ab 1937. Die vorliegenden Archivalien und die Aussagen von Zeitzeugen vermitteln aber den Eindruck, daß längst nicht alle Studierenden im gewünschten Umfang in diese Aktivitäten einbezogen wurden bzw. sich einbeziehen ließen.

Curriculare Teilreformen vor dem Krieg. Die nazifierte Ministerialbürokratie verhielt sich bezüglich ihres gegenüber der NSDAP durchgesetzten Machtanspruchs auf die Medizinerausbildung im Prinzip wie jede andere Bürokratie: zögernd und langsam. Die relative Trägheit des Reichsinnenministeriums läßt sich am Beispiel der Institutionalisierung des Faches Rassenhygiene, immerhin selbstdeklariertes Kernstück der Reform, verdeutlichen. Im Jahr 1934, als allenthalben die Forderung nach Lehrstühlen für Rassenhygiene erhoben wurde, empfahl das RMI den Ländern, „von einer Notbesetzung rassenhygienischer Lehrstühle zunächst Abstand zu nehmen (. . .) bis zum Vorhandensein vollwertiger Vertreter" (10), ein Prozeß, der natürlich seine Zeit brauchen würde. Als 1936 die Prüfungsordnung zwecks Förderung der Rassenhygiene geändert wurde, blieb es bei einer Kann-Bestimmung: Rassenhygiene wurde nicht als eigenständiges Prüfungsfach, sondern lediglich als Teil der Prüfung in allgemeiner Hygiene eingeführt, und zwar nur dort, wo ein „Prüfer für Rassenhygiene" (auf Vorschlag der Fakultät) „ernannt" worden war. Dies war bis zum Beginn des Krieges längst nicht an allen medizinischen Fakultäten der Fall. Planmäßige Ordinariate bzw. Extraordinariate für Rassenhygiene gab es bis dahin nur an neun der dreiundzwanzig medizinischen Fakultäten. Die anderen Fakultäten beließen es bei Lehraufträgen an Hochschullehrer aus anderen Fakultäten beziehungsweise von außerhalb der Universität.

In einem anderen Bereich, der Etablierung der Wehrmedizin an den medizinischen Fakultäten, handelte die Bürokratie allerdings schneller. Bereits Anfang 1935 verpflichtete das Reichswissenschaftsministerium die Fakultäten, eine Veranstaltung über Luftfahrtmedizin anzubieten und diese zur Pflicht zu machen. Ab 1936 wurden die bereits beschriebenen Rot-Kreuz- und Luftschutzaktivitäten für die Medizinstudentinnen, vom Wintersemester 1937/38 an Vorlesungen über chemische Kampfstoffe für alle Medizinstudierenden zur Pflicht gemacht.

Phase III: Das Medizinstudium während des Krieges

Im Frühjahr 1939, fünf Jahre nach der ersten Ankündigung und mehrere Monate vor dem Angriffskrieg auf Polen, verordneten die Ministerien eine substantielle Umgestaltung der Prüfungs- und der Studienordnung. Obwohl sich in der Begründung zur Änderung dieser Ordnungen kein Wort darüber findet, ist das herausragende Merkmal dieser Reform die Einführung wehrmedizinischer Inhalte in nahezu allen Fächern. Die Veranstaltungstitel wurden mit dem Zusatz „und Wehr-. . . " versehen. So hieß das Fach Pathologie nunmehr „Pathologie und Wehrpathologie", aus der Chirurgie war „Chirurgie und Wehrchirurgie" geworden. Als kriegsbedingt ist auch die Verkürzung des Studiums um mehr als ein Jahr anzusehen. Das Praktische Jahr und die ärztliche Vorprüfung wurden abgeschafft, das Staatsexamen sollte innerhalb von sechs Wochen absolviert werden. Durch diese Verkürzung und durch die Vergabe von „Notapprobationen" im Herbst 1939 wurden der Wehrmacht rund 6000 Ärzte *zusätzlich* zur Verfügung gestellt.

Im Widerspruch zur ursprünglichen Forderung der Partei nach einer Reduktion der Fächer und einem Abbau des Spezialistentums wurden 25 neue Pflichtveranstaltungen mit einem Gesamtvolumen von rund 43 Semesterwochenstunden in

Abbildung 2:
Rassenkundliche Vermessung eines Probanden während der Ausbildung. (Aus: H. van den Bussche: Im Dienste der Volksgemeinschaft. Berlin und Hamburg, 1989, S. 96)

das verkürzte und weiterhin fächerorientierte Curriculum hineingepfercht, davon 20 Semesterwochenstunden für spezifische nationalsozialistische Fächer (Rassenhygiene, Sozialmedizin und naturgemäße Heilmethoden).

Diese Fächer- und Stundenvermehrung ist darauf zurückzuführen, daß eine Vielzahl von Interessen der maßgeblichen Herrschaftsfraktionen des Regimes – Partei, Wehrmacht, Industrie und Bürokratie – im Curriculum untergebracht werden mußten. War der Versuch, diese vielfältigen und partiell divergierenden Interessen mit den vorhandenen, disziplinär orientierten Vermittlungsstrukturen in der Medizin kompatibel zu machen, schon theoretisch ein Ding der Unmöglichkeit, so erwies sich die praktische Umsetzung, wegen der kriegsbedingten Haushaltskürzungen, der Einberufung vieler Hochschullehrer zur Wehrmacht und der Überlastung der Universitätskliniken mit Versorgungsaufgaben, vollends als die Quadratur des Kreises.

Hinzu kam, daß die Wehrmacht bereits ab Kriegsbeginn mit erheblichem Druck versuchte, ihre Vorstellungen bezüglich Dauer und Inhalt des Medizinstudiums durchzusetzen, eine Politik, die sich mit dem Begriffspaar Qualitätssenkung und Quantitätssteigerung charakterisieren läßt. So setzte sie ab Winter 1939 eine Trimester-Regelung durch, die es bei voller Anwendung erlaubt hätte, die erforderlichen zehn Semester in nur dreieinhalb Jahren zu absolvieren. Die Regelung wurde bereits Mitte 1941 wieder aufgegeben, da zu strapazierend für die Studierenden und zu ungerecht für diejenigen, die von der Wehrmacht nicht zum Studium abkommandiert worden waren.

Zwecks Steigerung der Produktion von Ärzten wurden im Laufe des Krieges mehrere weitere, teilweise unerwartete Maßnahmen ergriffen. Zahnärzte konnten zu Medizinern umgeschult werden und ab 1940 durften „Mischlinge zweiten Grades" wieder zum Studium zugelassen werden. Vor allem aber hofierte man nunmehr die Frauen, begrüßte deren „Drang" zum Medizinstudium und warb sogar unter Abiturientinnen für die Aufnahme eines Medizinstudiums. Dementsprechend stieg der Prozentsatz der Frauen an der Gesamtzahl der Medizinstudierenden ausgerechnet in diesem angeblich sich der Berufstätigkeit von Frauen widersetzenden Regime auf die bisher nie erreichte Höhe von 35 Prozent; in einzelnen Semestern überstieg der Anteil der Frauen an den Erstzugelassenen, bei einer insgesamt erheblich steigenden Zahl von Studierenden, die 75 Prozent-Marke.

Mit zunehmender Dauer des Krieges wurde eine zentrale Steuerung des Curriculums immer weniger möglich, und so verlagerte das Reichswissenschaftsministerium die Gestaltungskompetenz für das Lehrangebot auf die Dekane. Das Curriculum wurde nunmehr zunehmend in Abhängigkeit davon gestaltet, was unter den gegebenen baulichen und personellen Möglichkeiten noch durchführbar war. Die Voraussetzungen für die Zulassung zur Prüfung wurden Anfang 1944 erheblich reduziert: Vier Pflichtfächer, erst 1939 als Reformelemente eingeführt, wurden gestrichen. Zeitgleich wurden noch tiefgreifendere Veränderungen des Curriculums in führenden Kreisen des Regimes diskutiert. Bemerkenswert dabei ist, daß vor allem die Rassenhygiene und die „natürlichen Heilweisen" gekürzt, dafür Chirurgie und Hygiene vermehrt angeboten werden sollten. Aber die bereits beschriebenen Querelen zwischen den verschiedenen Instanzen des polykratischen Systems verhinderten, daß es zu einer raschen Beschlußfassung kam. Als nach zwölfmonatigem Streit eine neue Studienordnung verabschiedet wurde, die auf die Studienanfänger des Winters 1944/45 Anwendung finden sollte, gab es solche gar nicht mehr, da sie wegen des „totalen Krieges" bereits direkt in das Kriegsgeschehen einbezogen wurden. Lediglich für die Prüfungssemester wurden noch Notprüfungen organisiert, die wegen Irregularitäten in der unmittelbaren Nachkriegszeit alle wieder rückgängig gemacht werden mußten.

Dies war die letzte niveauabsenkende Maßnahme eines Regimes, das damit angetreten war, das Niveau und das Prestige der Ärzte in Deutschland endlich wieder anzuheben. Auch die 1933 versprochenen Maßnahmen gegen die „Ärzteschwemme" hatten sich zu Kriegsende und danach in ihr Gegenteil verkehrt.

Fazit

In Sachen ärztlicher Ausbildung war die NSDAP mit dem Anspruch angetreten, die Anachronismen des Ausbildungssystems zu beseitigen und die Ausbildung den „wahren" Bedürfnissen des deutschen Volkes anzupassen. Der in dieser Studie konstatierte Fehlschlag, diesen Anspruch um- und durchzusetzen, wird am deut-

lichsten durch das Schicksal der NS-typischen „Fächer" Rassenhygiene und Naturheilkunde illustriert.

Die Frage, inwiefern die ärztliche Ausbildung während des „Dritten Reiches"
rassenhygienisch durchdrungen war, ist allerdings deswegen nicht einfach zu bean-
worten, weil die rassenhygienische Lehre keineswegs nur innerhalb der explizit als
rassenhygienisch ausgewiesenenen Fächer gelehrt wurde. Für viele Vertreter klassi-
scher medizinischer Disziplinen muß aufgrund ihres Schrifttums angenommen werden, daß sie in der Lehre rassenhygienische Theoreme und deren Umsetzung in
der Gesundheitspolitik vehement vertreten haben. Die häufig von damaligen Studierenden, auch solchen aus oppositionellen Kreisen, vorgetragene Erinnerung,
Rassenhygiene hätte in ihrer damaligen Ausbildung kaum eine Rolle gespielt, ist
womöglich darauf zurückzuführen, daß zentrale Bestandteile der Rassenhygiene –
Erblichkeit bestimmter Krankheitsgruppen und Sterilisierungsbedürftigkeit entspre-
chender Kranker – als genuin medizinische Theorien innerhalb der klassischen
Veranstaltungen und nicht als explizit rassenhygienische Programmatik vermittelt
wurden.

Allerdings spricht für die These der nur geringfügigen Bedeutung der Rassenhygiene im Lehrangebot die strukturell ungenügende Etablierung des Faches. Abgesehen von der geringen Zahl von fakultätseigenen Lehrstühlen spielten die rassenhygienischen Fächer auch nach ihrer Einführung in die Prüfungsordnung von
1939 für die Endnote in den Prüfungen nur eine verhältnismäßig geringe Rolle,
was die Wahrnehmung der Bedeutung dieser Fächer durch die Medizinstudierenden deutlich beeinflußt haben dürfte. Dies ist umso mehr der Fall für Lehrveran-
staltungen von externen Lehrbeauftragten, die kein Prüfungsrecht hatten. In diesen
Fällen wurde das Fach von einem der Ordinarien der Fakultät geprüft, und es ist
wohl nicht davon auszugehen, daß diese einem nicht von ihnen gelehrten Fach besondere Bedeutung beigemessen haben.

Für die Rassenhygiene gilt darüber hinaus, daß sie keine geschlossene Theorie
war, aus der ein allgemeinverbindliches Ausbildungskonzept hätte abgeleitet werden können. Im Ausbildungsalltag war damit der Beliebigkeit der Lehrmeinungen
Tür und Tor geöffnet. Schon die Beschäftigung mit genetischen Fragestellungen
konnte zum Nachweis erbbiologischen Denkens und Regimekonformität ausgege-
ben werden (11).

Genauso gravierend für das Schicksal des „neuen Denkens" war die bürokratische Umsetzung in den Prüfungs- und Studienordnungen überhaupt. Die ursprüngliche Forderung, die traditionell spezialisierte Disziplinsystematik als Ausfluß des
„westlichen", „materialistischen" und „reduktionistischen" Denkens zu sprengen,
wurde aufgegeben, und die Rassenhygiene wurde nach dem Anreicherungsprinzip,
eben als „Fach" neben den anderen, institutionalisiert. Allein schon dadurch durfte
sie ihre intendierte Sprengkraft im Curriculum verloren haben. Demgegenüber
blieb der Stellenwert der klassischen großen medizinischen Fächer auch im „Dritten Reich" in der Substanz unangetastet.

Die für die Rassenhygiene beschriebenen Umsetzungsprobleme und -defizite
treffen noch stärker für das 1939 eingeführte Pflichtfach der „natürlichen Heilweisen" zu, für das es kaum ein Ordinariat gab und das dementsprechend in der Re-

gel vom Fachvertreter der Inneren Medizin mitvermittelt bzw. mindestens mitge-prüft wurde. Bereits das Erwähnen bäder- und klimaheilkundlicher Verfahren in einer solchen internistischen Lehrveranstaltung dürfte vielfach schon als eine hin-reichende Beschäftigung mit der Neuen Deutschen Heilkunde gegolten haben. Karl Kötschau, der führende Kopf der Neuen Deutschen Heilkunde, ahnte das Schick-sal seiner „Disziplin" schon unmittelbar nach der Verabschiedung der Prüfungsord-nung von 1939 voraus: „Eine Neue Deutsche Heilkunde, die lediglich als theore-tisches Nebenfach gelesen würde, würde unter so ungünstigen Aussichten starten, daß der Begriff sehr bald kein Ehrentitel unseres neuen Denkens in der Heilkunde sein würde, sondern nur sein Zerrbild." (12)

Auch andere Elemente des NS-Studienreformkonzeptes, wie die der Transdis-ziplinarität und der berufspraktischen Orientierung des Studiums, scheiterten glei-chermaßen an den inneren Widersprüchen des NS-Systems wie an der beachtlichen Renitenz der medizinischen Fakultäten und Fachgesellschaften. Auf der lokalen Ebene verfügte die Partei in der Professorenschaft nie über eine hinreichende Zahl von qualifizierten und motivierten Kämpfern für die dauerhafte Umsetzung ihrer Studienreformkonzepte. Die Studentenschaft, die nach der „Machtergreifung" die Speerspitze der „Bewegung" darstellte, wurde nach der Liquidierung der SA-Füh-rungsspitze („Röhm-Putsch") im Jahre 1934 wieder zur Ordnung und zum Studier-fleiß aufgerufen.

Die Mehrzahl der Professoren versuchte ihrerseits, und zwar mit einem gewis-sen Erfolg, die traditionellen Ausbildungskonzepte und Qualitätsstandards hinüber-zuretten. Die Forderung nach einer „politischen" Gestaltung der Ausbildung prall-te an der Mauer der professoral formulierten „fachlichen" Erfordernisse ab. Mit ei-ner Mischung von verbalem Entgegenkommen, Etikettenschwindel, vorgegebener oder realer Identifikation mit Teilzielen des Regimes und Ausnutzung der Spiel-räume der polykratischen Strukturen gelang es den Fakultäten weitgehend, ihre traditionell-wissenschaftliche Konzeption der ärztlichen Ausbildung in der Substanz weiter zu tradieren.

Die Politik der Ministerialbürokratie, die umfassenden Reformpläne der Partei nur langsam, partiell und rangniedrig in die Prüfungs- und Studienordnung einzu-bauen, trug ebenfalls zur Bremsung des Reformelans bei. Diese relative Lethargie der Ministerien hing jedoch nicht nur mit den beschriebenen Kompetenzrivalitäten zusammen, sondern auch mit Verschiebungen in den Planungsprioritäten des NS-Regimes. Wie in anderen Ausbildungsgängen konzentrierte sich die NSDAP zu Anfang primär auf rassenhygienische Forderungen. So enthielt das NS-Reformkon-zept zur ärztlichen Ausbildung des Jahres 1933 bezeichnenderweise weder wehrme-dizinische noch arbeits- und sozialmedizinische Forderungen. Ab 1935/36 jedoch geriet die Kriegsvorbereitung in zunehmendem Maße in den Vordergrund der mi-nisteriellen Aktivitäten, und im Zuge dieser Neudefinition der Prioritäten gewann eine kriegsfunktionale Wissenschafts- und Ausbildungspolitik schnell an Boden. Entsprechend verringerte sich die Durchsetzungskraft der Partei zugunsten einer neuen, eher technokratisch orientierten Führungsschicht in der Administration. Für diese stand die Orientierung des medizinischen Wissenschafts- und Lehrbetriebs an der künftigen Kriegsführung im Vordergrund, und in diesem Bereich entwickelte die Ministerialbürokratie dann auch eigens studienreformerisches Engagement. Da eine Kriegsplanung im Bereich der Medizin um so fruchtbarer erschien, je mehr man den universitären Lehrkörper gewann, anstatt ihn mit Grundsatzkritik und umwälzenden Forderungen vor den Kopf zu stoßen, wurde die Sozialmedizin an den Fakultäten rasch nicht mehr als „reaktionär" kritisiert, sondern vielmehr für ihre früheren und jetzigen Leistungen gelobt. Auch die ärztlichen Protagonisten der Partei mußten diese programmatische Umkehr nachvollziehen (13).

Die weiteren Versuche während des Krieges, das Medizinstudium an der jeweils aktuellen Kriegslage anzupassen, zeichneten sich durch eine Zurückdrängung der ideologischen Komponente zugunsten der schulmedizinischen aus. Gegen Ende des Krieges spielten die Rassenhygiene, die Leistungsmedizin und die Neue Deutsche Heilkunde auch offiziell nur noch eine untergeordnete Rolle. Gerade in dieser Phase traten die Kompatibilität und die gegenseitige Abhängigkeit von Kriegsführung und Schulmedizin am deutlichsten zum Vorschein. Die konstatierte relative Stabilität der Verhältnisse in der Medizinerausbildung ab 1935 ist somit nicht zuletzt auf die sich früh anbahnende und sich stetig verfestigende Allianz von Krieg und Wissenschaft zurückzuführen. Für die anfänglichen „revolutionären" Ausbildungskonzepte der NSDAP und ihren entsprechenden Dominanzanspruch in der Ausbildungspolitik waren die Voraussetzungen durch die Kriegsplanung bereits frühzeitig entfallen. Die einen konnten ihre Studienreform nicht durchsetzen, weil die anderen sie so nicht gebrauchen konnten.

Anmerkungen

1) Dieser Aufsatz ist eine Kurzfassung einer jüngst veröffentlichten umfassenden Studie [HENDRIK VAN DEN BUSSCHE: Im Dienste der „Volksgemeinschaft" – Studienreform im Nationalsozialismus am Beispiel der ärztlichen Ausbildung (Hamburger Beiträge zur Wissenschaftsgeschichte 4). Berlin und Hamburg 1989]. Für weitere Details, weiterführende Literatur und für die Quellennachweise wird aus Platzgründen auf diese Studie verwiesen.

2) „Reichsärzteführer" Dr. med. Gerhard Wagner war Leiter der Hochschulkommission bei der Reichsleitung der NSDAP und Beauftragter der Partei für die Reorganisation des Studentenwesens. Prof. Dr. med. Franz Wirz war formell Mitglied, faktisch aber die treibende Kraft in der Hochschulkommission der NSDAP. Dr. med. Walter Schultze war ab 1935 „Führer" des Nationalsozialistischen Deutschen Dozentenbundes, der NS-Organisation aller Hochschullehrer. Privatdozent Dr. med. Gustav Borger führte das Amt Wissenschaft im Nationalsozialistischen Deutschen Dozentenbund. Dr. med. Gustav A. Scheel war ab 1937 „Reichsstudentenführer" und gegen Kriegsende, nach der Entmachtung von Schultze, „Reichsdozentenführer".

3) Eine kritische Analyse der Bedeutung der Polykratismus-Theorie für die Analyse der Wissenschaftspolitik im „Dritten Reich" findet sich bei ULFRIED GEUTER: Die Professionalisierung der deutschen Psychologie im Nationalsozialismus. Frankfurt a. M. 1984, 37–49.

4) Zur Relegation der Hochschullehrer vgl. HANS-PETER KRÖNER in diesem Band.

5) STRECK: Nationalsozialistische Evolution und Arzttum. Rede anläßlich der Reichstagung der Volksheilbewegung in Nürnberg (12.–26. 5. 1935); zitiert nach Deutsch. Ärztebl. 65 (1935), 535–537, hier 536.

6) Zu Theorie und Praxis der Rassenhygiene vgl. GUNTER MANN sowie GERHARD BAADER in diesem Band. Zu den Vorläufern dieser Dichitomisierung von Arzt und Mediziner vgl. HANS-PETER SCHMIEDEBACH: Zur Standesideologie in der Weimarer Republik am Beispiel Erwin Liek. In: Ärztekammer Berlin (Hg.): Der Wert des Menschen – Medizin in Deutschland 1918–1945. Berlin 1989, 26–35.

7) Das elaborierteste Konzept zur rassenhygienischen Durchdringung des Medizinstudiums lieferte der Frankfurter Ordinarius Otmar von Verschuer (Otmar von Verschuer: Erbpathologie – Ein Lehrbuch für Ärzte und Medizinstudierende. 2. Auflage. Dresden und Leipzig 1937, 185–188).

8) Dtsch. Ärztebl. 64 (1934), 1198.

9) Vgl. ALFRED HAUG: Die Führerschule der deutschen Ärzteschaft in Alt-Rehse. In: FRIDOLF KUDLIEN (Hg.): Ärzte im Nationalsozialismus. Köln 1985, 122–129.

10) Staatsarchiv Hamburg, Hochschulwesen II, A i 6/18, Frick an Reichsstatthalter u. a., 23. 2. 1934.

11) Als Beispiel hierfür kann der in Hamburg für die Prüfung in Rassenhygiene zuständige Zwillingsforscher Wilhelm Weitz gelten. Vgl. HENDRIK VAN DEN BUSSCHE (Hg.): Medizinische Wissenschaft im „Dritten Reich" (Hamburger Beiträge zur Wissenschaftsgeschichte 5). Berlin und Hamburg 1989, 216–232 und 389–390.

12) Archiv der Medizinischen Fakultät Erlangen, Kötschau an Medizinische Fakultät, 22. 4. 1939.

13) Nicht zufällig wurde die Heilpraktikerfrage zu Kriegsbeginn mittels der Einführung des Heilpraktikergesetzes weitgehend im Sinne der Schulmedizin entschieden. Zum Verhältnis von Schulmedizin und Naturheilkunde vgl. WALTER WUTTKE: „Deutsche Heilkunde" und „Jüdische Fabrikmedizin" – Zum Verhältnis von Natur- und Volksheilkunde und Schulmedizin im Nationalsozialismus. In: HENDRIK VAN DEN BUSSCHE (Hg.): Anfälligkeit und Resistenz – Medizinische Wissenschaft und politische Opposition im „Dritten Reich" (Hamburger Beiträge zur Wissenschaftsgeschichte 6). Berlin und Hamburg 1990, 23–54.

„Neue Deutsche Heilkunde" –
Naturheilkunde und „Schulmedizin" im Nationalsozialismus

Alfred Haug

Die Rolle der Natur- und Volksheilkunde im Nationalsozialismus, ihre Stellung und ihr Gewicht im Verhältnis zur sogenannten „Schulmedizin" sowie im Gesamtgefüge der Medizin im Nationalsozialismus sind immer wieder Gegenstand von Polemiken gewesen. Hinweise auf persönliche Affinitäten von Hitler (als Nichtraucher und Antialkoholiker), von „Führer"-Stellvertreter Rudolf Heß (als Freund der Heilpraktiker und der Homöopathie) oder von SS-Reichsführer Heinrich Himmler (als Sympathisant der biologisch-dynamischen Landwirtschaft der Anthroposophen) ersetzen jedoch nicht die notwendige Aufarbeitung dieses bislang von der sozialhistorischen Forschung vernachlässigten Gebietes.

Die Vorgeschichte: „Schulmedizin" und Naturheilkunde im Widerstreit

Seit der Mitte des 19. Jahrhunderts wurde die Aufspaltung der Medizin in ein duales System immer evidenter. Die naturwissenschaftlich orientierte Medizin machte insbesondere durch Zellularpathologie und Bakteriologie enorme Fortschritte, verlor aber durch die Aufsplitterung in immer mehr Fachdisziplinen zunehmend an innerer Kohärenz. Aufgrund der sozialen Verhältnisse (zum Beispiel des Fehlens eines Krankenversicherungssystems), aber auch wegen des fehlenden gesellschaftspolitischen Anspruchs ihrer führenden Köpfe (Virchows Konzept von der „Medizin als sozialer Wissenschaft" blieb ohne Resonanz) konnte sie ihre Erkenntnisse nur unzureichend zum Wohle breiter Bevölkerungskreise in die Praxis umsetzen.

So konnten sich Elemente der traditionellen Erfahrungsheilkunde, begründet auf unterschiedlichen mystischen und humoralpathologischen Vorstellungen, in breiten Bevölkerungskreisen halten und in zeitgemäßer Couleur weiterentwickeln. Naturarzneiliche (Pflanzenheilkunde, Homöopathie, Biochemie nach Schüßler), hydrotherapeutische (Priessnitz, Kneipp) und lebensreformerische (Vegetarismus, Antialkohol-, Nacktkultur-, Kleider- und Bodenreformbewegung) Ansätze fanden eine breite Anhängerschaft insbesondere in der Arbeiterschaft und im Kleinbürgertum. In Deutschland entwickelte sich eine buntschillernde, nach Millionen zählende , auf Vereins- und Verbandsebene organisierte Naturheil-, Volksheil- und Lebensreformbewegung, deren mitgliederstärkste Gruppierungen der Biochemische Bund Deutschland, der Bund der Vereine für naturgemäße Lebens- und Heilweise (Priessnitzbund), der Reichsbund für Homöopathie und Gesundheitspflege und der Kneippbund waren (1).

Diese unterschiedlichen Gruppierungen der Volksheilbewegung verband die Ablehnung der sogenannten „Schulmedizin" (der Begriff "Schulmedizin" selbst, ursprünglich als Schimpfwort kreiert, stammt aus diesem Lager), der sie „Pillenjesuitismus, Orthodoxie, Giftmischerei" und ähnliches vorwarfen (2). Die etablierte Medizin revanchierte sich dadurch, daß sie ihre Machtmittel ausspielte, um eine Etablierung außerschulischer Ansätze, insbesondere an den Universitäten, zu verhindern (3).

Erstaunlicherweise war die Expansion dieser Laienbewegung (bei der nur wenige Ärzte der medizinischen Außenseiterrichtungen als Wortführer mitwirkten) am größten in den zwanziger Jahren unseres Jahrhunderts, als die Ausdehnung der Krankenversicherung bereits breite Bevölkerungskreise erfaßt hatte. Hinzu kam ein erheblicher Zulauf zu nicht-approbierten Heilbehandlern (Heilpraktikern), deren Zahl zu dieser Zeit nach zeitgenössischen Schätzungen annähernd die der approbierten Ärzte (rund 50 000) erreicht haben soll (4). Das Wort von der „Krise der Medizin" ging um, das angesichts der weit verbreiteten gesundheitlichen und sozialen Probleme in der Weimarer Zeit als Vertrauenskrise in die Medizin interpretiert werden muß (5).

Reichsärzteführer Gerhard Wagner und die Naturärzte

In dieser Situation mußte es für das eben zur Macht gelangte nationalsozialistische Regime darum gehen, die Vertrauensbasis der Bevölkerung zur Ärzteschaft wiederherzustellen. Schließlich hatte es ihr große Aufgaben zugedacht: die Ärzte sollten zu „Gesundheitsführern" werden, die die „Volksgenossen" zu Höchstleistungen in der Produktion treiben sollten, die die Aufzucht einer möglichst großen Zahl erbgesunder Kinder propagieren und gleichzeitig „lebensunwertes Leben" (behinderte Kinder, Psychiatrieinsassen, soziale Minderheiten usw.) melden, begutachten und an ihrer „Ausmerze" durch Zwangssterilisation und physische Vernichtung („Euthanasie") teilnehmen sollten. Dieses Ziel war nur ereichbar durch Rekonstruktion eines respektierlichen einheitlichen Ärztestandes und durch gleichzeitige Agitation in der Laienbewegung.

Daher wandte sich Reichsärzteführer Dr. Gerhard Wagner im Oktober 1933 im damaligen „Deutschen Ärzteblatt" zunächst mit einem Aufruf „an alle Ärzte Deutschlands, die sich mit biologischen Heilverfahren befassen", um diese zusammenzuschließen (Abbildung auf der nachfolgenden Seite). Er versprach dabei, daß ihre Heilverfahren „die Prüfung oder Anerkennung erfahren, die sie verdienen, und dann der Ausbildung und Fortbildung aller Ärzte dienstbar gemacht werden" (6). Die Begründung für diesen revolutionär anmutenden Schritt gibt Wagner an anderer Stelle mit dem Hinweis, daß „das Vertrauen unseres Volkes zu seinen Ärzten . . . im Schwinden begriffen war" (7).

Die Veröffentlichung dieses Aufrufs rief in der etablierten Medizin Ablehnung, bei den Naturärzten teilweise Euphorie, zum Teil aber auch Skepsis hervor, was die versprochene Aufwertung ihrer Heilmethoden und Auffassungen anbetraf (8).

Im Mai 1935 nahm Wagners Bemühen organisatorische Gestalt an: Anläßlich der ersten gemeinsamen großen Reichstagung der deutschen Volksheilverbände in Nürnberg (unter Schirmherrschaft des fränkischen Gauleiters Julius Streicher), wurde die „Reichsarbeitsgemeinschaft für die Neue Deutsche Heilkunde" als Zusammenschluß unterschiedlichster natur- und außenseiterärztlicher Verbände aus

der Taufe gehoben. Ihr gehörten die folgenden Organisationen an: Deutscher Zentralverein homöopathischer Ärzte, Kneippärztebund, Reichsverband der Naturärzte, Deutsche Gesellschaft für Bäder- und Klimakunde, Reichsverband Deutscher Privatkrankenanstalten, Vereinigung Anthroposophischer Ärzte und Deutsche Allgemeine Ärztliche Gesellschaft für Psychotherapie (9). Die Heterogenität der Verbände legt die Vermutung einer zentralistischen Zwangsvereinigung nahe.

Die einzige öffentlichkeitswirksame Aktivität der „Reichsarbeitsgemeinschaft" fand am 20. April 1936 statt, als sie – wiederum auf Initiative Wagners hin – in Wiesbaden eine Gemeinschaftstagung mit der dort tagenden Deutschen Gesellschaft für Innere Medizin abhalten konnte. Wagner forderte hier den „geschlossenen Einsatz des ganzen ärztlichen Standes . . . zu einer umfassenden, jede Wirkungsmöglichkeit ausschöpfenden neuen deutschen Heilkunde" (10). Ein anderer nationalsozialistischer Arzt faßte es noch deutlicher: „Zwei einander feindselige Richtungen innerhalb des deutschen Arzttums darf es auf die Dauer nicht geben! Denn das deutsche Volk würde dann an seinem Arzttum irre werden, und alles, alles, was das Dritte Reich durch seine Ärzte für die Zukunft der deutschen Volksgesundheit plant, würde ins Wanken geraten (11) . . ."

Der von Wagner eingesetzte Leiter der „Reichsarbeitsgemeinschaft", Prof. Karl Kötschau, erklärte in Wiesbaden allerdings auch unmißverständlich, daß der „Aufbau einer Neuen Deutschen Heilkunde unvereinbar ist mit der Ablehnung der heutigen wissenschaftlichen Medizin" (12).

Die „Reichsarbeitsgemeinschaft" wurde bereits im Januar 1937 durch Wagner mit Hinweis auf die inzwischen in Kraft getretene Reichsärzteordnung, die die wissenschaftlichen Gesellschaften dem Reichsgesundheitsamt unterstellte, wieder aufgelöst (13). Die formale Begründung vermag nicht zu überzeugen; über die tatsächlichen Gründe kann nur spekuliert werden: Die Monomanie der zwangsvereinigten Natur- und „Außenseiter"-Ärzte mag dazu ebenso beigetragen haben wie der zunächst unterschwellige, dann zunehmend offener artikulierte Widerspruch der etablierten Medizin gegen eine Aufwertung der Außenseitermedizin, wie ihn am deutlichsten der Chirurg Ferdinand Sauerbruch in seiner Rede vor der Gesellschaft Deutscher Naturforscher und Ärzte im September 1936 zum Ausdruck brachte. Exakte Naturwissenschaft galt insbesondere im Rahmen des von Hitler 1936 verkündeten Vierjahresplanes der Autarkiepolitik und der Kriegsvorbereitung wieder als elementar: „In einer solchen Wertung" – so Sauerbruch in seiner Rede – „hat die Wissenschaft immer ihre höchsten Leistungen vollbracht . . ." (14).

Vereinnahmung der Volksheilbewegung

Dem naturheilkundlich und lebensreformerisch orientierten Laienpotential – zeitgenössische Schätzungen sprechen von etwa einer halben Million in Verbänden und Vereinen organisierten Mitgliedern und einer Anhängerschaft von fünf bis zehn Millionen Menschen im Deutschen Reich der dreißiger Jahre – galt die besondere Aufmerksamkeit der nationalsozialisitschen Gesundheitsführung (15).

Insbesondere der fränkische Gauleiter und „Stürmer"-Herausgeber Julius Streicher versuchte sich als Protagonist einer auf „Blut und Boden" umgepolten Volksheilbewegung zu profilieren. Es gibt Hinweise darauf, daß Streicher bemüht war, mit der „Hausmacht" Volksheilbewegung ein neu zu schaffendes Gesundheitsministerium für sich zu reklamieren. Seine Attacken gegen die Ärzteschaft – ohne die nationalsozialistische „Erbgesundheitspflege" und Leistungsmedizin freilich nicht realisierbar gewesen wäre – sowie innerparteiliche Machtkämpfe (unter anderem mit Reichsärzteführer Wagner, der das Vertrauen Hitlers besaß und der an der Ausarbeitung der Nürnberger Rassegesetze maßgeblich beteiligt war) drängten Steicher jedoch zunehmend an die Peripherie des nationalsozialistischen Machtgefüges (16).

Bereits im April 1933 hatten die Vorsitzenden eine gemeinsame Ergebenheitsadresse an Hitler gesandt. Sie kamen damit den von der NSDAP-Reichsleitung ausgegebenen „Richtlinien für die Organisation für Gesundheitspflege" zuvor, die die (Selbst-)Gleichschaltung der Verbände und ihre Umgestaltung nach dem Führerprinzip vorschrieben (17). 1934 wurde vom Hauptamt für Volksgesundheit bei der Reichsleitung der NSDAP für alle Verbände eine sinngemäß gleichlautende neue Satzung vorgeschrieben, die die „Gesundheitspflicht" zum obersten Prinzip erhob: „Gesundsein ist die sittliche Pflicht des einzelnen gegenüber seinem Volk" lautete nun die Devise (18).

Im Mai 1935 wurden die naturheilkundlichen Laienverbände zur „Reichsarbeitsgemeinschaft der Verbände für naturgemäße Lebens- und Heilweise" zwangsvereinigt. Sie unterstand dem Hauptamt für Volksgesundheit und somit dessen Leiter, Reichsärzteführer Wagner. Erklärtes Ziel war, die Laienbewegung der ideologischen Führung einer nationalsozialistischen Ärzteschaft zu unterstellen, sie sollte mitwirken an der „Schaffung eines wehrtüchtigen, wehrwilligen, schaffensfrohen, an Leib und Seele gesunden Volkes" (19). Demgegenüber traten die therapeutischen Konzepte der unterschiedlichen Laienverbände (Homöopathie, Wasserheilkunde etc.) zunehmend in den Hintergrund; die Einzelverbände wurden schließlich 1941 aufgelöst und durch den „Deutschen Volksgesundheitsbund" ersetzt.

Selbstverständlich schloß diese Entwicklung die Vereinnahmung der naturheilkundlichen Behandlungsmöglichkeiten zum Zwecke der Ökonomisierung der Medizin nicht aus, im Gegenteil: „Kein Kneippianer wird den Arzt wegen jener sogenannten ‚Bagatellschäden' aufsuchen, er wird vielmehr mit den einfachen Kneippanwendungen sich zu helfen wissen (20)." Schulklassen, Rentner, Kriegsbeschädigte und „Arbeitsopfer" wurden zu großangelegten Heilpflanzensammelaktionen mobilisiert: Im Rahmen der Autarkiepolitik sollten jene 50 Millionen Reichsmark eingespart werden, die jährlich für den Import ausländischer Heilpflanzen aufgewendet werden mußten. Das perverseste Element des „deutschen Heilpflanzenprojekts" war die Anlage der „größten Heilkräuterplantage Europas" im KZ Dachau – hier standen kostenlose Arbeitskräfte ausreichend zur Verfügung (21)!

Rudolf Heß, die Homöopathie und die Heilpraktiker

In Zeiten politischer Umwälzungen meldeten sich immer wieder bislang außenseiterisch gebliebene Richtungen zu Wort, um ihr Recht auf Anerkennung und Etablierung einzufordern. So keimten auch in der homöopathischen Bewegung nach der „nationalsozialistischen Revolution" Hoffnungen auf. Dabei konnte man sich auf den „Stellvertreter des Führers", Rudolf Heß, beziehen, der Sympathien für die Homöopathie hegte und bekanntermaßen selbst homöopathische Ärzte und Heilpraktiker konsultierte.

Heß hatte schon 1933 in einer Rede vor Heilpraktikern dafür geworben, daß Ärzte und Heilpraktiker „im gemeinsamen Dienst an der Gesundheit der Nation" zusammenarbeiten (22). Dem „Rudolf-Heß-Krankenhaus" in Dresden als Modellprojekt der Zusammenarbeit von „Schulmedizin" und Naturheilkunde und „ärztlicher Forschungsanstalt für natürliche Heilweise" mit reichsweiter Bedeutung stellte er seinen Namen zur Verfügung (23). 1937 übernahm er die Schirmherrschaft des XII. Internationalen Homöopathischen Kongresses in Berlin, um „das Interesse des nationalsozialistischen Staates an allen Heilweisen, die der Volksgesundheit dienen, zum Ausdruck zu bringen" und zugleich „die Ärzteschaft insgesamt auf(zu)-fordern, auch bisher abgelehnte . . . Heilmethoden unvoreingenommen zu prüfen" (24). Von 1936 bis 1939 wurden durch das Reichsgesundheitsamt Prüfungen homöopathischer Arzneimittel durchgeführt (die freilich auch in der homöopathischen Ärzteschaft wegen der nach ihrer Meinung einseitigen Prüfung auf pharmakologische Wirksamkeit heftig umstritten waren).

Hoffnungen und Skepsis wechselten bei den homöopathischen Ärzten und Laienfunktionären in rascher Folge. Der Vorsitzende des Deutschen Zentralvereins homöopathischer Ärzte, Dr. Hanns Rabe, bemerkte 1936 nachdenklich: „Die Homöopathie . . . ist tatsächlich in sich ein so geschlossenes Ganzes, daß es nicht leicht fallen wird, sie in dem Neubau der geplanten deutschen Heilkunde beliebi-

Aufruf

An alle Ärzte Deutschlands, die sich mit biologischen Heilverfahren befassen.

Wer mit wachsamem Sinne alle Geschehnisse in der Heilkunde nicht nur heute, sondern schon seit Jahren verfolgt, wird zur Einsicht gelangen müssen, daß die Heilkunde ein weit größeres Gebiet und mehr Methoden umfassen kann, als wir Ärzte im allgemeinen gelernt haben.

Die Höhe, zu der sich die Wissenschaft in den letzten Jahrzehnten entwickelt hat, ist nicht abzustreiten. Wertvolles Wissensgut hat sie uns gebracht und mit diesem manche Mittel zur Erfüllung unserer Lebensaufgabe: Der kranken Menschheit zu helfen. Dennoch ist aber unumwunden zuzugeben, daß auch Heilmethoden, die nicht im Einklang mit der Schule stehen, Erfolge aufzuweisen haben, die zum Teil die der Schule nicht nur erreichen, sondern da und dort ihnen überlegen sind.

Das fruchtbarste Ackerland war diesen Heilmethoden außerhalb unseres Standes beschieden. Dort waren sie, wenn auch wie im Exil, doch zu einer Art Volksgut geworden.

Ursprünglich vereinzelt und nur tastend, dann in immer stärkerem Maße fanden sich auch Ärzte, die sich diese Heilmethoden zu eigen machten. Schließlich fanden sich Gruppen zusammen, und heute stehen mehrere solcher Gruppen als mehr oder minder fest organisierte Arbeitsgemeinschaften da und dort im deutschen Vaterlande.

Wenn sie auch das Spezielle ihres eigenen Faches voneinander trennt, gemeinsam ist ihnen das Bestreben, die Heilgüter der Natur der Menschheit stärker als bisher nutzbar zu machen.

Kennzeichnete die Laienbehandler das Wort „Kurpfuscher", so verlieh man den ärztlichen Vertretern der Naturheilmethoden das Wort „Außenseiter".

Erst in jüngster Zeit treten die wertvollen Güter wahren Heiltums in diesen beiden Lagern in ein besseres und helleres Licht. Aber gerade in diesem helleren Licht zeigt sich deutlich, daß die ärztlichen Vertreter der biologischen Heilmethoden in ihren Einzelverbänden sitzen.

Alle diese Ärzte will ich um mich sammeln!

Ich will keinen neuen Verband oder Verein gründen, der diese Ärzte aus ihren Vereinen und Verbänden herauslöst, sondern ich will sie mit ihren Verbänden und Vereinen in einem großen, alle biologischen Ärzte jeder Richtung umfassenden Ring zusammengeschlossen wissen. Erst nach dieser Zusammenfassung wird es möglich, daß alle diese Heilverfahren die Prüfung oder Anerkennung erfahren, die sie verdienen, und dann der Ausbildung und Fortbildung aller Ärzte dienstbar gemacht werden, zum Wohle aller Kranken, die unserer Hilfe bedürfen.

Ich fordere daher alle Ärzte, die sich zu diesen Ausführungen und Gedanken verstehen können, auf, mir einzeln oder durch ihre speziellen Verbände ihre Zustimmung mitzuteilen. Wir wollen dann gemeinsam das Gute, das in der Arbeit gehen und nach Sichtung und Prüfung das Wertvolle aus allen Lagern der ganzen Ärzteschaft vermitteln.

Es ka[n]n sich nun aber gezeigt, daß ihr Zusammenhang untereinander zu lose ist, als daß stärkere Einflüsse von ihnen auf die Gesamtheit der Ärzteschaft und auf die wissenschaftliche Auffassung in der Medizin ausgehen könnten. Solange jeder ärztliche Vertreter einer Außenseitermethode nur in seinem besonderen Einzelverband sitzt, besteht die Gefahr der Zersplitterung in Sektierertum, während andererseits auch das Studium und die Nachprüfung der umstrittenen Methoden für den Fernstehenden schwer, ja fast unmöglich ist.

Deshalb rufe ich alle in Frage kommenden auf, sich zu einem engeren Zusammenschluß bei mir zu melden.

Dr. Wagner

(Zuschriften an den Reichsführer der ärztlichen Spitzenverbände, München 28 — Schließfach 2.)

Schriftsätze mit entbehrlichen Fremdwörtern werden nicht angenommen.

Abbildung 2:

Aufruf von Reichsärzteführer Dr. Wagner in Heft 15, 1933 (7. Oktober) des „Deutschen Ärzteblattes"

gen Ortes zu verwenden . . . (25). Die Entwicklung gab ihm recht: Die Integration der Homöopathie in das Medizinstudium gelang nicht: kein einziger Lehrstuhl für Homöopathie wurde während des Dritten Reiches an einer deutschen Universität geschaffen. Und nach dem „Englandflug" von Heß (1941) verlor die Homöopathie ihren relevanten Protektor im Parteiapparat.

Ein Wort noch zum Heilpraktikergesetz vom 1939, an dessen Zustandekommen Rudolf Heß neben Reichsärzteführer Wagner maßgeblich beteiligt war, und das häufig in seiner Bedeutung mißverstanden wurde, denn es hat einen ambivalenten Charakter: Zwar wurde durch das Gesetz der Heilpraktikerstand erstmalig staatlich anerkannt, gleichzeitig sollte es jedoch auch zu seinem Aussterben führen, denn die Ausbildung von Nachwuchs wurde den Heilpraktikern verboten. So sollte das Heilpraktikergesetz – wie es Goebbels' Zeitung „Das Reich" formulierte – „Wiege und Grab eines Berufsstandes zugleich" sein (26). Damit wurde der lange gehegte Wunsch der Ärzteschaft nach Aufhebung der „Kurierfreiheit" durch den nationalsozialistischen Staat tendenziell verwirklicht (27). (Das Verbot der Ausbildung von Heilpraktikernachwuchs wurde bekanntlich durch ein Bundesverwaltungsgerichtsurteil nach dem Krieg aufgehoben; ansonsten ist das Heilpraktikergesetz im wesentlichen unverändert in Kraft.)

Die „Schulmedizin" setzt sich durch

Während der Jahre 1933 bis 1936 forderte Reichsärzteführer Wagner in Reden immer wieder den „Aufbau einer umfassenden, beide Richtungen der Medizin in sich schließenden neuen deutschen Heilkunde" (28) und die „Synthese zwischen der sogenannten Schulmedizin und der biologischen Heilkunst" (29). Ziel war – wie gezeigt – die Überwindung der Vertrauenskrise in die Medizin, die Schaffung eines einheitlichen nazistischen Ärztestandes und die Vereinnahmung der naturheilkundlichen Laienbewegung für die Zwecke nationalsozialistischer Gesundheitspolitik.
Ab 1936 wurde die „Krise der Medizin" zunehmend zu einer „Krise der charakterlichen Einstellung . . . zu Volk und Rasse" uminterpretiert, „welche der nationalsozialistische Umbruch . . . überwunden hat" (30). Führende Vertreter der „Schulmedizin" – die wohl die Mehrheitsmeinung der deutschen Ärzte repräsentierten – forderten, das „Krisengerede" zu beenden und sich „konstruktiver Aufbauarbeit" zuzuwenden. Sie erhielten Unterstützung von maßgeblichen NS-Politikern und Rasse-Ideologen, die die wissenschaftlichen Leistungen der deutschen Hochschulen als „über jeden Zweifel erhaben" deklamierten (31). Die exakte Naturwissenschaft wurde vom Leiter des Rassenpolitischen Amtes des NSDAP, Dr. Walter Groß, als „Ergebnis germanischen Geistes" gefeiert (32). Und die Zeitschrift der SS, „Das Schwarze Korps", attestierte 1938:
„Die Schulmedizin . . . ist schon nicht mehr die Schulmedizin alten Schlages, sondern eine umfassende Heilwissenschaft" (33). Hintergrund für diese Entwicklung waren die Erfordernisse des Vierjahresplanes ab 1936. Die Naturärzte sahen sich erneut an den Rand gedrängt. Ihre Kritik an „Schulmedizin", Naturwissenschaft und chemisch-pharmazeutischer Industrie wurde nach Kriegsbeginn vom NS-Regime nicht mehr geduldet. Resigniert stellten sie fest:
„Wir stehen noch vor den Toren der ‚Neuen Deutschen Heilkunde'"(34). Der Tod von Dr. Wagner im März 1939 und die Ernennung seines Nachfolgers Dr. Leonardo Conti zum Reichsgesundheitsführer markierten den Endpunkt der „Synthesebestrebungen" von „Schulmedizin" und Naturheilkunde.
Vom Ergebnis her muß man feststellen, daß die nationalsozialistische Gesundheitspolitik der Ärzteschaft tendenziell das Monopol auf die Heilbehandlung zuteilte und daß die „Schulmedizin" und mit ihr die pharmazeutisch-technische Großindustrie zu einer neu fundierten Dominanz im Gesundheitswesen gelangen konnte, die bis heute fortwirkt.

Anmerkungen:

1) Vgl. ALFRED HAUG: Die Reichsarbeitsgemeinschaft für eine Neue Deutsche Heilkunde (1935/36). Ein Beitrag zum Verhältnis von Schulmedizin, Naturheilkunde und Nationalsozialismus (= Abhandlungen zur Geschichte der Medizin und der Naturwissenschaften, hrsg. von ROLF WINAU und HEINZ MÜLLER-DIETZ, Heft 50), Husum (Matthiesen Verlag) 1985; und WOLFGANG R. KRABBE: Gesellschaftsveränderung durch Lebensreform. Strukturmerkmale einer sozialreformerischen Bewegung im Deutschland der Industrialisierungsperiode (= Studien zum Wandel von Gesellschaft und Bildung im Neunzehnten Jahrhundert, hrsg. von OTTO NEULOH und WALTER RÜEGG, Band 9) Göttingen 1974, passim.

2) KARL E. ROTHSCHUH: Naturheilbewegung, Reformbewegung, Alternativbewegung, Stuttgart 1983, S. 101.

3) Erst 1920 wurde an der Universität Berlin der erste Lehrstuhl für Naturheilkunde in Deutschland eingerichtet – bezeichnenderweise nicht im Rahmen der medizinischen, sondern der philosophischen Fakultät.

4) Vgl. zum Beispiel Kneipp-Blätter 44 (1934) S. 70. Die Schwankungen zeitgenössischer Schätzungen ergeben sich aus der Tatsache, daß die Ausübung der Heilkunde außerhalb des ärztlichen Berufes zu diesem Zeitpunkt noch nicht von einer staatlichen Zulassung abhängig war.

5) Vgl. WALTER WUTTKE-GRONEBERG: „Kraft im Schlagen, Kraft im Ertragen!" Medizinische Reformbewegung und Krise der Schulmedizin in der Weimarer Republik, in: Religions- und Geistgeschichte der Weimarer Republik, hrsg. von HUBERT CANCIK, Düsseldorf 1982, S. 277–300.

6) Deutsches Ärzteblatt 63 (1933) S. 421.

7) Hippokrates 7 (1936) S. 371.

8) Näheres bei: HAUG, Reichsarbeitsgemeinschaft (wie Anm. 1).

9) Vgl. Deutsches Ärzteblatt 65 (1935) S. 591.

10) Wie Anm. 7.

11) HERMANN BERGER, in: Hippokrates 7 (1936) S. 198.

12) KARL KÖTSCHAU: Zum nationalsozialistischen Umbruch in der Medizin, Stuttgart-Leipzig 1936, S. 86.

13) Vgl. Deutsches Ärzteblatt 67 (1937) S. 1.

14) Verhandlungen der Gesellschaft Deutscher Naturforscher und Ärzte 94 (Berlin 1937), S. X.

15) Vgl. HAUG, Reichsarbeitsgemeinschaft (wie Anm. 1), insbes. S. 115 ff.

16) Ebd., passim.

17) Vgl. ALFRED HAUG: „Für Homöopathie und Volk". Protokolle des Süddeutschen Verbandes für Homöopathie und Lebenspflege an der Schwelle zum Dritten Reich, in: Allgemeine Homöopathische Zeitung, Band 231, Heft 6/1986, S. 228–236.

18) So die neue Satzung des Kneipp-Bundes von 1934, in: Kneipp-Blätter 44 (1934) S. 269.

19) GEORG G. WEGENER, in: Volks-Gesundheits-Wacht 1935, Heft 5, S. 5.

20) LUDWIG FRÜHAUF, in: Kneipp-Blätter 47 (1937) S. 3.

21) Vgl. WALTER WUTTKE-GRONEBERG: Von Heidelberg nach Dachau, in: GERHARD BAADER, ULRICH SCHULTZ (Hrsg.): Medizin und Nationalsozialismus. Tabuisierte Vergangenheit – Ungebrochene Tradition? (= Dokumentation des Gesundheitstages Berlin 1980, Band 1), Berlin 1980, S. 113–138.

22) Leib und Leben 1 (1933), Heft 5, S. 13.

23) Vgl. ALFRED HAUG: Das Rudolf-Heß-Krankenhaus in Dresden, in: Fridolf Kudlien (Hrsg.): Ärzte im Nationalsozialismus, Köln 1985, S. 138–145.

24) Deutsches Ärzteblatt 67 (1937) S. 751.

25) Hippokrates 7 (1936) S. 870.

26) Zitiert nach: Denkschrift zur Heilpraktikerfrage, hrsg. von der Arbeitsgemeinschaft für Parität der Heilmethoden München, München 1948, S. 32, Anm. 1.

27) Näheres zur Entstehung des Heilpraktikergesetzes bei: WALTER WUTTKE-GRONEBERG: Heilpraktiker im Nationalsozialismus, in: MANFRED BRINKMANN, MICHAEL FRANZ (Hrsg.): Nachtschatten im weißen Land. Betrachtungen zu alten und neuen Heilsystemen, Berlin 1982, S. 127–147.

28) Deutsches Ärzteblatt 65 (1935) S. 535.

29) Hippokrates 7 (1936) S. 233.

30) Vgl. zum Beispiel Volks-Gesundheits-Wacht 1937, Heft 7, S. 99.

31) KARL LUDWIG LECHLER,in: Deutsches Ärzteblatt 67 (1937) S. 275.

32) Ziel und Weg 6 (1936) S. 538.

33) Das Schwarze Korps vom 22. 9. 1938, S. 7.

34) ERNST GÜNTHER SCHENCK, in: Hippokrates 10 (1939) S. 1089.

Zwangssterilisationen nach dem „Gesetz zur Verhütung erbkranken Nachwuchses"

Christiane Rothmaler

Als eines der ersten und wichtigsten nationalsozialistischen Gesetze wurde am 14. Juli 1933 das sogenannte Gesetz zur Verhütung erbkranken Nachwuchses (1) (im folgenden „GzVeN") verabschiedet. Gedacht war es als ein Instrument zur sozial-, gesundheits- und bevölkerungspolitischen „Flurbereinigung" in der deutschen Bevölkerung (2). Gründe für die so rasche Verabschiedung – ein halbes Jahr nach der „Machtergreifung" – liegen nur zum Teil in der politischen Gleichschaltung des Deutschen Reiches; wesentlicher sind die inhaltlichen, juristischen und ideologischen Vorbereitungen des Gesetzes in der Weimarer Republik, vor allem durch Medizin und Justiz, aber auch durch Theologie oder öffentliche und private Wohlfahrtspflege(3).

Im selben Atemzug mit dieser Forderung nach der auch zwangsweisen Sterilisation „Erbminderwertiger" rief man insbesondere mit Zuspitzung der wirtschaftlichen und sozialen Konflikte nach Zwangsasylierung dieser Menschen mit Hilfe eines „Bewahrungsgesetzes" (4). In der dann immer radikaler geführten eugenischen Debatte wurden schließlich Symptome gesellschaftlicher Konflikte (zum Beispiel soziales Elend, Massenarmut, schlechter Gesundheitszustand breiter Bevölkerungsschichten) zur Ursache der „sozialen Krankheit des deutschen Volkes" umgedeutet (5). Daher sollte der Patient deutsches Volk verpflichtet werden, sich der Radikalkur „Auslese und Ausmerze" zu unterziehen, um zu gesunden. Das hatte allerdings eine Unterscheidung in „würdige" und „unwürdige" („erbhochwertige" und „erbminderwertige") Staatsbürger zur Folge.

Beispiel Hamburg – Die Durchführung des Gesetzes

Am 1. Januar 1934 trat das „GzVeN" in Kraft. Im selben Jahr wurde das öffentliche Gesundheitswesen mit der Einrichtung staatlicher Gesundheitsämter gleichgeschaltet (6). Bei den Amtsgerichten entstanden – eher aus populistischen denn aus juristischen Erwägungen – „Erbgesundheits-" und „Erbgesundheitsobergerichte" (im folgenden „EGG" und „EOG") mit mehreren „Kammern", vor denen sich die „Erbkranken" zu verantworten hatten. Beispielhaft wird hier auf die *Hamburger* Situation eingegangen.

Zunächst ging – wie vom Gesetz vorgesehen – beim Hauptgesundheitsamt eine Flut von Anzeigen wegen des Verdachtes einer Erbkrankheit ein. Sie kam aus den Kliniken, den großen Anstalten, aus den Heimen und verschiedenen Abteilungen der Fürsorgebehörde, aus den Arbeitsämtern, den Gefängnissen und von den Trinkervereinigungen und Krüppelverbänden beziehungsweise von niedergelassenen Ärzten. Später jedoch, als sich der Verfolgungs- und Ausgrenzungscharakter des

Abbildung 1:
Das Hauptgesundheitsamt Hamburg-Mitte am Besenbinderhof, um 1928

Gesundheitspaß

des Amtes für Volksgesundheit der NSDAP
Gau Hamburg

Gesundheitsstammbuch Nr.

für _____

geb. am: _____ in: _____

Beruf: _____

Wohnort: _____

Wohnung: _____

Dieser Gesundheitspaß ist sorgfältig aufzubewahren und dem
jeweils behandelnden Arzt zur Einsichtnahme beziehungsweise
Eintragung vorzulegen

Abbildung 2:
Der Hamburger Gesundheitspaß Staatsarchiv Hamburg, Sozialbehörde I, 6 F. 00. 21

Gesetzes gegen die Bevölkerung herauskristallisierte, hielten gerade die niedergelassenen Ärzte sich bei den Anzeigen zurück, da sie um den Ruf ihrer Praxis besorgt waren und den Verlust ihrer Patienten fürchteten.

Die Anzeigen dienten in erster Linie der „erbbiologischen Bestandsaufnahme" der Bevölkerung. So liefen im „Gesundheitspaßarchiv" (GPA), das vom Amtsarzt Kurt Holm eingerichtet und geleitet wurde, alle Informationen zusammen, die bereits über die so erfaßten Hamburger Bürger existierten beziehungsweise im Laufe des Verfahrens über sie gesammelt wurden (7). Das GPA diente der Partei, der Verwaltung, den Versicherungsträgern und der Wissenschaft als zentrale Kartei auch für Regelanfragen sozial-, gesundheits- und bevölkerungspolitischer Art. 1939 waren bei einer Bevölkerung von rund 1,5 Millionen bereits 1,1 Millionen Hamburger Bürger datenmäßig erfaßt und verkartet.

In einem zweiten Schritt wurden nun Anzeigen und zusammengetragene Unterlagen den ärztlichen Gutachtern im Gesundheits- und Jugendamt vorgelegt und die betroffenen Frauen, Männer und Kinder vorgeladen. Dies geschah nicht selten in Form einer polizeilichen Zuführung (8). In den Kliniken und Anstalten, in denen sich teilweise bereits vor 1933 eine „erbbiologische Verkartung" der Insassen eingebürgert hatte, erstatteten die Ärzte der Einfachheit halber selbst Anzeigen und Gutachten. Dabei ermittelten sie ebenso wie ihre beamteten Kollegen in eigener Verantwortung – häufig unter Verletzung der im „GzVeN" formal vorgesehenen Schweigepflicht – „erbpolizeilich" nicht nur bei den Behörden, sondern auch bei den Familien, Arbeitgebern, Lehrern u. ä. gegen die Angezeigten (9). Bis zu diesem Zeitpunkt wußten die meisten Betroffenen nichts von dem beabsichtigten Sterilisationsverfahren gegen sie.

Anders als bei den Anzeigen, die jeder erstatten konnte, der den Verdacht einer Erbkrankheit bei einer Person hegte, nannte das Gesetz die Amtsärzte und ärztlichen Anstaltsleiter (auch der Gefängnisse und Konzentrationslager) erst an zweiter Stelle als Antragsberechtigte. An erster Stelle waren „der oder diejenige antrags*berechtigt*, die unfruchtbar gemacht werden *sollten*" (da die Betroffenen auch gegen ihren Willen sterilisiert werden konnten).

Diese Rangfolge und vor allem der Hinweis auf die „Einsicht der ‚Erbkranken'", den Antrag zu ihrer Unfruchtbarmachung selbst zu stellen, diente der Verschleierung des Zwangscharakters des Gesetzes. Obwohl die Betroffenen, sofern sie die alleinigen Antragsteller waren, den späteren operativen Eingriff häufig verweigerten, durften – um das „GzVeN" und damit die Erb- und Rassehygiene nicht völlig in öffentlichen Mißkredit zu bringen – Zwangsmaßnahmen dann nicht ergriffen werden; das Verfahren mußte in solchen Fällen erneut aufgerollt werden. Um dies zu verhindern, sicherten die Amtsärzte derartige, wenn auch selten vorkommende Eigenanträge von Betroffenen durch ihre Unterschrift ab.

Analog zu den niedergelassenen Ärzten zogen sich auch die ärztlichen Anstaltsleiter allmählich aus der Antragstellung zurück und überließen die den Amtsärzten; zum einen, weil bei dem größten Teil der Anstaltsinsassen die Sterilisationsverfahren bereits durchgeführt, zum anderen aber, weil gerade aus diesem Grunde die Anstalten und ihre Ärzte in der Öffentlichkeit in Verruf geraten waren (10).

Daß es mit der „Freiwilligkeit" der Antragstellung nicht weit her war, zeigte sich auch an einer Hamburger Variante der Durchführung des „GzVeN": Trotz Bedenken ranghoher Juristen richtete die Gesundheits- und Sozialverwaltung im Einvernehmen mit dem „EGG" abweichend von der Reichslinie sogenannte Sterilisationspflegschaften für „geistig gebrechliche" Frauen und Männer ein, um eine reibungslose Durchführung der Verfahren zu gewährleisten. Bei den „Pfleglingen" handelte es sich um Frauen und Männer, die der Verwaltung schon lange als „soziale Abweichler" bekannt waren, die ihre Zustimmung zur Sterilisation verweigert und schon immer versucht hatten, sich dem Zugriff der Behörden zu entziehen. Durch solches Verhalten galt ihre mangelnde „Einsichts- und Einwilligungsfähigkeit" als belegt. Faktisch wurde diesen Betroffenen das mögliche Rechtsmittel der Beschwerde genommen (11).

Ärzte als „Sachverwalter des Staates"

Mit der Stellung des Antrages wurde das Sterilisationsverfahren vor dem „EGG" eröffnet. Mit der Ernennung eines Amtsrichters zum Kammervorsitzenden wurde diesem zwar eine formaljuristische Legitimation gegeben, aber weder vor 1933 noch nach 1945 waren Ärzte zu Beisitzern einer juristischen Kammer ernannt und damit zu Richtern geworden. Die „EGG"-Verfahren waren „völlig von dem nationalsozialistischen Gedanken beherrschte Gerichtsverfahren"; die „rassegesetzliche Erblehre" machte das „EGG" zu einer „Gerichtsbarkeit echter nationalsozialistischer Rechtsauffassung". Hier wurden Ärzte zu „Sachwaltern des Staates", als Gutachter und Beisitzer zu „beauftragten Richtern" (12).

Wenn auch die meisten „Probanden" – von ihnen wurde ab Vorliegen der Anzeige nur als „Erbkranke" gesprochen – unter der Androhung der polizeilichen Zuführung lieber freiwillig vor dem Gericht erschienen, nahmen sich die Richter doch das Recht, Widerspenstige mittels des sogenannten Sechs-Wochen-Beschlusses in einer geschlossenen Anstalt unterzubringen: vordergründig, um durch eine ausführliche Untersuchung die Verdachtsdiagnose zu sichern, viel eher jedoch zur „Beugehaft" für wenig kooperative „Patienten" (13).

Aus „erzieherischen" beziehungsweise propagandistischen Gründen fanden die nichtöffentlichen Verfahren überwiegend im Amtsgericht – bei Bedarf in den Anstalten – in Anwesenheit der Betroffenen statt; die ärztlichen Beisitzer hatten allerdings schon vor der Verhandlung aufgrund der Aktenlage und des ärztlichen Gutachtens ihr Urteil abgegeben, das dann „gefühlsmäßig und durch den persönlichen Eindruck" bestätigt werden sollte. Dementsprechend wurde im Fließbandverfahren – etwa drei bis vier Fälle pro 15 Minuten – verhandelt, wie aus Beschwerden und Interviews der Betroffenen zu entnehmen war. Trotz der massiven Propaganda für das „GzVeN" kamen die „EGG"-Verfahren schnell in den Geruch von Strafverfahren (14).

In den ersten zwei Jahren der Durchführung des „GzVeN" konnten die zur Sterilisation Verurteilten im Beschwerdeverfahren noch ärztliche Gegengutachter ihrer Wahl zu Hilfe holen. 1936 jedoch unterband „Reichsärzteführer" Gerhard Wagner diese Möglichkeit, da sie Sand im Getriebe der Verfahren bedeutete. Jetzt war es den beschwerdeführenden Frauen und Männern nur noch möglich, sich von solchen Obergutachtern untersuchen zu lassen, die das „EGG" bejahte und von der Gesundheitsbehörde gebilligt wurden.

Rechtsbeistände – zwar nicht häufig, aber doch in dem Maße vermehrt gewählt, wie „freie" Hamburger Bürger vor das „EGG" kamen – konnten die Richter zurückweisen (zumal Anwälte ihre Klienten zum Teil erfolgreich vertraten). Faktisch sollten auch auf diese Weise Widersprüche oder Wiederaufnahmeanträge von vornherein unterbunden werden, denn bereits ein Jahr nach Inkrafttreten des „GzVeN" hatte ein Welle von Beschwerden vor dem Obergericht eingesetzt. Versuche, die „Probanden" schon bei der Begutachtung, spätestens bei der Verhandlung vor dem „EGG" zum Rechtsmittelverzicht der Beschwerde zu bewegen, waren gescheitert (15). Das „EOG" allerdings entschied in der Regel ebenso für eine Unfruchtbarmachung wie die untere Instanz: „In Dubio pro Volksgemeinschaft", wie es ein Hamburger Amtsarzt ausdrückte.

Inhalte und Begründungen der Sterilisationsbeschlüsse waren dabei widersprüchlich. Es wurde zunehmend abhängig vom sozialen Status, von der Einstellung zum NS-Staat und vom sozialen Verhalten für oder wider eine Sterilisation entschieden: „Gerechte Entscheidung bedeutet dabei nach nationalsozialistischer (lebensgesetzlicher) Rechtsauffassung eine *solche* Entscheidung, die den Lebensgesetzes des Volkes Rechnung trägt" (16).

Waren die rechtlichen Möglichkeiten, eine Sterilisation zu verhindern, ausgeschöpft, blieb den Betroffenen nur noch die Alternative, sich in die Klinik zu begeben oder weiterhin Widerstand zu leisten. Vielfach wurden sie zur Fahndung im Reichskriminalblatt ausgeschrieben oder von der Polizei der Klinik zugeführt. In den meisten Fällen jedoch verliefen die Verfahren bis zur Sterilisation ohne viel Aufhebens, wenn sie auch weitaus überwiegend gegen den Willen der Frauen und Männer ausgeführt wurden.

In Hamburg sterilisierten die Gynäkologen bevorzugt nach der Methode Madlener (Quetschung und Unterbindung der Eileiter), Männer wurden vasektomiert. – Bereits 1934, als es noch keine gesetzliche Grundlage gab, hatte das Hamburger „EGG" in aufsehenerregenden Urteilen für 29 Schwangerschaftsabbrüche aus „eugenischen" Gründen gesorgt. Erst im Juni 1935 verankerte das Reichsinnenministerium diese gesetzten Fakten im „GzVeN" (17). Der Abbruch sollte vor Ablauf des sechsten Schwangerschaftsmonats und nur mit Einwilligung der Schwangeren vorgenommen werden. Konnte dieser „die Bedeutung der Maßnahme nicht verständlich gemacht werden", richtete man „Pflegschaften" ein. In den Hamburger Frauenkliniken wurden Schwangerschaften bis in die 28. Woche unterbrochen.

Bereits mit Beginn der Durchführung des Gesetzes stieg die Komplikations- und Todesrate nach Sterilisationen derart beängstigend, daß das Innenministerium wegen der Unruhe unter der Bevölkerung eine „Gegenpropaganda" befürchtete und die Operateure infolgedessen zu einer strengeren Beachtung chirurgischer Regeln aufforderte sowie eingehende Untersuchungen der Todesfälle einleitete (18).

Nach dem „GzVeN" sind zwischen 1934 und 1944 allein in Hamburg etwa 30 000 Menschen sterilisiert worden, im ganzen Deutschen Reich vermutlich 300 000 bis 400 000.

Waren es zunächst die Insassen der Heil- und Pflegeanstalten, die „phäno-typisch Auffälligen", die zwangsweise sterilisiert wurden, trat mit der wirtschaftlichen Konsolidierung des Regimes ab 1936 und insbesondere der verstärkten Kriegsvorbereitung ab 1938 eine Wende in der Erfassungs- und Sterilisationspraxis ein. Um nicht völlig ins wissenschaftliche Abseits zu geraten, paßte sich die Erbbiologie den aktuellen Verhältnissen an: Nun wurde „soziale Auffälligkeit" als erblich diagnostiziert, was sich auch in einer inhaltlichen Änderung der sogenannten Intelligenzbögen der Sterilisationsgutachten „wissenschaftlich" niederschlug (19). Mit der „Erbpflegeverordnung" vom 31. August 1939 paßte sich die Sterilisationspraxis den Kriegsverhältnissen an. Nun gerieten vor allem Fürsorgezöglinge, „erziehungs-resistente" Waisenkinder, Straffällige, Prostituierte, vereinzelt auch KZ-Häftlinge vor das EGG (20). Die ärztlichen Gutachter übernahmen die Funktion von Fahndern nach „sozialen Abweichlern". Zugleich wurde die Fürsorgeunterstützung für die sogenannten „Minderwertigen" gekürzt oder ganz gestrichen (21). Ab 1941 praktizierten die deutschen Besatzer ihre Sterilisationspolitik in Polen mit Hilfe der „Schutzangehörigenerbpflegeverordnung". Ab 1942 wurden ohne Gerichtsverfahren in den KZ Sinti, Roma, Juden und sogenannte „Asoziale" sterilisiert. 1944 begann man in Hamburg mit der Unfruchtbarmachung der „Zigeunermischlinge" (22). Am 1. Dezember 1944 stellten die „EGG" ihre Tätigkeit ein.

„Erblichkeitsdiagnostik" als soziale Diagnostik

Die Hauptbetroffenen der Sterilisationen waren Angehörige der sozialen Unterschichten, die Auffälligen und nicht Funktionierenden, die als ungelernte oder angelernte Lohnarbeiter/-innen ihren Lebensunterhalt verdienten, aus größeren Familien mit überwiegend desolaten wirtschaftlichen Verhältnissen stammten, eine ungenügende Schulbildung erhalten hatten und alle vor allem durch Inanspruchnahme öffentlicher Fürsorgeunterstützung den Staatshaushalt „belasteten" (besonders in der Weltwirtschaftskrise); es waren die chronisch Kranken, die körperlich, geistig und seelisch Behinderten in den Anstalten, diejenigen, die an den Rändern der Gesellschaft lebten und sich sozial nicht anpaßten oder gar straffällig wurden; es waren die „minderwertigen" Arbeitsfähigen, die „minderwertigen" arbeitsfähigen „Arbeitsscheuen" und „Asozialen" und die „minderwertigen", nicht mehr arbeitsfähigen „unnützen Esser". In der Regel nicht betroffen waren dagegen fachlich Ausgebildete, wie zum Beispiel die in der Deutschen Arbeitsfront (DAF) organisierten Facharbeiter, die die „Vorarbeiter Europas" sein sollten.

Ganze Familienverbände gerieten in die Erfassung zur Sterilisation und wurden unfruchtbar gemacht. In einer Mischung aus Angst, Verzweiflung, Aufmüpfigkeit und Nicht-Begreifen-Können versuchten viele, auf die Ärzte einzuwirken, die beabsichtigte Sterilisation abzuwenden. Die meisten aber ergaben sich resigniert in ihr Schicksal. Ihre Vereinzelung war das besondere Drama der Sterilisierten; vom Gesetz zum Schweigen verpflichtet, verbargen sie auch vor ihrer Umgebung aus dem Gefühl der Schande und Entwürdigung ihr Schicksal und konnten daher keine Solidarität oder gar kollektiven Widerstand entwickeln.

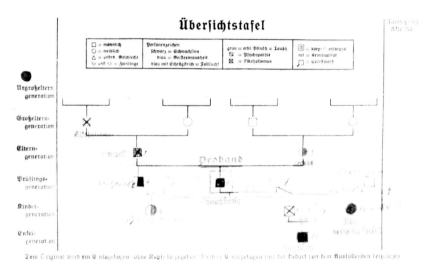

Nr. der Akte

Anlage 2

Sippentafel

Familienname des Prüflings

(bei Frauen Rückverfolgung, Namensänderungen nach Geburts- und früheren Ehenamen)

Sämtliche Vornamen (Rufname unterstreichen)

geboren *1882* in *Hamburg*

zur Zeit wohnhaft in *Hamburg,*

Sippentafel aufgestellt am *17. 2.* 19 *38* durch

Nachträge am

Übersichtstafel

Abbildung 3:
Sogenannte Sippentafel zur erbbiologischen Erfassung der gesamten Familie. Staatsarchiv Hamburg, Sozialbehörde I, Vg. 42.48

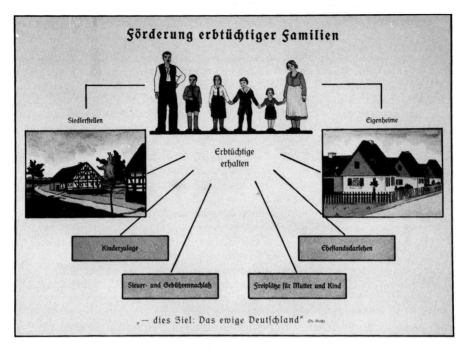

Abbildung 4:
Propaganda- und Lehrtafel zur NS-Familienpolitik aus: Vogel: Erblehre, Abstammungs- und Rassenkunde. Stuttgart 1942

Sozialpolitisches Ziel des NS-Staates war jedoch die Reduzierung beziehungswiese die Umverteilung der Sozialausgaben von diesen „Minderwertigen" auf würdigere „Volksgenossen".

Herausragende Rassenhygieniker wie Ernst Rüdin oder Fritz Lenz forderten bereits 1935 die Ausdehnung des Gesetzes auf einen immer größeren Personenkreis, „der zwar gesellschaftsfähig, (für den die Erbkrankheit) aber eine Last und ein Hemmnis für Arbeit und Freude am Dasein" war. Schien das Krankheitsbild „nicht störend genug", konnte die Sterilisation unter Umständen unterbleiben. Für Lenz war die Unfruchtbarmachung erwünscht bei „Krankheits- und Schwächezuständen, welche die Leistungsfähigkeit der Betreffenden beeinträchtigen". Anvisiert war „die fortlaufende Ausschaltung der erbunwerten Ballastexistenzen und fortlaufende Ausfüllung der dadurch entstandenen Volkslücke, was ja gleichzeitig neue Verdienst- und Existenzmöglichkeiten für die Erbgesunden und Erbbegabten bedeutet" (23).

„Erblichkeit liegt sicher vor, ist nur nicht festzustellen"

Diese (im Zwischentitel zitierte) Begründung eines damaligen Gutachters für seinen Sterilistionsantrag offenbart das ganze Dilemma, in dem sich die Erblichkeitstheorie befand. Für keines der im Gesetz angeführten Krankheitsbilder (angeborener Schwachsinn, Schizophrenie, Manisch-depressives Irresein, Chorea Huntington, Epilepsie, erbliche Blindheit, Taubheit, schwere körperliche Mißbildung und schwerer Alkoholismus) war zum damaligen Zeitpunkt ein eindeutiger Erbgang nachgewiesen (24). Anhand des Kommentars zum „GzVeN" von Ruttke, Gütt und Rüdin (1934/36) ist nachzuvollziehen, mit welcher Argumentationsakrobatik die Kommentatoren sich aus der Affäre zogen. In der Beilage zum damaligen Deutschen Ärzteblatt, dem „Erbarzt", wurde zwar der wissenschaftliche Disput bis hin zur Frage der Erblichkeit der Appendicitis ausgetragen, die Marschrichtung war jedoch durch das Gesetz vorgegeben.

Wir haben 522 Gutachten nach unterschiedlichen Kriterien ausgewertet. Hier sollen nur einige genannt werden. Zunächst waren die Gutachter der Kliniken und des Gesundheitsamtes auf völlig unterschiedlichem Ausbildungsniveau: etwa die Hälfte der Gutachten wurde von Assistenzärzten oder „Medizinalassessoren" erstattet, eine eindeutige fachärztliche Ausbildung (vor allem in der Psychiatrie) war in erster Linie bei Klinikärzten bzw. Obergutachtern festzustellen. „Probanden" mit den sozial stigmatisierten und stigmatisierenden Diagnosen „Schwachsinn" und „Alkoholismus" wurden überwiegend von den Ärzten des Gesundheitsamtes und dabei fast ausschließlich *nur einmal* untersucht (wobei es sich hier um eben die Klientel der Behörden handelte), während „Probanden" mit den Diagnosen „Schizophrenie" oder „Manisch-depressives Irresein" durch die Ärzte der Krankenhäuser begutachtet wurden, und das signifikant mehrfach. Es handelte sich hier um die Klientel der Kliniken/Fachabteilungen.

Im überwiegenden Teil mußten wir die *formale und inhaltliche Qualität* der ausgewerteten Gutachten als eher negativ einstufen, wobei dieser Mangel sich zu ungunsten der „Schwachsinnigen" und „Alkoholiker" beziehungsweise der sozialen Unterschichten oder Hilfsschüler auswirkte. Der weitaus größte Teil der Gutachten erfüllte – auch immanent gesehen – nicht die Bedingungen, die von einer solchen Arbeit, soll sie wissenschaftlich Bestand haben, erwartet werden müssen. Eine ausführliche Beschreibung des Krankheitsbildes, der Verlaufsform, ausführliche Anamnese, eingehende körperliche Untersuchung oder gar eine Prognose waren bei nur knapp 7 Prozent der Gutachten vorhanden. Spärliche, stichwortartige Informationen – dabei eine häufig sinnlose Aneinanderreihung von Details – machten den überwiegenden Teil jener Gutachten aus. In fast der Hälfte der Gutachten wurden das soziale Verhalten oder die psychische Befindlichkeit der „Probanden" abwertend beurteilt, soziale und schulische Leistungen, vor allem bei Angehörigen der sozialen Randgruppen, sehr negativ vermerkt. Die formalen Begründungen für einen Sterilisationsantrag waren bei den neurologisch-psychiatrischen Diagnosen „Epilepsie", „Schizophrenie", „Manisch-depressives Irresein" beziehungsweise bei „Blindheit", „Taubheit" und „Mißbildung" fast ausschließlich „eugenisch", während bei „Schwachsinn" und „Alkoholismus" mit mangelnder sozialer Bewährung, sexueller Triebhaftigkeit (vor allem bei Frauen) und Straffälligkeit argumentiert wurde.

Nur in zwölf der ausgewerteten 522 Gutachten verneinten die Gutachter klar das Vorliegen einer Erblichkeit der Krankheit beziehungsweise einer erblichen Belastung in der Familie. Außerdem konnnte in 28 Prozent der Gutachten eine „Erbkrankheit" in der Familienanamnese nicht nachgewiesen werden; die Berechtigung zur Sterilisation wurde aber daraus abgeleitet, daß diese Krankheit als erblich *definiert* war, insbesondere bei „Schizophrenie", „Manisch-depressivem Irresein", und „Epilepsie". Ähnlich formalistisch wurde in 19 Prozent der Gutachten das „GzVeN" als Begründung der Erblichkeit angeführt. Wenn die betreffende oder eine andere „Erbkrankheit" in der Familienanamnese einmal aufgetaucht war, galt das ebenfalls als Beweis (20 Prozent). Hierin folgten die Gutachter ganz der Argumentation des Kommentars zum „GzVeN".

Auf der anderen Seite galten in 66 Prozent der Gutachten als „Nachweis" der Erblichkeit die „minderwertige Sippe", eine „charakterliche Abartigkeit der Familie", soziale Auffälligkeit oder „mangelnde Lebensbewährung" der „Probanden" oder ihrer Familien. Diese Argumentation traf vor allem auf die Diagnosen „Schwachsinn" und „Alkoholismus" zu oder dann, wenn die Moralvorstellung der „Probanden" selbst, ihre Individualität, ihre Lebensentwürfe mit dem Urteil „mangelnder Einsicht in die Erfordernisse des Staates" begründet und als pathologisch gedeutet wurden. „Rasse und Erblichkeit wurden zur Leerformel gemacht, unter die alles Beliebige in gerade erwünschtem Umfang subsummiert und der Vernichtung zugeführt werden konnte" – zu diesem Schluß kommt Dörner (25). Bock zieht ein ähnliches Fazit: „In den Gerichtsbeschlüssen wurde entlang von Krankheits-, Verhaltens-, Verstandes- und Charakterbeschreibungen die Minderwertigkeit beschworen", die nun ihrerseits durch die Glorifizierung des deutschen Volkes erkärt werden könne (26).

Bei den Betroffenen sollten sich die Traumatisierungen bis ins hohe Alter auswirken. Erst 1988 konstituierte sich der „Bund der Zwangssterilisierten und Euthanasiegeschädigten" mit Hauptsitz in Detmold. Erst seit 1980 erhalten diese Verfolgten des NS-Regimes eine einmalige Abfindung von 5000 DM, was jedoch nicht mit einer Anerkennung nach dem Bundesentschädigungsgesetz verbunden ist. Auch aus dem erst auf großen öffentlichen Druck hin von der Bundesregierung 1987 errichteten Sonderfonds erhalten die Zwangssterilisierten nur nach einer für sie erneut traumatisierenden und entwürdigenden Überprüfungsprozedur eine Beihilfe. In einzelnen Bundesländern bestehen Länderstiftungen mit unterschiedlich großzügigen Regelungen. Das „GzVeN" selbst ist allerdings bis heute von keiner Bundesregierung als nationalsozialistisches Unrechtsgesetz anerkannt oder gar für null und nichtig erklärt worden.

Anmerkungen:

1) Diesem Beitrag liegen Ergebnisse eines Forschungsprojektes der Psychiatrischen und Nervenklinik der Universität Hamburg zugrunde. Vgl. CHRISTIANE ROTHMALER, Sterilisationen nach dem „Gesetz zur Verhütung erbkranken Nachwuchses" vom 14. Juli 1933. Eine Untersuchung zur Tätigkeit des Erbgesundheitsgerichtes und zur Durchführung des Gesetzes in Hamburg in der Zeit zwischen 1934 und 1944. Abhandlungen zur Geschichte der Medizin und der Naturwissenschaften, Bd. 60. Hg. von ROLF WINAU und HEINZ MÜLLER-DIETZ. Husum 1991.

2) GISELA BOCK: „Zwangssterilisation im Nationalsozialismus, Studien zur Rassenpolitik und Frauenpolitik", Opladen 1986, des weiteren GÜTT, RUTTKE, RÜDIN: Der Kommentar zum „Gesetz zur Verhütung erbkranken Nachwuchses", München 1934/35.

3) PETER KRÖNER: „Die Eugenik in Deutschland 1891–1934", Diss. med. Münster 1984; TILL BASTIAN: „Von der Eugenik zur Euthanasie", Bad Wörrishofen 1981; SABINE SCHLEIERMACHER: „Das bevölkerungspolitische Konzept der Inneren Mission" in H. KAUPEN-HAAS (Hg.): „Der Griff nach der Bevölkerung", Nördlingen 1986, S. 73–102.

4) ALFRED GROTJAHN: „Hygiene der menschlichen Fortpflanzung", Wien 1926, S. 199–201; A. EBBINGHAUS: „Helene Wessel und das Bewahrungsgesetz" in DIES (Hg.): „Opfer und Täterinnen. Frauenbiographien des Nationalsozialismus", Nördlingen 1987, S. 152–173.

5) FRITZ LENZ: „Über die biologischen Grundlagen der Erziehung", München 1927.

6) Durch das „Gesetz zur Vereinheitlichung des Gesundheitswesens" 1934.

7) FRIEDEMANN PFÄFFLIN: „Das Hamburger Gesundheitspaßarchiv. Bürokratische Effizienz und Personenerfassung in A. EBBINGHAUS u. a. (Hg.): „Mustergau Hamburg, Gesundheits- und Sozialpolitik im Dritten Reich", Hamburg 1984, S. 18–20.

8) KURT HOLM: „Verhütung erbkranken Nachwuchses. Durchführung des Gesetzes in Hamburg" in „Hamburg im 3. Reich, Arbeiten der Hamburger Verwaltung in Einzeldarstellungen" (1936), Nr. 8, insbesondere S. 20.

9) Der Ausdruck „Erbpolizei" stammt von F. DUBITSCHER, „Praktische Erb- und Rassenpflege" in: „Der öffentliche Gesundheitsdienst", Teil A (1940) Nr. 18, S. 551–569.

10) GISELA BOCK, Vgl. Anm. (2), S. 265.

11) Staatsarchiv Hamburg, Sozialbehörde I, GF. 00.15. Vgl. CHRISTIANE ROTHMALER, Die Sozialpolitikerin Käthe Petersen zwischen Auslese und Ausmerze. In: A. EBBINGHAUS, Anm. (4), S. 75–90.

12) MAßFELLER: „Die Stellung des Arztes im Verfahren vor dem Erbgesundheitsgericht" in Deutsche Juristenzeitung (1935) Nr. 40, SP. 17–22; des weiteren H. J. LEMME: „Arzt und Rechtswahrer" in Deutsche Medizinische Wochenschrift (1936) Nr. 18, S. 737–741; J. Körner (Hg.) Deutsches Ärztrecht, Berlin 1942.

13) Staatsarchiv Hamburg, Sozialbehörde I, St.W. 32, 16, Bl. 16 ff.

14) KURT HOLM, vgl. Anm. (8), S. 26–27. Des weiteren Georg Bacmeister: „Das Erbgesundheitsobergericht" in „Das Hanseatische Oberlandesgericht", Hamburg 1939, S. 234.

15) Staatsarchiv Hamburg, Medizinalkolleg II, EOG III, Bd. 2

16) H. J. LEMME: „Das Deutsche Erbgesundheitsgericht" in „Der öffentliche Gesundheitsdienst", Teil A, (1936) Nr. 8, S. 327.

17) Vierte Verordnung zur Ausführung des Gesetzes zur Verhütung erbkranken Nachwuchses vom 18. Juli 1935.

18) Bundesarchiv Koblenz, R 43II/720 Bl. 64–69, R 18/5585 Bl. 165.

19) Staatsarchiv Hamburg, Medizinalkolleg II, EGOG 3, Bd. 2.

20) Amtsgericht Hamburg, Abteilung Vormundschaftsgericht: Register des Hamburger EGG 1934–1945.

21) Staatsarchiv Hamburg, Sozialbehörde I, VG. 30.,43; VG 20.23, Bd. 4; VT. 23.23: Richtlinien zur Durchführung der Fürsorge und Behandlung Gemeinschaftswidriger 1938.

22) Anonym: „Als ob nichts gewesen wäre. Zur Geschichte der Zwangssterilisation in der NS-Zeit. Die Frauenärzte Hans-Joachim Lindemann und Carl Clauberg", in: „Autonomie. Materialien gegen die Fabrikgesellschaft" (1981) Nr. 7, S. 43–60; Staatsarchiv Hamburg, Sozialbehörde I, AF. 83.72 Bl. o. Nr. 7, S. 43–60; Staatsarchiv Hamburg, Sozialbehörde I, AF. 83.72 Bl. o. Nr.: Schreiben der Kripoleitstelle Hamburg vom 9. 11. 1944; vgl. auch Rudko Kawczynski: „Hamburg soll ‚zigeunerfrei' werden" in A. Ebbinghaus (Hg.), vgl. Anm. 4, S. 45–53.

23) Bundesarchiv Koblenz R 43II/720 u. 721 a, R 22/1933: Niederschrift des Sachverständigenbeirates für Rassenhygiene und Bevölkerungspolitik II, 1935.

24) KLAUS DÖRNER (Hg.): „Gestern minderwertig – heute gleichwertig? Eine Dokumentation des Menschenrechtskampfes um die öffentliche Anerkennung der im Dritten Reich wegen seelischer, geistiger und sozialer Behinderung zwangssterilisierten und ermordeten Bürger und ihrer Familien als Unrechtsopfer und NS-Verfolgte", Bd. 1 und 2, Gütersloh 1985 und 1986, hier insbes. Dok. Nr. 29, S. 3.

25) ders., Diagnosen der Psychiatrie, Frankfurt 1975, S. 68.

26) GISELA BOCK, vgl. Anm. (2), S. 277 und S. 80.

Medizin und Rassenpolitik – Der „Lebensborn e. V." der SS

Georg Lilienthal

Die (medizin-)historische Forschung hat offengelegt, daß die nationalsozialistische Führung bei der Umsetzung ihrer in kontinentalem Ausmaß geplanten Rassenpolitik auf die Mitarbeit der gesamten deutschen Ärzteschaft, freilich in unterschiedlichem Grade, angewiesen war. Die Frage in welchem Umfang die Ärzte diesen Erwartungen nachkamen, wird im einzelnen noch zu klären sein, doch steht heute schon fest, daß die Zahl der Ärzte, die sich aktiv an der nationalsozialistischen Rassenpolitik beteiligten, deutlich über die Marke von dreihundertfünfzig oder vierhundert hinausging.

Nationalsozialistische Rassenpolitik beruhte nicht nur auf der Vernichtung aller rassisch „Minderwertigen" durch Sterilisierung, „Euthanasie" und Genozid, sondern auch auf der Begründung einer rassischen Elite, die in ihrer letzten Konsequenz die traditionelle Sozialordnung aufgehoben hätte. Diese vom Rassenwahn getragene Ordnungspolitik gehörte neben der konventionellen Machtpolitik zu den Mitteln, mit denen Hitler und die Nationalsozialisten die Weltherrschaft stufenweise erringen wollten. Die gesteuerte biologische Höherentwicklung durch Auslese, das Komplement in der nationalsozialistischen Rassenideologie zur Ausmerzung rassisch „Untauglicher", wird in ihrer Komplexität, zumal in ihrer angestrebten Verwirklichung in der Bevölkerungs- und Rassenpolitik, wofür der „Lebensborn" ein zentrales Beispiel ist, im Vergleich zur sogenannten Euthanasie und der „Endlösung der Judenfrage" noch zu wenig beachtet.

Nach der Machtergreifung betrieben die Nationalsozialisten die biologische Aufrüstung des deutschen Volkes mit allen Mitteln. Ein Angriffspunkt war dabei die Bekämpfung des Geburtenrückgangs. Für die kinderreiche Familie wurde bei jeder Gelegenheit geworben, finanzielle Anreize wurden geschaffen und sonstige Erleichterungen gewährt. Auch mit der Förderung unehelicher Geburten hoffte man, dem Bevölkerungsdefizit begegnen zu können. Deshalb wurde eine weitgehende Gleichstellung der unehelich mit den ehelich Geborenen propagiert und der Abbau ihrer rechtlichen Benachteiligung vorbereitet. Mit dem Kriegsausbruch schlug diese Unehelichenpolitik in eine offensive Geburtenpolitik um.

Wenn der Reichsführer-SS Himmler mit dem „Lebensborn" Abtreibungen verhindern wollte, so dachte er dabei nicht an das persönliche Schicksal hilfsbedürftiger Frauen, sondern ausschließlich an den Geburtenausfall. Ihn zu verringern und damit zur biologischen Stärkung des deutschen Volkes beizutragen, hatte er sich vorgenommen. Er erachtete sie für notwendig, um Hitlers Plan der Eroberung neuen „Lebensraumes" auch die bevölkerungspolitischen Voraussetzungen zu liefern. Dem Reichsführer-SS und Hitler schwebten die Errichtung eines „Germanischen Reiches" in den westlichen Gebieten der Sowjetunion vor, getragen von einem zu

Der „Lebensborn e. V.". Auf Veranlassung des Reichs=
führers SS Himmler wurde im Jahre 1936 der „Lebensborn
e. V." gegründet, der vom Reichsführer SS persönlich geführt
wird. Die Aufgaben des „Lebensborn" liegen ausschließlich auf
bevölkerungspolitischem Gebiet. Es werden rassisch und erb=
biologisch wertvolle kinderreiche Familien unterstützt, rassisch
und erbbiologisch wertvolle werdende Mütter betreut und in
den Heimen des „Lebensborn" aufgenommen. Außerdem wird
für die dort zur Welt gekommenen Kinder und für ihre Mütter
ständig gesorgt. Bis jetzt bestehen im Reichsgebiet bereits sechs
Heime für werdende Mütter und ihre Kinder.

Abbildung 1:
Notiz aus „Volk und Rasse" 14 (1939), 20

neuem Leben erweckten „germanischen Volk". Hitler war der Architekt des künftigen Reiches. Himmler wollte mit der SS sein Baumeister sein.

Dies ist der ideologische Hintergrund, vor dem Himmlers spezielles Motiv für
den Einsatz des „Lebensborn", den er 1935 im Rahmen der SS als Verein gründete, zu sehen ist. Der Reichsführer-SS hoffte, daß mit den Kindern, die in den
Heimen des Vereins geboren wurden und unter seiner Obhut aufwuchsen, der biologische Bestand der SS vermehrt würde. Sie und ihre Mütter wurden denselben
Auslesekriterien unterworfen wie der „Schwarze Orden". Deshalb war Himmler
davon überzeugt, daß aus dem „Lebensborn" der „Adel der Zukunft" hervorgehen
werde.

Der Verein unterhielt, verstreut über das Reichsgebiet, bis kurz vor Kriegsende
acht Entbindungs- und vier Kinderheime. Obwohl er auch verheiratete Frauen aufnahm, konzentrierte er seine Aufmerksamkeit doch auf die ledigen Mütter. Seine
Fürsorge beschränkte sich nicht nur auf eine unbeschwerte Entbindung. Nach der
Geburt übernahm er die Vormundschaft des Kindes und besorgte der Mutter auf
Wunsch einen Arbeitsplatz oder eine Wohngelegenheit. Konnte sie das Kind wegen ihrer Berufstätigkeit nicht zu sich nehmen, verblieb es unter der Aufsicht des
Vereins, oder er vermittelte es in eine Pflegefamilie. In mehreren Fällen leitete er
eine Adoption in die Wege.

Diese vielfältigen Aufgaben und die gesundheitliche Überwachung der Heime,
in denen insgesamt rund 7000 bis 8000 Kinder, davon 50 bis 60 Prozent unehelich,
geboren wurden, erforderten ein umfangreiches Pflegepersonal. Der „Lebensborn"
hatte bei Kriegsende etwa 700 Mitarbeiter, davon 80 Prozent Frauen, die als Büro-
kräfte Zivilangestellte der SS waren oder als Pflegepersonal von der NS-Schwe-
sternschaft beziehungsweise freien Schwesternschaft kamen, während leitende

Abbildung 2:
Heim „Kurmark" (Klosterheide bei Lindow/
Mark)

Funktionen bis auf die Oberschwestern in den Heimen überwiegend von SS-Angehörigen ausgeübt wurden. Sitz der Verwaltungszentrale war München.

Ärztliche Versorgung

Für die gesundheitlichen Belange der Heiminsassen und des Personals war Dr. med. Gregor Ebner verantwortlich, der nicht nur die Leitung der Hauptabteilung „Gesundheit" innehatte, sondern auch dem Verein die rassenideologische Ausrichtung gab. Er war die wichtigste Person in der Führung. Seine Parteikarriere war typisch für einen NS-Arzt in verantwortlicher Stellung. Nach Teilnahme am Ersten Weltkrieg und Mitgliedschaft im Freikorps Epp trat er am 1. November 1930 der NSDAP bei, für die er sofort eine Ortsgruppe in seinem Heimatort Kirchseeon/ Obb. gründete. Im darauffolgenden Jahr wurde er SS-Angehöriger. Nach eigenem Bekenntnis hatte er Himmler bei der Studentenverbindung „Apollo" in München kennengelernt. Von da an wurde er bis 1933 Familienarzt Himmlers. Aus dieser Zeit rührte auch seine Duzfreundschaft mit dem Reichsführer-SS. Im „Lebensborn" hatte er stets den höchsten SS-Rang inne. Ebners parteipolitische Aktivitä-

Abbildung 3:
Heim „Friesland" (Hohehorst bei Bremen)

ten erschöpften sich nicht mit der SS-Zugehörigkeit und der Leitung der Ortsgruppe Kirchseeon. Bereits vor der Machtergreifung war er dem Nationalsozialistischen Deutschen Ärztebund beigetreten, in dessen Disziplinargerichtshof er 1934 vom Reichsärzteführer Dr. Gerhard Wagner berufen worden war und dessen Vorsitz er schließlich 1938 übernahm. Auch betätigte er sich als Redner des „Rassenpolitischen Amtes der NSDAP".

Unter Ebners Aufsicht, der seit der Eröffnung 1936 das größte und als Musterheim fungierende Heim „Hochland" in Steinhöring/Obb. leitete, war für jedes Entbindungsheim ein Arzt angestellt. Die Mehrzahl dieser Heimärzte war tätig, ohne ausreichend für Geburtshilfe, Frauenheilkunde oder Kinderheilkunde qualifiziert zu sein. Selbst Ebner hatte nur eine allgemeinmedizinische Ausbildung genossen. Anfangs wurde die fachärztliche Betreuung der Heiminsassen durch Kinderärzte ausgeübt, die ihre Praxis in der Nähe der Heime hatten. Außerdem wurden jeden Monat klinische Berichte an Prof. Dr. Günter K. F. Schultze, Direktor der Universitäts-Frauenklinik Greifswald, zur Begutachtung geschickt. Später wurden drei sogenannte „beratende Fachärzte" für den „Lebensborn" berufen: Prof. Dr. Josef Becker, Direktor der Universitäts-Kinderklinik Marburg, für Kinderheilkunde, Prof. Dr. Wilhelm Pfannenstiel, Direktor des Hygieneinstituts der Universitäts-Klinik

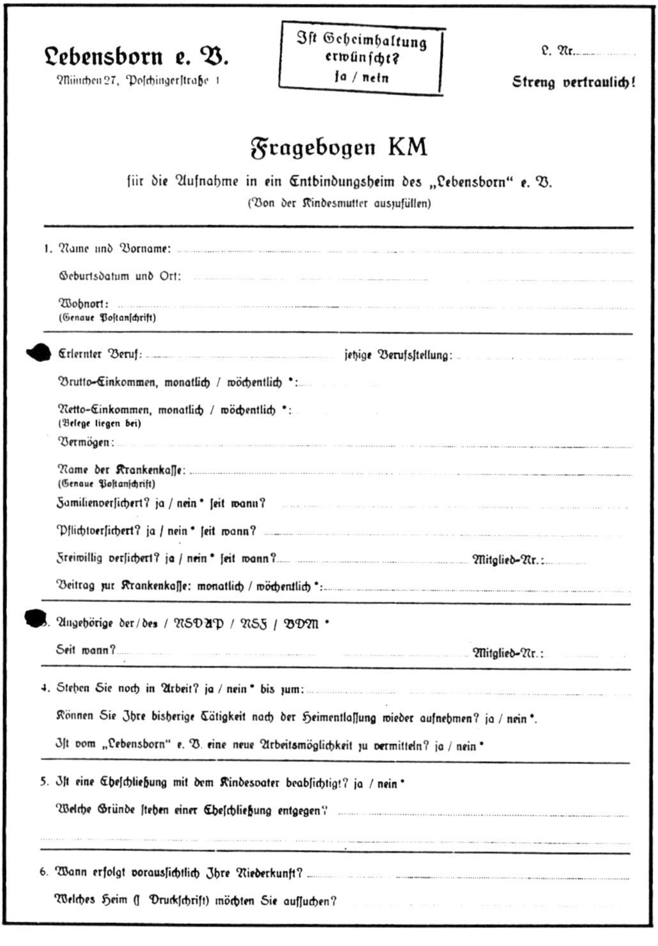

Lebensborn e. V.
München 27, Poschingerstraße 1

Ist Geheimhaltung
erwünscht?
Ja / nein

L. Nr.
Streng vertraulich!

Fragebogen KM

für die Aufnahme in ein Entbindungsheim des „Lebensborn" e. V.
(Von der Kindesmutter auszufüllen)

1. Name und Vorname:
   Geburtsdatum und Ort:
   Wohnort:
   (Genaue Postanschrift)

   Erlernter Beruf: .... jetzige Berufsstellung:
   Brutto-Einkommen, monatlich / wöchentlich *:
   Netto-Einkommen, monatlich / wöchentlich *:
   (Belege liegen bei)
   Vermögen:
   Name der Krankenkasse:
   (Genaue Postanschrift)
   Familienversichert? ja / nein * seit wann?
   Pflichtversichert? ja / nein * seit wann?
   Freiwillig versichert? ja / nein * seit wann? .... Mitglied-Nr.:
   Beitrag zur Krankenkasse: monatlich / wöchentlich *:

   Angehörige der / des / NSDAP / NSS / BDM *
   Seit wann? .... Mitglied-Nr.:

4. Stehen Sie noch in Arbeit? ja / nein * bis zum:
   Können Sie Ihre bisherige Tätigkeit nach der Heimentlassung wieder aufnehmen? ja / nein *.
   Ist vom „Lebensborn" e. V. eine neue Arbeitsmöglichkeit zu vermitteln? ja / nein *

5. Ist eine Eheschließung mit dem Kindesvater beabsichtigt? ja / nein *
   Welche Gründe stehen einer Eheschließung entgegen?

6. Wann erfolgt voraussichtlich Ihre Niederkunft?
   Welches Heim (I Druckschrift) möchten Sie aufsuchen?

Abbildung 4:
Fragebogen zur Aufnahme in ein Entbindungsheim des „Lebensborn". Der Verein unterhielt bis kurz vor Ende des Zweiten Weltkrieges – verstreut über das Reichsgebiet – acht Entbindungs- und vier Kinderheime

Marburg, für Hygiene, und Dr. Mackenrodt, Leiter einer Privatklinik in Berlin, für Geburtshilfe. Als SS-Angehörige waren sie ehrenamtlich tätig und mußten regelmäßig die Heime inspizieren, das Pflegepersonal weiterbilden, ärztliche Berichte der Heime fachlich und statistisch auswerten.

Im „Lebensborn" legte man kein großes Gewicht darauf, daß die bei ihm beschäftigten Ärzte eine fachärztliche Versorgung sicherstellen konnten. Sie wurde in Notfällen von den Heimen benachbarten Krankenhäusern oder ortsansässigen Spezialisten gewährleistet. Vielmehr mußten sie ihrer Doppelrolle als ärztliche Betreuer und Repräsentanten nationalsozialistischer Weltanschauung genügen. Aus diesem Grund waren sie gleichzeitig alleinverantwortliche Leiter der Heime. Diese

Stellung verpflichtete sie zur Beteiligung an Aufgaben, die den „Lebensborn" seiner wahren Zielsetzung gemäß als Vollzugsorgan nationalsozialistischer Rassenpolitik enthüllen. Insgesamt waren für den „Lebensborn" im Reich zwischen 1936 und 1945 18 Ärzte und Ärztinnen tätig.

Als Voraussetzung erfolgreicher Arbeit betrachtete die „Lebensborn"-Führung die Geheimhaltung. Einerseits sollte mit ihr die unverheiratete Mutter vor Diskriminierung geschützt werden. Andererseits konnte der Verein unter dem Mantel der Verschwiegenheit seine rassenideologischen Absichten ungestört verfolgen. Die Geheimhaltungsmaßnahmen waren nur durchführbar unter Ausschaltung oder Umgehung geltenden Rechts. Eigene Heim-Standesämter verhinderten, daß das Geburtsstandesamt der Mutter von der Geburt eines unehelichen Kindes unterrichtet wurde, wie es gesetzlich vorgeschrieben war. Standesbeamter war regelmäßig der ärztliche Heimleiter, der auch sonst alle in den Heimen vorkommenden Personenstandsfälle beurkundete. Um die polizeiliche Meldepflicht zu unterlaufen, richtete der Verein eigene Meldeämter ein und verschaffte den werdenden Müttern Deckadressen, damit sie ihrer Heimatbehörde nicht das „Lebensborn"-Heim als neuen Aufenthaltsort nennen mußten.

Solange die Mütter im Heim weilten, waren sie gehalten, an der weltanschaulichen Schulung teilzunehmen, die dreimal wöchentlich stattfand. Daß die Kurse von den Heimleitern durchgeführt wurden, war kein Zufall, sondern ging auf die Vorstellung Himmlers von einem neuen Arzt zurück, die im „Lebensborn" zum ersten Mal verwirklicht werden sollte. Dieser sollte kein weißgekleideter Operateur sein,

Abbildung 5:
Heim „Pommern" (Bad Polzin)

Abbildung 6:
Heim „Wienerwald" (Pernitz/Muggendorf)

sondern ein „Seelenarzt", der sich bevorzugt den vielfältigen Problemen einer werdenden Mutter widmet. Die Intention, die hinter dem Wunsch stand, daß der Arzt
die Tätigkeit ausübt, die „früher dem Priester" zukam, wird offenbar in der sogenannten „Namensgebung" mit der das Neugeborene in die „SS-Sippengemein-
schaft" aufgenommen wurde. Sie ersetzte in der SS die christliche Taufe. In Anlehnung an den kirchlichen Ritus führte der Heimleiter die Zeremonie durch, mit deren Vollzug die Kinder offiziell zum SS-Nachwuchs zählten. Nirgendwo tritt der
Anspruch der SS auf das gesunde, rassisch „hochwertige" Kind offener zutage als
in der „Namensgebung".

Biologische Auslese

Die Fürsorgemaßnahmen des „Lebensborn" dürfen nicht darüber hinwegtäuschen,
daß sie nicht dem Gefühl für soziale Gerechtigkeit, sondern dem Willen zur bewußten Höherentwicklung der absolut gesetzten „germanisch-nordischen" Rasse
entsprangen. Deshalb legte die „Lebensborn"-Führung besonderen Wert auf eine
biologische Auslese. Werdende Mütter wurden nur in die Heime aufgenommen,
wenn sie den rassischen und erbbiologischen Voraussetzungen, die für die SS galten, entsprachen. Mit speziellen Fragebögen, die anfangs von einem SS-Arzt ausge-

füllt werden mußten, in den Kriegsjahren aber von jedem niedergelassenen Arzt bearbeitet werden konnten, hatten die Frauen ihre gesundheitliche und rassische Tauglichkeit nachzuweisen. Mit der Aufnahme in ein „Lebensborn"-Heim war aber noch nicht das rassische Endurteil über die Mutter gefällt. Denn die Auswahl war nur nach gesundheitlichen Maßstäben – zum Beispiel wurden Frauen, bei denen mit einer komplizierten Geburt zu rechnen war, abgewiesen – und dem äußeren „rassischen Erscheinungsbild" erfolgt. Die Beurteilung ihrer Körpermerkmale sollte ergänzt werden durch die Bestimmung ihres Charakters, wozu die Beobachtung ihres Verhaltens während des Heimaufenthaltes Gelegenheit bot. Aus diesem Grund wurden 1938 im „Lebensborn" Fragebogen eingeführt, die vom ärztlichen Heimleiter mit Hilfe der Oberschwester beantwortet wurden und für den Reichsführer-SS persönlich bestimmt waren. Diese „RF-Fragebogen" waren streng geheim und wurden ohne Wissen der Mütter angelegt. Neben persönlichen Daten wurde das „rassische Erscheinungsbild" der Mutter notiert sowie ihr Verhalten im Heim und gegenüber dem Kind. Abschließend wurde gefragt, ob sie „rassisch", „weltanschaulich" und „charakterlich" der Auslese der SS entspreche und ob von ihr „im Sinne des Ausleseprinzips der SS noch weitere Kinder erwünscht" seien. Die Fragebogen wurden von der Zentrale in München mit einer rassischen Gesamtnote versehen, die drei Grade unterschied: „I = vollkommen der SS entsprechend, II = guter Durchschnitt, III = der Auslese nicht mehr entsprechend". Mit Pedanterie kontrollierte Himmler die Fragebogen und korrigierte ihr Endurteil, wo es ihm nötig schien.

Expansion ins Ausland

In Abstimmung mit Hitler forderten Ende 1939 Himmler für die SS und der „Stellvertreter des Führers" Rudolf Heß im Namen der Partei öffentlich zur Zeugung unehelicher Kinder auf und leiteten damit angesichts zu erwartender Menschenverluste durch den Krieg eine offensive Geburtenpolitik ein. Stets warb dabei Himmler mit den organisatorischen Möglichkeiten des „Lebensborn". In den nächsten Jahren errichtete der Verein in Belgien, Frankreich, Luxemburg, Norwegen und Polen eigene Entbindungs- und Kinderheime, in denen über 6000 Kinder zur Welt kamen. Meistenteils waren es Wehrmachtsärzte, welche die medizinische Versorgung der Anstalten sicherstellten. Im Westen sollten auf diesem Wege die unehelichen Kinder deutscher Besatzungsangehöriger ihrer angeborenen Nationalität entfremdet und teilweise unter Mißachtung ihres Heimatrechts als zusätzliches „germanisches Blut" dem deutschen Volk zugeführt werden.

Im Osten beteiligte sich der „Lebensborn" an der Eindeutschung „fremdvölkischer Kinder", überwiegend aus Polen, die aus Heimen geholt oder sogar ihren Eltern oder Pflegern gewaltsam entrissen worden waren. Ärzte, unter ihnen auch Dr. Ebner, nahmen die gesundheitliche, psychologische und rassische Auslese vor. Die Kinder erhielten deutsche Namen und neue Geburtsurkunden. In Einzelfällen nahm Prof. Dr. Becker als „Lebensborn"-Fachberater für Kinderheilkunde anthropologische Altersbestimmungen vor. Zehn Kinder, die als eindeutschungsfähig galten und in ein „Lebensborn"-Heim gelangten, sind, zusammen mit sieben weiteren,

Abbildung 7:
Heim „Hochland"
(Steinhöring bei Ebers-
berg/Obb.)

die einzigen Einwohner, die das SS-Massaker an dem tschechischen Dorf Lidice
überlebten. Dieses Beispiel zeigt, daß die Ausmerzung der rassisch „Minderwertigen" und die Förderung der rassisch „Hochwertigen" demselben unheilvollen Geist
entsprangen.

Weitere Beobachtungen aus dem „Lebensborn" bestätigen diesen Befund. So
war die Taxierung von Mutter und Kind in den erwähnten „RF-Fragebogen", mit
denen nach Ebners Ansicht „ein einzigartiges Mittel zur Beurteilung von Rassen-
leib und Rassenseele" zur Verfügung stand, kein Gedankenspiel versponnener Ras-
senschwärmer, sondern hatte weitreichende Folgen für diejenigen, die nicht den
ideologischen Vorstellungen biologischer Norm entsprachen. Von der Endnote
hing es ab, ob und in welchem Ausmaß Mutter und Kind vom Verein unterstützt
wurden. Kamen Kinder mit Mißbildungen (zum Beispiel Lippen- oder Gaumen-

spalte beziehungsweise Wolfsrachen) zur Welt oder litten sie an geistigen Behinde-
rungen, ließ Ebner sie aus den Heimen nehmen. Auch verweigerte er ihnen die
Führung der Vormundschaft durch den „Lebensborn". Waren sie jedoch schwer
geschädigt, verloren sie ihre Existenzberechtigung. Als „lebensunwertes Leben"
wurden sie in besondere Anstalten eingeliefert, in denen auch nach Hitlers offiziel-
lem Tötungsstop im Sommer 1941 die „Euthanasie" durchgeführt wurde. So wurde
der kleine Jürgen Weise in die Landesanstalt Görden bei Brandenburg/Havel verlegt, von wo Ebner die Mitteilung erhielt, daß das Kind zwei Wochen nach seiner
Einlieferung am 23. Februar 1942 „verstorben" sei.

Dem Reichsführer-SS mußte, gemessen an seinen Intentionen, die selektive
Unterstützung von Mutter und Kind zu wenig erscheinen. Noch aber schreckte er
vor der Verwirklichung weiterreichender Pläne zurück, die er, beflügelt von seiner
Tierzüchtermentalität, von der höher zu entwickelnden, rassisch determinierten
Menschheit entwarf. Als 1940 aus der Vereinsführung der Vorschlag kam, für die
Heime neben den drei beratenden Fachärzten noch jeweils einen Berater für Ras-
sefragen und Erbbiologie einzusetzen, um „das bevölkerungspolitische Niveau des
,Lebensborn' noch besser" auszunutzen, stimmte Himmler zu mit den Worten:
„insgesamt richtig. Geschieht nach dem Krieg".

Genetische Ziele

Wenn es Himmler auch noch zu früh war, im „Lebensborn" auf eine genetische
Zielsetzung systematisch hinzuarbeiten, so beschäftigten ihn bereits im Krieg anthropologische Einzelfragen. Im Mai 1942 beauftragte er den Verein, eine Sonder-
kartothek anzulegen für alle Mütter und Väter, „die eine griechische Nase beziehungsweise einen Ansatz dazu haben". Gleichzeitig wies er die SS-Forschungsge-
meinschaft „Ahnenerbe" an, festzustellen, woher diese Menschen ausgewandert
seien. Bis Ende des Jahres gelang es dem „Lebensborn", nur 14 Personen mit dem
erforderlichen Merkmal aufgrund von Fotos aus den RF-Fragebogen zu ermitteln.
1944 schaltete Himmler noch weitere SS-Dienststellen in die Suchaktion ein, um
nach griechischen Nasen bei sämtlichen Bräuten und Frauen von SS-Angehörigen
zu fahnden. Im selben Jahr interessierte er sich im Hinblick auf die Gebärfähigkeit
dafür, ob langfristig angelegte Untersuchungen möglich seien über die Frage, wann
die Frauen, die im „Lebensborn" entbanden, ihre erste Mensis bekommen hatten
und wann bei ihnen im Verlauf der Jahre die Menopause eingetreten war. Dienst-
beflissen schrieb Ebner zurück, der „Lebensborn" könne von jeder Mutter angeben, wann sie zum ersten Mal menstruiert habe. Der mit dem Verein kooperieren-
de Gynäkologe Prof. Schultze, der zur Stellungnahme aufgefordert war, entzog
Himmlers Spekulationen den Boden, als er antwortete, man habe keine wissenschaftlich gesicherte Erkenntnis über eine Beziehung zwischen Eintritt der Menar-
che und der Fruchtbarkeitsdauer.

Himmler wird sich mit dieser Auskunft kaum abgefunden und dies Thema als
irrelevant beiseitegeschoben haben. Diesen Schluß zu ziehen, erlaubt ein weiterer
seiner Anstöße zu pseudowissenschaftlicher Forschung. Von einem SS-Führer auf
einen ländlichen Brauch aufmerksam gemacht, wollte Himmler wissen, ob die will-

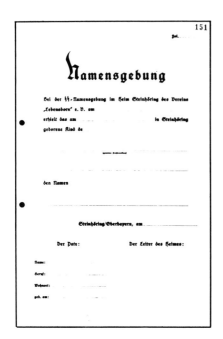

kürliche Zeugung von Mädchen oder Knaben möglich sei. Der „Lebensborn" solle dazu einen besonderen Aktenvorgang anlegen.

Diesmal war es der Reichsarzt-SS Grawitz, der es wagte, Zweifel an der wissenschaftlichen Seriosität des Projektes zu äußern. Zudem betonte er, daß es auch nicht wünschenswert sei, denn die Möglichkeit einer bewußten Bestimmung des Geschlechts bei der Zeugung würde das Ende der Menschheit bedeuten. Mit dieser Auskunft betrachtete Himmler jedoch sein Vorhaben nicht als erledigt, sondern vertagte es nur auf die Zeit nach dem Krieg.

Die Geschichte des „Lebensborn" zeigt, daß er weder eine Zuchtanstalt war, in der blonde, blauäugige Frauen und Männer zusammengeführt wurden, um für den „Führer" ein Kind zu zeugen, noch eine karitative Organisation, die sich aus Nächstenliebe lediger Mütter und ihrer Kinder annahm, sondern eine SS-Organisation, die helfen wollte, die rassenbiologischen Grundlagen für das zu errichtende „Germanische Weltreich" zu legen. Er war das Instrument einer Rassenpolitik, die von dem Wunsch zur Schaffung eines „germanischen Herrenvolkes" ebenso beherrscht war wie von dem Willen zur Vernichtung der „Untermenschen". Und es waren Ärzte, die sich dieser Einrichtung und ihren Zielen zur Verfügung stellten. Sie sind mitverantwortlich für die Folgen, welche die Tätigkeit des „Lebensborn" nach sich zog. Sie offenbaren sich in ihrer ganzen Tragik nach dem Krieg. Die aus dem Ausland verschleppten Kinder wurden repatriiert, soweit Angehörige und Herkunftsland ermittelt werden konnten. Gelang dies nicht, blieben sie in Deutschland. Ihnen ist zum Teil bis heute verborgen geblieben, daß sie von Geburt keine Deutschen sind, sondern zum Beispiel aus Polen stammen. Die Masse der in „Lebensborn"-Heimen geborenen Kinder fand Aufnahme in der eigenen Familie oder bei Angehörigen. Die übrigen wurden adoptiert, meist nach Übersee, oder wuchsen in Heimen auf mit den sie bis weit in das Jugendlichenalter begleitenden Deprivationssymptomen.

Das Wissen, in einem „Lebensborn"-Heim geboren worden zu sein, Versuchsobjekt nationalsozialistischer Rassenpolitik gewesen zu sein, löste ein tiefsitzendes Trauma bei den Betroffenen aus. Häufig haben sie erst im Erwachsenenalter davon Kenntnis erhalten, daß sie in einer SS-Entbindungsanstalt zur Welt kamen, manche haben es bis heute nicht erfahren. Sie alle sind lebende, aus Scham bislang noch stumme Zeugen unserer jüngsten Vergangenheit.

Literatur:

Zum „Lebensborn":
JOSEF ACKERMANN: Heinrich Himmler als Ideologe. Göttingen, Zürich, Frankfurt (1970)
HELLBRÜGGE, THEODOR: Zur Prognose des frühkindlichen Deprivations-Syndroms bei Heimkindern. In: Das Deprivations-Syndrom in Prognose, Diagnose und Therapie. Bericht der Arbeitstagung vom 15. bis 17. Mai 1968 für Heimärzte und Heimleiter an Säuglings- und Kinderheimen. Frankfurt a. M. 1970. (Deutsche Zentrale f. Volksgesundheitspflege e. V. Schriftenreihe, H. 17), S. 42–59
MARC HILLEL u. CLARRISA HENRY: Lebensborn e. V. Im Namen der Rasse. Wien, Hamburg 1975
GEORG LILIENTHAL: Der „Lebensborn e. V.". Ein Instrument nationalsozialistischer Rassenpolitik. Stuttgart, New York 1985. (Forschungen zur neueren Medizin- und Biologiegeschichte, Bd. 1)
LARRY V. THOMPSON: Lebensborn and the Eugenics Policy of the Reichsführer-SS. In: Central European History 4 (1971), S. 54–77
Zu Medizin und Rassenpolitik im allgemeinen:
GISELA BOCK: Zwangssterilisation im Nationalsozialismus. Studien zur Rassenpolitik und Frauenpolitik. (Opladen 1986)
CHRISTIAN GANSSMÜLLER: Die Erbgesundheitspolitik des Dritten Reiches. Planung, Durchführung und Durchsetzung. Köln, Wien 1987
HEIDRUN KAUPEN-HAAS: Die Bevölkerungsplaner im Sachverständigenbeirat für Bevölkerungs- und Rassenpolitik. In: Der Griff nach der Bevölkerung. Aktualität und Kontinuität nazistischer Bevölkerungspolitik. Hrsg. von ders. Nördlingen (1986). (Schriften d. Hamburger Stiftung f. Sozialgeschichte d. 20. Jahrhunderts, Bd. 1), S. 103–120

GEORG LILIENTHAL: Anthropologie und Nationalsozialismus: Das erb- und rassenkundliche Abstammungsgutachten. In: Jahrbuch des Instituts für Geschichte der Medizin der Robert Bosch Stiftung. Bd. 6 (für das Jahr 1987). Stuttgart 1989, S. 71–91
BENNO MÜLLER-HILL: Tödliche Wissenschaft. Die Aussonderung von Juden, Zigeunern und Geisteskranken 1933–1945. (Reinbeck 1984)
REINER POMMERIN: Sterilisierung der „Rheinlandbastarde". Das Schicksal einer farbigen deutschen Minderheit 1918–1937. Düsseldorf 1979
KARL HEINZ ROTH: Schöner neuer Mensch. Der Paradigmawechsel der klassischen Genetik und seine Auswirkungen auf die Bevölkerungsbiologie des „Dritten Reichs". In: Der Griff nach der Bevölkerung. (s. Kaupen-Haas), S. 11–63
HORST SEIDLER und ANDREAS RETT: Das Reichssippenamt entscheidet. Rassenbiologie im Nationalsozialismus. Wien, München 1982
(Abbildungen 2 bis 8: Bundesarchiv Koblenz; Abbildung 1: Lilienthal)

Die Freigabe der Vernichtung „lebensunwerten Lebens"

Rolf Winau

Die Zeit vor dem Ersten Weltkrieg

Obwohl der Begriff Euthanasie schon in der Antike bekannt war – hier bedeutete er einen guten, ehrenhaften Tod in Erfüllung des Lebens –, fand er in die ärztliche Diskussion erst um die Wende vom 18. zum 19. Jahrhundert Eingang und wurde für fünfzig Jahre zu einem häufig diskutierten Thema. Den Schriften ist vieles gemeinsam: Euthanasie bedeutet stets Hilfe beim Sterben, Sterbebegleitung. Euthanasie wird als ärztliche Aufgabe beschrieben, dem Sterbenden seinen Tod so leicht wie möglich zu machen. Dazu gehören gute Pflege, Zuwendung, Ruhe im Umgang mit dem Todkranken, behutsamer Einsatz von Medikamenten. Eine Verkürzung des Lebens durch ärztliche Maßnahmen wird stets abgelehnt, selbst dann, wenn der Patient um eine solche bittet (1).

Erst am Ende des 19. Jahrhunderts wurde die Verfügbarkeit des menschlichen Lebens unter dem Einfluß darwinistischer Ideen in aller Offenheit diskutiert. Diese Diskussion fand stets unter der Überschrift „Fortschritt und echte Humanität" statt.

1895 erschien in Göttingen das Buch von Adolf Jost mit dem Titel „Das Recht auf den Tod", das der Autor im Untertitel eine „sociale Studie" nannte. Schon in der Einleitung stellt Jost die entscheidende Frage: „Giebt es ein Recht auf den Tod?, das heißt, giebt es Fälle, in welchen der Tod eines Individuums sowohl für dieses selbst als auch für die menschliche Gesellschaft überhaupt wünschenswerth ist (2)?" Entscheidendes Kriterium für die Beantwortung dieser Frage ist nach Jost der Wert des Menschenlebens, der sich aus zwei Faktoren zusammensetzt, erstens aus dem Wert des Lebens für den betreffenden Menschen und zweitens aus dem Nutzen oder Schaden, den das Individuum für seine Mitmenschen und die Gesellschaft darstellt. Der so ermittelte Wert kann nicht nur bis auf Null sinken, sondern er kann sogar negativ werden, zum Unwert werden. In einem solchen Fall spricht Jost nicht nur dem Kranken, sondern auch dem Staat das Recht zu, ein solches Leben zu beenden.

„Wir räumen dem Staate … in gewissen Fällen das Recht ein, das Leben einzelner Individuen, oft gegen deren Willen, zu vernichten, wenn es das allgemeine Interesse verlangt. Wenn nun aber das allgemeine Interesse mit dem Interesse des Individuums zusammenfällt, wie es in unserer Sache der Fall ist, dann haben doch Staat und Individuum zusammen nur um so mehr das Recht, den Tod zu beschließen. Der Staat kann dann doch sagen, „Mein Interesse und das der betreffenden Person fordern gleichmäßig bei unheilbaren Leiden den raschen und schmerzlosen Tod, und ich überlasse es daher den Patienten, wenn etwa Krebs diagnostiziert ist, sich für Tod oder Leben zu entscheiden! Bei geistig Kranken geht dann die Verwaltung dieses Rechts wieder auf den Staat zurück und es genügt die Diagnose auf Unheilbarkeit an und für sich, die Tötung zu vollziehen (3)."

„Helfen kann hier nur die ausdrückliche Anerkennung des Rechtes auf den Tod, in unseren Fällen (der psychisch Kranken R. W.) seitens der Gesellschaft und des Staates (4)."

Der Begriff des lebensunwerten Lebens wird hier zwar nicht expressis verbis, aber inhaltlich geprägt. Einwände, seien sie moralischer oder religiöser Art, wischt Jost ebenso hinweg wie die Möglichkeit des Irrtums bei der Bilanzierung. Denn selbst wenn ein Irrtum vorliege, wiege der eine Fall leicht gegen das Elend von Tausenden und den Vorteil der Gesellschaft. Das Recht auf den Tod sei die Basis eines gesunden Lebens, wobei dieses Recht einen zweifachen Aspekt hat: dem Individuum und dem Staat soll es gleichermaßen zustehen.

In der praktischen Konsequenz blieb Jost hinter seinen theoretischen Forderungen zurück. Er plädierte für die Freigabe des Selbstmordes und die Freigabe der Tötung auf Verlangen.

Obwohl sich in dieser Zeit die Vertreter des Sozialdarwinismus Alexander Tille, Otto Amon, Alfred Ploetz und Wilhelm Schallmeyer ausführlich mit dem Problem der Aufartung auseinandersetzten, griff keiner von ihnen das von Jost angesprochene Problem auf. Nur Ernst Haeckel hat sich in den „Lebenswundern" deziert geäußert. Er versucht das neue Verhältnis des Einzelnen und der Gesellschaft zum Sterben zu beschreiben. Jeder Mensch habe das Recht, sein Leben, das nur noch Qual bedeute, mit dem Tod zu versöhnen. Nicht Selbstmord, sondern Selbsterlösung solle man ein solches Handeln nennen. Die moderne Zeit habe die „Kulturleiden" in erschreckendem Maße anschwellen lassen. Aufgabe des Arztes sei es, „den schweren Leiden unserer Mitmenschen ein Ende zu bereiten, wenn schwere Krankheit ohne Hoffnung auf Besserung ihnen die Existenz unerträglich macht, und wenn sie selbst um Erlösung vom Übel bitten (5)." Die ärztliche Ethik mit ihrer Forderung nach uneingeschränkter Lebenserhaltung stehe der neuen monistischen Moral mit ihrer Forderung nach biologischer Auslese entgegen. So sei deshalb die Tötung neugeborener, verkrüppelter Kinder ebenso wenig unter den Begriff Mord zu fassen, wie die Tötung von Geisteskranken; ihre Verwahrung bedeute Schmerz und Leid für die Kranken, Trauer und Sorge für die Familien, Verlust an Privat- und Staatsvermögen.

In den Jahren 1913/14 ist in der Zeitschrift „Das monistische Jahrhundert" des Deutschen Monistenbundes eine lebhafte Diskussion um das Euthanasieproblem entbrannt. Ausgelöst wurde sie durch einen Beitrag von Roland Gerkan, der, selbst schwerkrank, einen eigenen Gesetzentwurf zur Diskussion stellte. Engagiert und mit bitterer Ironie stritt er für die Freigabe des Gnadentodes, der Tötung auf Verlangen, ein Recht, das jedem Schwerkranken zustehen sollte. Durch Gerichtsbeschluß solle die Euthanasie erlaubt werden, wenn dies der Wille des Kranken sei (6).

Die Diskussion in der Weimarer Zeit

War es bei der Diskussion um die Euthanasie vor dem Ersten Weltkrieg vor allem um die Freigabe der Tötung auf Verlangen gegangen, so erreichte sie zu Beginn der 20er Jahre durch die Schrift von Karl Binding und Alfred Hoche „Die Freigabe der Vernichtung lebensunwerten Lebens" eine neue Dimension (7). Diese Schrift bildet die Grundlage für alles, was folgte und nur so folgen konnte. Eine kurze Analyse ist deshalb notwendig (8). Die Schrift besteht aus zwei getrennten Beiträgen. Im ersten Teil, der bereits 1913 geschrieben ist, legt der angesehene Leipziger Jurist Karl Binding seine Überlegungen zur Euthanasie vor, die im zweiten Teil von dem Freiburger Psychiater Alfred Hoche kommentierend ergänzt werden.

Bindings Gedankengänge stellen sich kurz zusammengefaßt wie folgt dar: Der Mensch ist der geborene Souverän über sein Leben. Die Tötung von eigener Hand ist weder eine widerrechtliche Handlung, qualitativ verwandt dem Mord und Totschlag, noch ist sie die Ausnutzung eines Tötungsrechts, sondern eine rechtlich unverbotene Tat. Von dieser breit dargestellten Basis aus entwickelt Binding seine Vorstellungen von der Freigabe der Euthanasie „in richtiger Begrenzung".

Hier diskutiert er die Situationen eines Sterbenskranken, den ein Arzt mit stark wirkenden Medikamenten behandelt und ihn so von seinem „Leiden erlöst", indem er die bis dahin wirkende Todesursache durch eine andere ersetzt. Binding ist der Meinung, das Gesetz verbiete ein solches Tun nicht, sondern versage ihm nur die ausdrückliche Erlaubnis (9). Eine solche Handlung bedürfe nicht einmal der Zustimmung des Kranken; nur gegen seinen ausdrücklichen Willen sei sie zu unterlassen.

Von hier aus schreitet Binding weiter zur Situation des subjektiv unerträglich gewordenen Daseins, zitiert das Schlagwort vom Recht auf den Tod und fragt, ob es Menschenleben gebe, „die so stark die Eigenschaft des Rechtsgutes eingebüßt haben, daß ihre Fortdauer für die Lebensträger wie für die Gesellschaft dauernd allen Wert verloren haben (10)."

Und diese Frage bejaht er ohne Umschweife. Ein summarischer Überblick läßt ihn die „ganz nutzlos vergeudete Arbeitskraft, Geduld und Vermögensaufwendung in Irrenanstalten" beklagen, ebenso wie den grellen Mißklang zwischen Opfern teuerster Vitalität im Kriege und der unfruchtbaren Pflege nicht nur absolut wertloser, sondern negativ zu wertender Existenzen (11). Und es ist für ihn keine Frage, daß die Tötung solcher Geschöpfe nicht nur diese selbst, sondern auch Staat und Allgemeinheit entlastet. Die Rechtsprechung habe nicht die Aufgabe, das Leben folgender Gruppen zu schützen:

— „Die zufolge Krankheit oder Verwundung unrettbar Verlorenen, die in vollem Verständnis ihrer Lage den dringenden Wunsch nach Erlösung besitzen und ihn in irgendeiner Weise zu erkennen gegeben haben (12)."

— Die unheilbar Blödsinnigen, die keinen eigenen Lebenswillen haben, „die das furchtbare Gegenbild echter Menschen" sind (13).

— Die „geistig gesunden Persönlichkeiten, die durch irgendein Ereignis bewußtlos geworden sind und die, wenn sie aus ihrer Bewußtlosigkeit noch einmal erwachen sollten, zu einem namenlosen Elend erwachen würden (14)."

In all diesen Fällen sieht Binding kein Hindernis für eine Tötung – weder aus sozialer, ethischer, religiöser noch rechtlicher Perspektive.

Nach diesen hier sehr verkürzt wiedergegebenen theoretischen Erörterungen geht Binding die Frage der praktischen Durchführung der Euthanasie an. Er will eine Staatsbehörde zur Entscheidung schaffen, ein Gutachtergremium, aus einem Allgemeinarzt, einem Psychiater und einem Juristen bestehend. Antragsberechtigt an diese Behörde soll nur jeweilig der Betroffene sein, ihm steht auch die Durchführung zu. Über einen eventuellen Tötungsvollzug ist ein Protokoll anzufertigen.

Wie leichtfertig Binding mit dem Problem einer Fehlentscheidung umgeht, geht aus den Sätzen hervor: „Das Gute und das Vernünftige müssen geschehen, trotz allen Irrtumsrisikos ... Nimmt man aber auch den Irrtum einmal als bewiesen an, so zählt die Menschheit jetzt ein Leben weniger. Aber die Menschheit verliert infolge Irrtums so viele Angehörige, daß einer mehr oder weniger wirklich kaum in die Waagschale fällt (15)."

Nicht die theoretische Auseinandersetzung um die rechtliche Klärung der Natur von Selbsttötung und Tötung auf Verlangen bewegen Alfred Hoche zu seinem Beitrag, sondern der ärztliche Blick des professionell Betroffenen. Hoche setzt sich zunächst mit dem Problem einer verpflichtenden ärztlichen Ethik auseinander, und er verneint die Existenz einer solchen „moralischen Dienstanweisung", die es nie gegeben habe. Er weist darauf hin, wie vielschichtig das Problem ist, und daß im ärztlichen Alltag immer wieder unterschiedliche sittliche Forderungen miteinander in Konflikt geraten. Hoche weist die offenkundige Relativität jeden ärztlichen Wertekanons nach, um so die Akzeptanz seines Lösungsvorschlags bei seinen Kollegen zu erhöhen.

Die von Binding gestellte Frage nach dem Unwert menschlichen Lebens beantwortet er ohne Umschweife mit ja; Bindings Definition der für die Euthanasie in Frage kommenden Personenkreise hält er für richtig, doch differenziert er den Begriff des Lebenswertes und darüber hinaus den der „geistig toten Kreaturen" nach dem Zeitpunkt des Eintritts der Erkrankung, nach dem Grad geistiger Öde, nach den Beziehungen zur Umwelt und nach der wirtschaftlichen und moralischen Bürde für die Umgebung (16).

Zu allen Zeiten habe es einen Konflikt zwischen dem subjektiven Recht auf Leben auch solcher Menschen und der objektiven Zweckmäßigkeit gegeben, und die Lösung dieses Konfliktes sei ein Gradmesser für die jeweils erreichte Humanität, erklärt Hoche. Für die Lösung des Konfliktes von Bedeutung sei auch die nationale Lage, die mit darüber entscheide, ob sich ein Mitschleppen von „Defektmenschen" lohne (17).

Hoche führt als einer der ersten die konkret errechnete Belastung durch die Unterbringung der Kranken in die Diskussion ein. Eine überschlägige Rechnung läßt ihn das ungeheure Kapital beklagen, das in Form von Lebensmitteln, Kleidung, Heizung dem Staatsvermögen verlorengehe, den Einsatz von Einrichtungen und Pflegern: „Es ist eine peinliche Vorstellung, daß ganze Generationen von Pflegern neben diesen Menschenhülsen dahinaltern (18)." Wie auf einer gefahrvollen Expedition müsse man sich von Halb-, Viertel- und Achtelexistenzen trennen; solle das ganze Unternehmen nicht scheitern, müsse man sie abstoßen.

Besitzen solche durch Blödsinn Veröden überhaupt ein Recht auf Dasein, so fragt er und antwortet ohne Zögern: Nein, sie vermögen keinen subjektiven Anspruch auf Existenz zu erheben, weil ihnen alle Qualitäten eines Subjekts abgehen. Die Tilgung solcher Geschöpfe habe mit Tötung im strafrechtlichen Sinne nichts zu tun, da ein Lebenswille ja nicht überwunden werden müsse. Er hofft darauf, daß die Menschen eines Tages zu der Auffassung heranreifen, daß „die Beseitigung der geistig völlig Toten kein Verbrechen, keine unmoralische Handlung, keine gefühlsmäßige Rohheit, sondern einen erlaubten nützlichen Akt darstellt (19)."

Obwohl in der Schrift von Binding und Hoche der Begriff „Euthanasie" kein einziges Mal gebraucht wird, wird das beschriebene Vorgehen von den Zeitgenossen mit diesem Begriff belegt.

An der ausführlichen Diskussion, die in der Weimarer Zeit geführt wurde, beteiligten sich Ärzte und Juristen, Theologen und Publizisten (20).

Der Begriff „Euthanasie" hat in dieser Diskussion eine neue Qualität erreicht. Mit der Binding/Hocheschen Schrift wurde die intellektuelle Basis gelegt für die sogenannten Euthanasieaktionen des Dritten Reiches. „Nicht die Nationalsozialisten haben den Sinn des Werkes pervertiert, sie brauchten sich nur der Begriffsverwirrung zu bedienen (21)."

Die Ermordung psychisch Kranker im Nationalsozialismus

Zu Beginn der nationalsozialistischen Herrschaft konzentrierten sich die eugenischen Maßnahmen zunächst auf rassenhygienische Schulung und auf die Durchführung des Gesetzes zur Verhütung erbkranken Nachwuchses, gegen das Widerstand zunächst nicht sichtbar wurde in der Flut der Propaganda in Versammlungen, Zeitungen, Zeitschriften und im Film. Es ist auffällig, daß in dieser geballten Propagandaflut nie ein Hinweis auf die Tötung lebensunwerten Lebens zu finden ist. Dies ist nicht verwunderlich. Denn durch Ministerialerlaß war es der Presse verboten, dieses Thema zur Sprache zu bringen; und immer wieder wurde in Pressekonferenzen des Propagandaministeriums auf dieses Verbot hingewiesen (22). Dabei wurde gezielte Stimmungsmache für eine spätere Aktion getrieben, ohne diese beim Namen zu nennen. Immer wieder wurde, meist mit Bildern, über besonders schwere Fälle von Geisteskrankheit berichtet. Der Reichsärzteführer Gerhard Wagner rechnete in aller Öffentlichkeit und Offenheit aus, welche ungeheure Belastung die Erbkranken und Minderwertigen für den Staat seien. Die Kostenfrage fand auch Eingang in die Veröffentlichungen von Wissenschaftlern und selbst in die Mathematikaufgaben der Schüler.

Hatte es noch 1935 offiziell geheißen, daß eine Freigabe der Vernichtung lebensunwerten Lebens nicht in Frage komme, so hatte Hitler im privaten Gespräch dem Reichsärzteführer gegenüber geäußert, daß er im Falle eines Krieges die Euthanasiefrage aufgreifen und zur Lösung bringen werde. Es hat somit seine fürchterliche Konsequenz, daß der auf privatem Briefpapier Hitlers im Oktober 1939 geschriebene Euthanasiebefehl auf den 1. September 1939 zurückdatiert ist.

Die Kindereuthanasie

Schon im Frühjahr 1939 war der Reichsausschuß zur wissenschaftlichen Erfassung erb- und anlagebedingter schwerer Leiden geschaffen worden. Seine Aufgabe war es, im gesamten Reichsgebiet die Kinder ausfindig zu machen, die an Idiotie, Mon-

golismus, Hydrozephalus und anderen Mißbildungen litten und nicht in Anstaltspflege waren. Dazu wurde im August 1939 ein streng vertraulicher Erlaß an alle Landesregierungen versandt, der detaillierte Anweisungen für die Erfassung enthielt und dem Meldebögen für die zentrale Bearbeitung beigefügt waren.

Äußerer Ausgangspunkt der Aktion war die Bitte eines Leipziger Elternpaares an Hitler, ihr mehrfach mißgebildetes Kind töten zu lassen. Der Direktor der Leipziger Kinderklinik, Werner Catel, hatte es zu diesem Schritt bestimmt. Catel war auch an führender Stelle an der nun anlaufenden Tötungsaktion beteiligt. Er war einer der drei Gutachter, die durch einfaches Plus oder Minus auf dem häufig nicht durch einen Arzt ausgefüllten Fragebogen über Leben und Tod des Kindes entschieden. Die Tötungen wurden in sogenannten Kinderfachabteilungen durchgeführt, in denen die Kinder zum Teil auch über längere Zeit zu diagnostischen Zwecken beobachtet wurden.

Die Verlegungen der Kinder geschahen zum Teil ohne Wissen der Eltern, zum Teil wurde ihnen vorgegaukelt, in einer solchen Abteilung seien bessere Therapiemöglichkeiten vorhanden. Die Kinder wurden entweder durch eine Überdosis Luminal getötet, wobei die Höhe der Dosis den Sterbevorgang steuerbar machte und die Möglichkeit bot, im Verlauf des Sterbens auftretende Zusatzerkrankungen, wie zum Beispiel eine Lungenentzündung, als Todesursache angeben zu können, oder man ließ sie buchstäblich verhungern. Die Kinderfachabteilungen waren meistens keine abgeschlossenen eigenen Abteilungen, sondern die Tötung der Kinder geschah im normalen Klinikbetrieb. Der Name „Fachabteilung" täuschte etwas vor, was es in Wirklichkeit gar nicht gab. Allenfalls geschah die Verteilung der Kinder auf einzelne Krankenhäuser nach den jeweiligen wissenschaftlichen Interessen des Anstaltsleiters, beziehungweise des Pathologen, dem das „Reichsausschußmaterial" zur Verfügung gestellt werden sollte. Rund 30 solcher Abteilungen wurden bis zum Kriegsende geschaffen, das Alter der Kinder wurde zunächst auf höchstens drei Jahre festgelegt und schließlich auf 16 Jahre hochgesetzt. Letztlich reichte in der Spalte „Diagnose" des Meldebogens die Angabe Jude oder Zigeuner. Bis zum Kriegsende wurden so mindestens 5000 Kinder ermordet.

Die Aktion T4

In dem auf den 1. September 1939 datierten Schreiben Adolf Hitlers heißt es: „Reichsleiter Bouhler und Dr. med. Brandt sind unter Verantwortung beauftragt, die Befugnisse namentlich zu bestimmender Ärzte so zu erweitern, daß nach menschlichem Ermessen unheilbar Kranken bei kritischer Beurteilung ihres Krankheitszustandes der Gnadentod gewährt werden kann." Dies war weder ein Befehl, schon gar nicht ein Gesetz, aber es wurde zur Grundlage der Euthanasieaktion, der Tötung von Tausenden von psychisch Kranken in Deutschland. Es war aber nicht der Beginn der Aktion. Das Datum des erst im Oktober unterzeichneten Schreibens sollte ganz bewußt an den Beginn des Krieges erinnern: neben den Krieg nach außen trat der Krieg nach innen.

Schon im Sommer 1939 war die Durchführung der Euthanasieaktion in der Kanzlei des Führers geplant worden. Bouhler, der Leiter der Kanzlei, und Viktor Brack, Chef des Hauptamtes II in der Kanzlei, waren dabei federführend. Sie schlugen den Würzburger Psychiater Dr. Werner Heyde als ärztlichen Leiter vor. Zu den ersten Ärzten, die sich zu einer Mitarbeit an der Aktion bereiterklärten, die zumindest an den ersten Besprechungen teilnahmen, gehörten der Berliner Psychiater Max de Crinis, der Heidelberger Psychiater Carl Schneider, der Jenenser Psychiater Berthold Kihn, die schon in der Kindereuthanasieaktion Tätigen Dr. Heuge, Dr. Wentzler und Dr. Unger sowie die Anstaltsleiter von Eglfing-Haar, Dr. Pfannmüller, und von Buch, Dr. Bender.

In der Folgezeit fanden weitere Besprechungen statt, als stellvertretender ärztlicher Leiter wurde der Direktor der Heilstätte Sonnenstein, Dr. H. P. Nitsche, eingesetzt, etwa 50 Ärzte wurden zu aktiver Mitarbeit gewonnen. Diese Mitarbeit geschah stets freiwillig und ohne Druck von vorgesetzten Stellen. Ein Verweigern brachte keinerlei Nachteile, ja sogar Protest gegen die Aktion war schadlos möglich, wie das Beispiel des Göttinger Psychiaters G. Ewald beweist, der nach einer Besprechung im August 1940, bei der das Projekt im Rahmen dringender kriegswichtiger Maßnahmen auf dem Gebiet des Heil- und Pflegewesens vorgestellt wurde, bei seinen vorgesetzten Dienststellen dagegen Einspruch erhob.

Zur Organisation der Euthanasie entstand in der Kanzlei des Führers allmählich eine eigene mehr als 400 Personen umfassende Dienststelle, die ab April 1940 in einer Villa in der Berliner Tiergartenstr. 4 untergebracht war und daher ihre Bezeichnung erhielt: T4.

In ihr waren vier Dienststellen zusammengefaßt:
— die Reichsarbeitsgemeinschaft Heil- und Pflegeanstalten (RAG)
— die Gemeinnützige Krankentransportgesellschaft (GEKRAT)
— die Gemeinnützige Stiftung für Anstaltspflege
— die Zentralverrechnungsstelle Heil- und Pflegeanstalten.

Die Aufgaben der Euthanasie wurden unter diesen vier Abteilungen aufgeteilt.

Die Reichsarbeitsgemeinschaft Heil- und Pflegeanstalten war vor allem für die Erfassung der Kranken in den Heil- und Pflegeanstalten zuständig. Sie organisierte das Begutachtungswesen, die Auswahl der Mordopfer und die Einrichtung von Forschungsabteilungen. Die Büroabteilung der Euthanasiezentrale war für alle anfallenden Büroaufgaben, einschließlich der Benachrichtigung der Angehörigen und der Nachlaßverwaltung zuständig.

Die GEKRAT war für alle Fragen im Zusammenhang mit der Verlegung der Kranken in die Tötungsanstalten zuständig. Die Transportstaffeln bestanden zu großen Teilen aus SS-Angehörigen.

Über die Gemeinnützige Stiftung für Anstaltspflege liefen alle offiziellen Kontakte zu anderen Behörden und Dienststellen. Sie trat als Arbeitgeber für die Angestellten, auch für die Euthanasieärzte, auf, sie beschaffte auch die zur Tötung benutzten Arzneimittel und Gase, getarnt als Desinfektionsmittel. Schließlich war sie für die Verwertung von Schmuck und Zahngold der Getöteten zuständig, bis sie diese Zuständigkeit an die Zentralverrechnungsstelle Heil- und Pflegeanstalten abgeben mußte, die vornehmlich für die Verrechnung der den Kostenträgern zu entrichtenden Pflegekosten im April 1941 gegründet worden war.

Bereits im September und Oktober 1939 wurden in Polen über 1000 Kranke ermordet. Am 21. September 1939 wurden die Behörden aufgefordert, Verzeichnisse aller staatlichen und privaten Heil- und Pflegeanstalten zu erstellen, am 9. Oktober wurden an alle diese Anstalten Meldebögen zur Erfassung der Kranken geschickt. Diese wurde mit der Notwendigkeit planwirtschaftlicher Erfassung begründet.

Zu melden waren sämtliche Patienten, die an Schizophrenie, Epilepsie, Paralyse, Schwachsinn, Enzephalitis oder Huntingtonscher Chorea litten und nicht oder nur mit mechanischen Arbeiten beschäftigt werden konnten, daneben kriminelle Geisteskranke und solche, die sich seit mehr als fünf Jahren dauernd in Verwahrung befanden. Schließlich sollten auch alle Kranken gemeldet werden, die nicht die deutsche Staatsangehörigkeit besaßen oder nicht deutschen oder artverwandten Blutes waren.

Bei der Meldung sollten besser zu viele als zu wenige Kranke benannt werden, die Ausscheidung sollte alle treffen, die nicht zu produktiver Arbeit fähig seien. Lediglich Kriegsversehrte, Alterskranke und Nicht-Deutsche sollten zunächst von der Vernichtung ausgenommen werden.

Der Zweck der Meldungen blieb für viele Anstaltsdirektoren zunächst im Unklaren. Da viele von ihnen wohl an Maßnahmen im Sinne der Kriegswirtschaft dachten, wurden die ersten Bögen zügig an das Reichsministerium des Inneren zurückgesandt, von wo sie zur Bearbeitung in die Zentraldienststelle von T4 gebracht wurden. Kopien der Bögen wurden von dort an mindestens je drei der 42 Gutachter geschickt, die, lediglich auf diese Angaben gestützt, über Lebenswert oder -unwert des Patienten entschieden. Dabei bedeutete ein einfaches + das Todesurteil, ein − die Rettung. Den Erstgutachtern wurde auch die Möglichkeit gegeben, eine unentschiedene Haltung durch ein ? zu dokumentieren.

Die Gutachter wurden je nach Zahl der bearbeiteten Fragebögen honoriert. Die Auswertung von bis zu 500 Bögen pro Monat brachte 100 Mark, dieser Betrag konnte sich bis auf 400 Mark für die Bearbeitung von mehr als 3500 Bögen pro Monat steigern (23). Die Entscheidungen der Gutachter erfolgten unabhängig voneinander und wurden dann einem Obergutachter vorgelegt, der in der gleichen Weise wie die Gutachter durch einfaches + oder − über Leben oder Tod entschied. Die Obergutachter mußten eine Entscheidung treffen, lediglich in Einzelfällen kam es zu einer Zurückstellung. Als Obergutachter wirkten zunächst Linden und Heyde, später wurde Linden durch Nitsche ersetzt, das heißt für die „Obergutachtung" von fast 100 000 Bögen in weniger als zwei Jahren waren jeweils zwei Ärzte verantwortlich.

Die Meldebögen wurden danach an die GEKRAT weitergeleitet, die die Verlegung aus den Stammhäusern in eine der Tötungsanstalten organisierte. Ziel und Zweck der Verlegungen sollten möglichst geheimgehalten werden. Dennoch wurde Ärzten und Pflegepersonal, aber auch den Kranken schnell klar, was die grauen Omnibusse mit den undurchsichtig gemachten Scheiben bedeuteten.

Nach dem Eintreffen der Transporte in den Tötungsanstalten wurden die Kranken dem Tötungsarzt vorgeführt, der die Identität überprüfte, die Akte zu Rate zog und gelegentlich eine kurze körperliche Untersuchung vornahm. In eigens installierten „Duschräumen" wurden dann, je nach Anstalt 60 bis 100 Menschen durch Kohlenmonoxid getötet. Das Öffnen des Gashahns war ausdrücklich dem Arzt vorbehalten.

Das Ausmaß der ersten Phase der Aktion T4 zeigt die folgende Tabelle (24).

Tabelle 1:
Erste Phase der Aktion T4

Anstalt	Zeitraum	Zahl der Toten
Grafeneck/Württemberg	Januar–Dezember 1940	9 839
Brandenburg	Februar–September 1940	8 772
Bernburg	September 1940–August 1941	8 601
Hadamar	Januar–August 1941	10 072
Hartheim/Linz	Mai–August 1941	18 269
Sonnenstein	Juni–August 1941	13 720

Im Frühjahr 1941 wurden sogenannte Zwischenanstalten geschaffen, in die die zur Tötung Bestimmten vorübergehend untergebracht wurden. Dies diente zur besseren Tarnung und dazu, den fabrikmäßigen Mord in den Tötungsanstalten reibungslos zu gestalten.

Nach der Ermordung wurden die Opfer sofort verbrannt und die Asche in Urnen zum Versand an die Angehörigen bereitgestellt. In eigens eingerichteten Standesämtern wurde der Tod beurkundet, den Angehörigen eine fingierte Todesursache mitgeteilt.

Trotz dieser Maßnahmen wurden die Anstaltsmorde im Sommer 1940 in der Bevölkerung bekannt.

Widerstand

Nun begann sich auch in den Anstalten Widerstand zu formieren. Das erste Ausfüllen der Fragebögen war meist ahnunglos erfolgt, da niemand die Folgen absehen konnte. Nun wurde in vielen Anstalten die Aktion systematisch sabotiert, Unterlagen wurden gefälscht, Patienten nach Hause entlassen, falsche Diagnosen eingetragen. Ein Euthanasiearzt berichtet in einem Brief: „Ich frage überall in den Anstalten die leitenden Ärzte nach Therapie und auch was das Problem der Euthanasie anbetrifft, und habe bisher außer in den Anstalten, mit denen wir zusammenarbeiten, für eine aktive Tätigkeit in dieser Richtung keine Liebe gefunden ... Die bloße Erwähnung macht die Leute deutlich verschnupft" (25). Deutlicher als dieser eher passive Widerstand war der Protest von seiten der Kirchen gegen die Euthanasieaktion.

Am 9. Juli 1940 wandte sich der evangelische Pastor Paul Gerhard Braune in einer Denkschrift gegen die Euthanasie; sie trug ihm eine mehrwöchige Gestapo-Schutzhaft ein. Am 19. Juli 1940 wandte sich der Landesbischof Theophil Wurm mit einem Protestbrief an Innenminister Wilhelm Frick. Im Juli 1940 versuchten Braune, Friedrich Bodelschwingh und Ferdinand Sauerbruch bei einem persönlichen Besuch bei Justizminister Franz Gürtner die Einstellung der Aktionen zu erreichen.

Eine nicht unbedeutende Wirkung hatten auch Todesanzeigen, in denen die Namen der Tötungsanstalten genannt waren, und die sich zu bestimmten Zeiten häuften. Daraufhin wurden die Tageszeitungen darauf hingewiesen, solche Anzeigen nicht mehr anzunehmen.

Auch bei den Parteigenossen machte sich Unruhe breit, die sich in Blockierungen der Anstaltstore, Beschimpfungen des GEKRAT-Personals, aber auch besorgten Schreiben der ärztlichen Parteiinstanzen an die Zentrale äußerte.

Die Katholische Kirche hat nach einer kurzen Zeit des Zögerns Stellung bezogen: Im November 1940 protestierte der Münchener Kardinal Michael von Faulhaber im Justizministerium. Der Hirtenbrief der Fuldaer Bischofskonferenz und die Predigt des Bischofs von Münster, Clemens August Graf von Galen, am 3. August 1941 führten schließlich zur offiziellen Einstellung der Aktion durch Hitler am 24. August 1941.

Zu dieser Zeit waren mindestens 70 000 Menschen ermordet worden, weitere 30 000 begutachtete Bögen lagen bereit. Im Protokoll einer Begutachtung der Prüfärzte am 6. Oktober 1942 in Berlin heißt es: „ + bedeutet einwandfreier Plusfall, der bei evtl. plötzlicher Wiederaufnahme unserer Arbeit ohne nochmalige Untersuchung zur Ausscheidung in unseren Anstalten vorgesehen werden kann" (26).

Sonderaktionen

Das offizielle Ende der Aktion T4 bedeutete jedoch nicht das Ende der Euthanasie. Zu diesen Sonderaktionen gehörten die Tötung jüdischer Kranker, die Aktion 14f13, in der aus den Konzentrationslagern die psychisch Kranken ausgesondert und von den Mitarbeitern von T4 ermordet wurden. 20 000 Menschen wurden auf diese Weise ermordet. In der sogenannten wilden Euthanasie wurden dezentral, aber auch in Tötungsanstalten wie Meseritz-Obrawalde, weitere Patienten durch Medikamente oder durch Verhungernlassen getötet.

Der Begriff „wilde Euthanasie" ist irreführend, denn er suggeriert, daß ohne zentrale Lenkung und ohne Wissen der zentralen Stellen ungeordnet und in nicht allzuvielen Fällen Patienten ermordet worden seien. Dabei handelte es sich bei dieser Form der Euthanasie um eine konsequente, auch von der Zentrale von T4 zumindest zur Kenntnis genommene Ausweitung des Euthanasieprogrammes auf lokaler und regionaler Ebene. Es kam weiterhin zu Verlegungen in die Tötungsanstalten neuen Typs, wo die Patienten innerhalb von Tagen oder wenigen Wochen ermordet wurden. Solche Transporte sind noch aus den ersten Monaten des Jahres 1945 bekannt. Eine genaue Zahl der so Ermordeten läßt sich noch nicht angeben.

Massenvernichtungen

Alle diese Aktionen von der Kindereuthanasie bis zur wilden Euthanasie sind als Teil einer auf dem Boden sozialdarwinistisch-rassenhygienischer Vorstellungen entstandenen Idee von der Ausmerze lebensunwerten und artfremden Lebens zu sehen. Nicht von ungefähr griff man bei der „Endlösung der Judenfrage" auf die bewährten Kräfte von T4 zurück. Erster Kommandant des KZ Treblinka war Irmfried

Eberl, der zuvor Direktor der Anstalten in Brandenburg und Bernburg gewesen war. Auch die späteren Kommandanten von Treblinka, Kurt Franz und Franz Stangl, kamen von T4. Christian Wirth, der erste Lagerleiter von Belzec, war zuvor Büroleiter in Grafeneck, Brandenburg und Hartheim gewesen und hatte die erste Vergasung im Januar 1940 in Brandenburg geleitet. Seine Methode wurde nicht nur in Belzec, sondern auch in Auschwitz angewendet. Die Aktion T4 steht so nicht isoliert, sie diente auch zur Erprobung der Massenvernichtungsmechanismen des NS-Regimes.

Gesetze

Alle Tötungen im Rahmen des Euthanasieprogrammes geschahen ohne jede gesetzliche Grundlage. Aber schon vor Beginn des Krieges hat es Initiativen zu einer gesetzlichen Regelung gegeben. Schon im August 1939 beschäftigte sich die Strafrechtskommission mit einem vorliegenden Gesetzentwurf, an dem offensichtlich auch noch zu Beginn des Krieges gearbeitet wurde. Zumindest im Januar 1941 hat man sich noch damit befaßt. Eine Abschrift des Protokolls der Kommission vom 24. Januar 1941 trägt die Aufschrift: „Niederschrift darf Unbefugten nicht in die Hände fallen."

Der Gesetzestext ist aus dem Protokoll der Bemerkungen der Diskussionsteilnehmer – unter ihnen die Mediziner Maximilian de Crinis, Hans Heinze, Carl Schneider, Bertold Kihn und Fritz Lenz – zu rekonstruieren und lautete wahrscheinlich:

„§ 1: Wer an einer unheilbaren, sich oder andere stark belästigenden oder sicher zum Tode führenden Krankheit leidet, kann auf sein ausdrückliches Verlangen mit Genehmigung eines besonders bemächtigten Arztes Sterbehilfe durch einen Arzt erhalten.

§ 2: Das Leben eines Menschen, welcher infolge unheilbarer Geisteskrankheit dauernder Versorgung bedarf und der im Leben nicht zu bestehen vermag, kann durch ärztliche Maßnahmen unmerklich schmerzlos für ihn vorzeitig beendet werden" (27).

Dieser Entwurf ist nie Gesetz geworden, aber die in ihm zum Ausdruck kommende Vermengung des Problems der Tötung auf Verlangen mit dem der Tötung „lebensunwerten Lebens" ist typisch auch für die Propagandatätigkeit in der NS-Zeit, zum Beispiel in dem Film „Ich klage an" (28), sie ist aber auch in der heutigen Diskussion um Sterbehilfe noch in weiten Teilen anzutreffen.

Anmerkungen:

1) Vgl. hierzu C. HOFFMANN: Der Inhalt des Begriffes „Euthanasie" im 19. Jahrhundert und seine Wandlungen in der Zeit bis 1920 Med.-Diss. Humboldt-Univ. Berlin 1969 und R. WINAU: Euthanasie – Wandlungen eines Begriffs, in: J. Falck (Hg.) Sterbebegleitung älterer Menschen, Berlin 1980 (= Beitr. Gerontol. Altenarb. 32) S. 7–19.

2) ADOLF JOST: Das Recht auf den Tod, Göttingen 1895, S. 1.

3) Jost, S. 32.

4) Jost, S. 38.

5) E. HAECKEL: Die Lebenswunder, Stuttgart 1904, S. 130.

6) GERKAN: Euthanasie, in: Das Monistische Jahrhundert 2 (1913/14) S. 169–173. Zur sich anschließenden Diskussion vgl. K. H. HAFNER und R. WINAU: Die Freigabe der Vernichtung lebensunwerten Lebens. Eine Untersuchung an der Schrift von Karl Binding und Alfred Hoche, in: Med.hist. J. 9 (1974) S. 227–254; dort ist auch der Gesetzentwurf Gerkans abgedruckt.

7) K. BINDING u. HOCHE: Die Freigabe der Vernichtung lebensunwerten Lebens, ihr Maß und ihre Form, Leipzig 1920, 2. Aufl., 1922.

8) Ausführlich zuerst dargestellt in unserer 1974 erschienenen Untersuchung, vgl. HAFNER/WINAU (Anmerkung 6).

9) BINDING/HOCHE, S. 18 f.

10) BINDING/HOCHE, S. 27.

11) BINDING/HOCHE, S. 27.

12) BINDING/HOCHE, S. 29.

13) BINDING/HOCHE, S. 32.

14) BINDING/HOCHE, S. 33.

15) BINDING/HOCHE, S. 40.

16) BINDING/HOCHE, S. 51–53.

17) BINDING/HOCHE, S. 55.

18) BINDING/HOCHE, S. 55.

19) BINDING/HOCHE, S. 57.

20) Vgl. dazu die Mainzer Dissertation von C. BURKHARDT u. H. W. SCHMUHL: Rassenhygiene, Nationalsozialismus, Euthanasie (Krit. Stud. Gesch.Wiss. 75), Göttingen 1987, hier vor allem die Zusammenstellung der zum Problem erschienenen Dissertationen, S. 414.

21) G. FICHTNER: Die Euthanasiediskussion in der Zeit der Weimarer Republik, in: A. ESER (Hg.): Suizid und Euthanasie, Stuttgart 1976, S. 24–40, hier S. 35.

22) Vgl. zum Beispiel BA Koblenz, Slg Traub, ZSg 110.

23) Aktenvermerk BA Koblenz RA 961/2.

24) Zahlen nach G. Aly (Hg.): Aktion T4, Berlin 1987.

25) BA Koblenz R 961/2.

26) BA Koblenz R 961/2.

27) BA Koblenz R 961/2.

28) Dieser und andere Filme sind ausführlich untersucht in der Berliner Dissertation von KARL LUDWIG ROST: Sterilisation und Euthanasie im Film des „Dritten Reiches", (Abh. Gesch.-Med.Natwiss. 55), Husum 1987.

Literatur:

Die Literatur zum Thema ist umfangreich. Aus der Vielzahl seien besonders genannt (soweit nicht schon in den Anmerkungen angegeben):

K. DÖRNER: Der Krieg gegen die psychisch Kranken, Rehburg-Loccum 1980.

H. EHRHARDT: Euthanasie und Vernichtung „lebensunwerten" Lebens, Stuttgart 1965.

C. FOUQUET: Euthanasie und Vernichtung lebensunwerten Lebens, Oberbiel 1978.

W. GRODE: Die „Sonderbehandlung 14f 13" in den Konzentrationslagern des Dritten Reiches, Frankfurt 1987.

H. C. v. HASE (Hg.): Evangelische Dokumente zur Ermordung der „unheilbar Kranken" unter der nationalsozialistischen Herrschaft, Stuttgart 1964.

E. KLEE: „Euthanasie" im NS-Staat, Frankfurt 1983.

E. KLEE: Dokumente zur „Euthanasie", Frankfurt 1985.

E. KOGON, H. LANGBEIN u. a. (Hg.): Nationalsozialistische Massentötungen durch Giftgas, Frankfurt 1983.

R. J. LIFTON: The Nazi Doctors; Medical Killing and the Psychology of Genocide, New York 1968 (auch in Deutsch: Ärzte im Dritten Reich, Stuttgart 1988).

K. NOWAK: „Euthanasie" und Sterilisierung im „Dritten Reich". Die Konfrontation der evangelischen und katholischen Kirche mit dem „Gesetz zur Verhütung erbkranken Nachwuchses" und der „Euthanasie"-Aktion, Göttingen 1978.

A. PLATEN-HALLERMUND: Die Tötung Geisteskranker in Deutschland. Aus der Deutschen Ärztekommission beim Amerikanischen Militärgericht, Frankfurt 1948.

Anstaltsalltag in der Psychiatrie und NS-Euthanasie

Klaus Dörner

Seit etwa 1980 haben inzwischen wohl fast alle psychiatrischen Landeskrankenhäuser in der Bundesrepublik Deutschland damit begonnen, ihre Geschichte zwischen 1933 und 1945 kennenzulernen. Theoretisch hätten wir das auch schon früher tun können. Aber praktisch waren wir erst in den letzten Jahren innerlich dazu bereit und wollten es. Eine Leitfrage dabei: „Wie war es möglich, daß fast alle Psychiater und psychiatrisch Tätige sich direkt oder indirekt an der Ermordung ihrer Patienten beteiligten, obwohl neunzig Prozent von ihnen dagegen waren?" – Oder die noch bohrendere Frage: „Wie hätte ich gehandelt, wenn ich damals verantwortlich gewesen wäre?"

Seit 1983 gibt es einen „Arbeitskreis zur Erforschung der NS-Euthanasie", in dem sich psychiatrisch Tätige aus Landeskrankenhäusern mit Historikern treffen, um sich gegenseitig bei der Erforschung ihrer Einrichtungen und ihrer selbst zu helfen. Aus dem Wissen, das wir dort allmählich und mühsam genug gesammelt haben, kann ich ableiten, daß das Geschehen im Landeskrankenhaus Gütersloh damals typisch für das in den meisten Landeskrankenhäusern gewesen ist.

Daher werde ich im folgenden von dem alltäglichen Schicksal einiger Patienten berichten, um mich so gewissermaßen in konzentrischen Kreisen einigen vorläufigen Antworten auf die Frage „Wie war das möglich?" zu nähern.

Alle wußten Bescheid . . .

Natürlich wußten alle Ärzte und leitenden Mitarbeiter Bescheid, als im Frühjahr 1941 die Meldebögen kamen und im Sommer 1941 die Transporte zusammengestellt werden mußten. Denn immerhin waren zu dieser Zeit in fast allen anderen Gebieten des Deutschen Reiches Verlegungen und Vergasungen planmäßig erfolgt. Zudem hatten heimkehrende Teilnehmer des Polen-Feldzugs offen von der systematischen Tötung der polnischen psychisch Kranken berichtet, da das von Ende 1939 bis Anfang 1940 weitgehend noch ohne Geheimhaltung geschah. Auch hatte man in Gütersloh bereits am 21. September 1940 seine jüdischen Patienten auf eine „Gesellschaftsfahrt" (so die Reichsbahndirektion Hannover) nach Wunstorf schicken müssen – ohne Krankengeschichte, jedoch auch ohne übrigens nur den Versuch zu machen, sich wenigstens nach dem Verbleib dieser Patienten zu erkundigen. Schließlich hatte Dr. Jaspersen aus Bethel an den Direktor des Landeskrankenhauses Gütersloh, Dr. Hartwich, wie auch an andere Direktoren schriftlich die Aufforderung gerichtet, die Ausfüllung der Meldebögen zu verweigern.

Aber nur Dr. Müller, der Direktor des Lindenhauses bei Lemgo, hatte den Mut, diesen Rat zu befolgen, wodurch er in der Tat seine Patienten retten konnte.

Alle anderen Landeskrankenhäuser, so auch Gütersloh, gehorchten, wohl weil schon die Möglichkeit, eine Anordnung nicht zu befolgen, weitgehend unbekannt war.

So versuchte man, sein Wissen nicht wahrhaben zu wollen, aber auch das mißlang: Einer der Gütersloher Ärzte, Dr. Herzfeld, wurde als Begleiter eines der Transporte in eine hessische Zwischenanstalt von Bahnarbeitern als Mörder seiner Patienten offen beschimpft, wie er mir vor einigen Jahren noch selbst erzählt hat.

Seither beschränkten sich die Verantwortlichen darauf, einzelne Angehörige zu benachrichtigen und bei der Auswahl der Patienten für die Transporte den eingeräumten Ermessensspielraum auszuschöpfen, worin der Leiter des Krankenbüros die Ärzte möglicherweise noch übertraf. Denn immerhin muß die Angst vor einer Rüge von oben so groß gewesen sein, daß die nicht seltenen inständigen Entlassungsgesuche von Angehörigen durch den Direktor ohne erkennbaren zwingenden Grund schriftlich abgelehnt wurden, wie man heute noch in vielen Akten nachlesen kann.

Von Versuchen systematischen Widerstands keine Spur, während wir solche in staatlichen Einrichtungen mit geistlichem Personal durchaus finden. So lebt heute noch in unserem Landeskrankenhaus Luzie D. Sie war 1940 in Münster manisch geworden und wurde in das dortige Landeskrankenhaus eingewiesen. Sie erzählt noch heute, daß die drohende Ermordung unter den damaligen Patienten offen besprochen wurde.

Eines Tages forderten die Münsteraner Vinzentinerinnen die Eltern von Luzie D. auf, ihre Tochter mit nach Hause zu nehmen, da jetzt Transporte bevorstünden. Die Eltern haben ihre Tochter trotz schwieriger Krankheitsphasen über längere Zeit zu Hause versteckt, so daß sie gerettet wurde.

So sahen die „Unheilbaren" aus

Paula F. kam als junges Mädchen von Ostpreußen nach Bethel, wo sie Arbeit fand. Nachdem ihr Wunsch, Diakonisse zu werden, abgelehnt wurde, war sie eine Zeitlang psychisch durcheinander, ohne je psychotisch zu werden. 1926 wurde sie im Landeskrankenhaus Gütersloh aufgenommen. Obwohl weitgehend gesund, hatte sie mangels Angehöriger keine Entlassungschance. So kam sie 1941 mit einem Transport in die hessische Zwischenanstalt Scheuern.

Von dort schrieb sie dem Direktor in Gütersloh:

„Seit dem 18. Juli bin ich hier in Scheuern. Als ich am 17. Juli meine Sachen packte, wurde mir gesagt, daß ich nicht alle meine Sachen mitnehmen könnte. Es wurde mir überhaupt auf die letzte Minute klargemacht, daß ich mitfahren müßte. Erstmal hatte ich Sorgen, daß ich mit mir selbst fertig wurde; denn ich war mit 15jähriger Dauer meines Daseins in Gütersloh so sehr dortselbst gewöhnt, daß ich schließlich nicht so ohne weiteres darüber hinwegkommen konnte. Außerdem war die Zeitspanne so kurz und noch mancherlei für die weite Reise zu besorgen, daß ich das Packen vertrauensvoll in die Hände der Oberpflegerin Fräulein Frieda B. legte. Als ich vom Baden kam, fragte ich Fräulein B., ob sie auch meine beiden Wärmeflaschen beigepackt hätte, was Fräulein B. verneinte, versprach mir aber wiederholt auch in anderer Gegenwart, die Sachen würden von hier bestimmt nachgesandt werden. Ich habe mich von hier aus zweimal schriftlich an Fräulein B. gewandt, ohne Antwort. Ich bin jetzt 7 Wochen hier und bitte höflichst um

Angabe, ob ich bald mit der Zusendung der Sachen: 2 Wärmeflaschen, eine Fußflasche und eine Gummiflasche, rechnen könnte. Ich bin magenleidend und brauche nötig diese Flaschen, zumal im Kriege dafür kein Ersatz zu haben ist. Außerdem meinte ich wegen Platzmangel noch ein paar schwarze niedrige Schuhe dort gelassen zu haben. Auch diese Schuhe brauche ich sehr nötig, da ich diesen Gegenstand heute nicht ersetzt bekomme. Der Arzt von hier und die Frau Oberin wissen um die Angelegenheit. Ich schreibe mit beiderseitiger Erlaubnis und Einverständnis. Ich bitte gefälligst um solche Veranlassung, daß mir mein Eigentum zurückerstattet wird oder mir wenigstens etwaige Hinderungsgründe, wenn solche bestehen sollten, freundlichst angeben zu wollen. Mit aller Hochachtung. Paula F."

So sahen die „unheilbar Kranken" aus, denen laut Adolf Hitler „bei kritischster Beurteilung ihres Krankheitszustandes der Gnadentod gewährt werden kann". Paula F. wurde 1943 nach Hadamar weiterverlegt und umgebracht.

Mit demselben Transport kamen weitere 134 Patientinnen nach Scheuern, unter ihnen auch Frieda P., 1904 geboren, seit 1933 im Landeskrankenhaus Gütersloh, als schizophren diagnostiziert, ebenfalls in Hadamer ermordet. Kurz nach dem Abtransport kommt die Mutter aus Herford ahnungslos an die Pforte, um sie zu besuchen und ihr etwas zu essen mitzubringen. Sie bittet in einem Brief, ihrer Tochter das Paket nachzusenden: „Es tut mir leid, daß ich es nicht wußte, daß sie woanders untergebracht wurde. Ich hätte sie gerne vorher gesehen. Nun ist sie so weit entfernt, daß ich es kaum möglich machen kann bei meiner schwachen Gesundheit. Porto für Paket liegt bei".

Aber auch wenn die Tochter noch in Gütersloh gewesen wäre, hätte die Mutter sie nicht sehen dürfen. Für die gesamte Zeit der Transporte hatte nämlich der Direktor ein absolutes Besuchsverbot verhängt. Der Pförtner war schriftlich angewiesen worden, allen Angehörigen ohne Überprüfung zu sagen, ihren jeweiligen Patienten gehe es gut, und sie müßten sich keine Sorgen machen.

Wie groß muß die Angst der Verantwortlichen in Gütersloh gewesen sein, die Angst nicht nur vor der Hierarchie, sondern auch die vor den Angehörigen, daß sie zu solchen Mitteln griffen?

Aber die meisten Angehörgen waren selbst so hilflos und isoliert, daß nur wenige diese Angst vermuteten und zu nutzen versuchten. Zu ihnen gehörte Fritz M., dessen Mutter in Gütersloh Patientin war. Er schrieb als Soldat von der Front einen Brief an den Direktor, in dem er ihm mitteilte, daß er ihn persönlich haftbar machen werde, wenn seine Mutter nach dem Krieg nicht mehr leben würde. Natürlich befand sich die Mutter 1945 unter den Überlebenden.

Nach dem Tode hilfsbereit

Manchmal war das Landeskrankenhaus wenigstens nach dem Tode hilfsbereit. So wurde Sylvia D. aus Bochum, seit 1926 wegen einer „Pfropfhebephrenie" in der Anstalt, mit 32 Jahren am 24. Juni 1941 mit 79 anderen Patienten aus Gütersloh nach Scheuern verlegt und unmittelbar danach in Hadamer vergast. Ihr Vater schrieb am 9. September 1941 an die Schwester Oberin in Gütersloh:

Meine Tochter Sylvia ist, kurz nachdem sie in die Heil- und Pflegeanstalt Hadamar verlegt worden ist, am 11. August 1941 gestorben, und zwar war sie an Angina mit anschließender Sepsis erkrankt. Sie ist nur 4 Tage krank gewesen. Sie wird auf dem Urnenfriedhof Essen-West morgen bestattet, wo auch ihre Mut-

Das Gesetz zur Verhütung erbkranken Nachwuchses

Seit der nationalen Erhebung beschäftigt sich die Öffentlichkeit in zunehmendem Maße mit den Fragen der Bevölkerungspolitik und dem dauernd zunehmenden Geburtenrückgang.

Es ist aber nicht nur der Rückgang in der Volkszahl, der zu den schwersten Bedenken Anlaß gibt, sondern in gleichem Maße die mehr und mehr in Erscheinung tretende Beschaffenheit der Erbverfassung unseres Volkes. Während die erbgesunden Familien größtenteils zum Ein- und Keinkindsystem übergegangen sind, pflanzen sich unzählige Minderwertige und erblich Belastete hemmungslos fort, deren kranker und asozialer Nachwuchs der Gesamtheit zur Last fällt.

Während die gesunde deutsche Familie besonders der gebildeten Schichten nur etwa 2 Kinder im Durchschnitt hat, weisen Schwachsinnige und andere erblich Minderwertige durchschnittlich Geburtenziffern von 3 bis 4 Kindern je Ehe auf. Bei einem solchen Verhältnis sich aber die Zusammensetzung eines Volkes von Generation zu Generation, so daß in etwa drei Geschlechtern die wertvolle Schicht von der minderwertigen völlig überwuchert ist. Das bedeutet aber das Aussterben der hochwertigen Familien, so daß demnächst höchste Werte auf dem Spiel stehen: es geht um die Zukunft unseres Volkes!

Dazu kommt, daß für Geistesschwache, Hilfsschüler, Geisteskranke und Asoziale jährlich Millionenwerte aufgewendet werden müssen, die den gesunden, noch kinderfrohen Familien durch Steuern aller Art entzogen werden. Die Fürsorgelasten haben eine Höhe erreicht, die in gar keinem Verhältnis mehr zu der trostlosen Lage derjenigen steht, die diese Mittel durch Arbeit aufbringen müssen.

Von weiten Kreisen des deutschen Volkes wird darum heute die Forderung gestellt, durch Erlaß eines Gesetzes zur Verhütung erbkranken Nachwuchses das biologisch minderwertige Erbgut auszuschalten.

Da die Sterilisierung das einzig sichere Mittel ist, um die weitere Vererbung von Geisteskrankheiten und schweren Erbleiden zu verhüten, muß das Gesetz zur Verhütung erbkranken Nachwuchses als eine Tat der Nächstenliebe und Vorsorge für die kommende Generation angesehen werden. So werden in mehreren ausländischen Staaten Sterilisierungsgesetze bereits lange durchgeführt, z. B. in den Vereinigten Staaten, in der Schweiz und in Dänemark. Das erste Sterilisierungsgesetz wurde in den Vereinigten Staaten von Nordamerika im Jahre 1905 in Staate Pennsylvanien angenommen. Entsprechende Gesetze sind inzwischen in 24 von 48 Staaten eingeführt worden, die im allgemeinen die zwangsweise Unfruchtbarmachung vorsehen.

Das neue deutsche Gesetz geht von der Erkenntnis aus, daß es nicht alle Erbkranken, vor allen Dingen nicht alle leichteren Fälle von Geistesstörungen und auch nicht die gesunden Träger von Erbkrankheiten erfassen kann; es will zunächst nur die Krankheitsgruppen einbeziehen, bei denen die Regeln der Vererbung mit großer Wahrscheinlichkeit einen erbkranken Nachwuchs erwarten lassen. Dies trifft bei den in § 1 genannten Krankheiten, z. B. angeborenem Schwachsinn, den Geisteskrankheiten, bei erblicher Fallsucht, Veitstanz und den schweren erblichen körperlichen Mißbildungen zu. Es wird Aufgabe der dazu berufenen Stellen sein, durch Aufklärung und Eheberatung die Wirksamkeit dieses Gesetzes zu vervollständigen.

Abbildung 1:
Durch spätere Radikalisierung schon die Grenze zum Töten überschritten: Das „Erbgesundheitsgesetz" vom 14. Juli 1933. Hier der Ausschnitt eines (vom Verfasser nicht gezeichneten) Artikels in Heft 5/1933 (29. Juli) des „Deutschen Ärzteblattes"

ter, meine Frau, ruht. Nun habe ich eine Bitte an Sie; werte Schwester Oberin. Haben Sie oder die Anstalt ein Lichtbild von meiner Tochter, ganz gleich in welcher Kleidung? Ist dieses der Fall, so bitte ich um eine Aufnahme. Ich wollte es immer machen lassen, aber es ist dabei geblieben. Sie kam von dort zuerst 4 Wochen in die Heil- und Pflegeanstalt dort in die Nähe nach Scheuern. Warum wurde sie überhaupt von Gütersloh verlegt? Etwa wegen Fliegergefahr? Schreiben Sie mir bitte wieder."

Der Vater erhält folgende menschen-versachlichende Antwort: „Ihrem Wunsche entsprechend übersende ich Ihnen 4 ältere Lichtbilder Ihrer Tochter Sylvia. Die Übersendung der Bilder, die wir in der Anstalt angefertigt haben, erfolgt kostenlos. Die Überführung Ihrer Tochter in eine andere Anstalt erfolgte aufgrund der bestehenden Anordnungen des Reichsverteidigungskommissars."

Das Jahr 1943 markierte einen weiteren Höhepunkt der Verlegungs- und Tötungsaktionen. Wurden 1941 noch 350 Gütersloher Patienten „selektiert", so waren es 1943 650 Patienten. Jetzt kamen sie überwiegend in Einrichtungen der Ostgebiete, wo sie nicht mehr durch Gas, sondern durch Medikamente oder Nahrungsverknappung getötet wurden.

Diese letzte Methode war bei den Verantwortlichen besonders beliebt. Denn so konnten sie sich selbst und anderen leichter eine kriegsbedingte Notwendigkeit des Nahrungsentzugs und damit die persönliche „Schuldlosigkeit" einreden und mit besserem Gewissen eine natürliche Todesursache bescheinigen. Gütersloher Patienten kamen nach Bernburg, Meseritz, Tiegenhof und Warta. 1945 lebten nur noch 10 Prozent von ihnen.

Nach Warta kam auch der damals 45jährige Wilhelm S., der wegen manischer oder depressiver Phasen gelegentlich ins Landeskrankenhaus mußte, in der übrigen Zeit jedoch seinen Hof bestellte. Eines Tages forderte ihn die einzige in Warta tätige polnische Ärztin auf, sich nach Hause durchzuschlagen und versorgte ihn mit Geld. Die Flucht gelang, und Wilhelm S. hat noch Jahrzehnte gelebt.

Im Mai 1987 habe ich mit 30 anderen psychiatrisch Tätigen, organisiert von der „Deutschen Gesellschaft für Soziale Psychiatrie" und der „Deutsch-Polnischen Gesellschaft", eine Reise gerade durch diejenigen polnischen Landeskrankenhäuser gemacht, in denen in der NS-Zeit am meisten getötet wurde. Es war die erste derartige Reise nach 1945. Wir wollten wenigstens versuchen, die Toten zu ehren oder um Verzeihung zu bitten und auf diesem Wege unsere eigene Geschichte besser kennenlernen. In Warta trafen wir die besagte polnische Ärztin. Sie berichtete uns bereitwillig über die Einzelheiten der damaligen Zeit. Als ich mich bei ihr für die mutige Rettung von Wilhelm S. bedanken wollte, mochte sie sich nicht erinnern und lehnte den Dank brüsk mit der Bemerkung ab, sie habe doch stets alle Patienten gleich behandelt. So sehr war die Angst selbst in ihr noch lebendig.

Vielleicht muß ich an dieser Stelle einschieben, daß es – wie in anderen Landeskrankenhäusern – auch in Gütersloh einige abenteuerliche Rettungslegenden gegeben hat. Sie entspringen dem wahrlich verständlichen Wunschdenken, halten aber einer Untersuchung nicht stand.

Lebensrettende Konspiration

Ich habe hier nur Begebenheiten berichtet, die gesichert sind. Wie sehr aber Licht und Schatten verteilt sind und wie unterschiedlich die Ärzte sich bemüht haben, mit ihrer Angst umzugehen und ihre Mitwirkung an der Ermordung der Patienten zu verringern, mag die letzte Geschichte zeigen:

Gustav E. aus dem Kreis Minden wurde 1940 mit 20 Jahren zum Militär eingezogen. Als er erstmals an die Front sollte, floh er voll panischer Angst und wurde wegen Fahnenflucht zu Gefängnis verurteilt. Weil er dort seine Einstellung nicht änderte, wurde er einem Konzentrationslager überstellt. Nicht die Gefängnisbeamten, wohl aber der KZ-Kommandant erkannte, daß Gustav E. psychisch krank war und erwirkte seine Aufnahme im Landeskrankenhaus Gütersloh. Obwohl die Einschätzung des KZ-Kommandanten richtig war und Gustav E. zweifelsfrei an einer Psychose litt und auch heute noch leidet, finden wir in der Krankengeschichte eine meisterhafte diagnostische Verfälschung: Der zuständige Arzt deutete die Störung seines Patienten in eine neurologische Diagnose um, womit er ihn sowohl vor der Zwangssterilisierung als auch vor der Ermordung rettete. Es war dies derselbe schon erwähnte Dr. Herzfeld, der als „Vierteljude" ständig um sein eigenes Leben bangen mußte. Offenbar hat ihm solches das Ertragen der beruflichen Angst erleichtert; denn während er sich regelmäßig mit dem Anstaltspastor – gleichsam

konspirativ – traf, um über Rettungsmöglichkeiten für einzelne Patienten nachzu-
denken, sind von den anderen Ärzten solche Diagnose-Fälschungen oder andere
lebensrettende Aktivitäten weniger bekannt.

Wenn man aber fragt, wer die meisten Patienten gerettet habe, so sind dies ohne Zweifel diejenigen Schwestern und Pfleger gewesen, die in den letzten Kriegsjahren ihre Patienten eigenmächtig und erfinderisch mit zusätzlichen Nahrungsmit-
teln versorgt haben.

Zum Vergleich: Im Ersten Weltkrieg sind 70 000 psychiatrische Patienten in
Landeskrankenhäusern durch Hunger gestorben, fast ebenso viele wie durch die
Mordaktionen der Nazis von 1941. Das mag auch der Grund dafür sein, warum die
beiden einzigen noch lebenden Patientinnen, die zu den wenigen gehört haben, die
lebend 1945 aus Bernburg zurückkamen, bis heute immer nur sagen: „Über Bernburg wollen wir nicht sprechen."

Wie war das alles möglich?

Nach dieser Schilderung des Anstaltsalltags möchte ich die eingangs gestellte Frage
aufgreifen: „Wie war das möglich, daß fast das ganze psychiatrische System, überwiegend gegen den eigenen Willen, bei der Ermordung seiner Patienten mitwirkte,
obwohl die damaligen psychiatrisch Tätigen doch vermutlich nicht besser und nicht
schlechter gewesen sind als ihre damaligen Kollegen in anderen Ländern und als
wir heute?" Die hilfreichste weiterführende Frage scheint mir darin zu bestehen:
Waren die damals tätigen Psychiater vielleicht, ohne es selbst zu merken, schon ein
ganzes Stück des Weges der Entwertung ihrer Patienten gegangen, so daß der letzte Schritt ihnen gar nicht mehr als so groß erschien?

1933 hatten sie fast ohne Ausnahme das Erbgesundheitsgesetz begrüßt, obwohl
dies die Zwangssterilisierung vorsah. Bedenken gegen diesen Schritt hat es praktisch nicht gegeben. Die revolutionäre Begeisterung der Psychiater, nun endlich
auch präventiv etwas zur Gesundung der Gesellschaft tun zu dürfen, war offenbar
zu groß. Indem das Erbgesundheitsgesetz durch spätere Verordnungen radikalisiert
wurde und zum Beispiel eine Schwangerschaftsunterbrechung selbst noch im fünf-
ten Monat erlaubte, war die Grenze zum Töten an dieser Stelle schon überschritten.

Gleichzeitig hatten die Gütersloher Ärzte in den dreißiger Jahren zahlreiche
Aufklärungsvorträge über die Gefahren der „Vererbung der Minderwertigkeit" gehört oder gar gehalten, hatten Ausstellungen durchgeführt und sich auf diese Weise zur Ausgrenzung der Minderwertigen bekannt.

Aber auch in anderer Hinsicht wurde die Minderwertigkeit der Patienten offenbar: 1935 stand für den einzelnen Patienten 30 Prozent weniger Geld als 1929
zur Verfügung. Später, als ein Teil des Landeskrankenhauses für Lazarettzwecke
benutzt wurde, wurden die psychiatrischen Patienten gnadenlos auf immer enger
werdendem Raum zusammengepfercht. Wo heute 25 Patienten wohnen, waren es
damals 100, zum Teil in Doppelbetten. Im Alltag merkt man es gar nicht, wie ein
Mensch, dem immer weniger Raum zur Verfügung steht und für den immer weniger Geld da ist, auch in seiner Wertschätzung an Wert verliert. Da mag sich all-

mählich das Mitleid – das „tödliche Mitleid" – rühren, ob nicht vielleicht doch der Gnadentod für solche dahinvegetierenden Existenzen das Bessere sei. Wer einen solchen, in kleinen Schritten entwertenden Prozeß überblickt, der mag dies im Blick von außen erkennen. Wer aber selbst Bestandteil eines solchen Prozesses ist, der ist auch dessen Opfer und erkennt dies erst, wenn es zu spät ist.

Fast alle psychiatrisch Tätigen waren damals den Weg der Entwertung ihrer Patienten schon so lange mitgegangen, daß es offenbar schließlich für einen kollektiven und systematischen Widerstand des psychiatrischen Systems in der Tat zu spät war. Jetzt konnte man nur noch als Einzelgänger und isoliert Held sein, moralisch integer, aber politisch unwirksam. Mit Dr. Jaspersen und Dr. Müller haben wir zwei solcher Psychiater schon erwähnt.

Die vielleicht eindrucksvollste Persönlichkeit dieser Art ist Professor Ewald aus Göttingen. Auf dem Weg zu der Konferenz, auf der er in die Euthanasie-Mordaktionen verstrickt werden sollte, suchte er zur Unterstützung seiner Widerstandsabsicht die beiden damals berühmtesten und einflußreichsten Psychiater, Professor Bumke und Professor Rüdin, in München auf. Beide lehnten es ab, sich an seinem Widerstand zu beteiligen. Dennoch hatte Ewald den Mut, auf der Euthanasie-Konferenz offen zu erklären, daß er eine Teilnahme ablehne.

Die meisten anderen führenden und bekannten Psychiater ließen sich direkt oder indirekt in das NS-Programm „alles für die Heilbaren, der Tod für die Unheilbaren" verstricken, ohne daß dies ihrer Nachkriegskarriere Abbruch getan hätte.

Breiter gesellschaftlicher Konsens

All das reicht aber für eine Erklärung der damaligen Willfährigkeit des psychiatrischen Systems – von der Patientenversorgung bis zur Wissenschaft – nicht aus. Damit eine hinreichende Bereitschaft zum „Mitmachen" hergestellt werden konnte, benötigte selbst ein so autoritäres Regime wie das Dritte Reich einen breiteren gesellschaftlichen Konsensus.

Dieser war, um den nächsten konzentrischen Kreis zu benennen, schon etwa seit 1890 gegeben. Denn seit dieser Zeit galt es nicht nur für deutsche, sondern für alle europäischen Gesellschaften als eine Selbstverständlichkeit, davon auszugehen, daß ein bestimmter Teil der Bevölkerung – meistens etwa ein Drittel – als minderwertig, erblich belastet, als sozialer Ballast, als Untermenschen, degeneriert oder entartet zu bezeichnen sei. Das sahen nicht nur die führenden Psychiater der Jahrhundertwende so, wie Forel oder Kraepelin, sondern auch die Eliten der Bildung und der Wirtschaft aller Fraktionen, ohne daß es nennenswerten Widerstand dagegen gegeben hätte. Der Glaube an die Gleichwertigkeit der Menschen war dem Glauben an den unterschiedlichen Nutzwert der Menschen gewichen.

Hinzu kam die Überzeugung, daß das Recht auf den eigenen Tod geradezu der letzte Beweis für das Recht auf das eigene Leben und auf die Selbstbestimmung des Menschen sei – ein liberaler Glaube, von dem immer wieder abgeleitet wurde, daß denjenigen, die nicht für sich selbst sprechen können, im Falle der Unheilbarkeit eines Leidens dann auch das Recht auf den Tod von Staats wegen zugestanden und beschafft werden müsse.

Das verweist auf einen historisch noch weiter zurückliegenden konzentrischen Kreis: mit der Industrialisierung entstand um 1800 herum die „Soziale Frage", also die Frage: „Was sollen wir mit denen machen, die industriell unbrauchbar sind; wofür sind sie da; und wieviel Geld sollen wir für sie ausgeben?" Seither ist es immer üblicher geworden, den Wert des Menschen statt von seiner Gleichwertigkeit von seinem industriellen Nutzwert her zu berechnen. Die Entkoppelung der Wissenschaft und der Wirtschaft sowohl vom religiösen als auch vom philosophischen Menschenbild machte es möglich, daß bis zu einem Drittel der Gesellschaft nur noch unter dem Aspekt der Versorgung und damit unter dem Aspekt der Kostenfrage gesehen wurde. Die hierzu gehörenden Gruppen von Menschen, unter ihnen die psychisch Kranken, gerieten in die Gefahr, nicht mehr als Menschen, sondern eher als Sachen wahrgenommen und behandelt zu werden.

In dieser abendländisch abgesicherten Denktradition stehen wir noch heute und standen um so mehr unsere psychiatrischen Vorgänger in der NS-Zeit. In derselben Denktradition standen aber auch die Nationalsozialisten selbst. Deshalb kann man ihre Kernabsicht auch so beschreiben, daß sie die Endlösung der Sozialen Frage wollten. Und dies in dem Sinne, daß sie der Welt beweisen wollten, daß eine Gesellschaft, die nur ein einziges Mal den Mut findet, sich rücksichtslos von allem sozialen Ballast zu befreien, wirtschaftlich, militärisch und wissenschaftlich unschlagbar sei.

Ich habe diesen Zusammenhang bis hin zu den heute brennenden Fragen der aktiven Sterbehilfe, der Sterilisierung Behinderter und der Gentechnologie ausführlicher in meinem Büchlein „Tödliches Mitleid – zur Frage der Unerträglichkeit des Lebens" beschrieben. Mit Sicherheit konnten aber unsere psychiatrischen Väter und Großväter, die um das Jahr 1940 herum Verantwortung zu tragen hatten, diesen Zusammenhang kaum erkennen. Ich bin mir bewußt, daß meine hier dargelegten Antworten auf die Frage „Wie war das möglich?" nur vorläufigen Charakter haben.

Wenn ich daher in Anlehnung an das Bekenntnis der Evangelischen Kirche von meinen psychiatrischen Vorgängern der NS-Zeit sage, „sie haben nicht brennend genug geliebt", dann muß ich das nicht nur um die Aussage ergänzen, daß sie mit dem Lieben auch zu spät angefangen haben. Vielmehr muß ich diese Frage zugleich auch an mich selbst richten: „Liebe ich, lieben wir heute brennend genug und fangen wir früh genug damit an?" Ich wage nicht zu entscheiden, ob wir, die wir heute so viel bessere Möglichkeiten haben, mit der Antwort darauf besser abschneiden als unsere psychiatrischen Vorgänger der NS-Zeit.

Anmerkungen:

Die Darstellung fußt auf bislang unveröffentlichtem Aktenmaterial der Westfälischen Klinik für Psychiatrie Gütersloh.

Zur ausführlichen Diskussion der Hintergründe und Folgen vgl. KLAUS DÖRNER: Tödliches Mitleid. Zur Frage der Unerträglichkeit des Lebens. Verlag Jacob van Hoddis, Gütersloh 1988.

Menschenversuche in Konzentrationslagern

Gerhard Baader

Die verbrecherischen Menschenversuche in den Konzentrationslagern sind das, an das man zunächst denkt, wenn man von Medizin im Nationalsozialismus ingesamt spricht. Und sie waren auch das, was – sieht man von der sogenannten „Euthanasie" ab – vom 25. Oktober 1946 bis zum 20. August 1947 vor dem 1. Amerikanischen Militärgerichtshof in Nürnberg verhandelt wurde. Von zwanzig angeklagten Ärzten wurden dreizehn des Verbrechens gegen die Menschlichkeit und des Kriegsverbrechens zum Tode, zu lebenslanger Haft oder zu geringeren Freiheitsstrafen verurteilt, zwölf von ihnen wegen verbrecherischer Menschenversuche. Alexander Mitscherlich hat als Leiter der von der Arbeitsgemeinschaft der Westdeutschen Ärztekammern entsandten „Deutschen Ärztekommission" bei diesem Gerichtshof auszugsweise eine Dokumentation dieses Prozesses unter dem Titel „Das Diktat der Menschenverachtung" bereits während dieses Verfahrens vorgelegt.

Zwar mißlang, vor allem in den Gebieten der Luftfahrtphysiologie und der Immunforschung, das Bemühen von direkt oder indirekt in Vorbereitung oder Durchführung dieser Menschenversuche verwickelten Ärzten eine Verbreitung dieser Dokumentation zu verhindern; ihre erweiterte Fassung, gemeinsam erstellt von Alexander Mitscherlich und Fred Mielke 1949 im Auftrag der Arbeitsgemeinschaft der Westdeutschen Ärztekammern*) unter dem Titel „Wissenschaft ohne Menschlichkeit", deren erste Auflage in 10 000 Exemplaren an die Arbeitsgemeinschaft der Westdeutschen Ärztekammern zur Verteilung an die Ärzteschaft ging, fand jedoch überhaupt keine Resonanz. „Nahezu nirgends" – so Alexander Mitscherlich 1960 anläßlich des Erscheinens der 1. Auflage der Taschenbuchausgabe – „wurde das Buch bekannt, keine Rezensionen, keine Zuschriften aus dem Leserkreis . . . Nur von einer Stelle wissen wir, daß es ihr vorlag: dem Weltärztebund, der wesentlich auf unsere Dokumentation gestützt, in ihm den Beweis erblickte, daß die deutsche Ärzteschaft von den Ereignissen der verbrecherischen Diktatur abgerückt sei, und sie wieder als Mitglied aufnahm" (1).

Gern wurde die im Zusammenhang mit den in Nürnberg angeklagten zwanzig Ärzten gemachte Feststellung von Mitscherlich aufgenommen und – trotz mancher gegenteiliger Forschungsergebnisse immer wiederholt –, daß es etwa 350 von circa 90 000 in Deutschland tätigen Ärzten gewesen waren, die Medizinverbrechen begangen hätten, ohne seinen Nachsatz zu bedenken, daß dies nicht den Kern träfe. „Die Suche nach dem krankhaften Sonderfall" – so Mitscherlich zur Charakterisierung der unmittelbaren 350 Verbrecher, von denen zumindest 300 Menschenversu-

---

*) Aufgrund eines Beschlusses des 49. Deutschen Ärztetages vom 16. und 17. Oktober 1948 in Stuttgart

che begangen haben – „ist selbstverständlich und notwendig, aber sie dringt nicht in die Ursache-Wirkung-Zusammenhänge, in die Motivketten ein, die erst solche Verbrechen ermöglichten" (2).

Dies gilt für die Medizin im Nationalsozialismus insgesamt und für die in Teilen von ihr durchgeführten verbrecherischen Menschenversuche im besonderen. Darauf richtet sich auch das eigentliche Forschungsinteresse seit 1968 und besonders seit 1980. Es geht dabei um nichts anderes, als diese Medizin im Nationalsozialismus nicht mehr nur als einmalige Verirrung von wenigen Verblendeten zu begreifen, sondern ihre Normalität, ihre bis zum heutigen Tag oft ungebrochene Kontinuität ebenso wie ihre Wurzeln aufzuzeigen. Damit rücken viele Teile von ihr in die Nähe zu medizinischen Verbrechen, nicht nur bei der sogenannten „Euthanasie" und beim Menschenversuch, über die beide bereits in Nürnberg verhandelt wurde. Besonders für letzteren haben sich im Rahmen der auf diese Urteile folgenden medizinischen Debatte einige wichtige Aspekte ergeben, auf die im folgenden exemplarisch eingegangen werden soll.

Forschungsfanatismus, Karrieresucht . . .

Die Ärzte, die diese Menschenversuche ausführten, sind mit der Bezeichnung sadistische Verbrecher nur zum Teil erfaßt. Diese Bezeichnung trifft am ehesten noch Männer wie Sigismund Rascher, der seine Höhenumstellungsversuche in der Unterdruckkammer 1942 und 1943 im Konzentrationslager Dachau durchführte, „bei denen" – wie er bereits am 15. Mai 1941 bei seiner Bitte um Genehmigung dieser Versuche an SS-Reichsführer Heinrich Himmler ausführte – „selbstverständlich Versuchspersonen sterben können" (3). Bei solchen sogenannten terminalen Versuchen starben in Dachau von 200 Versuchspersonen etwa 70 bis 80. „Brutal, zynisch und von mittelmäßiger Intelligenz" – so hat François Bayle 1953 Rascher charakterisiert (4). Doch auch das ist nur ein Teil seiner Charakterisierung. Auch er gehört zu den Männern, die, besessen von einem übersteigerten Forschungsfanatismus, alles daran setzen, um die Lösung eines für sie wissenschaftlich erscheinenden Problems zu erreichen. Auch Raschers Arbeiten ebenso wie die von Mengele sollten ihrer Habilitation dienen. Solche Männer wie Rascher waren darüber hinaus beseelt von einem über das Normale hinausgehenden Karrierestreben. Und sie stehen darüber hinaus zumeist auf der Höhe der wissenschaftlichen Erkenntnis ihrer Zeit. So geht es für Rascher darum, „zwecks Klärung des Verhaltens des Fliegers bei ungenügender oder versagender Sauerstoffzufuhr in großen Höhen" (5) Höhenumstellungsversuche zu machen. Das ganze Forschungsprojekt steht in Zusammenhang mit der Notwendigkeit der Entwicklung von Raketenjägern, die auf eine größere Gipfelhöhe als britische Jagdflugzeuge, nämlich bis 18 000 Meter, aufsteigen können sollten. An dieser wehrmedizinischen Zweckforschung waren seit 1941 das „Fliegermedizinische Institut der Deutschen Versuchsanstalt für Luftfahrt" unter Leitung von Dr. Siegfried Ruff, an dem unter anderem der Stabsarzt Dr. Hans-Wolfgang Romberg tätig war, sowie das Institut für Luftfahrtmedizin des Oberfeldarztes Dr. August Weltz beteiligt. Alle drei – Rascher war damals schon tot – wurden in Nürnberg wegen Beteiligung an diesen verbrecherischen Versuchen

Raschers angeklagt und freigesprochen; ihre Kollegen waren zu dieser Zeit bereits auf dem Weg in die Vereinigten Staaten zur „Aktion Paperclip", um dort die ersten Schritte hin zur Weltraumphysiologie zu machen.

Sie alle – Ruff, Weltz und Romberg – beriefen sich in ihrer Verteidigung auf den Befehl Himmlers, gegen den sie nichts unternehmen konnten. Sie räumten ein, daß die Schilderung Himmlers über die Situation des Krieges, vor allem, daß durch diese Experimente unzählige Soldaten gerettet werden könnten und es sich somit um den Beitrag der zum Tode verurteilten Versuchspersonen zum Endsieg handele, nicht ohne Eindruck auf sie geblieben sei. Sie gaben vor, sie hätten die Freiwilligkeit dieser Versuchspersonen angenommen und seien zudem der Meinung gewesen, daß es sich um zum Tode verurteilte Verbrecher gehandelt habe. Sie verdrängten, ja ignorierten – wie auch alle anderen Angeklagten – die Tatsache, daß es in der Situation des Konzentrationslagers gar keine Freiwilligkeit geben konnte. Romberg, der bei terminal auslaufenden Versuchen Raschers zugegen war, hat sich nie bemüht, in den Versuchsablauf einzugreifen (6). Sie hatten auf Tagungen auch niemals gegen diese Versuche – weder vom ethischen noch vom wissenschaftlichen Standpunkt aus – Einwände erhoben, obzwar Raschers Dauerversuche nichts mit der Frage der Rettungsmöglichkeiten in Höhen bis 21 000 Meter zu tun hatten (7).

Doch selbst die Anklage in Nürnberg hat diese Versuche nicht von vornherein als verbrecherisch eingestuft, sondern nur ihre Durchführung. Auch für Prof. Andrew Conway Ivy aus Chicago, den amerikanischen Sachverständigen der Anklagebehörde, stand es ebenso wie für die Angeklagten fest, daß zwischen dem Arzt als Therapeuten und dem Arzt als Experimentator zu unterscheiden sei. Für letzteren gelte das „Nil nocere" nicht uneingeschränkt. Ivy erklärte allerdings einschränkend am Beispiel Rombergs, der als älterer Forscher bei einem Versuch den Tod einer Versuchsperson durch Rascher herankommen sah, daß es dessen moralische Pflicht gewesen wäre, den Versuch zum Abbruch zu bringen. Ebenso war für Ivy die Verwendung von Verbrechern auf der Basis der Freiwilligkeit zulässig; Ivy selbst hatte in Illinois 800 Gefangene unter Vorlage einer Einverständniserklärung nach Aufklärung auf der Basis der Freiwilligkeit zu Malariaexperimenten herangezogen und erklärte dies ausdrücklich als im Einklang stehend mit der ärztlichen Ethik. Wieweit ebenfalls hier, in der Situation des amerikanischen Gefängnisses, überhaupt von echter Freiwilligkeit gesprochen weden konnte, blieb ebenfalls undiskutiert. Das ist das Dilemma einer Medizin, die auch im klinischen Bereich den Versuch bedenkenlos einsetzt. Solcher Forschungsfanatismus stellt beim rein medizinischen Experimentator eine noch um vieles größere Gefahr dar. So ist auch das hemmungslose Experimentieren eines Sigismund Rascher, der damit seine perversen Triebregungen befriedigen konnte, nur vor dem Hintergrund dieser Gesamtproblematik zu sehen (8).

... eine Medizin, die den Versuch bedenkenlos einsetzt

Schon bei diesen höhenphysiologischen Experimenten finden wir neben einer problematischen Persönlichkeit wie Rascher anerkannte Wissenschaftler wie Ruff, Romberg und Weltz. Das gilt jedoch nicht nur in diesem Fall. An den Fleckfieberversuchen in der sogenannten „Abteilung für Fleckfieber- und Virusforschung" am Hygiene-Institut der Waffen-SS, die von SS-Hauptsturmführer Dr. Erwin Ding-Schuler (einer ebenso problematischen Persönlichkeit wie Rascher) durchgeführt wurden, sind nicht nur der Oberste Hygieniker und Chef des Hygiene-Instituts der Waffen-SS, Prof. Dr. Joachim Mrugowsky, beteiligt, sondern auch der Direktor des Robert-Koch-Instituts, der Hygieniker Prof. Dr. Eugen Gildemeister, der Präsident des Reichsgesundheitsamtes, Dr. Gerhard Reiter, und der Direktor der Tropenmedizinischen Abteilung im Robert-Koch-Institut für Infektionskrankheiten, Prof. Dr. Gerhard Rose.

Diese Liste könnte noch erweitert werden. Carl Clauberg, der seine Sterilisationsversuche im Konzentrationslager Auschwitz durchführte, hat 1928/30 die Grundlage für die synthetische Herstellung des Follikel- und Gelbkörperhormons gelegt. Ernst Holzlöhner, der Kieler Physiologe, war an den Kälteversuchen im Konzentrationslager Dachau beteiligt, der Wiener Internist Hans Eppinger an der Planung der dortigen Durstversuche durch seinen Oberarzt Prof. Dr. Wilhelm Beiglböck. Prof. Dr. Karl Gebhardt, Chefarzt der orthopädischen Heilanstalt Hohenlychen und anerkannter Chirurg, hat mit seinen Sulfonamid-, Knochenregenerations- und Knochentransplantationsversuchen im Frauen-Konzentrationslager Ravensbrück einen der widerwärtigsten Beiträge zur KZ-Medizin geleistet. Doch gerade auf die Tatsache ihrer wissenschaftlichen Kompetenz wird Rose bei sich und seinen Kollegen im Nürnberger Prozeß hinweisen und sie ebenso wie sich selber von sogenannten Forschungsfanatikern zu differenzieren versuchen (9). „Es sitzen hier mit uns auf der Anklagebank drei tote deutsche Professoren, der Präsident Gildemeister, der Professor Eppinger von Wien und der Professor Holzlöhner von Kiel... Von zweien dieser Männer weiß ich aus ihrem Munde, daß auch sie – Gildemeister und Holzlöhner genauso – durch das Gefühl ihrer ärztlichen Pflicht, der Verhütung von Krankheit und Not, geleitet waren, daß sie ihren Anteil nicht leichtfertig, sondern als schwere Bürde trugen" (10).

Diese Argumentation ist alt. Sie hat etwas mit einer Medizin zu tun, die den Versuch bedenkenlos einsetzt, unter einem reduktionistischen Gesamtkonzept der Medizin. „Wenn ein Mediziner besonders der Forschung lebt" – so Albert Moll in seiner „Ärztlichen Ethik" bereits 1902 – „so ist er geneigt, mehr oder weniger die Patienten, die sich ihm anvertrauen, unter diesem Gesichtspunkt zu betrachten. Er sucht gar zu leicht einen Kranken, der sich ihm anvertraut hat, für die Lösung eines wissenschaftlichen Problems zu benutzen, und er gelangt so dazu, das Interesse des Kranken hintanzusetzen" (11). Dieser Forschungsfanatismus ist beim medizinischen Experimentator eine noch viel größere Gefahr bei einer Medizin, die sich reduktionistisch naturwissenschaftlich versteht. „Medizin" – so hat es der Kliniker Bernhard Naunyn schon Ende des vergangenen Jahrhunderts ausgedrückt – „wird Wissenschaft", das heißt Naturwissenschaft „sein, oder sie wird nicht sein" (12).

Gern trennt man diese verbrecherischen Versuche in deutschen Konzentrationslagern oder auch in japanischen von der Naturwissenschaft als solcher ab. Man bezeichnet sie als Pseudo-Wissenschaft, die Versuche selbst als sinnlos, die Ergebnisse als irrelevant oder auch anders erzielbar. Das ist sicher richtig, wenn man zum Beispiel an die Hormonversuche im Konzentrationslager Auschwitz denkt, die weitgehend an Amenorrhöe leidenden Frauen durchgeführt wurden (13). Die meisten in den Konzentrationslagern durchgeführten Versuche waren jedoch von Ansatz und Zielrichtung her gesehen durchaus seriös, und die Experimentatoren meinten auch, alle damals gültigen Regeln des Versuchs beachtet zu haben. Prof. Karl Gebhardt, auf den die barbarischen Experimente an polnischen Frauen im Konzentrationslager Ravensbrück zurückgehen, um die Wirksamkeit von Sulfonamiden bei Schußverletzungen festzustellen, hat in seinem Plädoyer in Nürnberg nicht entlastende Gründe für seine Anweisungen zu geben versucht, sondern eine Art Vorlesung naturwissenschaftlich orientierter Schulmedizin gehalten. Nicht anders ist Gerhard Rose verfahren, wenn er den Vorteil der Fleckfieberversuche in Buchenwald für die Forschung näher definierte:

„1. haben sie gezeigt, daß der Glaube an die schützende Wirkung der Weiglschen Impfstoffe ein Irrtum war . . .

2. haben sie gezeigt, daß die brauchbaren Impfstoffe zwar nicht vor Infektionen, aber so gut wie sicher vor dem Tode schützen . . .

3. haben sie gezeigt, daß die Einwände gegen den biologischen Wert der Eidotter-Impfstoffe im Vergleich zu dem Läuse-Impfstoff ungerechtfertigt waren. Damit war der Weg zu einer Massenherstellung von Fleckfieber-Impfstoff offen;

4. sind durch die Buchenwald-Versuche aber auch mehr Impfstoffe rechtzeitig als unbrauchbar erkannt worden" (14).

Kein absoluter Bruch mit bestehenden Traditionen

Dieser Versuch, auch der Menschenversuch, hat in der wissenschaftlichen Medizin im europäischen Abendland Tradition. Seine Wurzeln bis in die Antike zurückzuführen, ist hier nicht der Ort und der Anlaß. Hingewiesen werden muß jedoch darauf, daß bis zum Ende des 19. Jahrhunderts all diesen Versuchen – von wenigen Ausnahmen abgesehen – die medizinethische Dimension fehlt. Erst ein furchtbarer Zwischenfall bei Impfversuchen in Lübeck 1930 – es handelte sich um die sogenannte Calmette-Schutzimpfung – hat zur Frage geführt, wie sie im Reichsgesundheitsrat behandelt wurde: „Inwieweit ist die Vornahme experimenteller Untersuchungen am Menschen zulässig?" Als Ergebnis wurden 1931 die „Richtlinien für neuartige Heilbehandlung und die Vornahme wissenschaftlicher Versuche" verabschiedet (15); der Nationalsozialismus hat ihre Wirksamkeit verhindert. Doch auch sie beginnen, nicht viel anders als die Deklaration des Weltärztebundes von 1964, mit dem Hinweis: Die ärztliche Wissenschaft kann, wenn sie nicht zum Stillstand kommen soll, nicht darauf verzichten, in geeigneten Fällen eine Heilbehandlung mit neuen, noch nicht ausreichend erprobten Mitteln und Verfahren einzuleiten. Ebensowenig kann sie wissenschaftliche Versuche am Menschen als solche völlig entbehren, da sonst Fortschritte in der Erkenntnis, der Heilung und der Verhütung von Erkrankungen gehemmt oder sogar ausgeschlossen würden.

So sind auch die Voraussetzungen zu den verbrecherischen Versuchen innerhalb und außerhalb der Konzentrationslager im Nationalsozialismus kein absoluter Bruch mit bestehenden Traditionen, sondern nur die volle Konsequenz aus einer reduktionistisch-naturwissenschaftlichen Medizin. Es ist – so Viktor von Weizsäcker

– „der Geist, der den Menschen nur als Objekt nimmt". „Weil" – so wieder Viktor von Weizsäcker 1947 – „die (in Nürnberg) angeklagten Taten aus einer überlebten Art von Medizin aus geschahen, die in sich selbst keine Hemmungen gegen unsittliches Handeln enthält, darum fanden sie auch in dieser Art Medizin keinen Schutz und keine Warnung gegen mögliche unsittliche Handlungen. Denn es kann wirklich kein Zweifel darüber bestehen, daß die moralische Anästhesie gegenüber den Leiden der ... zu Experimenten Ausgewählten begünstigt war durch die Denkweise einer Medizin, welche die Menschen betrachtet wie ein chemisches Molekül oder ein Versuchskaninchen" (16).

Neben der Frage nach der Zulässigkeit dieser KZ-Versuche stellt sich diejenige nach ihren Auftraggebern und Nutznießern insgesamt, nicht nur bei den Höhenversuchen. Das gilt selbst für die Durstversuche, die der Oberarzt des Wiener Internisten Hans Eppinger, Wilhelm Beiglböck, ebenfalls in Dachau an Zigeunern durchführte, die aus Buchenwald kamen. Bei diesen Versuchen, bei denen es von ihrer Anlage her kaum etwas zu beanstanden gab, ging es um ein wehrtechnisches Problem: um das der Trinkbarmachung von Meerwasser, das heißt um seine Entsalzung. Durch diese Durstversuche sollte geprüft werden, ob das von Dr. Konrad Schäfer, Unterarzt im Stab des Forschungs-Instituts für Luftfahrtmedizin, entwickelte und für IG-Farben zur Großfertigung vorgesehene Mittel oder das auf der Basis von Traubenzucker hergestellte Berkatit zur Entsalzung wirksamer wären.

Hier ist die Verbindung zur deutschen Industrie, besonders zu den pharmazeutischen Großkonzernen, hergestellt. Auschwitz war das eigentliche „Großlaboratorium" dieser Firmen (17). Denn für die pharmazeutische Industrie war dies das gegebene Feld, ihre neuen Heilmittel zu erproben. Von verbrecherischer Potenz waren die Hormonversuche in Auschwitz in Zusammenhang mit den Sterilisationsversuchen Claubergs (18). Eine neue Dimension nahm dies bei IG-Farben an. Bekannt ist, daß die Deutsche Gesellschaft für Schädlingsbekämpfung, die das berüchtigte Zyklon B lieferte, von der IG-Farben kontrolliert wurde. Außerdem weiß man inzwischen auch, daß die IG-Farben in Monowitz bei Auschwitz im Rahmen des Privat-KZs Produktionsstätten für den synthetischen Kautschuk Buna und synthetischen Treibstoff errichten ließ, die allerdings letztlich nur eine geringe Menge Öl und überhaupt kein Buna produzierten.

Hinzu kommt jedoch die Tatsache, daß IG-Farben sowohl das als Waffe vorgesehene Nervengas Tabun in den KZs erproben ließ und auch insgesamt die Möglichkeit ergriff, noch nicht klinisch erprobte Heilmittel durch die KZ-Ärzte Dr. Helmut Vetter, Dr. Friedrich Entress, Dr. Eduard Wirths und Dr. Fritz Klein in Auschwitz testen zu lassen. Es wurden Häftlinge mit Fleckfieber infiziert, um an ihnen einen neuen Impfstoff der Behring-Werke zu überprüfen. Ebenso wurde Acridin erprobt, um künstlich hervorgerufene Gelbsucht zu therapieren. Arzneimittel mit den Deckbezeichnungen B 1012, B 1034 und 3382 erlebten hier ihren ersten Test. Häftlinge wurden dabei von Bayer zu Versuchszwecken förmlich gekauft, wobei der Preis 700 Mark pro weiblichen Häftling betrug. Bei Tod des Probanden wurde für „Nachlieferung" gesorgt. Das Fleckfiebermittel Rutenol wurde von IG-Farben mehrfach der Wehrmacht zur Verwendung angeboten, im In-vitro-Versuch im Laboratorium des Beratenden Hygienikers aber stets als ungeeignet zurückgewiesen. Seine Vervollkommnung sollte Rutenol in Versuchen in Buchenwald erfahren, um es truppenverwendungsfähig zu machen. In Zusammenhang mit solchen Versuchsreihen müssen auch Besuche des Beratenden Internisten des Heeres zusammen mit dem Reichsarzt der SS, Grawitz, im Konzentrationslager Auschwitz gesehen werden. Tatsachen dieser Art belegen wieder einmal von neuem hier die Einheit von Wehrmacht und SS.

Diese Versuche sind insgesamt keine Angelegenheit lediglich der SS; es ist nicht nur die SS-Stiftung „Ahnenerbe" (19), gegründet als „Institut für wehrwissenschaftliche Zweckforschung" der „Studiengesellschaft für Geistesurgeschichte Deutsches Ahnenerbe" 1935, wenn sie auch eine wichtige Nahtstelle darstellt. Sie hat nicht nur den Nichtmitgliedern der Waffen-SS Zugang zu den Konzentrationslagern zur Durchführung ihrer verbrecherischen Menschenversuche verschafft, sie hat auch deren Finanzierung ermöglicht. Denn finanziert wurde diese „Forschungs- und Lehrgemeinschaft das Ahnenerbe", wie sie ab 1939 hieß, nicht nur aus den Mitteln der Waffen-SS, sondern auch vom Reichsforschungsrat, von der Deutschen Forschungsgemeinschaft sowie von Firmen wie Merck, Siemens oder IG-Farben, aber auch von Spenden der Daimler-Benz AG. Eine besondere Bedeutung kommt dabei dem Freundeskreis Himmlers zu. In ihm trafen sich die einflußreichsten Männer des Deutschen Reiches, unter ihnen aus der Hochfinanz und Industrie, Männer wie Wilhelm Keppler (Braunkohle-Benzin AG), Rudolf Bingel (Siemens-Schuckert AG), Heinrich Meyer (Dresdner Bank), Karl Rasche (Dresdner Bank). „Das Geld" – so hat es Karl Gebhardt im Nürnberger Prozeß ausgedrückt – „und auch so die Anregungen zu all diesen tausend Versuchen, die Himmler auf allen Gebieten durchführte, hatte er von Einzelpersönlichkeiten und Industrie erhalten" (20).

Daß dabei auch die Kaiser-Wilhelm-Institute nicht fehlen durften, versteht sich von selbst. Das bedeutet nichts anderes, als daß die Forschungseinrichtung der SS, „Das Ahnenerbe", besonders in der Krisensituation des Krieges sowohl Forschungsvorhaben unterstützte, gezielt initiierte, als auch Wissenschaftler werben konnte, nicht zuletzt, weil ihr von Industrie und Deutscher Forschungsgemeinschaft, die auch heute als potente und einflußreiche Geldgeber für die Großforschung in der Bundesrepublik fungieren, Drittmittel zur Verfügung gestellt wurden.

Obzwar bekannt war, welcher Methoden sich die SS bediente, verzeichnete das „Ahnenerbe" einen regen Zulauf von Wissenschaftlern: Denn durch die Herstellung eines Rahmens, indem es Gelder wie Sachmittel beschaffte und verteilte, und nicht zuletzt, indem es den Zugang zu den Konzentrationslägern ermöglichte, wurde es eine Schaltstelle von Wissenschaftspolitik und wirkte damit strategisch auch über 1945 hinaus.

Die medizinethische Fragestellung

Dazu kommt noch ein weiterer Aspekt, die medizinethische Fragestellung. Die Frage nämlich, ob die Verwendung der durch verbrecherische Experimente gewonnenen Ergebnisse überhaupt zulässig ist, wurde nur kurz nach 1945 überhaupt diskutiert. Der Kalte Krieg, die „Aktion Paperclip" und die Rolle von Nazi-Wissenschaftlern beim Aufbau zentraler Teile strategisch wichtiger Anwendungsbereiche wie der Raumfahrt, ließen solche Diskussionen diesseits und jenseits des Atlantik untunlich werden (21).

Ernst nehmen müssen wir deshalb das warnende Wort eines israelischen Wissenschaftlers, Professor Yehuda Bauer, zum Tribunal gegen Mengele im April 1985 in Jerusalem: Der Blick auf diese Verbrechen werfe unter kritischen Wissenschaftlern nach Auschwitz die Frage auf, „ob wir nicht einen gut ausgerüsteten Barbarismus selbst produzieren". Diese Frage ist in einer Zeit, in der Gentechnologie und Reproduktionstechnologie eine immer größere Bedeutung gewinnen und soziobiologisches Denken an die Übertragung biologischer Modelle auf gesellschaftliche Phänomene an die den Sozialdarwinismus denken läßt, aktueller denn je.

Anmerkungen:

1) Alexander MITSCHERLICH, Vorwort in: Alexander Mitscherlich u. Fred Mielke (Hrsg.): Medizin ohne Menschlichkeit. Dokumente des Nürnberger Ärzteprozesses (= Fischer Taschenbuch 2003), Frankfurt am Main 1960, S. 15

2) Alexander Mitscherlich, Vorwort (wie Anm. 1), S. 14

3) Brief Raschers an Himmler, 1602 – PS, Prosecution Exhibit 44; englische Übersetzung in: Trials of War Criminals before the Nuremberg Military Tribunals under Control Council Law No. 10, Nuremberg October 1946 – April 1949, Volume 1: The Medical Case, Washington 1950, S. 141–143; abgedruckt bei Alexander Mitscherlich u. Fred Mielke, Medizin (wie Anm. 1), S. 20 f.; vgl. insgesamt Gerhard Baader: Medizinische Menschenversuche im Nationalsozialismus, in: Hanfried Helmchen – Rolf Winau (Hrsg.): Versuche mit Menschen in Medizin, Humanwissenschaft und Politik, Berlin/New York 1986, S. 44–46; ders. in: Fridolf Kudlien, Ärzte im Nationalsozialismus, Köln 1985, S. 182–184; ders.: Das Humanexperiment in den Konzentrationslagern. Konzeption und Durchführung, in: Rainer Osnowski (Hrsg.): Menschenversuche. Wahnsinn und Wirklichkeit, Köln 1988, S. 55 f.

4) Vgl. François Bayle, Psychologie et éthique du nationalsocialisme. Étude anthropologique des dirigeants S. S., Paris 1953, S. 309–312.

5) Alexander Mitscherlich u. Fred Mielke, Medizin (wie Anm. 1), S. 33.

6) Vgl. Alexander Mitscherlich u. Fred Mielke, Medizin (wie Anm. 1), S. 41–46.

7) Vgl. Alexander Mitscherlich u. Fred Mielke, Medizin (wie Anm. 1), S. 46–48, 268–270.

8) Vgl. Gerhard Baader, Menschenversuche (wie Anm. 3), S. 48 f.

9) Vgl. Gerhard Baader, Humanexperiment (wie Anm. 3), S. 63.

10) Alexander Mitscherlich u. Fred Mielke, Medizin (wie Anm. 1), S. 108.

11) Albert Moll, Ärztliche Ethik. Die Pflichten des Arztes in allen Beziehungen seiner Tätigkeit, Stuttgart 1902, S. 557.

12) Bernhard Naunyn, Ärzte und Laien, in: Gesammelte Abhandlungen, Bd. 2, Würzburg 1909, S. 1348.

13) Vgl. Gerhard Baader, Humanexperiment (wie Anm. 3), S. 53.

14) Alexander Mitscherlich u. Fred Mielke, Medizin (wie Anm. 1), S. 111 f.

15) Vgl. Gerhard Baader, Versuch – Tierversuch – Menschenversuch. Von der Beobachtung zum Versuch, in: Rainer Osnowski (Hrsg.): Menschenversuche (wie Anm. 3), S. 37–40.

16) Viktor Von Weizsäcker, Euthanasie und Menschenversuche. Psyche 1 (1947), S. 101 f.

17) Vgl. Gerhard Baader, Menschenexperimente (wie Anm. 3), S. 178–181.

18) Vgl. Heidrun Kaupen-Haas, Das Experiment Gen- und Reproduktionstechnologie. Nationalsozialistische Fundamente in der internationalen Konzeption der modernen Geburtshilfe, in: Rainer Osnowski (Hrsg.): Menschenversuche (wie Anm. 3), S. 88–97.

19) Vgl. Sabine Schleiermacher, Die SS-Stiftung „Ahnenerbe". Menschen als „Material" für „exakte" Wissenschaft, in: Rainer Osnowski (Hrsg.): Menschenversuche (wie Anm. 3), S. 70–87.

20) Alexander Mitscherlich u. Fred Mielke, Medizin (wie Anm. 1), S. 69.

21) Vgl. Friedrich Hansen, 40 Jahre Nürnberger Prozeß. Harte Forschungsdaten oder ärztliche Ethik, in: Rainer Osnowski (Hrsg.): Menschenversuche (wie Anm. 3), S. 98–111.

„Deine Ehre ist die Leistung . . ." –
Auslese und Ausmerze durch Arbeits- und Leistungs-Medizin im Nationalsozialismus

Peter Reeg

Um die Ziele des nationalsozialistischen Systems nach Autarkie und weltweiter Expansion zu realisieren, bedurfte es auch einer entsprechenden Ausrichtung der Medizin. Dem System der Gesundheitsfürsorge der zwanziger Jahre wurde vorgeworfen, den „deutschen Menschen" zum „leistungsverweigernden Bummelanten" und zum „Rentenjäger" erzogen zu haben. Folgerichtig wurden die Gesundheitsfürsorge demontiert und mit großem propagandistischen Aufwand das neue System der Gesundheitsführung entgegengestellt. Diese NS-Gesundheitsführung war von einem ungeheuren Leistungsfanatismus geprägt. „Leistungssteigerung zu erbbiologisch und rassisch erreichbaren Höchstformen" – so wurde im Jahre 1933 die Aufgabe der Ärzte festgeschrieben (1).

Wie sich solcher Leistungsfanatismus in den einzelnen Fachgebieten der Medizin durchsetzte und zu welchen Konsequenzen er jeweils führte, bleibt in weiteren Arbeiten noch zu untersuchen. Ein tragender Pfeiler dieses leistungsbesessenen Systems war die betriebliche Gesundheitsführung. Einige ihrer Entwicklungslinien seien im folgenden dargestellt.

Verantwortlich für die betriebliche Gesundheitsführung waren das Hauptamt für Volksgesundheit und das DAF-Amt für Volksgesundheit. Beide Ämter wurden bis 1939 in Personalunion von Reichsärzteführer Dr. Gerhard Wagner und dessen Stellvertreter Dr. Friedrich Bartels geleitet. Die erste zentrale Aufgabe dieser beiden Ämter bestand in der Erstellung einer Leistungsbilanz des deutschen Volkes. Bis 1939 wurden mehrere Millionen „schaffender Volksgenossen" durchuntersucht. Erwähnt seien die beiden Jahrgangs-Untersuchungen der 1910 und 1911 Geborenen und die sogenannten 4-Gau-Untersuchungen. Sie wurden in enger Anlehnung an die militärischen Musterungs-Untersuchungen der Wehrmacht durchgeführt. Die Heeressanitätsinspektion sagte auch die Beteiligung ihrer Ärzte und ihres Apparates bei der Durchführung und bei der Auswertung der Untersuchungen zu (2).

Leistungsbilanz und Leistungskontrolle des deutschen Volkes

Für diese Untersuchungen wurde 1936 eigens ein Gesundheitsstammbuch eingeführt. Es enthielt eine Sippschaftstafel, die bis 1800 zurückreichte, und drei Gesundheitsbögen.

In dem Gesundheitsstammbuch wurden alle Eintragungen gesammelt von der Hebamme über Säuglingsstellen, Hausärzte, Schulärzte, HJ-Ärzte, Arbeitsdienstärzte, Wehrmachtsärzte bis zu den Fachärzten und Betriebsärzten sowie den Gesundheitsämtern. Nach Gau-Amtsleiter Dr. Hans Rinne sollte das Gesundheitsstammbuch der Partei, der Wehrmacht und der Industrie zur Verfügung stehen. Es

Abbildung 1:
Dr. Gerhard Wagner, Hauptamtsleiter für Volksgesundheit der NSDAP, Reichsärzteführer. Er starb
50jährig im März 1939. Das Bild ist einer Sonder-
ausgabe des Deutschen Ärzteblattes anläßlich Wagners Tod entnommen

sollte nicht nur für die Zulassung zu einem Lager, einem Ausbildungskurs oder
über die Teilnahme am Parteitag die „medizinisch-hygienische Unterlage" bilden,
sondern es sollte auch in den Dienst der richtigen Verwendung im Arbeitsleben
gestellt werden (3).

Das Gesundheitsstammbuch war der Weg zur Totalerfassung aller „Volksgenossen" mit dem Endziel einer Erb- und Leistungs-Kartei des ganzen deutschen
Volkes. Um eine ständige Leistungskontrolle zu realisieren, wurde in der Haupt-
Abteilung I des Hauptamtes für Volksgesundheit an den technischen Voraussetzungen dafür gearbeitet, die gesammelten Gesundheitsdaten jedes arbeitenden
Deutschen lochkartenmäßig zu erfassen und von Hollerith-Maschinen, den Vorläufern der heutigen Computer, auswerten zu lassen.

Die Jahrgangs-Untersuchung 1910/11 und die 4-Gau-Untersuchungen waren die
ersten Untersuchungsreihen, deren Auswertung auf diesem Wege erfolgte. Bei diesen beiden Untersuchungsreihen ging es aber nicht nur um die Erstellung einer
Leistungsbilanz.

Der seit 1936 einsetzende Arbeitskräftemangel machte ebenso eine Lenkung
der Arbeitskräfte im Interesse der Rüstungs-Industrie sowie den Arbeitseinsatz aller zur Verfügung stehenden Volksgenossen erforderlich. Dazu verlangte Bartels,
der diese Untersuchungen leitete, von jedem untersuchenden Arzt, daß er „auch
einmal gegen sein medizinisches Gewissen" einen untersuchten Arbeiter davon
überzeuge, „daß er stark genug für die Arbeit sei". Und in zynischer Offenheit er-

Abbildung 2:
Dr. Leonardo Conti, Nachfolger Wagners, Reichsgesundheitsführer. Verübte 1945 in Nürnberg
Selbstmord. Zur Zeit des Fotos (aus dem Deutschen Ärzteblatt vom 29. April 1939) war er 38 Jahre alt

klärte er: „Wohl müssen wir dabei auch Opfer an Toten in Kauf nehmen. Wir müssen nur dafür sorgen, daß die Menschen ihr Opfer nicht fühlen." (4)

Aufgefordert zu dieser Lebensvernichtung durch Arbeit waren alle Betriebsärzte und etwa 25 000 weitere Ärzte, die beim Hauptamt für Volksgesundheit als un-
tersuchende Ärzte zugelassen waren. Das waren etwa 70 bis 80 Prozent aller frei-
praktizierenden Ärzte oder 45 bis 50 Prozent der Gesamtärzteschaft. (5)

Werner Bockhacker, der Leiter des Amtes für Volksgesundheit der DAF ab
1939, schrieb in der Kommentierung der Ergebnisse dieser Betriebsuntersuchun-
gen: „Im strengen Sinne biologisch und deswegen ein erstrebenswertes Ziel für die
Gesundheitsführung ist aber erst der Zustand, wenn der Zeitpunkt des allmähli-
chen Kräfteschwundes kurz vor dem Eintritt des physiologischen Todes liegt und
der endgültige Kräfteverfall mit ihm zusammenfällt." (6)

Damit war dem Arbeitseinsatz von Rentnern, von Invaliden und Kranken der
Weg geebnet, die in den „physiologischen Tod" gehen sollten, denn mit zunehmendem Arbeitskräftemangel ab 1936 starteten die Gesundheitsführung und die Deutsche Arbeitsfront eine Propagandaschlacht für die Verlängerung der Lebensarbeits-
zeit und führten den Kampf gegen die sogenannte Früh-Invalidität. Dieser Kampf
bestand in erster Linie in einer groß angelegten Erziehungskampagne der Ärzte gegenüber der Arbeiterschaft. Insbesondere die Betriebsärzte hatten die Aufgabe, die
Arbeiterschaft „zum fanatischen Gesund- und Starkseinwollen zu erziehen". (7)

Die Erziehung zur Höchstleistungsfähigkeit

Für die NS-Gesundheitsführung gab es kein effektiveres und billigeres Mittel der Leistungssteigerung als Leibesübungen. „Menschen ohne Leibesübungen leben unhygienisch, wie ungekämmte und ungewaschene Wilde" (8), erklärte die Deutsche Arbeitsfront 1936. Der Hintergrund für die in die Leibesübungen gesetzten Hoffnungen wurde von einem sozialdarwinistischen Menschen- und Gesellschaftsbild geprägt, welches auch in der Ärzteschaft eine weite Verbreitung gefunden hatte.

Einer Glorifizierung der von Kraft und Gesundheit strotzenden Vergangenheit wurde die Verweichlichung des modernen Kulturmenschen entgegengestellt. Der moderne Kulturmensch sei ein leistungsmäßig beschränkter Mensch geworden. Und so, wie die harten Bedingungen der Natur in der Vergangenheit zur Auslese der Menschheit geführt haben, so könne jetzt der Sport als Selektionsmittel dienen. Sport als Abhärtung könne die Hälfte aller durch Krankheit verlorengegangener Arbeitstage einsparen, und nur der schwächliche Mensch erleide Schaden im Produktionsprozeß, der Starke könne ihm trotzen.

Der von Betriebsärzten kontrollierte Betriebssport, bereits in den zwanziger Jahren in Teilen der Groß-Industrie, in vielen Warenhauskonzernen und bei der Reichspost eingeführt, wurde im Nationalsozialismus zielstrebig ausgebaut. Die Deutsche Arbeitsfront ließ verlauten, der Betriebssport könnte „zu Sparkassen der Volksgesundheit werden" (9). Eine 10prozentige Senkung des Sozialetats wurde in Aussicht gestellt. Für Bartels war der Betriebssport das entscheidende Mittel zur Volksgesundung, „vielleicht das beste . . ., sicher aber das billigste, billiger als Krankenbett, Arzt und Früh-Invalidität." (10) Zusätzlich erwartete man vom Betriebssport einen Beitrag zur völkischen Charakterbildung und Steigerung der Wehrhaftigkeit. (11)

Ausgeprägter Leistungswille und vollkommene Unterordnung waren gewünschte Tugenden sowohl im Produktions-Prozeß als auch auf dem Schlachtfeld. Dementsprechend verlangte Bartels, jede Leibesübung zum vernünftigen Wehrsport zu machen: „Wir verlangen nicht schöne Aschenbahnen und ein planiertes Gelände als Sportplatz. Je unzugänglicher und je unebener das Gelände ist, um so besser für den Betriebsausgleichs-Sport . . . Wir brauchen Männer, die in jedem Gelände sich bewegen können. Die Franzosen und Russen bauen für uns im Kriegsfall ja keine Aschenbahnen."(12)

Mit dem Ausbau des Betriebs-Sportes verbunden war eine Kampagne für die Erhaltung der Leistungsfähigkeit bis ins hohe Alter hinein. Robert Ley, der Leiter der Deutschen Arbeitsfront, erklärte 1937: „Wenn es uns nicht gelingt, den 70jährigen noch leistungs- und arbeitsfähig zu erhalten, dann sollten wir unsere Arbeit aufgeben, dann hat sie gar keinen Wert." (13)

Das Arbeitswissenschaftliche Institut (AWI) der Deutschen Arbeitsfront veröffentlichte 1938 eine Studie über „Lebensalter und Leistungsfähigkeit", die bereits einen Leistungsabfall bei Bergleuten um das 30. Lebensjahr feststellte. Andere Berufe, wie Gießer und Schmelzer, folgten wenige Jahre später. Das AWI zog den Schluß, daß die Ausrichtung auf Höchstleistung in der Industrie den frühzeitigen Leistungsabfall bewirke. Aus den Sozialberichten der Reichstreuhänder der Arbeit

Abbildung 3:
Propaganda für „Leistung trotz Krankheit oder
Verletzung". Quelle: Neuland, Blätter für alkohol-
freie Kultur, Amtsblatt des deutschen Guttempler
Ordens 1943, aus Thom A. und Caregorodcev, G.
I.: „Medizin unterm Hakenkreuz" Berlin (Ost) 1989

Zeichnung: E. Grunwald

Das ich lebe, ist nicht notwendig, wohl aber, daß ich tätig bin!

ist ebenso die starke Überlastung der Industrie-Arbeiter zu entnehmen. Doch die
betriebliche Gesundheitsführung zog trotz aller vorliegender Fakten nicht den
Schluß, die Leistungsanforderungen der Industrie im Interesse der Gesunderhal-
tung zu senken. Im Gegenteil, die Leistungsanforderungen wurden gesteigert und
die „schaffenden Volksgenossen" weiter von der Ärzteschaft trainiert und erzogen,
um die verlangte Leistungssteigerung herauszupressen. „Erreicht werden muß ein
ungeheuer fanatischer Wille, stark und gesund zu sein" (14).

Das AWI der Deutschen Arbeitsfront erklärte in einer weiteren Studie, ausschlaggebend für die Höhe der Leistung sei der Leistungswille. Entsprechend dieser Aussagen ergoß sich eine wahre Propagandaflut über die Arbeiterschaft. In Artikeln der Deutschen Arbeitsfront und Parteipresse, aber auch zahlreichen Artikeln
der ärztlichen Standespresse polemisierte man gegen das Sündenleben der Arbeiterschaft, das zu einem Sinken der Leistungsfähigkeit führe. Alle wurden zu Abhärtung, Sport und Selbstzucht aufgerufen.

Hans Hoske (15), beratender Arzt im Jugendamt der Deutschen Arbeitsfront,
beklagte, daß ein Drittel der Jugendlichen nicht voll leistungsfähig sei, und er verlangte, jeder habe seine Lebensweise so umzustellen, „wie es einer zweckmäßigen
Arbeitsvorbereitung" zu entsprechen habe. Er teilte die 24 Stunden eines Arbeiters
ein in Arbeitszeit und Arbeitsvorbereitungszeit. So zu leben sei Pflicht jedes Volksgenossen, denn „allein der Leistungswille entscheidet über den sozialen Wert des
Menschen" (16).

Für Bartels war die persönliche Höchstleistung jedes einzelnen nur zu erreichen, „wenn er selbst will". In diesem Sinne habe die Gesundheitsführung zu erziehen. Eine deutsche Einstellung zur Arbeit sei dadurch gekennzeichnet, daß die
„Leistungsfreude des nordischen Menschen herausquillt" (17). Wohin ein solcher
Leistungsexzeß führte, machen zahlreiche Berichte über Rehabilitationsmaßnah-
men Unfallverletzter oder chronisch Kranker deutlich.

In Modell-Heilanstalten, wie in Hohenlychen, wurden zum Beispiel Unfallver-
letzte wieder auf völlige Arbeitsfähigkeit getrimmt. Beinamputierte mußten Hürden
laufen und „beinlose Kameraden" so lange schwimmen und trainieren, „daß sie zuletzt – wiederum geradezu spielend – den schweren Vorschlaghammer schwingen
konnten" (18).

Wer in diesem Rehabilitationsplan das erforderte Leistungsziel jedoch verpaß-
te, stand als „nutzloser Esser" unter der Bedrohung durch die Euthanasie.

Der Ausbau des Betriebsärzte-Systems

Im April 1936 bildete sich eine Arbeitsgemeinschaft aus Deutscher Arbeitsfront,
Reichsgruppe der Industrie und dem Hauptamt für Volksgesundheit. Hier wurden
die Richtlinien der Betriebsärzte erarbeitet. Die Betriebsärzte wurden nach weltan-
schaulicher Schulung, Auslese und Kontrolle durch das Hauptamt für Volksgesundheit zugelassen. Es waren nationalsozialistische Kader-Ärzte, für die die von
Reichsärzteführer Wagner ausgegebene Losung galt, erst braun, dann Fachmann
zu sein. Sie waren zuständig für die Eignungs- und regelmäßigen Kontroll-Untersu-
chungen, sie leiteten den Betriebssport, sie hatten die Arbeiterschaft zum „fanatischen Gesundeinwollen" zu erziehen und den Kampf gegen das Bummelantentum
zu führen. Um die Tätigkeit der Betriebsärzte zu unterstützen, gründete die Deutsche Arbeitsfront in den Betrieben „Gesundheitstrupps", die als verlängerter Arm
der Betriebsärzte ihre Kollegen auszuspionieren hatten und über alle Beobachtungen – Leistungsveränderungen, familiäre, finanzielle oder Alkohol-Probleme etc. –
den Betriebsärzten zu berichten hatten. Über die Gesundheitstrupps sollten die
Betriebsärzte auch in die Freizeitgestaltung der Arbeiterschaft eingreifen.

Jeder Arbeiter hatte, diesen Vorstellungen zufolge, um seine Gesundheitspflicht gegenüber dem Vaterland einzulösen, in seiner Freizeit nur noch das zu
tun, was seiner Gesundheit (gleich Leistungsfähigkeit) nutzte. Für Bauern, Schlos-
ser, Handwerker und Büro-Angestellte wurden „berufsspezifische Freizeiten" gefordert. Individuelle Interessen und Neigungen hatten keine Berechtigung mehr, jede Minute eines Tages sollte der Gesundheitspflicht unterworfen werden. Die Betriebsärzte mit den Gesundheitstrupps hatten in diesem Sinne steuernde und kon-
trollierende Funktionen.

Weiterhin hatten sie ständigen Kontakt mit den Hausärzten zu halten und die
Erkrankten in Listen zu führen. Sie sollten auf die Hausärzte einwirken, um die
Krankschreibungen zu senken. Ebenso sollten sie die „Gefolgschaftsmitglieder"
vom Besuch jüdischer, kommunistischer und weltanschaulich nicht zuverlässiger
Ärzte abbringen.

Die DAF rief offen zum Bruch der ärztlichen Schweigepflicht auf, sie sei nur noch „in gewissen Fällen" geboten. Über die Verbindung mit den Hausärzten wurden die Betriebsärzte die wichtigste Informationsquelle für die Betriebsfühung über kranke Gefolgschaftsmitglieder.

Da die Überwachung der Hausärzte aber noch nicht ausreichend funktionierte, wurden die Betriebsärzte zunehmend mit Behandlungskompetenzen versehen. Mehr und mehr wurden Behandlungsmaßnahmen, die früher der Hausarzt durchführte, in die Betriebe verlegt. Exemplarisch seien hier die Heinkel-Flugzeug-Werke angeführt, die als vorbildlich galten. Die Behandlungen fanden in der Mittagspause oder nach Arbeitsschluß statt. Kam der betreffende Arbeiter nicht zur Behandlung, so suchte ihn die Werkspflegerin auf und hielt ihn dazu an. Diese betriebsgebundene Behandlung wurde mehr und mehr zur Zwangsbehandlung ausgebaut. Später wurde die stationäre Krankenhausbehandlung in „Gesundheitshäusern" von Großbetrieben übernommen.

Auf diese Art und Weise wurde bei den Hermann Göring-Werken, im Volkswagen-Werk und beim Westwall-Bau die reichsdurchschnittliche Arbeitsunfähigkeitsdauer von 22,6 Tagen (1937) auf sechs bis acht Tage reduziert. Bartels errechnete einen jährlichen Produktionsgewinn von acht Milliarden Reichsmark durch die Behandlungsmaßnahmen im Betrieb. Und auf dem Reichsparteitag 1938 faßte er es so zusammen: „Diese betriebsgebundene Behandlung, die wir so aufgezogen haben, ist, wie ich glaube, eine der am meisten die Produktion steigernden Maßnahmen." (19)

Während des Krieges wurden die Behandlungskompetenzen der Betriebsärzte drastisch erweitert. Sie erhielten von der Kassenärztlichen Vereinigung Deutschlands die Funktion von Kassenärzten mit dem Recht auf Krankschreibung. Zusätzlich wurde in rüstungswichtigen Betrieben die freie Arztwahl aufgehoben. Wie der Soldat in die Revierstube gehen mußte, so mußte die Arbeiterschaft zu ihrem Betriebsarzt. 1942 erhielten die Betriebsärzte sogar die Funktion von Vertrauensärzten. Die „verhaßten Gesundschreiber" waren ihre eigenen Kontrolleure geworden.

Gab es bis zum Ausbruch des Krieges einige hundert Betriebsärzte, so fand der eigentliche Ausbau während des Krieges statt. 1943 soll es 5000 und 1944 8000 haupt- und nebenamtliche Betriebsärzte gegeben haben. (20)

Kontinuität und Divergenzen

Die Arbeits- und Leistungsmedizin im Nationalsozialismus führte letzten Endes zur Vernichtung durch Arbeit. Dieser Leistungsexzeß ist NS-spezifisch, doch die Orientierung medizinischen Handelns an Leistungskategorien durchaus nicht. Dies gilt insbesondere für die Entwicklung der Arbeitsmedizin.

Diese Tatsache macht die Beschäftigung mit den zwölf Jahren des Tausendjährigen Reiches so bitter notwendig, denn es geht darum, Kontinuität, aber auch Divergenzen, die sich aus der andersartigen politischen und gesellschaftlichen Situation ergeben, offenzulegen und sich der Verantwortung zu stellen.

Der folgende Rückblick über die Entwicklung der Arbeitsmedizin in der Weimarer Republik erhebt nicht den Anspruch einer Gesamtbewertung. Er greift bewußt nur einzelne Facetten dieser Entwicklung heraus, soweit sie mitverantwortlich für den nationalsozialistischen Leistungswahn sind, aber in der bisherigen Geschichtsbetrachtung keine Beachtung fanden.

Leistungsdebatten in der Arbeitsmedizin der Weimarer Republik

Vergleicht man die Arbeitsmedizin in der Weimarer Republik mit ihrer Situation vor dem Ersten Weltkrieg, so fand in den 20er Jahren eine vergleichsweise rasante Entwicklung statt. Neben dem Ausbau des gewerbeärztlichen Dienstes ist der enorme Bedeutungszuwachs der Arbeitsphysiologie und Arbeitspsychologie zu erwähnen. Den Hintergrund für diesen Aufschwung bildete der notwendige Rationalisierungsschub der deutschen Industrie nach dem 1. Weltkrieg. Taylorismus und Fordismus hatten in den USA bereits seit vielen Jahren eine Umwälzung der industriellen Produktion auf technischem und arbeitsorganisatorischem Gebiet gebracht. Die deutsche Industrie konnte nur mit ähnlichen Rationalisierungsanstrengungen wieder konkurrenzfähig werden.

Der Kapitalmangel im Nachkriegs-Deutschland und der kriegsbedingte Verlust an leistungsfähigen Arbeitskräften bildeten einen wesentlichen Unterschied zu den Vereinigten Staaten.

Deshalb wurde in Deutschland nach dem 1. Weltkrieg nicht der kapitalintensiven, technischen Rationalisierung der Vorrang gegeben, sondern der Rationalisierung des „Faktor Mensch". Leistungssteigerung durch wissenschaftlichen Menschen-Einsatz und neue betriebliche Menschenführung war das Ziel der deutschen Industrie.

Hier boten sich die neuen Disziplinen der Arbeitsmedizin, die Arbeitsphysiologie und -psychologie, geradezu an. Der Nestor der deutschen Arbeitsphysiologie, Edgar Atzler, stellte fest, „führende Industrielle verfolgten mit warmem Interesse unsere Arbeiten". (21) Und 1927 schrieb er: „Härter denn je tobt der wirtschaftliche Konkurrenzkampf, alles ist auf Steigerung des Arbeitsertrages eingestellt! Gestern verbesserte man die Maschine und die Organisation, heute wendet man seine Aufmerksamkeit dem schaffenden Menschen zu, dessen gesamte Arbeitspotenz man möglichst rationell zu verwerten sucht. Galt bisher in der Fabrik nur die Stimme des Wirtschaftlers und des Ingenieurs, so leiht man jetzt auch dem Psychologen und dem Physiologen willig sein Ohr." (22)

Ende der 20er Jahre berichtete die von Atzler und Max Rubner herausgegebene Zeitschrift „Arbeitsphysiologie" über die Leistungssteigerung durch UV-Bestrahlung und durch Leibesübungen. 1932 wurden Studien über die Leistungssteigerung durch Kokain veröffentlicht, die am Institut von Oskar Bruns durchgeführt wurden. Derselbe Bruns nahm ab 1938 an den Menschen-Versuchen der Nationalsozialisten über den leistungssteigernden Einsatz von Weckaminen, wie zum Beispiel des Pervitins, teil. (23)

In diese Pervitin-Versuche waren auch Otto Graf und Gunther Lehmann vom Kaiser-Wilhelm-Institut für Arbeitsphysiologie eingeschaltet, die nach 1945 die Leitung des Max-Planck-Institutes für Arbeitsphysiologie in Dortmund weiterführten. In dem Streben nach Leistungssteigeurng wurde die labile Grenze zwischen „optimaler" und „maximaler" Leistung immer verwaschener. Dies wurde nicht nur durch die Kokain-Versuche deutlich. So stellte auf einem gewerbehygienischen Vortrags-Kurs der Deutschen Gesellschaft für Gewerbehygiene am 9. Juni 1925 in Nürnberg Richard Bolt fest, „Fähigkeiten, die früher gar nicht oder nur vorübergehend als Spitzenleistung zur Wirkung kamen, werden jetzt als Alltäglichkeiten von den meisten werktätigen Menschen gefordert." (24) Er forderte Menschen, die „diesen Anforderungen unseres Berufslebens gerecht" werden könnten. Bei den bestehenden Leistungsgrenzen könne dies natürlich nicht jedem Durchschnittsmenschen gelingen, und er verlangte dementsprechend wissenschaftlich objektivierbare Leistungsausleseverfahren für die Arbeiterschaft.

Dieser Lösungsvorschlag des Problems „Leistungssteigerung" war durchaus typisch für die Weimarer Republik. Die Pflicht des einzelnen Arbeiters, für den deutschen Wiederaufstieg gesundheitsschädigende Höchstleistungen zu erbringen, war durchgängiges Gedankengut der meisten arbeitsmedizinischen Wissenschaftler, der Fabrik-Ärzte, aber auch der Landesgewerbe-Ärzte, wie der Ärzteschaft insgesamt. Dieser Pflicht gegenüber dem Vaterland wurden die Rechte des Individuums klar untergeordnet. Dies schloß Engagement des einzelnen Arztes für den Arbeiterschutz nicht aus, es steckte aber die Rahmenbedingungen ab, innerhalb derer Forderungen für den Arbeiterschutz ihre Grenzen fanden.

Ein bedeutender deutscher Gewerbehygieniker, der bayerische Landesgewerbearzt Franz Koelsch, forderte 1925: „Wenn wir rationell arbeiten wollen, dürfen wir nur vollwertige, der geforderten Leistung angepaßte Individuen einstellen." (25)

In einem 1925 gehaltenen Fortbildungsvortrag für Berufsberater untersuchte Koelsch den „Einfluß der Erbfaktoren" auf die Berufsarbeit, und er drückte die Hoffnung aus, daß man „schon in einigen Jahren ganz anders als heute die konstitutionelle Berufseignung pflegen" werde, und er setzte auf Tests, um die „individuelle Giftempfindlichkeit" des Arbeiters feststellen zu können. (26)

Die Hinwendung zu den Leistungsauslese-Verfahren durch konstitutionelle Berufseignungstests in den zwanziger Jahren und die Orientierung an der Feststellung der „individuellen Giftempfindlichkeit" waren ein unheilvoller Entwicklungsprozeß in der Arbeitsmedizin. Vom Anspruch, schädigende Arbeitsbedingungen konsequent zu bekämpfen, führte diese Entwicklung zu der weiteren Anpassung des Individuums an die schädigenden Produktionsbedingungen. Die Orientierung der Eignungs-Untersuchungen an der „erblichen Konstitution" bahnte den Einbruch der Erb- und Rassenhygiene in die Arbeitsmedizin. Ein Einbruch, der die ganze Medizin in der Weimarer Republik kennzeichnete. Die Geschichte der Arbeitsmedizin ist von einer erstaunlichen Kontinuität geprägt. Dies drückt sich auch im Weg namhafter Persönlichkeiten der Arbeitsmedizin aus, die, wie Franz Koelsch, E. W. Baader, Edgar Atzler, Gunther Lehmann, Otto Graf, Hans Bethge, Fritz Curschmann, Hermann Gerbis in ihren Funktionen blieben und sich wie auch immer mit nationalsozialistischer Gesundheitspolitik arrangierten.

Anmerkungen:

1) BARTELS, FRIEDRICH: Gesundheitsführung des Volkes, die Aufgabe des Staates. Dtsch. Ärztebl. 63 (1933) S. 19 ff.

2) Vgl. Protokoll der Tagung des Reichsarbeitskreises vom 9. und 10. 4. 1937. Bundesarchiv Koblenz, NS 22/Vorl. 745.

3) RINNE, HANS: Aufgaben des Amtes für Volksgesundheit der NSDAP. Soziale Praxis 45 (1936) Sp. 295 (Ref.)

4) BARTELS, FRIEDRICH: Rede vom 10. 4. 1937 auf einer Tagung des Reichsarbeitskreises für die Durchführung der vier Gauuntersuchungen. Bundesarchiv Koblenz, NS 22/Vorl. 745

5) Vgl. Bericht des Hauptamtes für Volksgesundheit für die Rede des Stellvertreters des Führers am 24. 12. 1938. Bundesarchiv Koblenz, NS-Splitter 158

6) BOCKHACKER, WERNER: Die Arbeits- und Leistungsmedizin (= Schriftenreihe für Arbeits- und Leistungsmedizin, H. $^1/_2$), Stuttgart 1941, S. 9

7) BARTELS, FRIEDRICH: Mensch und Schicksal. Bundesarchiv Koblenz, NS-Splitter 154

8) Sind Betriebssportanlagen teuer? Deutsche Arbeits-Korrespondenz 7 (1939) H. 174 S. 1 ff.

9) Vgl. Anm. 8

10) BARTELS, FRIEDRICH: Werkssport. Bundesarchiv Koblenz, NS-Splitter 155

11) Vgl. BARTELS, FRIEDRICH: Leibesübung, ihre Wertung, Aufgabe und staatliche Organisation. Bundesarchiv Koblenz, NS-Splitter 156

12) Vgl. Anm. 5

13) Vortrag von ROBERT LEY auf der Haupttagung des Reichsarbeitskreises für Gesundheitsführung des Deutschen Volkes am 18. 8. 1937 in München. Bundesarchiv Koblenz, R 43 II/719 S. 9–21

14) BARTELS, FRIEDRICH: Mensch und Schicksal. Bundesarchiv Koblenz, NS-Splitter 154

15) Hoske, einer der Leistungsfanatiker während des Nationalsozialismus, setzte nach 1945 seine Ziele ungebrochen fort. Als Leiter des „Ausschusses für Jugendfragen", im Deutschen Sportzärztebund, als Leiter des Fachausschusses „Jugend-Gesundheit" in der Arbeitsgemeinschaft für Jugendpflege und Jugendfürsorge und später als Dozent an der Sporthochschule in Köln, veröffentlichte er zahlreiche Publikationen, die zwar in der Wortwahl etwas unverfänglicher wurden, in ihrer Zielsetzung aber nahezu gleich blieben. Eine Berliner Medizinhistorische Dissertation über ihn wird von HERTA BECK demnächst erscheinen.

16) HOSKE, HANS: Der Gesundheitsstand unserer Jugend. Informationsdienst der DAF 1 (1933) H. 38 S. 2 ff.

17) BARTELS, FRIEDRICH: Gesundheit und Wirtschaft. Rede auf der Sondertagung des Hauptamtes für Volksgesundheit während des Reichsparteitages am 8. 9. 1938 in Nürnberg. Dtsch. Ärztebl. 68 (1938) S. 640

18) Es gibt keine „Krüppel" mehr. Schwerverletzte werden wieder vollwertige Arbeiter. Deutsche Arbeits-Korrespondenz 6 (1938) H. 291 S. 2 ff.

19) Vgl. Anm. 17

20) Vorteile betriebsärztlicher Betreuung. Dtsch. Ärztebl. 74 (1944) S. 214

21) ATZLER, EDGAR (Hrsg.): Körper und Arbeit. Handbuch der Arbeitsphysiologie, Leipzig 1927, S. 123

22) Vgl. .Anm. 21, S. V

23) Vgl. ROTH, KARL-HEINZ: Pervitin und Leistungsgemeinschaft. Pharmakologische Versuche zur Stimulierung der Arbeitsleistung unter dem Nationalsozialismus (1938–1945), in: Medizin im Nationalsozialismus. Tagung vom 30. April bis 2. Mai 1982 in Bad Boll, Bad Boll 1982, S. 215 ff.

24) BOLT, RICHARD: Arbeitseignung. Zentralblatt für Gewerbehygiene und Unfallverhütung 3 = 13 (1926), S. 61

25) KOELSCH, FRANZ: Konstitution und Berufseignung. Zentralblatt für Gewerbehygiene und Unfallverhütung 2 = 12 (1925), S. 236

26) Vgl. Anm. 25, S. 241

Auf dem Rücken der Zivilisten – „Kriegsmedizin" in Stuttgart

Ulrich Knödler

„Gesundheit ist Pflicht". So lautete, in Anlehnung an das Parteiprogramm der NSDAP, die zentrale Doktrin der NS-Medizin. Der Beginn der forcierten Aufrüstung im Jahr 1936 bescherte den Deutschen zusätzlich „die Pflicht zur Leistung". An Gelegenheit, diesen Verpflichtungen zu genügen, fehlte es nach Kriegsausbruch nicht mehr. Die infame Verknüpfung führte schließlich dazu, daß jeder Deutsche seine Gesundheit zu opfern hatte, um Höchstleistung für den „Endsieg" zu erbringen.

Karge Kost und Sonderschichten

Die „Kriegswirtschafts-Verordnungen" dehnten die wöchentliche Arbeitszeit allmählich auf 72 Stunden (1), nicht gerechnet die langen Anmarschwege. Denn nur noch spärlich fuhren öffentliche Verkehrsmittel. Private Kraftfahrzeuge genossen ohnehin Seltenheitswert; die angeblich so gut gerüstete Wehrmacht konnte auf sie nicht verzichten. Fliegeralarme raubten seit 1941 den Bürgern nur zu oft den Schlaf. Urlaubsbeschränkungen und Verlegung der Feiertage auf benachbarte Sonntage reduzierten die Freizeit (2). Die fehlte zur nötigen Erholung.

Die seit 28. August 1939 geltende Lebensmittelbewirtschaftung (3) ersetzte die schon in der Vorkriegszeit prekäre Lebensmittelversorgung durch schmale Kost. Die (zunächst noch) vergleichsweise hochwertigen Lebensmittel für die Wehrmacht mußten schließlich irgendwo eingespart werden. Nicht nur die Begrenzung auf täglich knapp 2000 Kalorien, sondern auch die schleichende qualitative Verschlechterung der Lebensmittel – ein typisches Beispiel war die „Blaumilch" (4) – zehrte die „Normalverbraucher" aus. Zulagen für Nacht- und Schwerarbeiter sprachen dem tatsächlichen Bedarf Hohn. Besonders schlecht standen Kranke da. Ärztekammer und Ernährungsamt kürzten laufend ihre Ernährungszulagen (5). Dürftige Versorgung mit Fett und hochwertigen Fleischprodukten und der notorische Mangel an frischem Obst und Gemüse führten überall zu schleichender Mangelernährung. Kartoffeln und Brot dienten bald als Hauptnahrungsmittel.

Nicht allen jedoch reichte die zugeteilte Menge. Die NSV mußte sich einschalten, um den Bedürftigen ein Zubrot zu verschaffen. Auch in Stuttgart begann im Dezember 1939 eine Brotmarkensammelaktion, erst zugunsten von Lang- und Nachtarbeitern, bald ausgedehnt auf bedürftige kinderreiche Familien.

„AMTLICHE SAMMLUNG ALLER NICHT BENÖTIGTER BROT- UND MEHLMARKEN" stand auf den Umschlägen, die Block- oder Zellenwart am Ende der Zuteilungsperiode bei den Haushalten einsammelten. Die Füllung mit Lebensmittel-Abschnitten wurde immer knapper. Mit Empörung vermerkte das Er-

nährungsamt der Stadt Stuttgart, daß die dünnsten Kuverts gerade aus den wohlha-
bendsten Stadtteilen eingingen. Im Frühjahr 1942 mußte die Aktion eingestellt
werden. Da zählte der Beamte beim Ernährungsamt gerade noch Marken für 101,3
kg Brot zusammen, während es im Januar 1940 noch 43 451 kg waren (6).

Eben zu dieser Zeit brach nämlich die Ernährungskrise nach dem „ersten rus-
sischen Kriegswinter" herein. Gerade noch 1500 Kalorien blieben dem Normalver-
braucher pro Tag! Dieser Einbruch verdüsterte die Volksstimmung und löste eine
„Vertrauenskrise" aus, von der sich das Regime nie mehr richtig erholen sollte (7).
Die Wende des Kriegsglücks im Sommer 1942 verbesserte vorübergehend die Lage.
Der Vormarsch im Osten kam ein Stück voran, bis zur „Kornkammer Ukraine".
Von dort kamen zwar keine Lebensmittel, doch bemerkte diesen propagandisti-
schen Bluff niemand (8). Den Bedarf deckte das Dritte Reich durch hemmungslose
Ausplünderung der besetzten Gebiete im Westen – und seiner Verbündeten (9).
Die täglichen Rationen stiegen wieder auf 1700, dann auf 1900 Kalorien. So sollte
es bis Januar 1945 bleiben. Erst nach dem Krieg begann wirklich das große Hun-
gern und dauerte bis zum Frühjahr 1947 (10).

In der höchsten Not versuchte fortan mancher Volksgenosse, sein Kontingent
mit Maßnahmen außerhalb der Legalität aufzubessern. Verlustmeldungen für verlorene Lebensmittelmarken schafften den geplagten Sachbearbeitern beim Ernährungsamt erhebliche Mehrarbeit. Auf immer häufiger eingehende Anzeigen von
Lebensmittelmarken-Diebstahl reagierte die Kriminalpolizei in Stuttgart schließlich
nicht mehr. Man solle sie mit Anzeigen verschonen, so ihre Bitte ans Ernährungsamt. Das Amt griff zu einer „erzieherischen Schnelljustiz". Volksgenossen, die
Marken-Diebstähle meldeten, mußten dies fortan mit Abzügen bei der nächsten
Zuteilung büßen. Sollten sie doch besser aufpassen! (11)

Die Folgen von Mangelernährung und Überbürdung mit Arbeit ließen nicht
lange auf sich warten (12). Der Ernährungszustand der Stuttgarter Bevölkerung begann sich erheblich zu verschlechtern. Meldete das Städtische Gesundheitsamt
Stuttgart 1940 noch für alle Altersgruppen einen „nicht auffallenden" oder „befrie-
digenden durchschnittlichen Gesundheits- und Ernährungszustand", so klang dies
1941 schon ganz anders: Bei Erwachsenen stellte das Amt generell das Verschwinden von Übergewicht fest. Im Jahr 1942 erreichte der Mangel auch die bisher ge-
päppelten Kinder. „Wachstum und Gewicht der Schulkinder im Vergleich zu den
Friedensjahren . . . deutlich rückläufig", meldete das Gesundheitsamt. „Jugendliche
erscheinen abgemagert . . . Bei Erwachsenen erhebliche Gewichtsabnahmen". Und
1943: „rapide Gewichtsstürze von 10 bis 15 kg, . . . Starker Verbrauch". Nur aus
dem Remstal, eine Oase des Obst- und Weinbaus, unweit der Gauhauptstadt, kam
erfreuliche Kunde: „Ernährung gut, Most- und Weinverbrauch steigend". Die
Hamsterfahrten dorthin verwandelten die einst überheblichen Städter in jämmerli-
che Bettler.

Nicht nur die miserable Lebensmittel-Versorgung beeinträchtigte den Gesundheitszustand. 1940 bereits machte sich in Stuttgart eine „drückende Wohnungsnot"
bemerkbar, die sich ständig verschlimmerte. Die meisten Wohnungen waren stark
überfüllt. In manchen Fällen mußte das Gesundheitsamt sogar „Auflagen wegen
Tierhaltung" machen. Der Verdacht auf „Schwarzschlachtung" kam da schon ein-

mal auf. Ausgezeichnet stellte sich 1940 (noch) die „Sauberkeit des Stadtbildes" dar, ungebrochen imponierte also noch die Kehrwochen-Moral (13) der Bürger. 1941 ließ jedoch bereits die Sauberkeit der Kinder, deren Mütter „außerhäuslich" arbeiteten, zu wünschen übrig. Auffallendster Befund schließlich im Jahr 1943: Die Deutschen verwandelten sich in ein Volk der Schmutzfinken. Denn Seife und Waschmittel waren einer rigorosen Bewirtschaftung zum Opfer gefallen. Nicht nur Gerüche belästigten die Menschen, auch Kleintiere befielen sie. Ungeziefer, Läuse, Krätze, auch Karbunkel hatten die Ärzte immer häufiger zu behandeln. Sie sprachen von „Hautschmutzerkrankungen". Besonders die Kinder sahen „schlecht gepflegt" aus.

Auch Wäsche und Kleidung fehlten überall, bessern sollte sich die Versorgung mit „Spinnstoffen" nie mehr. Schuhe und Sohlenleder stellten für die Zivilisten Kostbarkeiten dar. – Doch das half den frierenden Soldaten auch nichts. Auf allen Gebieten waren die Vorräte des Großdeutschen Reiches zu knapp bemessen.

Krankheit und Kontrolle

Ansteckende Krankheiten oder gar „Kriegsseuchen" beunruhigten das Gesundheitsamt anfangs noch nicht, wenn auch Scharlach und Diphterie immer mehr Todesopfer forderten, nicht nur unter den Kindern. Die Gesundheitsbehörden erklärten die Zunahme zunächst optimistisch mit „besserer Erfassung". Als sich Scharlach und Diphterie 1942 und 1943 zu einer bedrohlichen Epidemie auswuchsen, klang die amtliche Begründung schon anders. Schuld daran sei „die immer schwieriger werdende ärztliche Versorgung der Zivilbevölkerung (. . .)".

Die Tuberkulose bereitete den Amtsärzten in Stuttgart die meisten Sorgen. Nicht nur, daß sie häufiger auftrat, auch eine „Verschlechterung bekannter Fälle" ließ sich registrieren, die Erreger schienen „aktiver" zu werden. Eine zumindest gewagte Deutung. Inoffiziell wußten die Ärzte es besser, denn sie nannten bereits 1940 als Ursachen dieses Phänomens „Verschlechterung der Ernährung und die gestiegene seelische und körperliche Beanspruchung". Hohe Erwartungen setzten die staatlichen Gesundheitsbeamten in die „geplante Volksröntgenuntersuchung", die das Gauamt für Volksgesundheit in der Stadt vorbereitete. Doch die Auswertung der Reihen-Untersuchungen führte zu einer Panik. Mit soviel unbekannten Tuberkulosekranken in der Stadt hatte dann doch niemand gerechnet (14)! Rasch erreichte in der Gauhauptstadt die Tuberkulosesterblichkeit nie gesehene Spitzen. Der zaghaft vorgebrachte Vorschlag der Ärzte zur Eindämmung der Tuberkulosesterblichkeit ließ sich nicht immer durchführen: Sie regten nämlich an, die Lebensmittelzulagen für Erkrankte zu erhöhen. Die Behandlung ansteckender Tuberkulosekranker traf bisweilen auf Schwierigkeiten besonderer Art. „Der Einweisung von Tuberkulosekranken, übrigens auch von anderen chronisch Kranken in Krankenhäuser und Heilanstalten begegnet manchmal großen Schwierigkeiten, da die Leute durch die mehr oder minder bekannt gewordene Aktion in den Irrenanstalten mißtrauisch geworden sind". (15)

Geschlechtserkrankungen traten den Vormarsch an. Zunächst sollen die Ausländer, die „Fremdarbeiter" daran Schuld gewesen sein, doch ließ sich dieser Verdacht nicht aufrecht erhalten. Sitte und Moral zeigten erste Anzeichen des Verfalls – selbst in der rechtschaffenden Schwabenmetropole.

Probleme bereitete in der Stadt der Alkohol. Die jahrelange Propaganda gegen dieses „gefährliche Genußgift" hatte absolut nichts bewirkt. Nach den Beobachtungen der Alkoholikerberatungsstelle nahm die Trunksucht wegen „erhöhter Anforderungen an jede Arbeitskraft besonders in der kriegswichtigen Industrie zu (...). Nicht zuletzt dadurch, daß immer noch die Volksmeinung besteht, durch Bier und Most die Leistungsfähigkeit steigern zu können", meldete der Amtsarzt. Tatsächlich war Stuttgart eine Hochburg der württembergischen Trinker. 95% der amtlich registrierten württembergischen Alkoholiker wohnten in der Hauptstadt. 1941 sollte es noch schlimmer kommen: „Mangels seines gewohnten Getränkes greift auch der einheimische Mosttrinker schon zum Schnaps", so hieß es in den amtlichen Berichten. Im dritten Kriegsjahr breitete sich die Trunksucht sogar noch weiter aus. Eine Besserung schien sich jedoch abzuzeichnen. Die Alkoholbekämpfung stand vor dem endgültigen Sieg, weniger durch Entwöhnung, sondern mit der Einführung des Dünnbiers. „Das Bier mit seiner harntreibenden Wirkung ist (...) nicht mehr gefährlich", da es „nicht zur Unmäßigkeit reizt", jubelten die Amtsärzte. Doch niederschmetternd, man ahnt es schon, fiel 1943 der Bericht der Alkoholikerberatung aus: Gerade 100 der amtsnotorischen Trinker hatten dem Laster abgeschworen.

Der „Eindruck, daß infolge der starken Beanspruchung eine Zunahme der allgemeinen Nervosität zu beobachten ist" ließ sich bald nicht mehr ignorieren. Parallel dazu stiegen die Todesfälle an Herz- und Kreislauferkrankungen, zunächst leicht, seit 1942 jedoch sprunghaft. Über 30% aller Todesfälle gingen schließlich auf das Konto von Herzmuskelschwäche und Angina pectoris. Da nützte es wenig, wenn die Bevölkerung hemmungslos zu Stärkungsmitteln, frei verkäuflichen Kopfwehpulvern und zu ständig neu auftauchenden Nervenmitteln griff. Die Deutschen verwandelten sich allmählich in ein Volk von Medikamentensüchtigen. Der Pharmaindustrie gelang es nicht annähernd, die ständig steigende Nachfrage zu befriedigen.

Die schwierigen Zeiten ließen sich auch am Geburtenrückgang ersehen. Registrierte das Standesamt 1939 noch 8744 Neugeborene, sank diese Zahl laufend und gleichmäßig ab. 1945 waren es gerade noch 2923 (16). Im Stadtgebiet war ein Rekord an „Fehlgeburten" zu verzeichnen. Die Gesundheitsführung erklärte dies mit der gestiegenen Arbeitsbelastung der Frauen. Abtreibung stand unter strenger Strafe, konnte also wohl nicht die Ursache sein! Oder doch? Merkwürdig war nämlich, daß 97% aller Fehlgeburten ausgerechnet bei Hausgeburten eintraten (17).

Der Krankenstand in Stuttgart stieg allmählich an. Lag er in den dreißiger Jahren durchschnittlich bei 3%, mußte AOK-Direktor Eugen Munder seit Beginn des Krieges oft um seinen Posten bangen. Es zeigte sich nämlich ein völlig unerklärbares Phänomen: Von allen siebzehn Groß-AOKs des Reiches lag Stuttgart auf zwei Gebieten jahrelang „an einsamer Spitze", in der Höhe des Krankenstandes und in der Krankheitsdauer (18). Die Ausfälle gefährdeten naturgemäß die Kriegsproduktion. „Sonderaktionen" der AOK – nicht wenige zeugten von bemerkenswertem Einfallsreichtum (19) – zur Bekämpfung des hohen Krankenstandes endeten alle in blamablen Mißerfolgen.

Die von der Berliner Zentrale, dem Reichsversicherungsamt, eingesetzten vertrauensärztlichen „Stoßtrupp-Unternehmen" zur Nachuntersuchung der krank gemeldeten Arbeiter sollten Abhilfe schaffen. Die Premiere fand in Stuttgart statt. Dazu reisten Spezialisten unter dem Reichsdeutschen Vertrauensärzten – aus Halle, Dortmund und Aachen – nach Stuttgart, um ihre schwäbischen Amtskollegen zu unterstützen. Am 4. April 1940 begann der Stoßtrupp mit seiner Arbeit. Bis zum 20. April wuchtete er – zusammen mit den 18 einheimischen Vertrauensärzten – die Hälfte aller damals gemeldeten Kranken (genau waren es 6065) durch seine Kontrolle. Von den Untersuchten erklärten die vertauensärztlichen Aktivisten glatt die Hälfte für arbeitsfähig. Da von 5335 zur Untersuchung vorgeladenen Kranken immerhin 2327 nicht erschienen waren, rückte der Stoßtrupp einigen davon in ihre Wohnung nach. Trotz meist vorgefundener Bettlägerigkeit, konnten davon 20% der Arbeit wieder zugeführt werden. Eingeschüchtert von diesen rüden Methoden drängte es die Kranken Stuttgarts rasch wieder zu ihren Arbeitsplätzen.

Beeindruckt von diesem Erfolg, bat AOK-Direktor Munder die Eingreiftruppe gleich noch in fünf Stuttgarter Krankenanstalten nach dem Rechten zu sehen. Tatsächlich fiel der Trupp dort ein und kämmte – zum Entsetzen von Patienten und Chefärzten – die Stationen aus, und das gründlich. Fast jeder zweite Patient konnte im Laufe der Woche entlassen werden, das schaffte wieder Platz! Und schonte das Budget der Krankenkasse.

Zunehmend brutale Methoden bei der Krankenkontrolle schürten nur den „Unmut gegen die AOK". Die Folge war eine „gewisse Verstimmung" unter Ärzten, Patienten, Krankenhauspersonal, die sich in einer Flut von „Unmutsäußerungen", nicht selten „drohenden" Inhalts an die Adresse der AOK Luft machte (20).

Doch es sollte noch schlimmer kommen. Die später in die Geschichte des Vertrauensärztlichen Dienstes eingegangene „Gutermuth-Aktion" verschlimmerte die Stimmung unter der arbeitenden Bevölkerung bedenklich. Im Rahmen der „Ausrufung des totalen Krieges" konnte die Rüstungsindustrie auf keine Arbeitskraft mehr verzichten. Die Zahl der Arbeitsunfähigen mußte mit allen Mitteln eingedämmt werden. Nach den damaligen Erfahrungen ließen sich die Kranken von den vertrauensärztlichen Nachuntersuchungen einschüchtern und nahmen danach rasch die Arbeit wieder auf. Um nun den Arbeitseifer der überlasteten Kontrollärzte anzuspornen, verfiel der auf direkte Initiative des „Führers" eingesetzte Sonderbeauftragte Dr. Gutermuth auf eine bemerkenswerte Idee: Unter dem strengsten Siegel der Geheimhaltung versprach er „für jede körperliche Untersuchung, die über das übliche Maß hinausgeht, eine Prämie von RM 2". Verblüfft registrierte Dr. Conti, der Reichsgesundheitsführer, die Erfolge, die der vertrauensärztliche Dienst plötzlich melden konnte. Zudem wunderte er sich über den neuen Geist, der in die vertrauensärztlichen Dienststellen Einzug gehalten hatte: „Früher hätten Vertrauensärzte pro Tag höchstens 30 Fälle untersucht und bei Überschreitung dauernd Hilfsvertrauensärzte angefordert. Heute untersuchen sie über 100 pro Tag!" (21) Schließlich drangen Gerüchte in Contis Amt, die das Rätsel lösten. Die niedergelassenen Ärzte hatten ausgestreut, daß sich die Kontrollärzte ein kräftiges Zubrot verdienten, von Tausenden von Reichsmark im Monat war die Rede. Tatsächlich nahmen einige bis zu 2000 RM pro Monat zusätzlich ein (22).

Wegen zunehmender Mißstimmung in der Ärzteschaft mußte die Sonderaktion schließlich eingestellt werden. Zudem hatten Verteilungskämpfe innerhalb der vertrauensärztlichen Dienststellen das System der Krankenkontrollen in allgemeine Auflösung gebracht.

Im Dezember 1944 erreichte der Krankenstand fast die Zehn-Prozent-Marke und ließ sich nicht mehr beeinflussen (23). Keiner wollte mehr für den Endsieg schuften. „Schlimmer kann es auch nach einem verlorenen Krieg nicht mehr kommen", lautete die vorherrschende Meinung in der Bevölkerung. Auf martialische Durchhalteparolen, zu denen sich Direktor Munder im Januar 1945 in seiner Verzweiflung entschließen mußte, reagierten die Bürger Stuttgarts nicht mehr (24).

Krankenhaus-Misere

„Durch die Schwierigkeiten in der ärztlichen Versorgung der Zivilbevölkerung . . ., sind die Stuttgarter Krankenanstalten außerordentlich stark besetzt und oft überbelegt". So berichtete Stuttgarts Oberbürgermeister Dr. Strölin am 17. Juni 1942 dem Württembergischen Innenminister (25). Dies geschah zu einer Zeit, als noch keines der über 40 Krankenhäuser der Stadt von einer Bombe beschädigt war. Stuttgart verfügte über 5934 Krankenhausbetten – bezogen auf die Einwohnerzahl und im Vergleich zum Reichsdurchschnitt war das üppig. Doch die Wehrmacht hatte in einer geradezu unersättlichen Vorratswirtschaft ein Drittel der Betten belegt (26). Das damals modernste Krankenhaus der Stadt, die Klinik in Bad Cannstatt, requirierte die Wehrmacht bereits vor der endgültigen Fertigstellung. Für die Armee war in diesem Staat gerade das Beste gut genug. Die Zivilbevölkerung hatte mit einem vergleichsweise primitiven Ausweichquartier vorlieb zu nehmen (27). Die Wehrmacht übernahm nach und nach weitere Kliniken (28). Der Verwundetenanfall in den verlustreichen Kämpfen des Ostens bescherte der Bevölkerung laufend weitere Einschränkungen bei der stationären Heilbehandlung.

Wie alle Gemeinden, sah sich auch die Stadt Stuttgart gezwungen, Ersatz zu schaffen. Das Programm zur Einrichtung von sogenannten „Hilfskrankenhäusern" lief bemerkenswerterweise bereits 1938 an, als von Krieg offiziell noch niemand sprach. Das Volk wurde auch hier getäuscht. „Behelfsmäßige Einrichtungen . . .für leichtere Erkrankungsfälle" verstand man darunter (29). Bald sollte jeder Kranke glücklich sein, wenn er wenigstens einen Platz in einer solchen Behelfseinrichtung bekam (30). Durch Heranziehung aller möglichen „Ausweichstellen", Schulen, Behörden und Gaststätten, gelang es den Stuttgarter Krankenanstalten, die Bettenreserve wenigstens notdürftig zu sichern (31).

Mühselig gestaltete sich die Fortführung der geplanten und sogar der begonnenen Krankenhausbauten, da „die bauliche Entwicklung . . . durch die Kriegsverhältnisse naturgemäß stark gehemmt" war, wie der Oberbürgermeister klagte (32). Jeder Sack Zement, jeder Eisenträger war auf militärischen Baustellen wichtiger.

Eine neue Dimension bekam die Krankenhaus-Misere mit Beginn der schwereren Bombardierungen. In allen Reichsgebieten traten „Katastrophenpläne" in Kraft, die die Verlegung der Kranken in „Ausweichkrankenhäuser" regeln sollten (33). Da begannen die Schwierigkeiten erst recht, denn Gebäude waren rar. Behörden, Wehrmacht, vor allem aber die Partei und ihre unzähligen „Gliederungen" jagten hinter jedem Zimmer her. Die Bürokratie im Dritten Reich hatte längst alles überwuchert. Die Beschaffung von Einrichtungsgegenständen, vom Bettgestell bis zur Bettwäsche, bereitete dabei unsagbare Probleme, von den spezielleren „ärztlichen Gerätschaften" gar nicht zu reden. Bald mußten die Patienten Leib- und Bettwäsche mitbringen, wollten sie in ein Krankenhaus aufgenommen werden (34). Das Reichsinnenministerium verpflichtete die Krankenhäuser, ihre wertvolleren Einrichtungsgegenstände nachts in Kellerräumen und in den Bunkern zu lagern. Der alltägliche Gerätetransport weitete die Arbeitsbelastung des knappen Krankenhauspersonals aus. Nicht nur das Material, auch die Patienten mußten bald des Abends in die Keller geschafft werden. Frischoperierte und schwer zu transportierende Kranke ließ man aus Gründen der Rationalisierung gleich dort.

Bei der Beschaffung von Ausweichkrankenhäusern versuchten die Gesundheitsbehörden auf die inzwischen leerer gewordenen Heil- und Pflegeanstalten zurückzugreifen. Die Euthanasie-Aktion, die Hitlers Kanzlei in erster Linie zur Räumung der dringend benötigten Krankenhausbetten in Gang gesetzt hatte, kam der Zivilbevölkerung nicht zugute. Fieberhaft bemühte sich Oberbürgermeister Strölin etwa um die Räume der stark ausgedünnten Heil- und Pflegeanstalt in Stetten im Remstal. Er hoffte, dort 800 Kranke unterzubringen. Die Luftwaffe war jedoch schneller! Zur Unterbringung von Patienten legte das Innenministerium in Stuttgart den Landräten die Suche nach geeigneten Gebäuden ans Herz. Nicht alle waren erfolgreich. Besonders unglücklich berichtete der Landrat von Münsingen: „An sich hatte ich als Ausweichkrankenhaus das Schloß Grafeneck [. . .] vorgesehen. Infolge dessen Verwendung zu dem bekannten Zweck [. . .] ist dieser Plan zur Unmöglichkeit geworden." Und nachdem dort die Tötung der Geisteskranken abgeschlossen war, hatte die NS-Volkswohlfahrt zugegriffen, um „landverschickten" Kindern aus bombengefährdeten Gebieten einen Unterschlupf zu bieten (35).

Immer schwieriger wurde die Versorgung der „Alterssiechen". Sie unter den Bedingungen des Bombenkrieges zu Hause zu pflegen, bedeutete für die Familien eine starke Belastung. Wen wundert es, wenn sie die Alten in die Krankenhäuser abschoben. Der Stadt Stuttgart gelang es zwar, einige weit entfernte Ausweichkrankenhäuser für über hundert „Alterssieche" einzurichten (36), doch das reichte nicht. Chronisch Kranke und „Alterssieche" lagerte man schließlich überall verstreut in ländliche Gebiete aus. Dort vegetierten sie unter primitiven Verhältnissen dahin, oft in unbeheizbaren Räumen. Gelegentlich blieb den völlig überlasteten Pflegekräften nichts anderes übrig, und sie verabreichten ihnen Morphium und „warteten zu, wie sie sich auf den Strohsäcken auflagen" und schließlich starben (37).

Zwischenzeitlich waren durch Bombeneinwirkung einige Krankenhäuser beschädigt worden. Zwischen Oktober 1943 und März 1944 summierten sich die Verluste (38, 39, 40). Die Requirierung von Pensionen und Gästehäusern auf dem Land verschafften der Stadt einige Hundert Betten. Benötigt wurden indes 3000 (41)! Auf einer Krisensitzung im Württembergischen Innenministerium bettelte man bei der Volksdeutschen Mittelstelle, bei HJ und NS-Volkswohlfahrt: „Die Partei kann nichts mehr frei machen", hieß es kategorisch. Auch „im Anstaltswesen sei kein verfügbarer Raum mehr vorhanden", erklärte Regierungsdirektor Mailänder, Leiter der Abteilung für das Stiftungs- und Anstaltswesen, obwohl er sein Möglichstes versuchte: „Die Erziehungsanstalt Mulfingen (an der Jagst), in der es durch die Verlegung von Zigeunerkindern (wohin, das wußte man in Stuttgart. Nach Auschwitz! (42)) bald etwas Platz geben werde, müsse voraussichtlich mit Kindern aus der Wilhelmspflege Plieningen belegt werden" (43). Die Abstellung eines Mißstandes, der Dr. Mayer vom Gesundheitsamt schon lange ein Dorn im Auge war, versprach noch einige Betten abzuwerfen. Ihm war aufgefallen, daß die „Ausländerkrankenbaracken nicht voll belegt seien", kranke Ausländer seien doch tatsächlich in reguläre Krankenzimmer aufgenommen worden! (44)

Trotz aller Probleme standen den Bürgern der Stadt im Sommer 1944 immerhin noch 4800 Betten in 37 Krankenhäusern zur Verfügung. Dann kam der 25. Juli 1944. Kurz nach 1 Uhr früh heulten in Stuttgart die Sirenen. Britische Bomber luden von 1 Uhr 35 an ihre Last ab. In den nächsten Tagen kamen sie noch drei Mal. Als die Angriffe vorüber waren, lagen etwa die Hälfte der Gebäude im Stadtkern in Schutt und Asche. 1690 Bomber in vier Angriffen töteten 884 Menschen, verwundeten 1916, 100 000 Bürger saßen obdachlos auf der Straße. Schwere Zerstörungen traten an den Stuttgarter Krankenhäusern ein. Nur noch 19 Krankenanstalten mit rund 2350 Betten waren belegungsfähig (45). Die Instandsetzungsarbeiten an allen geschädigten Krankenanstalten würden umgehend beginnen, kündigte Dr. Strölin an. Kaum noch etwas ließ sich jedoch bewegen. Es war nirgends mehr Baumaterial vorhanden, und Arbeitskräfte fehlten (46).

Ärzte unter Druck

Im Lauf der Kriegsereignisse verschlechterte sich die ambulante ärztliche Versorgung. Im April 1939 zählt man im Gebiet von „Groß-Stuttgart" 298 Kassenärzte, 33 Chefärzte mit Kassenzulassung und etwa 430 Ärzte in Krankenhäusern, bei Behörden und anderen Institutionen. 485 standen nach dem Mob-Plan von 1938 insgesamt unmittelbar für die ärztliche Versorgung der Zivilbevölkerung zur Verfügung (47). (Die verbliebenen knapp 20 jüdischen Ärzte der Stadt hatten seit 25. Juli 1938 Berufsverbot, ihre Approbationen erloschen am 30. September 1938 (48)).

Durch Einberufung der Ärzte zur Wehrmacht, dann durch Zerstörung, gingen immer mehr Praxen verloren. Im Januar 1944 waren es 262 (49), im Juli 1944 arbeiteten noch 254 Ärzte (zusätzlich 98 Zahnärzte und 51 Apotheken) (50). Nach den Juli- und September-Angriffen reduzierte sich ihre Zahl auf 118 (dazu kamen 61 Zahnärzte und 35 Apotheken) (51). Besonders schlecht versorgt waren dabei die Außenbezirke (52). Doch nicht nur der zahlenmäßige Rückgang verschlechterte die ärztliche Versorgung. Entscheidend war, daß bald nur noch die „älteren Herren" die Praxis besorgten. Sie arbeiteten 12 bis 15 Stunden am Tag, oft auch länger, bald befanden sie sich „ziemlich am Rand", wurden „anfällig", wie die AOK feststellte, und fielen nach und nach aus (53). Die von der Wehrmacht verschmähten und bei der Apothekerkammer aktenkundigen Morphinisten unter Stuttgarts Kassenärzten stellten keine jederzeit verläßliche Hilfe dar (54). Benzinknappheit und Requirierung der Ärzte-Wagen durch die Wehrmacht verschafften dringenden Hausbesuchen Seltenheitswert (55).

Auch die Versorgung mit Arzneimitteln gab nicht wenig Anlaß zur Besorgnis. Eine Krisensitzung im Innenministerium offenbarte im Oktober 1944 bedrückende Engpässe. „Die in Stuttgart noch vorhandenen Apotheken können den notwendigen Anforderungen (zwar) einigermaßen aus ihren eisernen Beständen gerecht werden, . . . zum Teil mußte die Bevölkerung allerdings bis nach Esslingen und Ludwigsburg gehen, um ein benötigtes Heilmittel zu erhalten". Frachtgut und Postpakete erreichten nur noch selten die pharmazeutischen Großhandlungen und von dort die Apotheken (56). Oft stagnierte der Nachschub, weil es an leeren Flaschen, ja an Kisten und Säcken fehlte! Während der „Verkehrssperren für Eisenbahn- und Posttransporte" auf den Strecken des westlichen Reichsgebiets brach schließlich die Versorgung völlig zusammen. Die wahnwitzige „Ardennenoffensive" hatte nämlich höhere Priorität als die medizinische Versorgung der Zivilbevölkerung (57). Immer wieder erhielt der „Beauftragte für den Nahverkehr" Bittbriefe aus dem Rathaus, einmal pro Woche wenigstens einen LKW für Arzneimitteltransporte einsetzen zu dürfen. Wenn schon ein Fünf-Tonner mit Anhänger zu viel Benzin verbrauche, so solle er doch wenigstens den „Fahrauftrag" für einen 2,5 bis 3 Tonner-LKW genehmigen, lautete die häufig vorgetragene und selten erfüllte Bitte (58).

Bis September 1944 gelang es, durch gekonnte Improvisation das Schlimmste abzuwenden, wenn auch inzwischen ein Drittel mehr Menschen an Krankheiten starben als noch in Friedenszeiten. Neue Luftangriffe machten alle Bemühungen zunichte. Die medizinische Versorgung brach zusammen. Angesichts dieser Notlage konnten sich die Verantwortlichen – unfähig, Notbehelfe wie etwa improvisierte Polikliniken zu organisieren – nur noch damit trösten, daß nach den Septemberangriffen das Problem „nicht mehr so vordringlich" sei, da der medizinische Bedarf „wegen der Umquartierung der Einwohnerschaft" stark zurückgegangen sei (59). Tatsächlich harrten von ehemals 458 000 Einwohnern nur noch 282 000 in der Stadt aus (60).

Nicht abfinden mit der Bettennot wollte sich im Januar 1945 der Verwaltungsleiter („Treuhänder") des katholischen Marienhospitals. Die Wehrmacht hatte bisher 200 von 400 Betten belegt und schickte sich an, die restlichen zu beschlagnahmen. Er versuchte den Heilbetrieb aufrecht zu erhalten und plante, Patienten im Kloster Untermarchtal – Mutterhaus der Schwesternschaft des Marienhospitals – unterzubringen. In diesem geräumigen und gut erhaltenen Gebäude hatte sich jedoch ein „musisches Gymnasium", einquartiert, auch noch aus Frankfurt am Main! (61) Diese Einrichtung stand allerdings unter der besonderen Obhut des Reichsführers SS. Man möge die Räume nicht beschlagnahmen, lautete Himmlers „Bitte". Der Stuttgarter Oberbürgermeister bat deshalb den Reichsverteidigungskommissar, Gauleiter Murr, um Amtshilfe. Der versprach, sich persönlich um die Angelegenheit zu kümmern, denn es schien „immerhin möglich, daß der Herr Reichsführer SS angesichts der Notlage der Gegenwart wenigstens einer teilweisen Räumung zugunsten der Stadt Stuttgart zustimmen könnte" (62). Der Erfolg blieb aus. Es wäre allerdings noch Platz für einige Betten vorhanden, beharrte Dr. Strölin. Doch Gauleiter Murr schien es geboten, „weitere Vorstellungen beim Reichsführer SS" zu unterlassen. Denn, wie er erfahren hatte, sollte in Untermarchtal ein „Wehrertüchtigungslager der HJ", in ausdrücklichem „Auftrag des Reichsministers Speer", eingerichtet werden, für „besondere Zwecke", wie es geheimnisvoll hieß (63). Was konnte im Frühjahr 1945 wichtiger sein?

Anmerkungen:

1) Kriegswirtschafts-VO vom 4. September 1939. RGBl. 1939 I. S. 1609. Zum Teil wieder abgeschwächt bzw. teilweise aufgehoben mit den Verordnungen vom 27. November 1939, RGBl. 1939 I S. 1685 und auch S. 2254.

2) VO des Generalbevollmächtigten für die Reichsverteidigung (RInnMin Dr. Frick) vom 27. Okt. 1941. RGBl. I. Nr. 122, S. 662.

3) Verordnung zur vorläufigen Sicherstellung des lebenswichtigen Bedarfs des deutschen Volkes. RGBl. 1939 I. 1498. Verordnung über die öffentliche Bewirtschaftung von landwirtschaftlichen Erzeugnissen. RGBl 1939 I. 1521.

4) Runderlaß des Reichsministers des Innern, betr. Fettgehalt der Milch, vom 22. Jan. 1942 – IV e 15354/41-4335. RGesBl. 17 (1942) 132. Der Fettgehalt der Milch wurde hiermit gesetzlich auf 2,5% beschränkt. Dies hinterließ statt deckendem Weiß die typische blaue Farbe.

5) vgl. Erlaß der Abt. „Volksernährung" im RMdI vom 4. März 1940. RGBl. 1940 I. S. 1825. Hier genaue quantitative Beschränkung und zeitliche Begrenzung von Zulagen, aufgeschlüsselt nach einem Krankheits-Katalog.

6) Stadtarchiv der Stadt Stuttgart. Ernährungsamt. Bü. 343.

7) Meldungen aus dem Reich 23. März 1942.

8) Vgl. dazu Görings Rede: abgedruckt in: Das Archiv, Oktober 1942.

09) vgl. ERICH KUBY: Verrat auf Deutsch. Tb. Hamburg 1987, hier S. 447–457.

10) Tabelle der Lebensmittelrationen der Normalverbraucher 1939–1947. Stadtarchiv Stuttgart, Ernährungsamt.

11) Meldungen aus dem Reich 19. Oktober 1942 und Ernährungsamt der Stadt Stuttgart, Stadtarchiv der Stadt Stuttgart. Fasz. Nr. 343.

12) Alle folgenden Angaben und Zitate nach: Jahresgesundheitsberichte für Württemberg 1940, 1941, 1942 und 1943, HStA Stuttgart E 151 k VI Bü. 751, 752, 753 und 754 resp.

13) Kehrwoche: Spezifische schwäbisch-süddeutsche Einrichtung, die von den Mietern und Hauseigentümern regelmäßige Reinigungsarbeiten vor dem Wohnhaus verlangt. Im typischen Fall wird dabei auch gereinigt, was nach allgemeingültigen Kriterien einer Reinigung nicht bedürfte.

14) So durchleuchtete das Gesundheitsamt in Stuttgart 98,4% aller Einwohner, etwa 458 000. Unter Berechnung aller Tb-Fälle kam auf 130 Einwohner ein Tuberkulosekranker. Dabei fand man bei 737 Stuttgartern eine fortschreitende, behandlungsbedürftige Tuberkulose, von der sie nichts wußten. In 182 Fällen lag sogar eine offene, also ansteckende Form vor. Der öffentl. Gesundheitsdienst 8B, 1942, 192.

15) Jahresgesundheitsbericht 1940. Hier ein Beispiel aus Friedrichshafen.

16) Statistisches Handbuch der Stadt Stuttgart. 1900–1957, Stuttgart 1959.

17) Errechnet nach den Blättern 78a (Hausgeburtenblatt) und 78b (Anstaltsgeburtenblatt) der Jahresgesundheitsberichte für Württemberg 1940–1943. Wie Anm. 12.

18) Bericht des AOK-Direktors Munder an Bürgermeisteramt 26. Jan. 1945. Stadtarchiv Stuttgart, Bürgermeisteramt Bü. 216, S. 1 und 2.

19) Etwa Beratungsverfahren, Besprechungsverfahren, Befristungsverfahren etc. vgl. AOK-Akten, Archiv der AOK Stuttgart.

20) wie Anm. 18, S. 4–6.

21) Briefwechsel des RGsuF Conti mit Reichsarbeitsministerium. BA R 18, 3809.

22) Zu den Sonderaktionen des vertrauensärztlichen Dienstes vgl. U. Knödler: Von der Reform zum Raubbau. In: Norbert Frei (Hrsg.): Medizin und Gesundheitspolitik der NS-Zeit, München 1991.

23) Monatsbericht der AOK Stuttgart von Januar und Februar 1945, Stadtarchiv Stuttgart Bürgermeister-Amt, Bü. 216.

24) wie Anm. 18 und 20, hier S. 4–6.

25) OB Strölin an Württ. Innenminister am 17. 6. 1942., Stadtarchiv Stuttgart, Bürgermeisteramt, Bü. 215, Bl. 342/14.

26) wie Anm. 16.

27) 100 Jahre Krankenhaus Bad Cannstatt, Festschrift, Stadtarchiv der Stadt Stuttgart, 1981.

28) Im einzelnen handelte es sich dabei um das Karl-Olga-Krankenhaus, das Paulinenhospital und einen großen Teil des Marienhospitals. HStA Stuttgart, HA 005, 35 a.

29) In einem Runderlaß des Reichsministeriums des Inneren vom 27. September 1938 definierte man zu schaffenden „Hilfskrankenhäuser" als „behelfsmäßige Einrichtungen zur Ergänzung und Entlastung der bestehenden Krankenhäuser für leichtere Erkrankungsfälle."

30) Die Stadt errichtete im Jahre 1940 drei größere Hilfskrankenhäuser. Neben dem Furtbachkrankenhaus (120 Betten) und dem Hans Sachs-Haus (100 Betten) nahm die Stadt das „Kinderkrankenhaus am Weißenhof" (für rund 100 Kinder) in Betrieb, wodurch wenigstens eines der wohl umstrittensten Gebäude der Stadt „nochmals eine sinnvolle Verwendung gefunden" hatte. Gemeint war der heute weltberühmte Mies van der Rohe-Bau, damals als „Kulturschande" geschmäht.

31) Verzeichnis der von den Krankenanstalten gemeldeten Ausweichstellen. Aus den Unterlagen des Städt. Gesundheitsamts. Stadtarchiv Stuttgart, Akten des Bürgermeisteramts, Bü. 215, Bl. 342/42.

32) Verwaltungsbericht der Stadt Stuttgart 1940, S. 6; Stadtarchiv Stuttgart.

33) Schnellbrief des Reichsgesundheitsführers an die Reichsverteidigungskommissare vom 7. 6. 1943. HStA. Stuttgart, E 151 k VI, Bü. 65/II, S. 209.

34) Schnellbrief des RMdI an die Innenminister der Länder, . . . vom August 1944 „Sparen von Textilien". HStA. Stuttgart, E 151 k VI, Bü. 65/II, S. 266.

35) Landrat von Münsingen an Württ. Innenminister vom 18. 2. 1944. HStA Stuttgart E 151 k VI, Bü. 65/II, Bl. 29.

36) In Isny im Allgäu und im Konvikt von Rottweil.

37) Prof. Bennhold, Universitätsklinik Tübingen an Landrat von Tübingen, 2. Nov. 1944. HStA. Stuttgart, E 151 k VI, Bü. 65/II, S. 384.

38) Berichte über Luftschäden an Krankenhäusern. Hier Württembergisches Innenministerium an RGsuF Conti vom 21. 2. 1944. HStA Stuttgart, E 151 k VI, Bü. 65/II, S. 23

39) Berichte . . . vom 2. 3. 1944. HStA Stuttgart, E 151 k VI, Bü. 65/II, S. 29

40) Bericht über Luftkriegsschäden. Hier E. Stähle an den Beauftragten zur Erfassung von Luftkriegsschäden, Min.rat Dr. Cropp im RMdI vom 16. 3. 1944. HStA Stuttgart, E 151 k VII, Bü. 65/II, S. 49.

41) Nach Erlaß des Reichsbevollmächtigten für die Reichsverteidigung, Reichsinnenminister Dr. Frick, vom 13. 1. 1944. HStA Stuttgart, E 151 k VI, Bü. 65/II Bl. 53.

42) vgl. zu den Zigeunerkindern: Feinderklärung und Prävention. Kriminalbiologie, Zigeunerforschung und Asozialenpolitik. Berlin 1988 und JOHANNES MEISTER: Die Zigeunerkinder von der St. Josefspflege in Mulfingen. In: 1999, Zeitschrift für Sozialgeschichte des 20. und 21. Jahrhunderts Nr. 2/1987, S. 14 ff

43) Protokoll einer Besprechung im Rathaus am 3. 5. 1944. Stadtarchiv Stuttgart, Bürgermeisteramt, Bü. 215, keine Blattangabe.

44) Bericht Dr. Mayer, Gesundheitsamt der Stadt vom 10. 3. 1944 an BM-Amt. Stadtarchiv Stuttgart, Bürgermeisteramt, Bü. 215, keine Blattangabe.

45) Das Katharinenhospital, die städtische Frauenklinik, das Ludwigsspital, das städtische Krankenhaus Feuerbach, das Wilhelmsspital, das Paulinenhospital, das Bürgerhospital, das Furtbachkrankenhaus und das Hilfskrankenhaus Marienstraße mußten abgeschrieben werden.

46) Nach HEINZ BARDUA: Stuttgart im Luftkrieg 1939–1945, S. 192., Vgl. auch Wochenberichte des BM-Amtes vom 6. 1. 1944 bis 19. 3. 1945. Stadtarchiv Stuttgart, BM-Amt, Bü. 215, keine Blattangaben.

47) Aufstellung des Württ. Innenministeriums. HStA Stuttgart E 151 c I, 11.

48) MARIA ZELZER: Weg und Schicksal der Stuttgarter Juden, Stuttgart 1964, S. 189.

49) Aufstellung des Städt. Gesundheitsamts für BM-Amt, vom 4. Jan. 1944. Stadtarchiv Stuttgart, BM-Amt, Bü. 215, Bl. 341/11.

50) Aufstellung des BM-Amtes vom Juli 1944, an Württembergischen Innenminister. HStA, E 151 k VII, 65/II, 42.

51) Wochenberichte . . . wie Anm. 47.

52) wie Anm. 47, Wochenberichte.

53) Beiratsmitglied der AOK Stuttgart, Dr. Speidel (stellv. Vorsitzender der Ärztekammer Württemberg) auf einer AOK-Beiratssitzung etwa Ende 1942. Archiv der AOK Stuttgart, Niederschriften über die Sitzungen des Beirats und des großen Ausschusses 1942, S. 37 und 114.

54) Rundschreiben der Apothekerkammer vom 22. 3. 1944. Unter Nennung der Namen der betreffenden Ärzte. HStA Stuttgart E 151 k VI Bü. 532 Bl. 48.

55) Das Problem der Kraftfahrzeuge der Ärzte, Ersatzteile, Treibstoffversorgung etc. füllt ganze Akten. Rundschreiben der KVD, Rundschreiben der Reichsärztekammer, usf. Vgl. dazu Kapitel „Dringender Hausbesuch" in U. Knödler: Die Pflicht zur Gesundheit, in Vorb.

56) Schreiben der Apothekerkammer Württemberg an Württ. Innenministerium vom 1. Nov. 1944. HStA Stuttgart E 151 k VI, Bü. 65/II, S. 354

57) Aktennotiz und Antrag Württ. Innenministerium (Dr. Mayser) an den „Beauftragten für den Nahverkehr im Württ. Innenministerium vom 7. Nov. 1944. HStA. Stuttgart, E 151 k VI, Bü. 65/II, S. 355.

58) Ebda.

59) Ärztekammer Württemberg an Württ. Innenministerium vom 6. 10. 1944. HStA. Stuttgart, E. 151 k VII, Bü. 65/II, S. 331.

60) Statistisches Handbuch wie Anm. 16.

61) Treuhänder des Marienhospitals an Rechtsrat Dr. Mayer, Bürgermeisteramt, 2. Januar 1945. Stadtarchiv, BM-Amt, Bü. 215. Keine Blattangabe.

62) Bürgermeisteramt Stuttgart an Württ. Innenministerium vom 13. 2. 1945. HStA. Stuttgart, E 151 k VI, Bü. 65/II, S. 562.

63) Reichsstatthalter/Reichsverteidigungskommissar Gauleiter Murr an Württ. Innenministerium vom 26. 2. 1945. HStA. Stuttgart, E 151 k VI, Bü. 65/II, S. 665. Gauleiter Murr lehnte weitere Vorstellungen im März 1945 ab. Vgl. BM-Amt Wochenbericht über die Lage der Krankenanstalten vom 3. März 1945. Bü. 215. Daraufhin forderte am 13. 3. 1945 der Wehrkreisarzt in Stuttgart vom Reichsinnenministerium in Berlin, die vom musischen Gymnasium belegten Räume freizugeben. (Vgl. BM-Amt Bü. 215, Wochenberichte, keine Blattangabe.) Der Erfolg ist nicht mehr überliefert.

Medizin im Nationalsozialismus – weiterhin ein Thema für Ärzte?

Johanna Bleker, Heinz-Peter Schmiedebach

Über die Medizin im Nationalsozialismus sind in den letzten zwanzig Jahren hunderte von Untersuchungen veröffentlicht worden. Doch keine dieser Publikationen hat eine so intensive Rensonanz bei den Ärzten in Deutschland gefunden, wie die 1988/89 im Deutschen Ärzteblatt erschienene Artikelserie zu diesem Thema. Mehrere hundert zum Teil ausführliche Leserbriefe gingen bei der Redaktion und den Autoren ein, die Zahl der Sonderdruckanforderungen lag bei den meisten Artikeln zwischen 150 und 400. Die zunächst auf 1000 Exemplare ausgelegte Publikation der Serie in Buchform war nach wenigen Monaten ausverkauft. Die Tatsache, daß das schwierige Thema erstmals ausführlich in einem etablierten und allgemein als konservativ eingeschätzten ärztlichen Publikationsorgan behandelt wurde, sicherte ihm offenbar eine Aufmerksamkeit und Akzeptanz, die den bisherige Veröffentlichungen versagt geblieben war.

Die Reaktion der Leser

Wir wurden vielfach aufgefordert, die Reaktionen der Leserschaft auf diese Veröffentlichung zu dokumentieren. Hinter dieser Aufforderung steht die Frage: wie gehen die deutschen Ärzte Ende der 1980er Jahre mit ihrer Geschichte um? Diese Frage können wir natürlich aufgrund unserer Erfahrungen nicht repräsentativ beantworten. Doch sollen zumindest die wesentlichen und häufigsten Meinungen charakterisiert werden (1).

Rund hundert Leserbriefe wurden zwischen Juni 1988 und April 1990 im Deutschen Ärzteblatt abgedruckt, eine, wie die Redaktion betont, „repräsentative Auswahl" aus der Fülle der Zuschriften. Geht man davon aus, daß meist der verärgerte Leser zur Feder greift, so ist die Vielzahl ablehnender Briefe, die die Redaktion erhielt, nicht verwunderlich. Die Autoren dagegen erhielten weit mehr anerkennende oder nachdenkliche Zuschriften. Wir haben die Leserreaktionen ihrer Tendenz nach in drei große Gruppen unterteilt: In Briefe der Zustimmung zur Veröffentlichung einer ausführlichen Darstellung des Themas, in Briefe, die die Haltung der Ärzte zwischen 1933 bis 1945 erklären oder entschuldigen wollten und in solche, die eine Beschäftigung mit dem Thema von vornherein ablehnten oder die Richtigkeit der historischen Untersuchungen grundsätzlich leugneten.

Offenbar gab es viele Leser, die sich nun erstmals mit der Geschichte der nationalsozialistischen Medizin auseinandersetzten. In vielen Zuschriften wurde auch das Empfinden ausgedrückt, daß mit der Veröffentlichung ein Tabu gebrochen worden sei, das eine fruchtbare öffentliche Diskussion über das Versagen der deutschen Ärzte, dessen Ursachen und Folgen, bisher verhindert habe. Ein Arzt schrieb: „der Versuch einer Aufarbeitung kommt spät . . . Und wie höchste Zeit es war, merke ich selbst (Jahrgang 1921) tatsächlich erst seit Beginn der Abdrucke". Die Leser, die die Veröffentlichung der medizinhistorischen Beiträge begrüßten, betonten häufig die Notwendigkeit, „die damaligen Zustände offenzulegen" und die Wichtigkeit der „Auseinandersetzung mit der Vergangenheit". Ein Leser bezeichnete es als gut, eine „große Serie über die Medizin im Nationalsozialismus im Pflichtblatt" der Ärzteschaft zu veröffentlichen. Ein anderer fand es wichtig, daß wieder einmal daran erinnert wird „zu welch schrecklichen Dingen Menschen fähig sind". Man sprach von „verdienstvoller Aufklärung" und rechnete dem Ärzteblatt den Versuch, die „NS-Zeit für den Nachwuchs des Berufsstandes aufzuarbeiten" hoch an. Eine Ärztin betonte die Verpflichtung der Nachkriegsgeneration, sich Gedanken darüber zu machen, „wie es in der Vergangenheit dazu kommen konnte, daß Ärzte . . . zu Verbrechern werden konnten". Ein früherer neuseeländischer Armeearzt, selbst aus Deutschland vertrieben, hoffte, daß „die Menschen verstehen und man es nicht verbirgt", so daß so etwas „nie wieder in Zukunft in Deutschland" geschehen könne.

Bemerkenswert sind drei Zuschriften aus dieser Gruppe. So führte ein Emeritus in einem Brief an den Autor eines Beitrags aus, daß er die Zeit zwar „noch selbst miterlebt, aber damals keineswegs begriffen" habe. Und er fuhr fort: „Ich glaube schon, daß Sie mit Ihren Ausführungen einen wertvollen Beitrag zur Zeitgeschichte beigesteuert haben." Ein 1902 geborener Polizei- und späterer Militärarzt schrieb an denselben Autor: „Die schlimmen Erinnerungen bleiben lebenslang! – Ihr Beitrag ist verdienstvoll, beeindruckend und wahr! Aber mir erschien es doch verbrecherisch, was Ärzte ihren jüdischen Kollegen antaten, auch durch Duldung des Geschehens (mich eingeschlossen)". Als Beispiel für ein erfolgreiches Widersetzen gegen unzumutbare Forderungen der NS-Ärzteführung, führte ein Emeritus einen Vorgang aus dem Jahre 1935 an: Auf einer Versammlung der Ärzte des Bezirks Traunstein habe die NS-Ärzteführung verlangt, in den Wartezimmern Schilder mit der Aufschrift „Juden werden hier nicht behandelt" anzubringen. Aufgrund massiven Einspruchs, der mit dem Hinweis auf christliche Ethik, auf humanitäre Ideale und auf die ärztliche Grundüberzeugung, daß einem Hilfesuchenden die Hilfe nicht verweigert werden dürfe, untermauert wurde, habe die NS-Ärzteführung ihre Forderungen zurückgezogen.

Auch die zahlreichen Zuschriften, die sich mit dem offensiven Antisemitismus mehrerer Leserbriefe auseinandersetzten und eine Distanzierung der Redaktion des Ärzteblatts hiervon forderten, stammten offensichtlich von Ärzten, die einen selbstkritischen Umgang mit der NS-Vergangenheit wünschten.

Bei der zweiten Gruppe von Leserbriefschreibern stand das Problem im Vordergrund, inwieweit sie selbst, ihre Lehrer oder Väter für die Geschehnisse zur Zeit des Nationalsozialismus mitverantwortlich gemacht werden können. Diese teils recht differenzierten und ausführlichen Briefe gingen meist vom subjektiven Erleben der Betroffenen aus. Manche baten um Verständnis, daß sie sich vom Nationalsozialismus begeistern oder einschüchtern ließen und zu spät begriffen, welche Verbrechen mit ihrer Duldung möglich geworden waren. Mehrfach wurde die Angst vor einem kommunistischen Umsturz am Ende der Weimarer Republik als

Motiv für die mehr oder weniger überzeugte Hinwendung zur nationalsozialistischen Bewegung aufgeführt. Üblicherweise stimmten diese Leser der Erkenntnis zu, daß verschiedene Ärzte während des Krieges und in den Konzentrationslagern Verbrechen verübt haben, sprachen aber gleichzeitig die „Masse der Ärzte" von jeder Verantwortung frei oder verwiesen darauf, sie hätten von dem Unrecht „ja nicht einmal Kenntnis" gehabt. Wiederholt wiesen die Autoren auf die aufopferungsvolle Tätigkeit einzelner Ärzte der Zeit hin oder betonten, daß die „NS-Ideologie . . . in der praktischen Medizin wie auch in den Krankenhäusern und Lazaretten praktisch keine Rolle" gespielt habe.

Bezeichnenderweise wurde bei dieser Argumentation das Unrecht an den jüdischen Kollegen vollständig ausgeblendet. Denn hier zerbricht, wie vor allem R. Toellner in seinem Beitrag deutlich machte, die oft beschworene Grenzlinie zwischen den wenigen, wegen ihrer nachweisbaren Verbrechen zu verurteilenden NS-Ärzten und der Masse der guten ahnungslosen und aufopferungsvollen Kollegen. All die Entlassungen aus Krankenhäusern und Instituten, die Entfernungen aus den Vorständen der ärztlichen Gesellschaften und den Redaktionen der Fachzeitschriften waren öffentlich und unübersehbar. Kein Zeitzeuge, es sei denn, er hätte völlig außerhalb jedes ärztlich gesellschaftlichen Seins, ohne jede Lektüre und ohne jeden Kontakt zur Außenwelt gelebt, kann hier Ahnungslosigkeit reklamieren. Die Tatsache, daß gerade die Ausführungen Toellners und die Beiträge von Kümmel und Kröner, die sich mit der Ausschaltung und Vertreibung der jüdischen Ärzte befassen, besonders viele Abwehrreaktionen hervorriefen, weist darauf hin, daß hier Betroffenheiten vorliegen, die von den Briefautoren bis heute nicht anerkannt wurden. Denn die Entfernung der jüdischen Kollegen aus Beruf und Funktion konnte nur gelingen, weil sie nicht nur von NS-Ärzten aktiv betrieben, sondern auch von der Mehrheit der übrigen geduldet wurde. Das oben erwähnte Beispiel der Traunsteiner Ärzte, die sich weigerten, die Behandlung jüdischer Patienten abzulehnen, zeugt davon, daß NS-Maßnahmen nur schwer gegen den geschlossenen Widerstand der restlichen Ärzteschaft durchgesetzt werden konnten.

Andere Leser machten aus ihrer damaligen Affinität zum Nationalsozialismus keinen Hehl. Ein Arzt schrieb „dem Nationalsozialismus stand ich bis zum Kriegsende mangels Aufklärung wohlwollend gegenüber". Eine 82jährige Ärztin erläuterte, daß sie als Obergauärztin ihre Tätigkeit, die auch in Vorbeugeuntersuchungen und Sanitätslehrgängen bestanden habe, durchaus „gut fand". Zudem bezeichnete sie sich als von der „starken Faszination" Adolf Hitlers gefangen, was bis 1939 angehalten habe. Doch schloß sie sich keineswegs der apologetischen Haltung vieler anderer Briefeschreiber an, sondern bezeichnete ihr damaliges Verhalten als „naiv" und schloß ihren Brief mit dem Satz: „Wenn man sich an falsche Ursachen hält, sich also in etwas irrt, ist eine spätere Wiederholung umso mehr zu fürchten".

Im Unterschied zu diesen Schreiben, die die Verbrechen der NS-Medizin nicht zu verharmlosen trachteten, zeichnete sich die dritte Gruppe von Schreiben gerade durch letzteres aus. Hier kam es teilweise auch zu drastischen rassistischen und völkischen Aussagen. Die Tatsache, daß die Briefschreiber dieser Gruppe sich besonders energisch und besonders häufig zu Wort meldeten (von einem Arzt liegen uns acht Briefe mit weitgehend gleicher Argumentation vor), vermittelte den Eindruck, daß es diesen Ärzten nicht um eine inhaltliche Auseinandersetzung ging, sondern daß es sich hier um einen möglicherweise sogar koordinierten Versuch handelte, historische Tatsachen durch Gegenpropaganda und Diffamierungen abzuwehren. In einer Reihe von Zuschriften steigerte sich die Abwehr zur offenen Aggression gegen die Autoren, denen Unwissenschaftlichkeit, Geschichtsfälschung, Opportunismus, Demagogie vorgeworfen wurde. Begriffe wie „historisierender Dilettant", „postmortale Klugscheißer" „ideologisch verbogene Jungärzte", „Umerziehungsakrobatik", „kosmopolitische Entwurzelung" mögen einen Eindruck vom Stil der Auseinandersetzung vermitteln. Mit der pauschalen Unterstellung, die Autoren gehörten der Nachkriegsgeneration an, wurde ihnen die Fähigkeit, sich kompetent zur Medizin im Nationalsozialismus zu äußern und das Recht, über die damaligen Ereignisse zu urteilen, abgesprochen. Die Tatsache, daß ein Teil dieser Leserbriefschreiber selber der Nachkriegsgeneration angehörte und offenbar die Gelegenheit nutzte, in den Leserbriefspalten des Ärzteblatts offen antisemitische und neofaschistische Propaganda zu plazieren, erschreckte ebenso, wie der dreiste Versuch, durch Denunziation eines Medizinhistorikers beim Ministerium, dessen Entfernung als Hochschullehrer zu betreiben.

Die antisemitischen Auslassungen sollen hier keinen Platz finden. Lediglich auf einen mehrfach auftauchenden Abwehr- und Verdrängungsmechanismus soll kurz eingegangen werden. Einige Leser fühlten sich während ihrer Studienzeit Anfang der 30er Jahre dadurch benachteiligt, daß Hörsaalplätze von jüdischen Kommilitonen „usurpiert" worden seien. Dieses Motiv hat im Schrifttum der 30er Jahre Parallelen. So wurde 1933 in einer Kampagne gegen das medizinische Frauenstudium fast gleichlautend die „schlechte augenblickliche Behandlung der Ärztin" damit begründet, „daß die Studentinnen . . . die untersten Bänke in den Vorlesungen beanspruchten, diese den Kriegsbeschädigten nicht hatten reservieren wollen" (2). Entsprechend projizierten die Briefautoren ihren Unmut darüber, in einem überfüllten Hörsaal keinen Platz gefunden zu haben, auf eine abgelehnte Minderheit, die nach ihrer Meinung nicht dorthin gehörte. Aufgrund antisemitischer Vorurteile wurden hier Schuldzuweisungen betrieben, die dann apologetisch die Verfolgung und Vernichtung der Juden und den eigenen Rassismus verharmlosen sollten, da „die Juden durch ihr eigenes Verhalten auch zum Antisemitismus beigetragen" hätten. Mit dieser Argumentation werden aus Verfolgern Verfolgte und aus den Opfern die Schuldigen gemacht. Eine solche Haltung schließt eine inhaltliche Auseinandersetzung a priori aus.

Durch den Abdruck eines Teils dieser antisemitischen Zuschriften konzentrierte sich die Leserdiskussion auf die Zulässigkeit derartiger öffentlicher Meinungsäußerungen und auf die Widerlegung der in diesen Briefen aufgestellten Behauptungen und Unterstellungen. Dadurch wurden andere Aspekte nur am Rande thematisiert, die den eigentlichen Grund dafür bilden, daß Medizin im Nationalsozialismus auch noch für die Ärzte heute ein Thema sein muß. Dabei soll sich die Auseinandersetzung gerade nicht darin erschöpfen, einer fast schon ausgestorbenen Ärztegeneration mit der Überheblichkeit einer vermeintlich moralisch gefeiten Nachfolgegeneration Versagen vorzuwerfen. Vielmehr ging und geht es darum, Sensibilität für die Fallstricke ärztlichen Denkens und ärztlichen Selbstverständnisses zu wekken und damit auch eine Reflexion über unsere heutigen Werthaltungen und Betrachtungsweisen in Gang zu setzen.

Von der Kontinuität medizinischer Ideen und Werthaltungen

Einige Leserbriefschreiber meinten, das Thema Medizin im Nationalsozialismus sei inzwischen zum Überdruß abgehandelt worden und forderten, man solle endlich mit den „masochistischen Selbstbezichtigungen" aufhören. Doch die Medizin im Nationalsozialismus ist kein abgeschlossenes Kapitel unserer Standesgeschichte, das wir getrost Historikern überlassen können, um uns den vielen Gegenwartsproblemen und der Gestaltung der Zukunft zuzuwenden. Ganz abgesehen davon, daß der Respekt vor den Opfern der Zeit ein Erinnern gebietet und auch zukünftig gebieten wird, und daß wir Deutsche für den Umgang mit unserer Geschichte eine selbstverständliche Verantwortung tragen, stellt sich auch die Frage, wie denn die verantwortliche Gestaltung unserer Gegenwart und Zukunft ohne die Einbeziehung der Vergangenheit gelingen könnte. Denn „Medizin im Nationalsozialismus" war auch der Versuch einer Antwort auf Probleme der modernen Medizin und Gesellschaft, und diese Probleme sind nicht dadurch verschwunden, daß die Lösungsmethoden der NS-Zeit heute, hoffentlich für immer, diskreditiert sind. Auch waren die Exzesse der NS-Medizin nicht das Resultat von außen auf die Medizin oktroyierter Ideen. Vielmehr war die Möglichkeit zu dieser Entwicklung der Medizin selbst immanent.

Ohne, wie einige Reaktionen auf die Ausführungen G. Manns und G. Baaders unterstellten, die naturwissenschaftliche Medizin pauschal diskreditieren zu wollen, muß doch festgehalten werden: Die NS-Medizin war Teil eines auf den Erkenntnissen der Wissenschaft aufbauenden medizinischen Weltbildes, das bereits vor 1933 bestand und später keiner kritischen Analyse unterworfen wurde. Nur als spezifisch nationalsozialistisch empfundene Äußerungen verschwanden nach 1945 aus den Lehrbüchern. Was bereits vor 1933 geschrieben und geglaubt wurde, erschien den Autoren unverdächtig, zumal vieles nicht nur von deutschen oder gar nationalsozialistischen Ärzten oder Wissenschaftlern vertreten worden war (3).

Viele der auch damals tief verstrickten Wissenschaftler lehrten nach 1945 bis zu ihrer Emiritierung weiterhin an deutschen Universitäten in Ost und West (4). Die Ergebnisse verbrecherischer Menschenversuche wurden in den Fundus wissenschaftlicher Erkenntnisse stillschweigend integriert (5) und abwertende Urteile über „minderwertige" Kranke weiterhin fortgeschrieben (6). Die Untaten der NS-Medizin wurde erklärt aus dem Versagen „einzelner entarteter Glieder unseres Standes" (7).

Mit erschreckendem Mangel an Unrechtsbewußtsein begutachteten viele Ärzte der Nachkriegszeit die überlebenden Opfer der NS-Medizin – Zwangssterilisierte, ehemalige KZ-Häftlinge, Verwandte von Euthanasieopfern – und es muß gefragt werden, ob die Ärzte in ihrer fehlenden Selbstkritik diesen Menschen überhaupt mit angemessenem Verständnis begegnen konnten (8).

Im Vorwort zur 2. Auflage der Dokumentation „Medizin ohne Menschlichkeit" (1960) schrieb Alexander Mitscherlich zur Frage der Verantwortung der deutschen

Ärzteschaft: „Dreihundertfünfzig waren unmittelbare Verbrecher – aber es war ein Apparat da, der sie in die Chance brachte, sich zu verwandeln . . . Was aber ist der Apparat? Solange wir nicht diese Frage aufrichtig beantworten . . . solange wir uns nicht vergegenwärtigen, wie weit wir selbst „Apparat" waren, haben wir nichts, überhaupt nichts getan, um den Toten dieser furchtbaren Zeit jenen Respekt und jene Aufmerksamkeit zu erweisen, die allein die Brutalität, mit der sie überwältigt wurden, für die Zukunft entkräften kann" (9).

Diese Sätze haben auch für die heutige Ärztegeneration nichts an Aktualität verloren. Es gilt zu fragen, ob jene Grundhaltungen und -ideen, die damals so viele in ihrer Berufsehre unbescholtene und von ihrem ärztlichen Auftrag überzeugte Ärzte zum Teil des „Apparates" werden ließen, nicht auch noch unsere heutigen Vorstellungen und Betrachtungsweisen prägen, beziehungsweise ob wir sie nicht, durch die Beschäftigung mit der Vergangenheit sensibilisiert, in dieser oder jener Variation auch in unseren eigenen persönlichen Gedanken erkennen können.

Es gilt auch zu klären, was heutzutage den „Apparat" und seine Mechanismen ausmacht. In diesem Zusammenhang stellten auch mehrere Leser die Frage, ob in der heutigen Handhabung des Schwangerschaftsabbruchs nicht ein den NS-Verbrechen ebenbürtiges Vergehen der Ärzte zu sehen sei. Es ist hier nicht der Ort, die unzweifelhaft vorhandenen ethischen Probleme beim Schwangerschaftsabbruch zu diskutieren. Doch die Frage, inwieweit hier möglicherweise alte Fehlhaltungen perpetuiert werden, sollte kurz erörtert werden. Tatsächlich wurde durch Ergänzung des „Gesetzes zur Verhütung erbkranken Nachwuchses" 1935 der Schwangerschaftsabbruch aus eugenischen oder medizinischen Gründen erstmals legalisiert. Bei zur Sterilisation vorgesehenen Frauen konnte bis zum 6. Monat eine Abtreibung durchgeführt werden. Die Zahl der Abbrüche aus eugenischer Indikation wird auf etwa 30 000 geschätzt. Für die Genehmigung eines Abbruchs nach medizinischer Indikation wurde eine Gutachterstelle bei der Reichsärztekammer eingerichtet, die sehr rigide verfuhr. Ab 1943 wurde bei polnischen Zwangsarbeiterinnen die Abtreibung gestattet, sofern kein „rassisch hochwertiges" Kind zu erwarten war. Zugleich wurde die Strafe für illegale Abtreibungen verschärft, aktive Abtreibung konnte als „Volksverrat" mit dem Tode bestraft werden (10).

Diese Haltung in der Abtreibungsfrage läßt sich auch heute noch in den Zuschriften einiger Leser des Ärzteblatts finden, die die Zwangssterilisation im Nationalsozialismus und Abtreibungen aus eugenischen Gründen durchaus billigen, aber die heutige Praxis der sozialen Indikation als „Massenmord" verurteilen. Dieser scheinbare Widerspruch erklärt sich daraus, daß es in der heutigen Diskussion der sozialen Indikation um die Frage geht, inwieweit der betroffenen Schwangeren das Recht zugestanden werden darf, sich gegen das Austragen eines Kindes zu entscheiden. Im Nationalsozialismus wurde diese Entscheidungsfreiheit grundsätzlich abgelehnt. Vielmehr wurde die Zulässigkeit von Abtreibung gerade nicht im Hinblick auf das Schicksal einzelner Schwangerer, sondern mit Rücksicht auf den vermeintlichen Nutzen oder Schaden für Volk und Rasse beurteilt. Daß dieses Kriterium heute offiziell keine Rolle mehr spielt, bedeutet natürlich nicht den Wegfall anderer ethischer Bedenken. Aber die Abwägung von „lebenswert" oder „lebensunwert" ist in der Diskussion um die Legalisierung des Schwangerschaftsabbruchs nicht mehr Gegenstand des ethischen Diskurses. Bei der Diskussion um die eugenische Indikation, die in den letzten Jahren wieder aufgelebt ist, werden dagegen durchaus Denkansätze sichtbar, die in der Vergangenheit zu gefährlichem Mißbrauch geführt haben, wie z. B. die Utopie einer biologisch machbaren leidensfreien Gesellschaft, die Diskussion um Lebenswertkriterien oder die Frage der volkswirtschaftlichen Kosten behindert geborener Menschen.

Aktuelle Probleme der ärztlichen Ethik

Die „Medizin ohne Menschlichkeit" war nicht das Produkt einzelner Ideen, sondern entstand aus einem Ineinandergreifen von Theorien, Interpretationen, Vorurteilen, Ängsten, von institutionellen und gesellschaftlichen Bedingungen und Bestrebungen, die in einer spezifischen historischen Situation zusammentrafen.

Dieses komplexe Ursachen-Wirkungs-Gefüge ist heute erst in Ansätzen aufgeklärt, doch treten einzelne Elemente mit besonderer Deutlichkeit hervor und verdienen auch darum unsere Aufmerksamkeit, da sie teils in ursprünglicher, teils in variierter Form auch in gegenwärtigen Erörterungen und Stellungnahmen eine Rolle spielen. Aus diesem Komplex sollen im folgenden einige Aspekte angesprochen werden.

Zweifellos wurde die Entwicklung der Medizin im Nationalsozialismus auch durch die allgemein verbreitete Auffassung ermöglicht, daß gesellschaftliche und soziale Fragen auf biologische Kategorien reduziert und durch biologisch-medizinische Maßnahmen reguliert werden könnten. Obwohl Rassenhygiene und Eugenik in ihrer damaligen Form heute obsolet geworden sind, sollte gefragt werden, ob unsere Haltung gegenüber Minderheiten oder der heutige Umgang mit gesellschaftlich unangepaßten oder die Gesellschaft „belastenden" Menschen nicht ebenfalls biologistische Züge trägt, die besonders dann zum Tragen kommen, wenn die sozialpolitischen, auf Integration und Einpassung gerichteten Maßnahmen keinen Erfolg im Sinne der Administration und der „Sozialbehörden" zeigen.

Klaus Dörner hat die wachsende Zahl „industriell unbrauchbar gewordener" Menschen eindringlich beschrieben und eine Perspektive für die künftige Entwicklung der Industriegesellschaft entworfen, in der einem Drittel der „noch industriell brauchbaren Volksgemeinschaft" zwei Drittel „Gemeinschaftsfremde" gegenüberstehen. Bei diesen zwei Dritteln seien alle pädagogischen und Qualifizierungsmaßnahmen ausgeschöpft, jedoch eine volle Eingliederung in den Arbeitsprozeß aus verschiedensten Gründen (zu wenig flexibel, zu wenig kommunikationsfähig, „überaltert", behindert) nicht möglich, so daß schließlich auch das Arbeiten selbst als Beeinflussungsmittel ausscheide, da die Betroffenen im Arbeitsprozeß nur stören würden. Die sich in diesem Problem zeigende „soziale Frage" werde dann – wenn alle pädagogischen, sozialen und administrativen Mittel zu ihrer Lösung ohne Erfolg ausgeschöpft sind – zur „medizinischen Frage" und das – so Dörner – hieß immer schon zur Frage auf Leben und Tod (11).

Die Diskussion über Tod und Töten hat tatsächlich in den letzten Jahren stark zugenommen und wird in verschiedenen gesellschaftlichen Gruppen mit verschiedenen Stoßrichtungen geführt. In der medialen Öffentlichkeit weit verbreitet sind die

Forderungen nach einem „Menschenrecht auf Leidensfreiheit" und die davon abgeleiteten Bestrebungen, die aktive Sterbehilfe, also die Tötung auf Verlangen, zu legalisieren. Im mehr wissenschaftlich-medizinischen Bereich ist seit einigen Jahren ein Diskurs in Gang gesetzt worden, der in Anlehnung an utilitaristische Vorstellungen eine „wissenschaftlich-rationale" Ethik zum Gegenstand hat. Diese will die Frage der „Personalität" von Embryonen und „behinderten" Menschen klären, indem sie Kategorien zur „objektiven" Erfassung personaler Individualität zu entwikkeln versucht, die eine Entscheidung zur Tötung erleichtern helfen sollen (12). Daß hierbei auf die hohe Akzeptanz „wissenschaftlicher Objektivität" spekuliert wird, darf nicht darüber hinwegtäuschen, wie unter der Hand Urteile über den „Wert" oder „Unwert" menschlichen Lebens in diese Diskussion einfließen, die eher von den Interessen derjenigen geprägt sind, die diesen Diskurs forcieren als von denjenigen Personen, die dieser Bewertung unterzogen werden sollen. Die auf diese Weise entwickelten Wertmaßstäbe können selbstverständlich nicht aus wissenschatlichen Tatsachen abgeleitet werden, sondern sind Ausfluß wie auch immer entstandener sozialethischer Normen, die zwar in einen wissenschaftsbezogenen Kontext gestellt werden, jedoch eine sozialpolitische Brisanz großen Ausmaßes enthalten.

In diesem Zusammenhang muß auch auf die Versuchung hingewiesen werden, die Interessen des Individuums zugunsten eines höherwertig aufgefaßten Gemeinwohls einzuschränken. In der Zeit des Nationalsozialismus wurde der induvidualethische Aspekt der Arzt-Patient-Beziehung grob vernachlässigt zugunsten einer offen propagierten Gemeinschaftsethik. Die Interessen des Einzelnen, seine körperliche Unversehrtheit und sogar sein Leben wurden rücksichtslos zum angeblich höheren Wohle der Volksgemeinschaft, der Rasse und der Nation geopfert. Zwar werden heutige Ärzte wohl kaum noch den Kollegen beipflichten, die in Leserzuschriften eine Rückkehr zum NS-Prinzip „Gemeinnutz geht vor Eigennutz" postulierten. Die Frage, inwieweit zum Schutz der Allgemeinheit, für den Fortschritt der Menschheit oder den Fortschritt der medizinischen Wissenschaft individuelle Rechte und Interessen von Arzt und Patient eingeschränkt werden dürfen, ist aber auch heute noch aktuell.

Schließlich sei noch vor der trügerischen Sicherheit gewarnt, die eine gesetzliche Regelung ethischer Probleme mit sich bringen kann. Auch durch Legalität bewirkte Sicherheit kann Bestandteil eines Verbrechen begünstigenden „Apparats" sein. Es darf nicht geschehen, daß sich durch die Legalisierung etwa der Zwangssterilisation oder durch eine administrativ perfektionierte Begutachtungspraxis die Frage erübrigt, ob denn diese Verfahren überhaupt legitim und ethisch vertretbar sind. Führt nicht der häufig von Ärzten geäußerte Wunsch nach präziseren gesetzlichen Bestimmungen auch zu einer Ausklammerung ethischer Verantwortlichkeiten? Auch die Rolle von Ethikkommissionen kann hier bedenklich sein, wenn sie nicht dazu beiträgt, das Gewissen des einzelnen zu schärfen, sondern dazu führt, daß die ethischen Probleme quasi arbeitsteilig aus dem Forschungs- und Klinikalltag ausgeschieden und einer kleinen Gruppe von Experten überantwortet werden.

Im Rahmen der personalethischen Entscheidung, die letztlich von jedem einzelnen geleistet werden muß, kann auf die Erfahrungen der damaligen Zeit nicht verzichtet werden. Darum muß weiter geforscht werden, um aus der Sammlung zahlloser Details die Gesamtheit der Entwicklung besser zu begreifen.

Darum wird und muß Medizin im Nationalsozialismus auch weiterhin ein Thema für Ärzte bleiben, nicht nur in Deutschland. Nicht die „Gnade der späten Geburt" und nicht die „Gnade des Verzeihens" kann uns von der Verantwortung befreien, aus den schrecklichen Fehlern der Vergangenheit für die Gegenwart und Zukunft zu lernen.

Anmerkungen:

1) Im folgenden werden einige Kernaussagen aus teils veröffentlichten, teils unveröffentlichten Briefen in stark verkürzter Form zusammengefaßt. Deshalb wird hier darauf verzichtet, einzelne Leserbriefe namentlich aufzuführen, da sie z. T. mehrere Elemente enthalten und im individuellen Kontext und Argumentationsstil vielfach differieren.
Die Mehrzahl der gedruckten Leserbriefe erschien im Deutschen Ärzteblatt zwischen Juni (= Heft 22) 1988 und November (= Heft 44) 1989.

2) Zitiert nach „Die Ärztin. Monatsschrift des Bundes Deutscher Ärztinnen" 9 (1933) 156. Der Anteil von Frauen an der Medizinstudentenschaft war allerdings Ende der 1920er Jahre von 5% auf 28% gestiegen und lag somit um ein vielfaches höher als der der jüdischen Studenten.

3 Vgl. z. B. das Kapitel „Konzeption, Sterilität und Sterilisierung", in W. STÖCKEL: Lehrbuch der Gynäkologie, 10. Aufl. Leipzig 1943, S. 646–686, insbes. 676/677 mit der 11. Aufl. 1947, S. 659–700, insbes. 691.

4) Als weithin bekannte Beispiele seien hier nur der Pädiater Werner Catel in Kiel und der Anatom Hermann Voss in Leipzig genannt. Vgl. E. KLEE: Was sie taten – Was sie wurden. Frankfurt/M. 1986, S. 139–143; Das Posener Tagebuch des Anatomen Hermann Voss. Erläutert von G. Aly. In: Biedermann und Schreibtischtäter (= Beiträge zur nationalsozialistischen Gesundheits- und Sozialpolitik. Bd. 4) Berlin 1987, S. 15–66.

5) Vgl. z. B. B. LEYENDECKER, B. F. KLAPP: Die deutsche Hepatitisforschung im Zweiten Weltkrieg. In: CHR. PROSS, G. ALY (Hrsg.): Der Wert des Menschen. Medizin in Deutschland 1918–1945. Hrsg. von der Ärztekammer Berlin. Berlin 1989, S. 261–293.

6) Vgl. z. B. G. KLOOS: Grundriß der Psychiatrie und Neurologie. München 1962, S. 426–435.

7) A. MITSCHERLICH, F. MIELKE: Wissenschaft ohne Menschlichkeit. Medizinische und eugenische Irrwege unter Diktatur, Bürokratie und Krieg. Heidelberg 1949. Vorwort der Westdeutschen Ärztekammern S. VIII.

8) Vgl. CHR. PROSS: Wiedergutmachung. Der Kleinkrieg gegen die Opfer. Frankfurt/M. 1988.

9) A. MITSCHERLICH, F. MIELKE: Medizin ohne Menschlichkeit. Dokumente des Nürnberger Ärzteprozesses. Stuttgart 1960, S. 13.

10) Vgl. H.-W. SCHMUHL: Rassenhygiene, Nationalsozialismus, Euthanasie. Von der Verhütung zur Vernichtung „lebensunwerten Lebens" 1890–1945. (= Kritische Studien zur Geschichtswissenschaft. Hg. H. BERDING J. KOCKA, H. U. WEHLER, Bd. 75) Göttingen 1987, S. 161–164; G. BOCK: Zwangssterilisation im Nationalsozialismus. Studien zur Rassen- und Frauenpolitik. (= Schriften des Zentralinstituts für sozialwissenschaftliche Forschung der FU Berlin, Bd. 48) Opladen 1986, S. 96–103, 158–164.

11) Vgl. K. DÖRNER: Zur Professionalisierung der „Sozialen Frage". In: T. BASTIAN (Hrsg.): Denken-Schreiben-Töten. Zur neuen „Euthanasie". Diskussion und zur Philosophie Peter Singers (= Edition Universitas) Stuttgart 1990, S. 23–35, hier S. 32.

12) Diese Diskussion ist besonders von P. SINGER und H. KUHSE initiiert worden. Zu Singer vgl. T. KOCH: Das unbedingte Lebensrecht eines jeden Menschen. Eine Kritik von Peter Singers „Praktische Ethik". In: Ethik in der Medizin 2 (1990) S. 118–128; K. L. ROST: „Schöne neue Welt"? Zur utilitaristischen Funktionalisierung des Lebens und ihrer ethischen Legitimierung durch Peter Singer. In: T. BASTIAN (wie Anm. 11) S. 37–62; T. BASTIAN u. K. L. ROST: Leben und sterben lassen. Zur Kritik der utilitaristischen Ethik Peter Singers. In: ebd. S. 63–81. Siehe auch H. KUHSE: Warum eine Diskussion der aktiven und passiven Euthanasie auch in Deutschland unvermeidlich ist. Dtsch. Ärztebl. 87 (1990) Heft 16, und die Reaktionen darauf ebd. Heft 37 u. 38.

Bilanz und Ausblick

Fridolf Kudlien

Seit 1980 ist ein später „Boom" an Veröffentlichungen und Veranstaltungen zum Thema „Medizin im Nationalsozialismus" zu verzeichnen; sie nahmen an Zahl in den jüngst vergangenen Jahren sogar noch zu. Es bleibt abzuwarten, ob das Interesse anhält oder – wie es zur Zeit scheint – von den Ereignissen um die deutsche Einheit überschattet wird.

Waren es zunächst Veröffentlichungen, die sich vorwiegend an Fachkreise und kleinere interessierte Gruppen richteten, so kamen zunehmend häufiger auch solche hinzu, die sich an die Ärzteschaft insgesamt oder gar die allgemeine Öffentlichkeit wandten.

Ein Beispiel dafür war eine Artikelserie 1988/89 im Deutschen Ärzteblatt, auf der das vorliegende Buch letztlich basiert. Auf diese Weise wurde eine Vielzahl von Ärzten und auch mancher Medizinstudent, so unmittelbar wie sonst kaum in gedruckter Form, angesprochen.

Solche Veröffentlichungen, die sich an ein breiteres Publikum wenden, tragen hoffentlich dazu bei, kritisches Nachdenken beim Leser zu stimulieren, im Idealfall gar zu einem Umdenken. Eine solche Wirkung läßt sich freilich kaum messen. Leserbriefe zu Veröffentlichungen sind nicht unbedingt repräsentativ für das Meinungsbild innerhalb der Ärzteschaft insgesamt. So unterscheidet sich zum Beispiel das Leserecho, wie es in den Leserbriefen, die im Deutschen Ärzteblatt veröffentlicht wurden (und die in einem Beitrag dieses Buches analysiert werden), merklich von dem, das einzelne Autoren oder auch ich mit meinem Buch „Ärzte im Nationalsozialismus" erlebt haben. Eine objektive Wertung dessen, was die Vielzahl von Veröffentlichungen zum Thema an Umdenken erreicht hat, steht somit weiterhin aus.

Fortschritte der Forschung

Die Erforschung der Medizin im Nationalsozialismus hat gerade in jüngerer Zeit Fortschritte gemacht, wenn wir auch noch weit davon entfernt sind, ein einigermaßen vollständiges Bild der Verhältnisse zu zeichnen. Auch dieses Buch zeugt von Fortschritten. Einige Themen, die zum Abschluß der Artikelserie noch als fehlend und unerforscht aufgelistet werden mußten, sind angegangen worden, so etwa die Frage der ärztlichen Ausbildung zur Zeit des Nationalsozialismus. Auch das Problem des medizinischen Alltags im NS-Regime wird ansatzweise behandelt, erwähnenswert auch die standespolitische Facette, die mit dem Aufsatz über den Ärztinnenbund geboten wird.

Diese Buch deckt somit gegenüber der 1. Auflage einige weitere Bereiche ab;

dennoch: Vieles ist noch nicht in Angriff genommen, ja, womöglich noch nicht einmal als Thema erkannt. Einzig über die kriminelle Seite der Medizin im Dritten Reich ist viel geschrieben und geredet worden, und sie nimmt, trotz einiger Ergänzungen, auch in der vorliegenden Veröffentlichung einen dominanten Platz ein.

Ich möchte da nun keineswegs mißverstanden werden: Die von deutschen Ärzten im sogenannten Dritten Reich begangenen Verbrechen dürfen niemals vergessen werden – und es darf nie vergessen oder verschleiert werden, daß weit über die sehr kleine Zahl sogenannter „killer-physicians" hinaus allzu viele deutsche Ärzte dem NS-Regime kritik- oder bedenkenlos, als „willfährige Diener des Staates" (Bert Brecht), gedient haben, wobei das traditionelle Leitbild vom „unpolitischen" Arzt seine eigene, letztlich unheilvolle Rolle spielte. Auch die Ausschaltung so vieler „rassisch" oder politisch mißliebiger Ärzte bleibt ein schmachvolles, immer wieder in Erinnerung zu rufendes Faktum.

Nicht zu vergessen: der medizinische Alltag

Aber neben all dem gab es ja doch auch zwischen 1933 und 1945 einen medizinischen „Alltag" in Deutschland, und es muß gefragt werden, wie er aussah und unter welchen Bedingungen er stattfand. Es gab auch ein Nicht-Mitmachen, Versuche eines Sich-Entziehens bei deutschen Ärzten damals. Das kam zwar keineswegs immer einem regelrechten „Widerstand" gleich (den gab es auch, nur leider viel zu wenig), hat aber gleichwohl ebenfalls ein Recht darauf, nicht vergessen zu werden. Im übrigen sollte man in solchem Zusammenhang nicht immer nur von Ärzten sprechen: Auch deutsche Krankenschwestern haben damals, einerseits, Übles getan, beispielsweise Patienten und nichtnazistische Kolleginnen oder Ärzte denunziert; andererseits konnten sie aber auch, ebenso wie die entsprechenden Ärzte, die „unsichtbare Flagge" (Peter Bamm) der Menschlichkeit hochhalten helfen.

So sei mir denn, unter dem im Titel benutzten Stichwort „Ausblick", gestattet, aus meiner Kenntnis des Themas, meinen Erwägungen dazu einige wenige Hinweise auf das zu geben, was noch geleistet werden müßte, um zu einem einigermaßen adäquaten Gesamtbild der „Medizin im Nationalsozialismus" zu gelangen. Zum Problem des medizinischen „Alltags" im NS-Regime, der „Normalität" auf diesem Sektor, also der ärztlichen Regelversorgung der nicht von vornherein „victimisierten" sogenannten Volksgenossen liegen neben der in diesem Band veröffentlichten Fallstudie von Knödler inzwischen einige Veröffentlichungen vor (z. B. in Frei 1991). Doch steht die Forschung hier immer noch in den Anfängen. Die erst vor einigen Jahren vollständig veröffentlichten Lageberichte der emigrierten SPD-Führung beziehungsweise ihrer Kontaktleute im Reich, zusammen mit den gleichfalls erst kürzlich vollständig veröffentlichten geheimen Lageberichten der Spezialisten vom „Sicherheitsdienst" (SD) der SS, geben dafür ein wertvolles, bisher nicht ausreichend genutztes Quellenmaterial ab. Hinzu kommen, neben „oral history", veröffentlichte oder unveröffentlichte Erinnerungen (Tagebücher, Briefe) von Ärzten und Krankenschwestern, gegebenenfalls auch von Nichtmedizinern. Die Suche nach solchen Zeitzeugen und Zeugnissen führt bisweilen zu Enttäuschungen, kann aber auch Wertvolles erbringen.

Hochschulen: Lücken in der Forschung

Die oft sehr differnzierte Situation in den damaligen deutschen medizinischen Fakultäten wird in dieser 2. Auflage ausführlicher angegangen. Zudem liegen weitere Veröffentlichungen zu Ausbildungsfragen sowie einige Studien über einzelne Medizinische Fakultäten vor. Aber vieles fehlt noch, so etwa auch die besondere Lage an den beiden „Reichsuniversitäten" Posen und Straßburg; eine ausführliche Studie von mir darüber, die sich vor allem gegenüber jüngsten polnischen Veröffentlichungen über Posen um mehr Differenzierung bemüht, wird vielleicht einmal erscheinen.

Die Berufungspolitik im Dritten Reich ist inzwischen von van den Bussche (1989) am Beispiel Hamburgs erstmals dargestellt worden. Doch gilt weiterhin: Dieses Gebiet ist bisher weder generell für alle Fakultäten der damaligen deutschen Universitäten noch speziell für den Bereich der Medizin-Professoren gründlich erforscht. Reichserziehungsministerium, NS-Dozentenbund, Partei und SS hatten hier oft konkurrierende Interessen und Einflußmöglichkeiten. Einige Professoren wie der Anatom Clara oder der Psychiater de Crinis (neben anderen) spielten da die Rolle von grauen Eminenzen.

Akten ebensowie andere Quellen zu diesem Thema sind vorhanden. Auch hier würde eine gründliche Untersuchung sicher ein recht differenziertes Bild rekonstruieren helfen.

Wie weit wurde die Rassenlehre tatsächlich akzeptiert?

Die Frage nach der tatsächlichen Akzeptanz eines Kernstücks der NS-Ideologie der Rassenlehre in der deutschen Bevölkerung bedarf nach generelleren neuen Veröffentlichungen (ich nenne etwa die von Kulka oder Gellately) einer spezieller auf medizinische Aspekte ausgerichteten Untersuchung. Hier wäre etwa das damalige Verhältnis „arischer" Patienten zu ihren angestammten jüdischen Hausärzten (oder „arischer" Ärzte zu jüdischen Patienten) jenseits des Bereichs der NS-spezifischen Gesetze und Verordnungen zu erforschen.

Aber man sollte sich dabei nicht nur auf jüdische Mitbürger konzentrieren: Auch das Verhältnis von Deutschen zu den offiziell als „Untermenschen" erklärten Russen und Polen wäre genauer von der damaligen Lebenswirklichkeit her, soweit sich diese noch erfassen läßt, in den Blick zu nehmen. Rolf Hochhuth hat sich des Themas in „Eine Liebe in Deutschland" angenommen. Gerade Ärzte und Krankenschwestern spielten hier eine besondere Rolle. Neben verabscheuenswürdigem Verhalten fanatischer Nationalsozialisten (oder traditioneller deutscher „Polaken"-Hasser) gab es bezeugte Beispiele für Positives. Eine mir bekannte Krankenschwester berichtet in ihren unveröffentlichten Erinnerungen über den Rußlandkrieg davon. Nach anderen relevanten Zeugnissen wäre zu suchen.

Emigrationsverhalten

Zur Emigration von Ärzten sind in den letzten Jahren mehrere größere Forschungsprojekte durch die Stiftung Volkswagenwerk, die Deutsche Forschungsgemeinschaft und die West-Berliner Akademie der Wissenschaften gefördert worden, die sich sowohl mit dem Emigrationsverhalten, wie auch mit der Situation der Flüchtlinge in den verschiedenen Aufnahmeländern befassen. Hier wird, so ist zu hoffen, der Grundstein gelegt für weitere Interpretationsmöglichkeiten, als der Beitrag von Kröner im vorliegenden Buch vermitteln kann. Denn neben der Notwendigkeit, den Ablauf und das Ausmaß der Emigration und das weitere Schicksal der Emigranten zu erfassen, wäre auch das Emigrationsverhalten, genauer gesagt, die Frage, warum so viele gerade der jüdisch-deutschen Betroffenen sich erst sehr spät zur Emigration entschlossen, möglichst präzis zu erörtern. Da spielte nicht nur die Angst vor Ungesichertheit im fremden Land und vor der fremden Sprache mit: Zumindest einige der Betroffenen, ja von Anfang an offiziell „Victimisierten" erkannten offenbar den Ernst der Situation erst sehr, manchmal zu, spät. Warum?

In diesem Zusammenhang könnte eine Dissertation von Schafft-Kulas (Mainz 1985) Hilfe leisten, die auf Anregung des bekannten Soziologen Helmut Schoeck entstanden ist, und die das Emigrationsverhalten anhand von etwa 400 autobiographischen Aufzeichnungen untersucht. Da kam auch unter Umständen das oben schon angesprochene Verhältnis „arischer" deutscher Patienten zu ihren vertrauten deutschjüdischen Hausärzten mit ins Spiel: Ich erinnere mich, daß meine politisch ganz naive Mutter 1938 in Berlin unseren jüdischen Kinderarzt fragte: „Ach, Herr Doktor, müssen Sie denn unbedingt weggehen? Können Sie nicht hierbleiben?". Das ist ein kleines Beispiel für eine einmal vorhanden gewesene, gerade auch im Bereich des Patient-Arzt-Verhältnisses nicht untypisch gewesene deutsch-jüdische Symbiose. „Das alles gab es einmal" (so der melancholische Titel der Erinnerungen des emigrierten Schriftstellers Max Krell). Ein eindrucksvolles Dokument aus der Sicht einer betroffenen Ärztin ist das von W. Benz edierte Tagebuch der Hertha Nathorff.

Verbrechen . . .

Zu den Verbrechen: Hier standen bisher die SS-Ärzte und die Konzentrationslager als Tatorte medizinischer Verbrechen zu ausschließlich im Vordergrund, ebenso das, was mit dem Stichwort „Euthanasie" abgedeckt ist. Demgegenüber muß mit kritischer Ehrlichkeit auch nach dem Verhalten von Wehrmachtsärzten im Zweiten Weltkrieg, vor allem in Rußland, gefragt werden.

Hier gab es neben anständigem, hippokratischer Ethik entsprechendem Verhalten unzweifelhaft bezeugte Fälle von Verbrechen gegen die Menschlichkeit (Experimente an Kriegsgefangenen; Tötung kranker Kriegsgefangener, insbesondere jüdisch-russischer; Aussonderung jüdisch-russischer Kriegsgefangener mit Hilfe von Wehrmachtsärzten zum Zwecke der Liquidierung). Wesentlich dabei ist, daß die betreffenden Wehrmachtsärzte bei der Ausführung derartiger Verbrechen mit der SS, insbesondere mit den berüchtigten „Einsatzgruppen", zusammenarbeiteten.

Solche Zusammenarbeit ist von ehemaligen Wehrmachtsangehörigen nach dem Ende des Dritten Reiches immer wieder pauschal abgestritten worden. Dies war eine bewußte Falschdarstellung; die (noch einer umfassenden historischen Darstellung harrenden) Verbrechen der Wehrmachtsärzte sind einer der Beweise gegen sie. Erste Anzeichen für ein Umdenken in der Historiographie der Militärmedizin und Ansätze einer kritischen Aufarbeitung finden sich in dem 1990 von Guth herausgegebenen Aufsatzband über das Sanitätswesen im Zweiten Weltkrieg.

... und Widerstand

Der Widerstand deutscher Ärzte in allen seinen Formen (vom regelrechten, politischen Widerstand bis hin zur Verweigerung in Einzelbereichen, zum unpolitischen Sich-Entziehen, zur ebenfalls unpolitischen rein humanitären Hilfe für Verfolgte oder Gefährdete) ist mehrfach behandelt worden, zuerst von G. Bittner 1961 (im Deutschen Ärzteblatt). Er fehlte als Thema schon in der mehrfach erwähnten Artikelserie und fehlt auch in diesem Buch. Nach den beiden neuesten umfangreichen, von dem Passauer Politik-Wissenschaftler Peter Steinbach angeregten und organisierten Büchern über die Fülle der Aspekte und Probleme des deutschen Widerstandes ist, so scheint es mir, auch für den Spezialfall der Ärzte noch keineswegs das letzte Wort gesprochen, wäre auch hier noch manches zu ergänzen und neu zu erwägen.

Zu den „ideologischen" Vorbedingungen und Wurzeln: Der sogenannte „Biologismus" ist durch den Beitrag von Mann zu Worte gekommen. Es fehlt hier jedoch – und fehlt bisher überhaupt – eine eindringende Untersuchung der Rolle des traditionellen Leitbildes, man kann sagen: der Ideologie vom „Unpolitisch" – Sein des Arzttums. Dieses Leitbild mag durchaus nicht nur Attraktivität, sondern auch einige Legitimation besitzen. Aber seine Gefährlichkeit ist (wie oben angedeutet) nach allen geschichtlichen Erfahrungen heutzutage wirklich nicht mehr zu leugnen. Daß die ursprünglich für die 2. Auflage dieses Buches vorgesehene Studie zur Standespolitik und zur Rolle ärztlicher Organisationen zwischen 1933 und 1945 nicht zustande kam, ist ein weiteres Desiderat, zumal eine unbefangene Darstellung dieses Komplexes über erste Ansätze bislang nicht hinausgekommen ist.

Des weiteren sollte man auch versuchen, Patienten-Erfahrungen aus dem „Dritten Reich" in genügender Breite, soweit das noch möglich ist, zu sammeln und interpretierend auszuwerten. Und zwar sollten dies nicht nur die Erfahrungen von Opfern einer unmenschlichen Medizin – also etwa von Zwangssterilisierten – sein, sondern eben auch von denjenigen, die Gutes oder jedenfalls „Normales" von damaligen Ärzten, in damaligen Krankenhäusern erfahren haben. Besonderes Interesse würden dabei die chronisch Kranken, also dauerhaft funktionsgeschwächte Menschen, verdienen (beispielsweise Fälle von schwerem Rheuma, schwerem Diabetes): Nach den rigiden Vorstellungen und Forderungen jenes „totalen" Staates und der rigidesten Form von NS-„Alltags"-Medizin, der sogenannten „Neuen Deutschen Heilkunde", hätten solche Kranken ja eigentlich, zumal in Kriegszeiten, gar keine ärztliche Behandlung verdient gehabt („Gesundheit ist Pflicht, Kranksein ist Pflichtvergessenheit"). Wie sah es in der damaligen Lebenswirklichkeit mit ihnen aus?

Schließlich wäre all das, was in heutiger Sicht „modern" an der Medizin im Nationalsozialismus wirken kann, genau zu durchleuchten. Als Beispiele seien der Appell für schlackenreiche Ernährung (damals etwa unter dem Stichwort „Vollkornbrotfrage" diskutiert) und die Attacken gegen Alkohol und Nikotin genannt. Was der US-Autor R. N. Proctor in seinem Buch über Medizin im Nationalsozialismus (1988) dazu zu sagen hat, bedarf der interpretatorischen Vertiefung: Wie war es im „Dritten Reich" mit Reklame für Spirituosen und Rauchwaren? Wieweit war der Vollkornbrot-Appell von ärztlichen, wieweit war er von wirtschaftlichen Gesichtspunkten bestimmt? Wie groß war die Zahl der durch Alkohol- und Nikotinkonsum oder durch ungesunde Ernährung hervorgerufenen oder geförderten Krankheitsfälle wirklich, das heißt, wieweit ist entsprechenden Veröffentlichungen zu trauen (waren sie immer tendenzfrei?)?

„Differenzieren" heißt nicht „verharmlosen"

Das Stichwort „Differenzierung" leitete immer wieder unsere Hinweise. Selbst ein „totaler" Staat schafft es erfahrungsgemäß nie, ein vollkommen einfarbiges, monolithisches Gebilde zu werden (wie ja auch die Entwicklung der sozialistischen Staaten zeigt). Eine derartige Betrachtungsweise gerät jedoch heutzutage – zumal nach dem sattsam bekannten „Historikerstreit" – leicht in Gefahr, sich einer Anklage wegen „Verharmlosung" auszusetzen. Dem muß durch eine entsprechend kritische, immer auf den jeweiligen Gesamtkontext blickende Darstellung begegnet werden. Ausklammern kann man eine Differenzierung, wie ich sie in einigen ihrer Aspekte für das Thema „Medizin im Nationalsozialismus" andeutete, nicht. Sie ist nicht bloß Pflicht für jeden professionellen, seriösen Historiker, sondern sie sollte Anliegen eines jeden sein, der zu kritischem Nachdenken bereit und fähig ist.

Dazu ein letztes, warnendes Wort: Auch andere Völker haben Schlimmes getan auch gegen Deutsche. Dies darf nicht übersehen, aber ebenso wenig darf diese Tatsache als Entschuldigung mißbraucht werden für das, was uns Deutschen, ob wir es wollen oder nicht, als Last unserer eigenen, selbstverschuldeten Geschichte bleibt.

Literatur:

BAMM, P. (= Dr. med. C. Emmrich): Die unsichtbare Flagge. Ein Bericht, Knaur Tb.-Ausg. o. J.

BENZ, W. (Hrsg.): Das Tagebuch der Hertha Nathorff. Berlin–New York. Aufzeichnungen 1933 bis 1945. Frankfurt a. M. 1988 (Fischer TB Nr. 4392)

BITTNER, G.: Der deutsche Widerstand gegen Hitler – Ärzte in der Opposition. Die sozial- und gesundheitspolitischen Vorstellungen des deutschen Widerstandes, in: Deutsches Ärzteblatt 46, 1961, S. 1529–1535 u. 2025 f.

BOBERACH, H. (Hrsg.): Meldungen aus dem Reich. Die geheimen Lageberichte des Sicherheitsdienstes der SS 1938–1945, 17 Bde., Herrsching 1984

BUSSCHE, H. VAN DEN: Medizinische Wissenschaft im „Dritten Reich". (= Hamburger Beiträge zur Wissenschaftsgeschichte, Bd. 5) Berlin, Hamburg 1989

Deutschland-Berichte der Sozialdemokratischen Partei Deutschlands (Sopade) 1934–1940, 7 Bde., Frankfurt a. M. 1980

V. GADOW, E.: Kriegstagebuch 1941–1945 (unveröffentlichte Erinnerungen einer Krankenschwester)

GELLATELY, R.: Enforcing racial policy in Nazi Germany, Referat Philadelphia 1988 (noch unveröffentlicht)

GUTH, E. (Hrsg.): Sanitätswesen im Zweiten Weltkrieg. (= Vorträge zur Militärgeschichte. Hrsg. Militärgeschichtliches Forschungsamt Freiburg, Bd. 11) Herford, Bonn 1990

FREI, N. (Hrsg.): Medizin und Gesundheitspolitik in der NS-Zeit. (= Sondernummer Schriftenreihe der Vierteljahreshefte für Zeitgeschichte) München, Oldenbourg 1991

HOCHHUTH, R.: Eine Liebe in Deutschland, Rowohlt Tb. 1983

KATER, M. H.: Medizinische Fakultäten und Medizinstudenten: Eine Skizze, in: Kudlien (s. u.) S. 82–104

KUDLIEN, F. (u. a.): Ärzte im Nationalsozialismus, Köln 1985

KULKA, O. D.: Die Nürnberger Rassengesetze und die deutsche Bevölkerung im Lichte geheimer NS-Lage- und Stimmungsberichte, Vierteljahreshefte f. Zeitgesch. 32, 1984, S. 582–624

PROCTOR R. N.: Racial Hygiene. Medicine under the Nazis. Cambridge/Mass. 1988

SCHAFFT-KULAS, R.: Emigrationsverhalten: Eine Untersuchung der deutschsprachigen Emigration zwischen 1933 und 1945 unter Verwendung autobiographischen Materials, Diss. phil. Mainz 1985

STEINBACH, P. (Hrsg.): Widerstand. Ein Problem zwischen Theorie und Geschichte, Köln 1987

ders. u. SCHMÄDEKE, J. (Hrsg.): Der Widerstand gegen den Nationalsozialismus. Die deutsche Gesellschaft und der Widerstand gegen Hitler, München (Serie Piper) 1986, 2. Aufl.

Weiterführende Literatur

(Die Auswahl beschränkt sich auf greifbare deutschsprachige Standardwerke und wichtige allgemeinere Neuerscheinungen der letzten Jahre. Weitere Hinweise zu speziellen Aspekten sind den Literaturangaben der einzelnen Beiträge zu entnehmen).

ALY, GÖTZ (Hrsg.): Aktion T 4 1939–1945. Die „Euthanasie"-Zentrale in der Tiergartenstr. 4, Edition Hentrich, Berlin 1987

Ärztliches Schicksal unter der Verfolgung 1933–1945 in Frankfurt am Main und Offenbach: Eine Denkschrift erstellt im Auftrag der Landesärztekammer Hessen von SIEGMUND DREXLER, SIEGMUND KALINSKI, HANS MAUSBACH. VAS-Verlag oHG, Frankfurt/M. 1990

BAADER, GERHARD u. SCHULTZ, ULRICH (Hrsg.): Medizin und Nationalsozialismus. Tabuisierte Vergangenheit – Ungebrochene Tradition? (= Dokumentation des Gesundheitstages Berlin 1980, Bd. 1) Verlagsgesellschaft Gesundheit mbH, Berlin/West 1980.

Beiträge zur nationalsozialistischen Gesundheits- und Sozialpolitik. Hrsg. Götz Aly u. a. Rotbuch Verlag, Berlin. 1985 ff.

BOCK, GISELA: Zwangssterilisation im Nationalsozialismus. Studien zur Rassenpolitik und Frauenpolitik. Westdeutscher Verlag, Opladen 1986.

HOHENDORF, GERRIT u. MAGULL-SELTENREICH, ACHIM: Von der Heilkunde zur Massentötung. Medizin im Nationalsozialismus. Verlag das Wunderhorn, Heidelberg 1990

JÄCKLE, RENATE: Die Ärzte und die Politik. 1930 bis heute. München 1988.

KAUPEN-HAAS, HEIDRUN (Hrsg.): Der Griff nach der Bevölkerung. Aktualität und Kontinuität nazistischer Bevölkerungspolitik. Greno Verlagsgesellschaft mbH, Nördlingen 1986.

KLEE, ERNST: „Euthanasie" im NS-Staat. Die „Vernichtung lebensunwerten Lebens". Fischer TB 4326, Frankfurt 1985.

KLEE, ERNST (Hrsg.): Dokumente der Euthanasie. Fischer TB 4327, Frankfurt 1985.

KLEE, ERNST: Was sie taten – was sie wurden. Ärzte, Juristen und andere Beteiligte am Kranken- und Judenmord. Fischer TB 4364, 5. Aufl., Frankfurt 1988.

KUDLIEN, FRIDOLF u. a.: Ärzte im Nationalsozialismus. Verlag Kiepenheuer und Witsch, Köln 1985

LIFTON, ROBERT JAY: Ärzte im Dritten Reich. Verlag Klett Cotta, Stuttgart 1988.

Medizin im Nationalsozialismus. Kolloquien des Instituts für Zeitgeschichte. Verlag R. Oldenbourg, München 1988.

Medizin im Nationalsozialismus. Tagungsprotokoll der Evangelischen Akademie Bad Boll 23/82 (1982)

MITSCHERLICH, ALEXANDER u. MIELKE, FRED (Hrsg.): Medizin ohne Menschlichkeit. Dokumente des Nürnberger Ärzteprozesses. Fischer TB 2003, Frankfurt 9. Aufl. 1987.

MÜLLER-HILL, BENNO: Tödliche Wissenschaft. Die Aussonderung von Juden, Zigeunern und Geisteskranken 1933–1945. rororo aktuell 5349, Reinbek 1984.

NATHORFF, HERTHA: Das Tagebuch der Hertha Nathorff. Berlin–New York, Aufzeichnungen 1933 bis 1945. Fischer TB Nr. 4392, Frankfurt 1988.

NOWAK, KURT: „Euthanasie" u. Sterilisierung im „Dritten Reich". Die Konfrontation der Evangelischen und Katholischen Kirche mit dem „Gesetz zur Verhütung erbkranken Nachwuchses" und der „Euthanasie"-Aktion. Vandenhoek u. Ruprecht, 2. Aufl., Göttingen 1980.

PROSS, CHRISTIAN: Wiedergutmachung. Der Kleinkrieg gegen die Opfer. Hrsg. Hamburger Institut f. Sozialforschung. Athenäum, Frankfurt 1988.

THOM, ACHIM u. SPAAR, HORST: Medizin im Faschismus. Symposon über das Schicksal der Medizin in der Zeit des Faschismus in Deutschland 1933–1945. Berlin (DDR) 1983.

THOM, ACHIM u. CAREGORODCEV, GENADIJ IVANOVIĆ (Hrsg.): Medizin unterm Hakenkreuz. Verlag Volk und Gesundheit, Berlin (DDR) 1989

WEINGART, PETER; KROLL, JÜRGEN; BAYERTS, KURT: Rasse, Blut und Gene. Geschichte der Eugenik und Rassenhygiene in Deutschland. Suhrkamp, Frankfurt 1988.

WERLE, KARL-PETER: Formen des Widerstandes deutscher Ärzte. Diss. med. Kiel 1974.

Der Wert des Menschen. Medizin in Deutschland 1918–1945. Hrsg. Ärztekammer Berlin in Zusammenarbeit mit der Bundesärztekammer. Red. Christian Pross/Götz Aly, Edition Hentrich, Berlin 1989

WUTTKE-GRONEBERG, WALTER: Medizin im Nationalsozialismus. Ein Arbeitsbuch. Schwäbische Verlagsgesellschaft, Tübingen 1980.

Zu den Autoren

Baader, Gerhard, Prof. Dr. phil.
Prof. für Geschichte der Medizin FU Berlin. Foschungsschwerpunkte: Antike und mittelalterliche Medizin, Psychiatriegeschichte, Medizin im Nationalsozialismus.

Bleker, Johanna, Prof. Dr. med.
Professorin für Geschichte der Medizin FU Berlin. Forschungsschwerpunkte: Theoretische und soziale Grundlagen der Medizin im 19. Jahrhundert, Geschichte ethischer Probleme im 19. und 20. Jahrhundert.

Dörner, Klaus, Prof. Dr. med. Dr. phil.
Ärztlicher Leiter der Westfälischen Klinik für Psychiatrie Gütersloh. Forschungsschwerpunkte: Psychiatrie- und Sozialgeschichte des 19. Jahrhunderts, therapeutische und ethische Fragen der Psychiatrie des 20. Jahrhunderts.

Eckelmann, Christine, Dr. med.
Promotion in Medizingeschichte mit einer Untersuchung zur Geschichte des Bundes Deutscher Ärztinnen 1924–1936. Aidsfachkraft am Gesundheitsamt Viersen.

Haug, Alfred, Dr. med.
Arzt für Allgemeinmedizin in Bremen, Promotion in Medizingeschichte. Forschungen und Publikationen über die Naturheilkunde im Nationalsozialismus und die „Neue Deutsche Heilkunde".

Hubenstorf, Michael, Dr. med.
Wissenschaftlicher Mitarbeiter am Institut für Geschichte der Medizin FU Berlin. z. Zt. Akademie der Wissenschaften zu Berlin. Forschungen zur Geschichte der Sozialmedizin und Sozialpolitik der Weimarer Zeit, Emigration Berliner Wissenschaftler nach 1933.

Jachertz, Norbert, Diplom-Volkswirt
Chefredakteur des Deutschen Ärzteblattes.

Knödler, Ulrich, Dr. med.
Niedergelassener Internist und Nephrologe in Stuttgart. Medizinhistorische Forschungen mit Schwerpunkt: Medizinische Alltagsprobleme im Dritten Reich und im Zweiten Weltkrieg.

Kröner, Hans-Peter, Dr. med.
Wissenschaftlicher Mitarbeiter am Institut für Theorie und Geschichte der Medizin der Westfälischen Wilhelms-Universität Münster. Forschungsschwerpunkte: Geschichte der Medizin des 20. Jahrhunderts, Geschichte der Eugenik und Genetik.

Kudlien, Fridolf, Prof. Dr. phil.
Direktor des Instituts für Geschichte der Medizin und Pharmazie der Christian-Albrechts-Universität Kiel. Forschungsschwerpunkte: Antike Medizin und ihr Nachwirken, antike Sozialgeschichte, Medizin und Nationalsozialismus, ideologie- und berufsgeschichtliche Probleme der Medizin im 19. Jahrhundert.

Kümmel, Werner Friedrich, Prof. Dr. phil.
Leiter des Medizinhistorischen Institus der Johannes-Gutenberg-Universität Mainz. Forschungsschwerpunkte: Jüdische Ärzte in Deutschland, Geschichte der Gesundheitslehre, Musik und Medizin.

Mann, Gunter, Prof. Dr. med. †
Ehem. Direktor des Medizinhistorischen Instituts der Universität Mainz, Forschungsschwerpunkte: Medizin und Wissenschaft der Goethezeit, Biologismus im 19. Jahrhundert. Prof. Mann ist am 16. Januar 1992 verstorben.

Lilienthal, Georg, Privatdozent Dr. phil.
Hochschulassistent am Medizinhistorischen Institut der Johannes-Gutenberg-Universität Mainz. Forschungsschwerpunkte: Geschichte der Kinderheilkunde, Geschichte der Anthropologie und Rassenhygiene, Medizin im Dritten Reich.

Pross, Christian, Dr. med.
Arzt für Allgemeinmedizin. Forschungsschwerpunkte: Medizin im Nationalsozialismus, Vertreibung, Emigration und Wiedergutmachung. Z. Zt. Leiter des Ausstellungsprojekts zur Medizin der Weimarer Zeit und im Nationalsozialismus zum 92. Deutschen Ärztetag in Berlin.

Reeg, Peter, Dr. med.
Mehrjährige Tätigkeit als Arbeitsmediziner. Promotion in Geschichte der Medizin. Forschungsschwerpunkte: Arbeitsmedizinische Probleme von sogenannten Randgruppen, Arbeitsmedizin im Nationalsozialismus.

Rothmaler, Christiane, Dr. med.
Promotion mit einer Untersuchung zur Durchführung der Sterilisationsgesetzgebung in Hamburg. Freie Mitarbeiterin der Hamburger Stiftung für Sozialgeschichte des 20. Jahrhunderts.

Schmiedebach, Heinz-Peter, Dr. med.
Wissenschaftlicher Assistent am Institut für Geschichte der Medizin FU Berlin.
Forschungsschwerpunkte: Psychiatriegeschichte, Medizin im 19. Jahrhundert, Deontologie.

Seidler, Eduard, Prof. Dr. med.
Direktor des Instituts für Geschichte der Medizin der Albert-Ludwigs-Universität Freiburg in Breisgau. Forschungsschwerpunkte: Historische Kinderforschung, Sozialgeschichte der Medizin im 18./19. Jahrhundert, Medizin im Nationalsozialismus, Ethik in der Medizin.

Thomann, Klaus-Dieter, Dr. med.
Arzt für Orthopädie, Rheumatologie, Sozialmedizin, z. Zt. Stipendiat der Robert Bosch Stiftung Stuttgart. Forschungsschwerpunkte: Fach- und Sozialgeschichte der klinischen Medizin im 19. und 20. Jahrhundert, Entstehung der Rehabilitation.

Toellner, Richard, Prof. Dr. med.
Direktor des Instituts für Theorie und Geschichte der Medizin der WWU Münster. Forschungsschwerpunkte: Wissenschaftsgeschichte der Medizin in Renaissance und Aufklärung, Medizin und Wissenschaft im 19. Jahrhundert, Ethik in der Medizin.

van den Bussche, Hendrik, Prof. Dr. med.
Professor für Hochschuldidaktik der Medizin an der Universität Hamburg. Forschungsschwerpunkte: Gesundheitsberufe und medizinische Wissenschaften im 20. Jahrhundert.

Winau, Rolf, Prof. Dr. phil. Dr. med.
Direktor des Instituts für Geschichte der Medizin FU Berlin. Forschungsschwerpunkte: Geschichte der Berliner Medizin, Geschichte des Biologismus, Medizin der Weimarer Zeit und des Nationalsozialismus.

Personenverzeichnis

Orts- und Sachverzeichnis